中国法院2025年度案例

国家法官学院　最高人民法院司法案例研究院 / 编

保险纠纷

中国法治出版社
CHINA LEGAL PUBLISHING HOUSE

《中国法院2025年度案例》通讯编辑名单

刘晓虹　北京市高级人民法院
王　凯　北京市高级人民法院
张　荷　天津市高级人民法院
徐翠翠　河北省高级人民法院
崔铮亮　山西省高级人民法院
杨钰奇　内蒙古自治区高级人民法院
张　健　辽宁省高级人民法院
苏　浩　吉林省高级人民法院
桑　松　黑龙江省高级人民法院
张　蕾　上海市高级人民法院
左一凡　江苏省高级人民法院
冯禹源　江苏省南通市中级人民法院
宋婉龄　江苏省无锡市中级人民法院
李　波　浙江省高级人民法院
刘伟玲　安徽省高级人民法院
林冬颖　福建省高级人民法院
杨云欣　江西省高级人民法院
李璐璐　山东省高级人民法院
卓峻帆　河南省高级人民法院
吴　杨　湖北省高级人民法院
唐　竞　湖南省高级人民法院
邵静红　广东省高级人民法院
邹尚忠　广西壮族自治区高级人民法院
韦丹萍　广西壮族自治区高级人民法院
黄文楠　海南省高级人民法院
吴　小　重庆市高级人民法院
任　梦　四川省高级人民法院
颜　源　贵州省高级人民法院
戚　雷　贵州省贵阳市中级人民法院
李丽玲　云南省高级人民法院
赵鸿章　云南省昆明市中级人民法院
索朗达杰　西藏自治区高级人民法院
郑亚非　陕西省高级人民法院
吴　莹　甘肃省高级人民法院
王　晶　青海省高级人民法院
马博文　宁夏回族自治区高级人民法院
石孝能　新疆维吾尔自治区高级人民法院
李　冰　新疆维吾尔自治区高级人民法院生产建设兵团分院

序

为深入学习贯彻习近平法治思想，落实习近平总书记“一个案例胜过一打文件”的重要指示精神，人民法院始终把完善中国特色案例制度，加强以案释法作为推进全面依法治国、支撑和服务中国式现代化的重要途径。人民法院案例库向社会开放一年多来，最高人民法院始终坚持高标准建设，实现入库案例对常见案由和罪名全覆盖，对于促进法律适用统一，实现严格公正司法发挥了重要作用。

“中国法院年度案例系列”丛书以及时记录人民法院司法审判工作新发展、新成就为己任，通过总结提炼典型案例的裁判规则、裁判方法和裁判理念，发挥案例鲜活生动、针对性强的优势，以案释法，以点带面，有针对性地阐释法律条文和立法精神，促进社会公众通过案例更加方便地学习法律，领悟法治精神，体现司法规范、指导、评价、引领的重要作用，大力弘扬社会主义核心价值观，积极服务人民法院案例库建设，加强对案例库案例的研究，促进统一法律适用，提升审判质效，丰富实践法学研究，增强全民法治意识和法治素养，展现新时代我国法治建设新成就。

“中国法院年度案例系列”丛书自2012年编辑出版以来，已连续出版13年，受到读者广泛好评。为更加全面地反映我国司法审判执行工作的发展进程，顺应审判执行实践需要，响应读者需求，丛书于2014年度新增金融纠纷、行政纠纷、刑事案例3个分册，2015年度将刑事案例调整为刑法总则案例、刑法分则案例2个分册，2016年度新增知识产权纠纷分册，2017年度新增执行案例分册，2018年度将刑事案例扩充为4个分册，2022年度将土地纠纷（含林地纠纷）分册改为土地纠纷（含环境资源纠纷）分册。自2020年起，丛书由国家法官学院与最高人民法院司法案例研究院共同编辑，每年年初定期出版。在全国各级人民法院的大力支持下，丛书编委会现编辑出版《中国法院2025年度案例系列》丛书，共23册。

“中国法院年度案例系列”丛书以开放务实的态度、简洁明快的风格，在编辑过程中坚持以下方法，努力让案例书籍“好读有用”：一是高度提炼案例内容，控制案例篇幅，每个案例字数基本在3000字左右；二是突出争议焦点，力求在有限的篇幅内为读者提供更多有效信息，便于读者快速抓取案例要点；三是注重释法说理，案例由法官撰写“法官后语”，高度提炼、总结案例的指导价值，引发读者思考，为司法审判提供借鉴，为法学研究提供启迪。

“中国法院年度案例系列”丛书编辑工作坚持以下原则：一是以研究案例库案例为首要任务。自2024年起，“中国法院年度案例系列”丛书优先选用人民法院案例库案例作为研究对象，力求对案例库案例裁判要旨的基本内涵、价值导向、法理基础、适用要点等进行深入分析，增强丛书的权威性、参考性。二是广泛选编案例。国家法官学院和最高人民法院司法案例研究院每年通过各高级人民法院从辖区法院汇集上一年度审结的典型案例近万件，使丛书有广泛的精选基础，通过优中选优，可提供给读者新近发生的多种类型的典型、疑难案例。三是方便读者检索。丛书坚持以读者为本，做到分卷细化，每卷案例主要根据案由或罪名分类编排，每个案例用一句话概括裁判要旨或焦点问题作为主标题，让读者一目了然，迅速找到目标案例。

中国法治出版社始终全力支持“中国法院年度案例系列”丛书的出版，给了编者们巨大的鼓励。2025年，丛书将继续提供数据库增值服务。购买本系列丛书，扫描腰封二维码，即可在本年度免费查阅往年同类案例数据库。我们在此谨表谢忱，并希望通过共同努力，逐步完善，做得更好，探索出一条充分挖掘好、宣传好人民法院案例库案例和其他典型案例价值的新路，为广大法律工作者和社会公众提供权威、鲜活、精准的办案参考、研究素材，更好地服务司法审判实践、服务法学教育研究、服务法治中国建设。

“中国法院年度案例系列”丛书既是法官、检察官、律师等法律工作者的办案参考和司法人员培训辅助教材，也是社会大众学法用法的经典案例读本，同时为教学科研机构开展案例研究提供了良好的系列素材。当然，编者们在编写过程中也难以一步到位实现目标愿景，客观上会存在各种不足甚至错误，欢迎读者批评指正。我们诚心听取各方建议，立足提质增效，不断拓宽司法案例研究领域，创新司法案例研究方法，助推实现中国特色司法案例研究事业的高质量发展。

国家法官学院　最高人民法院司法案例研究院

2025 年 3 月

目　录

Contents

一、财产保险合同纠纷

（一）财产损失保险合同纠纷

（二）进出口信用保险合同纠纷

（三）保证保险合同纠纷

（四）责任保险合同纠纷

二、人身保险合同纠纷

（一）意外伤害保险合同纠纷

三、保险人代位求偿权纠纷

四、其他

一、财产保险合同纠纷

（一）财产损失保险合同纠纷

1

合同义务作为合同生效条件的认定思路

——徐某诉某保险公司财产保险合同案

【案件基本信息】

1. 裁判书字号

山东省济南市历下区人民法院（2023）鲁 0102 民初 5594 号民事判决书

2. 案由：财产保险合同纠纷

3. 当事人

原告：徐某

被告：某保险公司

【基本案情】

2021 年 4 月 2 日，徐某为鲁 A××X 号车辆向某保险公司投保了机动车交强险，保险期间为 2021 年 5 月 1 日至 2022 年 4 月 30 日，保险费 665 元。2021 年 7 月 27 日 13 时 38 分许，马甲驾驶电动自行车在山东省济南市市中区××路 42

号门口，由南向北方向行驶时，与徐某驾驶的鲁A××X号小型汽车发生交通事故。交警大队作出《道路交通事故认定书》，认定徐某负事故的全部责任，马甲无责任，事故造成当事人轻微伤势以及财产损失；对事故的损害赔偿调解结果确认为：徐某赔偿马甲医疗费、车辆维修费、衣服损失费等共计2000元。2021年7月27日14时38分许，徐某在事故现场向马甲转账支付了2000元。2021年7月28日，某保险公司在交强险责任范围内向徐某支付了2000元（交通费200元、相关医疗费800元、电动车损失费1000元）。2022年8月18日，徐某向某保险公司提出《撤保申请》，载明：申请人徐某要求撤销2021年7月27日13时40分在济南市市中区××路42号的事故中的出险；该次出险的赔偿款2000元已支付给事故对方马甲，现申请人已向法院起诉，待赔偿款返还后再退回某保险公司，请提供退款账号，以便返还赔偿款，撤销此次出险。2022年8月22日，某保险公司作出《撤保意向证明及撤保须知》，载明同意徐某的撤保请求，但是须将赔款退回后，按放弃索赔自行协商处理，撤销此次出险。

另查明，徐某在事故发生后，为鲁A××X号车辆继续在某保险公司投保机动车交强险，交纳了2022年度的保险费950元、2023年度的保险费855元。徐某至今未向某保险公司退还该2000元。

【案件焦点】

徐某要求撤销事故出险理赔结论并以此为由要求某保险公司赔偿其续保费差额有无事实依据和法律根据。

【法院裁判要旨】[①]

山东省济南市历下区人民法院经审理认为：某保险公司针对案涉事故作出的出险理赔结论系基于对承保车辆的机动车交强险依法承担的对马甲的人身伤亡、财产损失的赔偿义务，且事故发生后，交警大队对事故双方调解达成的一致意见予以确认，在第三者马甲未返还赔偿款或改变事故赔偿结果前，该出险

① 本书【法院裁判要旨】适用的法律法规等条文均为案件裁判当时有效，下文不再对此进行提示。

理赔结论不应被撤销或改变。至于徐某与某保险公司自行协商的“由徐某退还赔款，放弃索赔，撤销出险（记录）”，系双方对自身权利的处分，但经庭审调查，双方尚未达成一致意见，若双方能够协商一致，则在不损害事故第三者马甲利益的情况下，双方可自行处理。本案中，徐某要求某保险公司退赔其于2022年、2023年所缴纳的续保费差额共计475元的前提是某保险公司对2021年7月27日的道路交通事故不再作出险理赔处理，也即双方协商的“由徐某退还赔款，放弃索赔，撤销出险（记录）”条件成就，但由于徐某与某保险公司就“徐某退还理赔款”并未协商一致并履行，甚至设定“向马甲追回理赔款”的条件，导致徐某与某保险公司协商的“对2021年7月27日的道路交通事故不再作出险理赔处理”，继而按665元/年的标准计算保险费的结果并未成就，徐某要求返还两年保险费差额475元的理据不足。

山东省济南市历下区人民法院依照《中华人民共和国民法典》第一百四十八条、第一百五十二条、第一千二百零八条、第一千二百一十三条，《中华人民共和国保险法》第十三条、第十四条、第六十五条，《中华人民共和国民事诉讼法》第六十七条，《机动车交通事故责任强制保险条例》第二条、第三条、第八条、第二十一条、第三十一条的规定，判决如下：

驳回徐某的全部诉讼请求。

宣判后，双方当事人未提起上诉，一审判决已经生效。

【法官后语】[①]

本案主要涉及合同约定义务能否作为合同生效条件的问题。

附条件合同是指当事人在合同中特别约定一定的条件，以条件是否成就来决定合同效力的发生或消灭的合同。根据条件成就对合同效力产生的作用结果，可以分为生效条件（延缓条件）和解除条件（消灭条件）。对于附生效条件合同中“条件”的设定，《中华人民共和国民法典》并没有作出明确的界定，仅

① 本书【法官后语】对此类法律问题涉及的法律法规等内容进行了时效性更新，下文不再对此进行提示。

在第一百五十八条中规定“民事法律行为可以附条件，但是根据其性质不得附条件的除外”，导致合同当事人对“条件”的设定较随意，对所约定“条件”的法律性质和效力存在理解分歧与适用争议，进而引发纠纷。实务中，不乏当事人将“合同义务”设定为附条件合同之“合同生效条件”。在审判实践中，对于将合同主要义务当作附条件合同生效条件的效力认定，实务界尚未形成统一的裁判观点。本案通过梳理徐某与某保险公司就“撤销出险”这一事项进行协商的过程与结果，将双方争议归纳抽象为“合同约定义务能否作为生效条件”这一法律问题，下文将对目前实务中存在的三种裁判观点逐一进行分析，对问题本质抽丝剥茧，以期总结出可供类似案件参考的审理思路和裁判规则。

一、实务中关于合同义务能否成为合同生效条件及合同效力认定的三种观点

（一）合同义务不能成为合同生效条件，将合同义务约定为生效条件的合同不构成附条件生效合同，该种情形下合同已生效

有裁判观点认为，依法成立的合同具有法律约束力，要求当事人必须履行约定的义务。如果将履行义务本身作为合同生效的条件，那么合同的生效与否将依赖于当事人是否履行该义务。换言之，合同的效力取决于当事人的主观意愿，这极有可能会损害合同的稳定性和可预测性、削弱合同的约束力和法律确定性，影响市场主体的交易预期，不利于保障交易安全和维护经济秩序。因此，合同义务不能成为附条件生效合同的条件，将合同义务约定为合同生效条件的，视为合同效力不受约定条件影响，该类合同已生效。①

① 最高人民法院（2014）民申字第175号民事裁定书认为：“‘按国有资产处置的相关规定进行股权转让’这一约定，是双方当事人对股权转让方式作出的约定，该内容明确且确定。依据该约定，甲日报社负有将乙公司股权提交交易所进行挂牌交易的合同义务，乔某参与竞买，至于挂牌交易后乔某能否摘得股权，是合同履行的结果问题，合同履行结果的不确定不是条件的不确定，不应将上述约定视为限制合同生效的条件，诉争股权转让合同不构成附生效条件的合同。因双方当事人转让股权的意思表示真实，不违反法律、行政法规的强制性规定，且甲日报社转让乙公司股权经过了某市财政局批准，故诉争合同应为依法成立的有效合同。”本书脚注的案例未作特别说明的均来源于中国裁判文书网，https：//wenshu. court. gov. cn/，最后访问日期：2025年2月11日。下文不再特别说明。

从法理上来说，所谓附条件的民事法律行为，是指当事人以未来客观上不确定发生的事实，作为民事法律行为效力的附款。一般而言，“条件”应满足如下要求：(1) 必须是将来发生的事实；(2) 必须是明确的事实；(3) 由当事人约定，而非法定；(4) 必须合法；(5) 不得与合同主要内容相矛盾。显然，附条件合同中的条件不同于合同义务。在合同法的框架下，应当严格区分合同义务和条件，确保合同的法律规范得到正确适用，避免因概念混淆而影响当事人的权益。

在概念界定方面，合同义务是双方当事人明确约定的权利与义务，具有确定性；而条件通常指的是将来可能发生或不发生的事实，具有不确定性。在合同效力的作用方面，当事人应当按照合同约定履行支付价款的义务，如果未能履行，则应承担相应的违约责任，这与条件未达成时影响合同效力的情况不同，后者可能导致合同尚未生效或失效。

(二) 合同义务可以作为合同的生效条件，当事人自愿以合同义务作为生效条件，且不违反法律、行政法规强制性规定的，该约定条款具有法律拘束力，合同未生效

有裁判观点认为，从合同履行的角度来看，签订合同时，可能会存在无法确定一方是否具备履行该合同义务的能力的情况，当事人出于规避风险的目的，约定待其具备履行该合同义务的能力并实际履行后，合同才生效产生履行效力。若认为合同的义务不得约定为合同的生效条件，则剥夺了当事人通过意思自治规避交易风险之权利。从法律体系性的角度来看，我国法律并未对合同义务作为生效条件作出禁止性规定，实际上，在相关法律法规中，也存在允许当事人以将来的履行行为作为合同生效条件的情况。① 因此，当事人以将来的履行行

---

① 《中华人民共和国保险法》第十三条第三款规定：“依法成立的保险合同，自成立时生效。投保人和保险人可以对合同的效力约定附条件或者附期限。”《全国法院民商事审判工作会议纪要》第九十七条规定：“当事人在财产保险合同中约定以投保人支付保险费作为合同生效条件，但对该生效条件是否为全额支付保险费约定不明，已经支付了部分保险费的投保人主张保险合同已经生效的，人民法院依法予以支持。”

为作为生效条件，并不违反法律规定，也不违背合同性质。[①]

在民事领域内，每一适格的法律主体均享有充分的意思自治权利。《中华人民共和国民法典》第五条规定："民事主体从事民事活动，应当遵循自愿原则，按照自己的意思设立、变更、终止民事法律关系。"自愿原则是民事领域最基本的法律原则之一，包括以下四个方面的内容：其一，民事主体有权自愿从事民事活动，而不受其他主体的干预；其二，民事主体有权自主决定民事法律关系的内容，但同时不得违反法律、行政法规的效力性强制规定，且不得损害其他民事主体的合法权益；其三，民事主体有权自主决定民事法律关系的变动，包括民事法律关系的成立、消灭，以及其内容和主体的变更；其四，民事主体应当自觉承受相应法律后果。在合同法律关系场域中，自愿原则表现为"合同自由"。这种自由赋予民事主体在不违反法律、行政法规的强制性规定且不损害国家利益、社会公共利益和其他民事主体合法权利的前提下，可以根据订立合同的目的和需求，自行决定与谁订立合同，明确合同的权利义务内容以及享受权利、履行义务的具体行为方式，亦能根据本人的意志决定合同关系的产生、变更和终止条件。因此，是否约定合同的生效条件、约定何种合同生效条件符合民事法律的基本原则，合同义务能够作为合同生效条件。

(三) 合同义务可以作为合同的生效条件，但应当根据合同的实际履行情况确定合同效力

有裁判观点认为，《中华人民共和国民法典》第五百零二条第一款[②]明确赋予了民事主体自主决定合同是否生效的权利，这和合同自由原则一脉相承，但是合同法律关系是极为重要、复杂的民事法律关系，其内涵与外延均具有一定

---

① 上海市第一中级人民法院（2018）沪01民终13659号民事判决书认为："根据第二份租赁合同的约定，上诉人应于合同签订时向被上诉人支付第一期租金，待被上诉人收到后，合同方才生效。从上述约定不难发现，第二份租赁合同显然属于合同法规定的附生效条件的合同，而被上诉人收到上诉人支付的第一笔租金即为约定的生效条件。"

② 《中华人民共和国民法典》第五百零二条第一款规定："依法成立的合同，自成立时生效，但是法律另有规定或者当事人另有约定的除外。"

的延展性和差异性，很难简单地套用同一个标准体系加以认定。因此，合同义务可以作为合同的生效条件，但其对合同效力产生的影响需要根据合同履行情况和合同义务具体内容进行综合考量。

1. 合同义务具体内容对条件效力的影响

虽然我国法律并未明确禁止将合同义务作为合同约定的生效条件，但具体到个案中，双方当事人的约定是否生效，以及其约定的合同义务在案涉纠纷中能否作为生效条件产生条件效力，仍然需要法官对合同义务的具体内容进行识别和审查，判断其是否符合合同生效条件的构成要件。在合同义务内容合法的前提下，判断某一具体合同义务能否作为合同生效条件，可以考量以下因素。

一是合同义务的履行是否具有确定性。“条件”应当是不确定的，如果某一合同义务的履行是确定且必须的，那么显然不宜作为合同的生效条件。通常情况下，当事人约定合同主要义务——如买卖合同中的交付货物、支付价款等为合同生效条件的，由于该义务的履行是合同订立的主要目的，对当事人产生确定的拘束力，因此不符合合同生效条件的特征要件，不产生条件效力，所涉合同成立并生效，当事人不履行该义务将产生违约责任。只有当某一合同义务的履行具有不确定性时，该义务才有可能成为合同生效条件。

二是合同义务履行不确定性的来源。合同具有相对性，只在特定当事人之间产生法律约束力，赋予当事人合同权利，施加给当事人合同义务。因此，合同义务履行不确定性只能来源于合同当事人本身，而不能扩大至合同外的任意第三方。如果某一当事人对合同义务的履行与否取决于第三方的作为或不作为，那么将为合同相对方带来极大风险，导致其合同目的难以有效实现，因此不宜被认定为有效的合同生效条件。

2. 合同履行情况对合同效力的影响

(1) 作为生效条件的合同义务已被实际履行

双方实际履行了合同义务，或者某一方实际履行了合同义务且对方认可的，视为各方通过实际履行行为对附生效条款进行了变更，合同成立且已生效；反之，合同不发生效力。①

(2) 作为生效条件的合同义务方当事人迟延履行

当双方约定的合同生效条件实际上是合同中一方所应承担的主要合同义务时，若该方迟延履行作为生效条件的合同义务，构成"当事人为自己的利益不正当阻止条件成就"情形，则应视为双方约定的合同生效条件已成就，即该类合同合法成立并已生效。

二、本案的三种审理思路辨析

在本案的审理过程中，承办人曾分别从三种不同角度对证据认定和法律适用问题进行思考，以期更加全面系统、深入透彻地理解案情、查明事实，作出符合法律规定和情理价值的司法裁判。

(一) 徐某与某保险公司之间未就"撤保"事宜达成一致，"撤保合同"因未成立而不涉及合同效力问题

合同生效的先决条件是合同成立，合同成立是指合同的当事人就合同的条款协商一致、达成合意，其过程表现为要约人发出要约，受约人作出承诺。本案中，徐某向某保险公司提出的《撤保申请》为要约，要约内容主要有两项：一是撤销案涉事故的出险；二是徐某向案外人马甲追回赔偿款后退还某保险公司。某保险公司收到上述申请后，作出《撤保意向证明及撤保须知》，载明同意徐某的撤保请求，但是须将赔款退回后，按放弃索赔自行协商处理，撤销此次出险。显然，双方未就"撤销出险"的条件达成一致，某保险公司所作回应对撤保条件进行了实质更改，应当视为新的要约，而非对徐某发出要约的承诺。因此，双方之间不存在合同关系，不涉及合同效力问题。综上，徐某要求某保

① 内蒙古自治区高级人民法院（2021）内民再113号民事判决书认为："按照相关法律，依法成立的合同，自成立时生效。本案中，《解除协议》第六条将'法定代表人或者授权代理人签字并加盖单位印章'作为合同的生效要件，现某旅游广告公司辩称其法定代表人或授权代理人未签字，《解除协议》未达到双方约定的生效条件。但《解除协议》签订后，某乳业公司向某旅游广告公司汇款，某旅游广告公司予以接受，应认定某旅游广告公司认可了某乳业公司实际履行合同义务的行为，故双方当事人以实际履行行为变更了《解除协议》约定的生效条件，《解除协议》成立并生效。"

险公司退还其保费差额的前提条件（即撤销出险）未成就，对其诉讼请求依法不予支持。

（二）徐某与某保险公司之间的“撤保合同”依法成立，但徐某未退还赔偿款导致合同尚未生效

从行为要素来看，徐某发出的要约包括两个具有先后履行顺序的行为要件，即先由徐某退还赔偿款，再由某保险公司撤销出险。某保险公司作出的回应与其要约内容相一致，应当视为双方之间就“撤保”行为及前提条件达成一致，徐某退还赔偿款可以被视为双方约定的合同生效条件。直至本案起诉时，徐某仍未向某保险公司退还赔偿款，因此合同约定的生效条件尚未成就，“撤保合同”不发生效力，徐某无权要求某保险公司撤销出险，退还差额保费的请求更是因以“撤保”为前提而无从谈起。

（三）徐某与某保险公司约定的合同生效条件不具法律效力，“撤保合同”依法成立并生效，但因徐某未履行先合同义务而不得要求某保险公司履行撤保义务

1. 约定条件因系合同主要义务而不产生条件效力

本案中，徐某与某保险公司就撤保及其条件达成一致，但退还保险赔偿款系徐某应当承担的主要合同义务，而非合同的生效条件。根据《撤保申请》《撤保意向证明及撤保须知》的内容可知，双方之间的合同义务具有履行的先后顺序。徐某退还保险赔偿款系先合同义务，某保险公司撤销出险系后合同义务，在徐某未按照合同约定退还赔偿款的情况下，某保险公司有权拒绝其撤销出险的请求，徐某要求退还保费差额的诉求亦因“撤保”条件未达成而不应得到支持。

2. 约定条件因涉及第三人而不产生条件效力

《中华人民共和国民法典》第一百三十二条规定：“民事主体不得滥用民事权利损害国家利益、社会公共利益或者他人合法权益。”这也是公平原则的必然要求。其中，损害他人合法权益的情形之一便是未经许可处分他人的权利，或是为他人施加不合理的义务。

本案中，徐某与某保险公司约定的合同生效条件为“徐某退还赔偿款”，但这一条件内部的小前提为“徐某向马甲追回赔偿款”。由于马甲系合同所涉赔偿款的现受益人和最终受益人，该约定涉及第三人马甲的合法权益，并将对马甲权利的处分作为合同约定生效的前提条件，无形中损害了马甲的合法权益，因此该约定生效条件是无效的，不产生条件效力，而双方之间的“撤保合同”已然生效。依前文所述，徐某因未履行先合同义务而不得要求某保险公司撤销出险，亦无从主张退还保费差额。

综上所述，合同约定内容作为合同生效的条件虽具有合法性，但在司法实践中仍需根据个案情况予以综合分析，确定该约定内容是合同生效条件还是合同主体责任，进而认定合同整体的效力，明确各民事主体之间的权利、义务和法律责任。本案最终依据第一种裁判思路——因徐某与某保险公司之间未就“撤保”事宜达成一致而不存在合同关系，故“撤保”条件未达成，徐某无权要求某保险公司撤销出险并退还保险费差额作出最终裁判。但在审理过程中，承办人分别对合同未成立、合同成立但未生效以及合同成立并有效三种情形进行思考，更加清晰明确地厘清了合同成立与合同生效、合同义务与合同生效条件之间的边界，为类似案件的审理提供了更加全面的视角和更加广阔的思路，有利于查明案件事实，准确适用法律，更好地维护交易市场的稳定性，促进社会经济的发展。

编写人：山东省济南市历下区人民法院　赵灿
山东省嘉祥县人民法院　赵忆雪　朱超

2

投保人与保险人对保险条款的理解发生争议时的保险条款解释规则

——张某诉某保险公司保险案

【案件基本信息】

1. 裁判书字号

北京金融法院（2023）京74民终1118号民事判决书

2. 案由：保险纠纷

3. 当事人

原告（被上诉人）：张某

被告（上诉人）：某保险公司

【基本案情】

张某在互联网上投保了某保险公司的境外旅行保障计划，保障项目第13项为行李延误（每8小时延误赔偿额500元），保险金额为1000元。保险自北京时间7月3日0点生效，时效90日，张某于7月3日乘坐航空公司航班飞往洛杉矶，7月4日早上到达目的地。到达机场后，张某未能找到行李，立即在洛杉矶机场报警，由机场人员出具了PIR（不正常行李报告单）书面报告。7月8日（北京时间）张某收到航空公司快递的行李，并被告知行李被误拿，导致行李延误。其间，张某向某保险公司申请赔偿，遭拒赔。张某认为其在某保险公司投保了行李延误险，到达目的地后四日才拿到行李，属于某保险公司理赔范畴。保险条款约定的“送抵”应当达到托运人可以随时取到行李的状态，现某保险公司拒赔不当，为维护合法权益，遂起诉。

【案件焦点】

某保险公司应否赔偿张某行李延误险保险赔偿金。

【法院裁判要旨】

北京市房山区人民法院经审理认为：首先，从保险条款的理解而言。《中华人民共和国民法典》第四百九十八条规定："对格式条款的理解发生争议的，应当按照通常理解予以解释。对格式条款有两种以上解释的，应当作出不利于提供格式条款一方的解释。格式条款和非格式条款不一致的，应当采用非格式条款。"《中华人民共和国保险法》第三十条规定："采用保险人提供的格式条款订立的保险合同，保险人与投保人、被保险人或者受益人对合同条款有争议的，应当按照通常理解予以解释。对合同条款有两种以上解释的，人民法院或者仲裁机构应当作出有利于被保险人和受益人的解释。"

本案中，案涉保险条款是某保险公司制作的格式条款，双方对于实现送抵的理解不同，应当按照通常理解予以解释。案涉条款中，"送抵"的程度、地理位置均不明确，容易引起误解和认识分歧。通常，行李延误险是为保障投保人或者被保险人的行李延误风险和利益，投保人投保该险种的目的是防范行李延误可能产生的不利后果，投保人未能按时取得行李即为延误，本案原告张某所理解的"送抵"应为通常理解。即使存在两种不同理解，亦应当作出不利于某保险公司一方的解释。

案涉保险合同中责任免除条款表明某保险公司已经预料到会有第三方原因等多种情况导致行李延误，故将诸多情况在保险责任中加以排除。根据查明的情况，本案并无双方约定的责任免除情形，故某保险公司应当进行赔付。

其次，从保险的目的和意义而言。对于张某，投保行李延误险，目的在于保障其在行李方面的利益。只有按时拿到行李才能实现投保目的，故"送抵"应当理解为"送到被保险人可以取得的状态"。

本案中，张某正常办理行李托运，下飞机后直接去领取行李却未能找到，随即报警，警察帮助寻找无果，此后得知行李被他人误拿。在此过程中，张某不存在延误领取或其他过失行为。同时，张某在登机前办理了行李托运手续，行李在托运期间处于承运人的管理之下，下飞机领取行李亦应当办理交接，故在此之前行李仍处于承运人管理状态。

北京市房山区人民法院依照《中华人民共和国民法典》第七条、第四百九十八条、第五百零九条、第五百七十七条，《中华人民共和国保险法》第五条、第十条、第十三条、第十四条、第三十条之规定，判决如下：

某保险公司于本判决生效之日起十日内向张某赔偿1000元。

某保险公司不服一审判决，提出上诉。

北京市第二中级人民法院同意一审法院裁判意见，判决驳回上诉，维持原判。

【法官后语】

本案争议焦点在于对保险条款中“送抵”这一概念的理解。

首先，案涉保险条款应认定为格式条款。格式条款，是当事人为了重复使用而预先拟定，并在订立合同时未与对方协商的条款。系争责任条款属于某保险公司事先拟定，并在保险产品销售中重复使用的条款，属于格式条款的范畴。《中华人民共和国保险法》第三十条规定了对保险格式条款发生争议时的解释规则，即采用保险人提供的格式条款订立的保险合同，保险人与投保人、被保险人或者受益人对合同条款有争议的，应当按照通常理解予以解释。对合同条款有两种以上解释的，人民法院或者仲裁机构应当作出有利于被保险人和受益人的解释。本条文对应着对格式条款的两条解释规则，即通常解释与不利解释，且应先适用通常解释，如按通常理解只有唯一解释，那么这就是格式条款的解释结果；如对格式条款有两种以上解释，应当作出不利于提供格式条款一方的解释。①

其次，何谓通常理解。对于行李延误险的理赔条件，某保险公司认为其承保的是航班延误所导致的行李延误，此为该险种的承保和设立目的，也是行业

① 最高人民法院民法典贯彻实施工作领导小组主编：《中华人民共和国民法典合同编理解与适用（一）》，人民法院出版社2020年版，第256页。

共识和惯例。而张某认为，保险条款约定的“送抵”应当达到托运人可以随时取到行李的状态。本案的情况是，张某抵达目的地机场后，行李也送抵目的地，但未处于张某可以随时取到的状态。可见，某保险公司系从保险行业及条款制定者的角度对格式条款进行通常理解，而张某则从保险产品消费者角度理解格式条款。

法律和司法解释对“通常理解”也没有明确规定。全国人大常委会法工委组织编写的《中华人民共和国民法典释义》认为：“格式条款是为了重复使用而拟定的，因此对格式条款也应当按照通常理解予以解释，既不按照提供格式一方的理解予以解释，也不按照个别相对方的理解予以解释，而是按照可能订立该格式条款的一般人的理解予以解释，这对保护相对方的利益是公平的。”[①]在司法案例中，也有法官对“通常理解”进行解释，“按照通常理解予以解释，指依据具有一般知识能力的正常人的理解进行的解释”。[②]“法院经审理认为，罗某某承诺所售商品‘半年内质量问题换新’，应按社会普通消费者的通常理解，此处‘换新’应指电池整机换新，而非构成电池组成部分零部件换新。”[③]可见，在我国对“通常理解”也基本形成了共识，“通常理解”应是可能订约者平均、合理的理解。

于保险合同而言，“可能订立格式条款的一般人”即为可能订立该保险合同的一般保险消费者或投保人、被保险人。其中包含两层意思，其一为“可能订约者”，其二为“一般人”。“可能订约者”是“条款制定者”的相对方，从其角度考虑的原因在于，保险消费者未参与保险格式条款的订立，却要受之约

---

① 黄薇主编：《中华人民共和国民法典释义》（中），法律出版社 2020 年版，第 957 页。

② 北京市丰台区人民法院（2023）京 0106 民初 1399 号民事判决书，刘某与某财产保险股份有限公司北京分公司财产保险合同纠纷案。

③ 《最高法发布消费者权益保护典型案例》案例 10——齐某某诉罗某某网络信息购物合同纠纷案，载最高人民法院网，https：//www. court. gov. cn/zixun/xiangqing/350961. html，2025 年 1 月 12 日访问。该案中，罗某某系电子商务经营者，从事电动摩托车锂电池销售经营活动，其在网络店铺宣称售卖商品“签收 15 日内支持免费退换货，半年内质量问题换新，两年保修”。齐某某购买其锂电池后因发生质量问题要求换新，罗某某认为销售承诺中的“换新”仅指换“新电芯”。

束，从保险消费者的角度解释格式条款，相当于嗣后赋予了保险消费者救济途径并通过解释填补了保险消费者订约时的缺位，保障了其订约的真实意思。这体现了格式条款具有私法的特性，以及对消费者的倾向性保护。“一般人”则区别于“个别人”，从其角度考虑的原因在于，格式条款的内容定型化、标准化，适用对象是特定的消费者群体，为满足该群体的合理预期，不应因适用对象的个体差异而作不同解释，这体现了格式条款“准规范”的特性。[①] 这一特性也要求保险公司制定保险条款时，考虑可能订约的群体的平均理解能力和合理化期待。

最后，对本案中争议条款进行“通常理解”的解释方法。在司法案例中，对“通常理解”多采用《中华人民共和国民法典》第一百四十二条的解释方法，即当事人对合同条款的理解有争议的，应当按照合同所使用的词句、合同的有关条款、合同的目的、交易习惯以及诚实信用原则，确定该条款的真实意思。《中华人民共和国民法典合同编理解与适用（一）》也认可这一解释方法，“从解释依据或者解释方法的角度说，通常理解应参照《民法典》第142条第1款的规定及《民法典》第498条的规定进行理解”。[②]

本案对“送抵”的解释亦参考了《中华人民共和国民法典》第一百四十二条第一款的解释方法。系争“行李延误险”的一般保险消费者不是指本案原告张某，而是法官需拟制一个理性的、具有正常理解能力的保险消费者，他无须通读保险行业关于“行李延误险”的所有条款，亦无须了解保险行业的惯例，其仅依据个人的知识、理解能力、生活经验或购买保险产品的目的对保险条款进行客观的理解。对案涉条款进行目的解释，这名一般的保险消费者购买“行李延误险”的目的系防范行李延误可能产生的不利后果，因此未能按时取得行李即为延误，只有按时拿到行李才能实现投保目的。对案涉条款进行体系解释，

---

① 樊启荣、王冠华：《保险格式条款“通常理解”之解释——以我国〈保险法〉第30条规定为中心》，载《西部法学评论》2010年第6期。

② 最高人民法院民法典贯彻实施工作领导小组主编：《中华人民共和国民法典合同编理解与适用（一）》，人民法院出版社2020年版，第258页。

将系争保险责任条款置于整个“行李延误险”框架之内，结合上下文，对“行李延误险”的承保内容进行理解，其中责任免除条款已列明会有第三方原因等多种情况导致行李延误，故保险公司将多种情况排除在外，而本案并无责任免除条款规定的情形。对案涉条款进行诚信解释，保险是一种基于信用的契约行为，具有分摊损失、经济补偿的功能，最大诚信原则是保险法的基本原则。本案中，张某办理了行李托运手续，行李在托运期间处于承运人的管理之下，下飞机领取行李亦应当办理交接。在被保险人不存在过错的情况下，保险条款制定者应满足保险消费者的合理期待。如按保险公司的理解，“送抵”仅指行李到达目的地机场行李领取转盘处，这在一定程度上免除了承运人交接管理的义务，将行李在转盘被第三方领取的风险转移到被保险人处，此种解释不符合诚信原则。

编写人：北京市房山区人民法院　王雪薇

3

未标注或提示为免责条款但暗含免除责任情形的保险条款属于隐性免责条款

——某电商公司诉某保险公司财产保险合同案

【案件基本信息】

1. 裁判书字号

山东省济宁市中级人民法院（2022）鲁08民终7287号民事判决书

2. 案由：财产保险合同纠纷

3. 当事人

原告（上诉人）：某电商公司

被告（被上诉人）：某保险公司

第三人：冯某、崔某、颜某

【基本案情】

某电商公司在泗水区域内经营“×A”外卖配送服务，案外人于某系其雇佣的业务配送员，第三人冯某、崔某、颜某系案外人颜某甲第一顺位继承人。2021年5月28日21时许，在取餐过程中，于某驾驶摩托车行驶至泉源大道处与颜某甲发生碰撞，颜某甲受伤后经医院抢救无效死亡，该事故经交通警察大队《道路交通事故认定书》认定，该事故中于某所驾驶的摩托车为机动车，与颜某甲承担事故的同等责任。2021年7月30日，冯某、崔某、颜某诉至法院要求赔偿，泗水县人民法院依法作出一审民事判决，判决某电商公司赔偿该三人损失527123.3元。

2021年5月28日，某电商公司在某保险公司处投保雇主责任险，保险责任为雇主责任，保险金额（每人限额）650000元，保险期限自2021年5月28日0时至2021年5月28日24时，雇员工种为外卖骑手，保险费3元。故某电商公司诉至法院，要求由某保险公司赔偿冯某、崔某、颜某损失400000元。

另查明，保单特别约定第八条约定本保单附加个人第三者责任：承保对被雇佣人员在本保险单有效期内从事本保险所载明的被保险人的业务有关工作时，由于意外或疏忽，造成被保险人及其雇员以外的第三者人身伤亡或财产损失的直接实际损失，保障限额400000元；第十四条约定，本保单扩展承保骑手驾驶非机动车过程中对于直接受损害的第三者，本保险承担第三者意外死亡、伤残及第三者事故发生地社保主管部门规定可报销的、必要的、合理的医保范围内的医疗费用（依据费用证明的原件）及其财产部分的直接实际损失。骑手驾驶机动车需启用车辆车险保单，不在本保单保障范围内。骑手使用的交通工具包括电瓶车、自行车、燃油助力车等非机动车。

【案件焦点】

案涉保险合同中，对雇主责任险适用条件的特殊约定条款是否属于免责条款，其效力应当如何认定。

【法院裁判要旨】

山东省泗水县人民法院经审理认为：本案中，某电商公司与某保险公司所签保险合同为双方当事人的真实意思表示，没有违反法律法规的强制性规定，应为有效。双方当事人在案涉合同中约定，“骑手使用的交通工具包括电瓶车、自行车、燃油助力车等非机动车”，该条款是对雇主责任险适用条件的约定，并非减轻、排除某保险公司义务或是加重某电商公司责任、限制某电商公司权利的免责条款。某电商公司雇员所驾驶的车辆为不符合合同约定的机动车，故其要求某保险公司支付保险赔偿金没有事实根据和法律依据。

山东省泗水县人民法院依照《中华人民共和国保险法》第十条、第十一条、第十九条，《中华人民共和国民事诉讼法》第一百四十七条之规定，判决如下：

驳回某电商公司的诉讼请求。

某电商公司不服一审判决，提起上诉。

山东省济宁市中级人民法院经审理认为：实践中，摩托车等机动车是外卖配送业务中较为常见的交通工具，案涉险种是专门为外卖配送人员设计承保的保险产品，因此，案涉保险合同条款中将“使用机动车对第三者造成的损害”排除在保险范围之外的约定，属于与投保人保险利益关系密切、重大之事项，会影响其订立保险合同之判断。尽管该特别约定条款在形式上系对雇主责任险适用条件的约定，但将外卖配送这一特殊行业的常用交通工具（机动车）予以排除，实质上减轻或降低了保险公司可能承担的保险责任，限制或剥夺了被保险人获得赔偿的权利，应当认定为免责条款。保险公司应在签订合同之时就上述免责条款尽到提示和明确告知义务，否则，相关条款对投保人无效。案涉保险合同文本并未对免责条款采取加粗、加黑等足以引起投保人注意的提示，某保险公司虽主张其尽到了提示、说明义务并陈述了投保流程，但其陈述及提交的证据均无法证明其已尽到充分明确的提示、说明义务，故免责条款对某电商公司不发生效力，某保险公司拒赔理由不成立，应按照保险合同的约定在保险赔付范围内承担赔付义务，某电商公司主张由某保险公司将保险款直接赔付给第三人的主张系对自身权利的处分，予以支持。

山东省济宁市中级人民法院依照《中华人民共和国保险法》第十七条，《最高人民法院关于适用〈中华人民共和国保险法〉若干问题的解释（二）》第九条第一款、第十三条第一款，《最高人民法院关于适用〈中华人民共和国民事诉讼法〉的解释》第九十条及《中华人民共和国民事诉讼法》第一百七十七条第一款第二项的规定，判决如下：

一、撤销山东省泗水县人民法院一审民事判决；

二、某保险公司向冯某、崔某、颜某赔偿保险金400000元。

【法官后语】

本案主要涉及司法实践中保险合同隐性免责条款的识别及效力认定问题。

免责条款是指当事人约定的用于免除或限制其未来所负合同责任的条款。具体到保险合同中，是指减轻或免除保险人赔偿义务的条款。保险合同免责条款通常有两种表现形式：其一，条款明确适用“责任免除”表述并单独成章节，一般列于保险责任条款之后，被称为“显性免责条款”；其二，条款散落在保险合同各处，形式上并未写明属于免除保险人责任的情形，但实质上免除了保险人在一定情形下的赔偿义务，被称为“隐性免责条款”。在司法实务中，针对显性免责条款的识别与效力认定已有相对完善的裁判规则，争议较小，但隐性免责条款因其分布位置随机、表现形式多样而难以被有效识别，并且在识别标准、审查方式和效力认定方面存在较大争议。本案结合外卖配送员这一特殊身份背景，对争议保险条款进行实质性分析，将“是否减轻或免除保险公司的保险责任”“是否限制或排除被保险人获得赔偿的权利”作为判断其是否属于免责条款的关键要件，对保险合同纠纷中隐性免责条款的认定具有一定的借鉴意义。

一、关于隐性免责条款的识别方式

从法律意义上讲，保险合同免责条款实际免除的是保险公司的合同义务，而非法律责任，只是因为保险人的合同义务通常被表述为“保险责任”，所以免除合同义务被称为“免责”。换言之，免责条款是指保险公司不承担实际损失的全额赔偿责任，而是按照条款约定，在损失范围内减免其保险责任的情形。准确认定争议条款是否为“免责条款”，是明确保险人提示和说明义务界限、判定条款效力并确定保险公司责任的前提所在。对此，应当首先采取“先有保险责任后有责任免除”的顺序思维进行审查，再从条款内容的实质进行分析，以判断其性质。

（一）责任免除以保险人应当承担保险责任为前提

在法理上，免责是以保险人应当承担保险责任为前提的，如果保险人依约本就无须承担责任，则无免责一说。这是免责条款的本质特征。因此，根据这样的基本认识，保单中约定的保险责任条款本身不是“免责条款”；保险责任条款既是确定保险人风险保障责任和承保范围的条款，又是确定“免责条款”的前提，故其本身不是免责条款。[①] 据此理解，一些保险合同条款看似免除保险人的保险责任，但因不具备“承担保险责任”的基础，或是不符合“先承担责任再责任免除”的逻辑，故实际上并非免责条款。例如，保险合同约定，保险人因投保人、被保险人违反法定或约定义务而享有解除合同的权利，此时保险人已无须承担保险责任，责任免除更是无从谈起，故该类条款不是免责条款；再如，对于保险合同中对保险责任的具体范围和责任大小作出细化约定的特别条款，只要其没有减轻或者免除保险人应承担的保险责任，原则上便仍然属于保险责任条款的范畴，是对保险责任内容的详细说明，不应被认定为免责条款。

本案中，外卖配送员驾驶机动车造成第三人损害，保险公司本应承担相应的保险责任，但案涉特别约定条款却将该情形排除在外，这符合上述判断逻辑，应当认定争议条款属于免责条款范畴。

（二）隐性免责条款的识别应当以实质内容为判断要件

根据《最高人民法院关于适用〈中华人民共和国保险法〉若干问题的解释（二）》（2020年修正）第九条第一款的规定，保险合同中的免责条款，是指

---

① 最高人民法院民事审判第二庭编著：《最高人民法院关于保险法司法解释（二）理解与适用》，人民法院出版社2013年版，第234页。

保险人提供的格式合同文本中的责任免除条款、免赔额、免赔率、比例赔付或者给付等免除或者减轻保险人责任的条款。这是识别隐性免责条款的原则性规定。在遵循上述原则的基础上，应当对未明确标注责任免除字样的争议条款内容进行实质性审查，结合保险合同种类和案件事实情况，综合判断条款内容是否构成对保险人保险责任的减轻或免除及对被保险人获得赔偿权利的限制或剥夺，认定其是否属于免责条款。根据实践中隐性免责条款的常见情形，对条款内容进行实质性审查判断时可以重点关注以下两个方面。

一是在保险合同生效时间或保险期间上作出的特别约定。例如，如果保险合同预先拟定的格式条款免除了保险人在等待期内的保险责任，则应当认定其属于免责条款；此外，实际减轻保险人责任的附条件生效条款也属于保险法上的免责条款，如保险人在车辆保险合同中设置“盗抢险责任自上齐正式牌照后次日生效”的特别约定条款，以排除投保人就使用临时号牌期间遭遇车辆盗抢事件进行理赔的权利。

二是在保险责任范围上作出的特别约定，包括造成财产损失的行为种类、相关人员的主观过错以及责任承担比例等，这也是实践中隐性免责条款最为常见的表现形式。以机动车商业保险合同的事故责任比例条款为例，保险公司通常在保险合同中约定“保险人根据驾驶人在交通事故中所负的事故责任比例相应的承担赔偿责任”，这显然与“被保险人无过错时，保险公司应当承担赔偿责任”的保险法理相冲突，在实质上起到了鼓励机动车驾驶者违反交通法规的反面作用，与鼓励民众遵守交通法规的社会正面导向背离，同时在客观上免除了保险公司的保险责任，① 应认定为免责条款。

本案中，“骑手驾驶机动车需启用车辆车险保单，不在本保单保障范围内”的特别约定看似为雇主责任险的适用条件，实际上是将“使用机动车对第三者造成的损害”排除在保险责任范围之外，符合隐性免责条款的内容要件，属于免责条款。

---

① 闫东、路志明：《保险合同隐性免责条款的解释与规制——以机动车商业车损险为视角》，载《山东审判》2012 年第 3 期。

二、关于隐性免责条款的效力认定

隐性免责条款属于免责条款的范畴，应当适用《中华人民共和国保险法》第十七条第二款之规定，[①] 保险人对其负有提示和明确说明两项法定义务，只有保险人就隐性免责条款同时尽到上述两项义务，该条款才能对投保人产生合同效力。因此，如果保险公司以其已尽到提示和明确说明义务为由，提出适用免责条款减轻或免除保险责任的抗辩，则一方面，法院应当审查保险公司是否通过使用不同字体、加粗加大文本内容等方式在保险合同或其他保险凭证中对隐性免责条款作出足以引起投保人注意的提示，以确定保险公司是否履行了提示义务；另一方面，对于保险公司明确说明义务履行的审查，可以从说明时间、说明对象、说明方式和说明内容四个方面入手，具体而言，保险公司应当于保险合同订立之前，主动采取书面或口头方式向投保人就隐性免责条款的内容、概念、含义作出清晰准确的说明，并就投保人提出的问题进行答疑解惑，使其充分了解条款内容和法律后果，只有同时符合以上要件，才能视为保险公司已确实履行了法律规定的明确说明义务。

保险公司不能举证证明其已履行提示和明确说明义务，或是经审查认定未向投保人履行提示和明确说明义务的隐性免责条款不产生效力，保险公司不得据此主张保险责任的减轻或免除。本案中，虽然某保险公司主张其就争议条款履行了提示和明确说明义务，但根据双方陈述的投保流程来看，案涉保险合同系在外卖配送人员接到第一笔配送业务后通过自动扣费的方式成立生效，在此过程中某保险公司并未与投保人某电商公司就合同内容进行沟通说明，其主张不能成立，因此案涉争议条款作为免责条款，对投保人不产生效力，某保险公司应当承担保险赔偿责任。

综上，判断保险合同条款是否属于免责条款不能仅从形式上考察其是否被

---

① 《中华人民共和国保险法》第十七条第二款规定：对保险合同中免除保险人责任的条款，保险人在订立合同时应当在投保单、保险单或者其他保险凭证上作出足以引起投保人注意的提示，并对该条款的内容以书面或者口头形式向投保人作出明确说明；未作提示或者明确说明的，该条款不产生效力。

冠以“责任免除”之名、是否被置于保险合同“责任免除”之章，而应当从实质上审查其是否具有免除责任的特征。保险公司应当就隐性免责条款向投保人履行提示和明确说明义务，否则该条款依法不能成为保险公司拒绝理赔的依据。本案通过对外卖配送行业专属的保险合同隐性免责条款的认定，厘清了免责条款的范围边界，明确了保险公司责任承担与免除的条件，从而使外卖运营平台作为投保人为配送人员购买商业保险的风险分散目的得以实现，同时倒逼保险公司在推广类似保险服务时，使用条款内容更加谨慎规范、具体细致的格式合同，并更加主动、充分地履行提示和明确说明义务，这对于促进外卖配送行业低风险高质量发展、更新保险经营理念、规范保险行业行为、优化保险市场环境具有重要意义。

编写人：山东省济宁市中级人民法院　董浩

山东省嘉祥县人民法院　赵忆雪

4

财产保险的保险利益判断时点为保险事故发生时

——姚某诉某保险公司厦门分公司财产保险合同案

【案件基本信息】

1. 裁判书字号

福建省厦门市中级人民法院（2022）闽02民终510号民事裁定书

2. 案由：财产保险合同纠纷

3. 当事人

原告（上诉人）：姚某

被告（被上诉人）：某保险公司厦门分公司

【基本案情】

2021年6月8日，案外人曾甲驾驶闽D××号车辆沿平梅高速行驶至B道3公里300米时，操作不当致使闽D××号车辆失控碰撞中央隔离护栏，造成闽D××号车辆受损及高速公路路产不同程度损坏的交通事故。交警大队出具《道路交通事故认定书（简易程序）》，认定曾甲负全部责任。闽D××号车辆登记所有权人为梁某甲。闽D××号车辆在某保险公司厦门分公司投保机动车损失险，保险金额294591元，保险期间为2020年11月9日0时至2021年11月8日24时，被保险人为梁某甲。姚某提供的一份落款时间为2021年6月24日的《车辆买卖合同》载明，甲方（出让方：梁某甲）与乙方（买受方：姚某）约定甲方愿意将其所拥有的车牌号码闽D××号的事故未修复车辆有偿转让给乙方，转让车辆在保险公司参加了机动车保险（具体险种、保额、保费见保单）；甲方转让的车辆于2021年6月8日发生机动车交通事故；甲方同意以265000元的价格将车辆及车辆保险合同下的利益一并转让给乙方，签合同时支付车款10万元，剩余的165000元在过户完成时支付；乙方支付的上述价款包括车辆的本身价值和保险利益价值转让的对价（包括对机动车交通事故责任方的求偿权及赔偿款、向车辆保险公司索赔保险金赔偿款利益、向其他责任方保险公司索赔保险金赔偿款利益等）；甲方承诺乙方以甲方的名义处理机动车交通事故，并出具委托书给乙方或乙方的委托代理人，参与调解或诉讼（一审、二审、执行阶段、再审等司法程序）；在签订本合同之时，甲方出具了委托乙方或乙方代理人全权处理机动车交通事故受偿权益的委托书，如果后续发生新情况，需要调整委托书内容，甲方应在第一时间配合出具新的委托书等事宜。姚某已向梁某甲支付车款10万元。姚某因鉴定闽D××号小型轿车于2021年6月8日因交通事故造成的损失而支出鉴定费4000元，同时案涉事故造成高速公路路产损坏4515元，产生拖车费1050元。

【案件焦点】

保险事故发生后转让保险标的，保险金请求权转让是否属于当事人意思自治范畴。

【法院裁判要旨】

福建省厦门市思明区人民法院经审理认为：财产保险的被保险人在保险事故发生时，对保险标的应当具有保险利益。财产保险是以财产及其有关利益为保险标的的保险。保险利益是指投保人或者被保险人对保险标的具有法律上承认的利益。保险单是确定保险人与投保人、被保险人及其相互之间权利义务的书面凭证。本案保险单载明了被保险人为梁某甲。闽 D××号车辆因交通事故受损，该保险事故发生于保险期间内。涉案保险事故发生时梁某甲系被保险车辆的所有权人，对涉案保险标的具有保险利益，享有保险金请求权。《中华人民共和国保险法》对保险标的转让前因保险事故产生的保险金请求权是否转让并未予以规定，因此涉案车辆转让后，保险金请求权并未转让。保险标的转让不必然导致转让前发生保险事故的保险合同关系主体的变更。即便案涉《车辆买卖合同》《收条》的内容约定属实，《车辆买卖合同》亦明确约定梁某甲承诺姚某以梁某甲的名义处理机动车交通事故，并出具委托书给姚某或姚某的委托代理人，参与调解或诉讼（一审、二审、执行阶段、再审等司法程序）。现姚某并未提供梁某甲出具的授权委托书，却以自己的名义提起本案诉讼，在其未能举证证明其对本案保险标的具有保险利益的情形下，姚某主张某保险公司厦门分公司基于机动车损失险向其赔付相关损失，于法无据，不予支持。

福建省厦门市思明区人民法院依照《中华人民共和国保险法》第十二条、第四十八条，《中华人民共和国民事诉讼法》第六十四条第一款、第一百一十九条、第一百五十四条第一款第三项的规定，裁定如下：

驳回原告姚某的起诉。

姚某不服一审裁定，提出上诉。

福建省厦门市中级人民法院经审理认为：梁某甲与姚某的约定是梁某甲将相关保险利益转让给姚某，但并未明确将直接向保险公司索赔的权利转让给姚某，相反，在《车辆买卖合同》中明确约定梁某甲承诺姚某以梁某甲的名义处理机动车交通事故。故姚某并未取得直接向保险公司索赔的权利，一审裁定驳回其起诉并无不当，法院予以维持。

福建省厦门市中级人民法院依照《中华人民共和国民事诉讼法》第一百七十七条第一款第一项、第一百七十八条的规定，裁定如下：

驳回上诉，维持原裁定。

【法官后语】

近年来，随着我国机动车保有量的增加、交通事故赔偿标准的提高、普通民众风险意识的增强，以及机动车强制险的推行，车险市场呈现蓬勃发展的态势。车险亦成为财产险中招致非议最多的险种。对于涉机动车转让的保险赔偿问题，如何准确适用保险法，妥善审理该类案件，依法保障各方当事人的合法权益，对于促进保险业发挥长期稳健风险管理和保障的功能意义深远。

一、保险利益判断时点

保险利益，是指投保人或被保险人对保险标的具有的法律上承认的利益，其是由投保人或被保险人同保险标的之间所存在的利害关系产生的[①]，包括财产利益和人身利益[②]。保险利益又称可保利益，即保险事故发生时，可能遭受的损失或失去的利益。保险利益产生于投保人或被保险人与保险标的物之间的经济联系。构成保险利益应当具备三个条件：保险利益必须是合法的，即法律上承认并且可以主张的利益。保险利益必须是确定的，即可以实现的利益。确定的保险利益包括投保人对保险标的的现有利益和由现有利益产生的期待利益。保险利益必须是可用货币形式计算的利益。保险利益原则的意义在于，一方面具有防范赌博和道德风险的重要功能，另一方面可以限制保险人的赔偿责任。保险利益是保险法特有的制度，投保人或被保险人是否具有保险利益涉及保险合同的效力及保险人保险责任的承担。保险利益的载体是保险标的，以保险标的来划分，可将保险利益分为财产保险的保险利益和人身保险的保险利益。保

---

① 黎建飞、王卫国：《保险法教程》，北京大学出版社2009年版，第45页。

② 王卫国：《我国的保险法律制度——在十一届全国人大常委会第七次专题讲座上的讲稿》，载杨华柏主编：《保险业法制年度报告2008》，法律出版社2009年版，第8页。

险利益的存在节点因财产保险和人身保险而异。财产保险的保险标的所对应的主体是被保险人而不是投保人。而人身保险中，保险标的是被保险人的生命或健康，相对应地，拥有保险利益的主体只能是投保人①。《中华人民共和国保险法》第十二条和第四十八条从正、反两个方面明确，与人身保险不同，财产保险的被保险人对保险标的具有保险利益的判断时间节点是保险事故发生时。财产保险的被保险人在保险事故发生时，对保险标的应当具有保险利益。财产保险是补偿性保险，损失填补是其基本原则。如若被保险人在保险事故、损失发生时对保险标的没有保险利益，则其不会遭受损失，根据损失填补原则，即无须对其进行赔偿。本案中，案涉机动车商业保险单载明了被保险人为梁某甲。案涉保险事故发生时梁某甲系被保险车辆的所有权人，对涉案保险标的具有保险利益，享有保险金请求权。

二、保险利益转让问题

保险金请求权是发生约定保险事故时被保险人基于保险合同可向保险人主张的付款请求权，属于合同之债。《中华人民共和国民法典》第五百四十五条规定，债权人可以将债权的全部或者部分转让给第三人，但是有下列情形之一的除外：(1) 根据债权性质不得转让；(2) 按照当事人约定不得转让；(3) 依照法律规定不得转让。当事人约定非金钱债权不得转让的，不得对抗善意第三人。当事人约定金钱债权不得转让的，不得对抗第三人。按照法律、行政法规需要办理批准等手续的债权转让合同，适用《中华人民共和国民法典》第五百零二条的规定。我国现行法明确了债权不得转让的情形。一是根据债权性质不得转让的权利。主要指合同是基于特定当事人的身份关系或者对特定人资质能力等的信赖而订立的合同。二是按照当事人的约定不得转让的权利。当事人可以通过约定的方式排除债权人转让债权，以保证有关交易秩序的稳定性，这也是当事人意思自治原则的体现。三是依照法律规定不得转让的权利。违反禁止性规定转让债权的，应当认定为无效。比如，《中华人民共和国保险法》第三十四

① 周玉华编著：《最新保险法条文释义与案例解析》，人民法院出版社 2009 年版，第 48~50 页。

条第二款、第三款规定："按照以死亡为给付保险金条件的合同所签发的保险单，未经被保险人书面同意，不得转让或者质押。父母为其未成年子女投保的人身保险，不受本条第一款规定限制。"本案被保险人梁某甲享有的保险金请求权并不属于上述债权转让的除外范畴，且保险车辆的转让没有显著增加保险事故的风险。

三、诉讼主体资格问题

《中华人民共和国保险法》第四十九条第一款规定，保险标的转让的，保险标的的受让人承继被保险人的权利和义务。梁某甲将保险车辆的所有权转移给姚某，此后将不再对保险车辆继续具有保险利益，但是，《中华人民共和国保险法》对保险标的转让前因保险事故产生的保险金请求权是否转让并未予以规定，因此涉案车辆转让后，保险金请求权并未当然转让。涉案保险事故发生时梁某甲系被保险车辆的所有权人，对涉案保险标的具有保险利益，享有保险金请求权。《车辆买卖合同》中车辆转让人与受让人之间关于车辆转让之前保险金请求权的特别约定，既未违反法律，亦未违背公序良俗，属于当事人意思自治范畴，应为合法有效，故姚某并未取得直接向保险公司索赔的权利。根据《中华人民共和国民事诉讼法》第一百二十二条的规定，现姚某并未提供梁某甲出具的授权委托书，却以自己的名义提起本案诉讼，在其未能举证证明其对本案保险标的具有保险利益的情形下，姚某作为本案原告的主体不适格。

编写人：福建省厦门市思明区人民法院　王丽娟

5

“次日零时起保”格式条款的效力认定

——陈某诉某保险公司财产保险合同案

【案件基本信息】

1. 裁判书字号

江苏省徐州市中级人民法院（2024）苏03民终2443号民事判决书

2. 案由：财产保险合同纠纷

3. 当事人

原告（被上诉人）：陈某

被告（上诉人）：某保险公司

【基本案情】

2022年1月7日，陈某以电子形式投保了机动车商业保险。当日14时01分，某保险公司出具机动车商业保险保单显示，缴费确认时间、保单生成时间和保单打印时间均为当日14时01分，保险期间为2022年1月8日0时0分至2023年1月8日0时0分。2022年1月7日17时20分，陈某驾驶投保车辆发生碰撞，经认定陈某全责，经调解陈某已向事故受害方支付各项损失18475.63元，并与受害方签订调解书。

陈某主张保险人员没有提醒或告知有即时生效和次日零点生效两种选择，请求某保险公司支付赔偿费用。某保险公司抗辩称保险事故的发生不在保险期间内，保险公司不存在明确告知投保人选择合同即时生效还是次日零点生效的法定义务。

【案件焦点】

商业三者险约定“次日零时起保”条款的效力。

【法院裁判要旨】

江苏省徐州市铜山区人民法院经审理认为：首先，某保险公司在与陈某签订保险合同时并未就保险期限进行协商确定，而是由保险人直接确定保险期限并打印在保单上，是其单方行为，违反意思自治原则，属于格式条款。其次，“次日零时起保”条款造成自投保人缴纳保险费起至次日零时有一段保险“真空期”，投保车辆在此期间处于脱保状态，《中华人民共和国保险法》第十七条第二款规定，“对保险合同中免除保险人责任的条款，保险人在订立合同时应当在投保单、保险单或者其他保险凭证上作出足以引起投保人注意的提示，并对该条款的内容以书面或者口头形式向投保人作出明确说明；未作提示或者明确说明的，该条款不产生效力”。某保险公司不能提供证据证实对“次日零时起保”条款履行了明确的说明或告知义务，这加重了投保人责任，免除了保险人本应承担的即时生效的保险责任，致使投保人在缴纳保费到起保时间段可能获得期待利益的权利丧失，该条款不产生效力，故涉案保单中关于保险期间的约定对陈某不具有约束力。最后，保险制度的设立旨在对未来可能发生的风险进行预期补救，陈某向某保险公司提出保险要求并缴纳了保险费，某保险公司收取保险费并出具了保单，涉案保险合同应于某保险公司同意承保并签发保单的瞬时成立并生效。交完保费并生成保单即认为保险合同生效符合普通保险消费者的一般认知，这种将保险起保时间定为次日零时的行业惯例不仅不能充分保护投保人的合法权益，也使投保人、事故受害人及保险人三者利益难以兼顾，与保险法的立法宗旨相悖。综上，“次日零时起保”条款对投保人不产生约束力，保险人应在商业险范围内承担保险责任。

江苏省徐州市铜山区人民法院依照《中华人民共和国民法典》第四百九十条、第四百九十六条、第一千一百七十九条，《中华人民共和国保险法》第十三条、第十四条、第十七条、第十九条、第二十三条，《最高人民法院关于适用〈中华人民共和国保险法〉若干问题的解释（二）》第四条和《中华人民共和国民事诉讼法》第六十七条之规定，判决如下：

某保险公司于判决生效之日起十日内支付陈某保险理赔款。

某保险公司不服一审判决，提出上诉。

江苏省徐州市中级人民法院经审理认为：案涉合同项下“次日零时起保”条款应当认定为免责条款，保险人未就案涉免责条款尽到提示及明确说明义务，对陈某没有约束力，案涉保险合同自成立时生效，案涉交通事故发生在保险期间内，某保险公司作为保险人应当承担相应的法律责任。

江苏省徐州市中级人民法院依照《中华人民共和国民事诉讼法》第一百七十七条第一款第一项之规定，作出如下判决：

驳回上诉，维持原判。

【法官后语】

本案主要涉及车辆保险实践中的“次日零时起保”条款。所谓“次日零时起保”，是指保险合同约定生效时间在保险合同成立后的次日零时。“次日零时起保”不能被一概予以否定，也不应一概认可其效力，而应在个案中对“次日零时起保”条款的性质、效力予以认定，确认个案是否适用，进而认定保险合同的生效时间。

一、“次日零时起保”属于格式条款

《中华人民共和国民法典》第四百九十六条第一款规定，“格式条款是当事人为了重复使用而预先拟定，并在订立合同时未与对方协商的条款”。在合同书中预先拟定、不与对方协商的条款为格式条款，而相互协商订立的条款则为非格式条款。如果合同全部条款都是由一方事先拟定且不与对方协商，则该合同即为格式合同。格式条款须同时具备三个特征：一是预先拟定；二是重复使用；三是未与对方协商。其中最本质的特征在于“未与对方协商”。格式条款必须是在订约以前就已经预先制定出来，而且往往是由占有优势的一方提出，不论是由占有优势的一方自行拟定还是由某行业协会拟定，还是以合同书形式、票证形式还是其他形式，甚至其条款并不在书面形式上记载，只要一方提出，相对方对条款内容就没有进行实质磋商或是修改的余地。如果当事人在能够协商的情况下不与对方协商，或放弃协商的权利，则不能将这些未协商的条款直接确定为格式条款。本案中，一方面，陈某投保的交通事故强制险，是法律规定必须投保的险种；另一方面，保险合同是一种典型的格式合同，制定格式合同的本意是为合同双方的相对人节约大量的时间和精力，促使合同目的尽快达成，节约大量的社会成本。案涉保险合同的条款和内容以及生效时间均由某保险公司提供和制定，交强险保单中显示的起止时间是预先拟定的格式条款，保险人与投保人订立协议时未进行协商约定，陈某也不可能将生效时间提前到交费当即生效，而将生效时间推迟到次日零时起生效显然更不是原告的真实意思表示，因此案涉“次日零时起保”条款明显属于格式条款。

二、“次日零时起保”条款属于需要提示说明的格式条款

《中华人民共和国民法典》第四百九十六条第二款规定，“采用格式条款订立合同的，提供格式条款的一方应当遵循公平原则确定当事人之间的权利和义务，并采取合理的方式提示对方注意免除或者减轻其责任等与对方有重大利害关系的条款，按照对方的要求，对该条款予以说明。提供格式条款的一方未履行提示或者说明义务，致使对方没有注意或者理解与其有重大利害关系的条款的，对方可以主张该条款不成为合同的内容”。格式条款是优势一方当事人单方提供的，并没有经过与相对方充分磋商，故提供格式条款的一方应当遵循公平原则确定当事人之间的权利和义务，这也是从事民事活动的基本原则。具体来说，格式条款提供方应采取合理的方式提示对方注意免除或者减轻其责任等与对方有重大关系的条款，并按照对方的要求，对条款予以说明，从而让对方在缔约时能够充分注意并理解格式条款的内容，从而对合同订立的效果作出合理的判断。合同成立首先是一个自由协商并达成合意的过程，在格式条款中，提示、说明义务的初衷就是弥补格式条款“预先拟定”和“未与对方协商”的缺陷，只有让相对方知晓并理解要约内容后作出承诺，才能达成合同合意，如果没有在格式条款中履行提示、说明义务，不能让相对方对条款达到理解、知晓的程度，那么相当于当事人对合同没有达成合意，所产生的法律后果就是该格式条款未订入合同。本案中，案涉合同项下“次日零时起保”条款系保险人

提供的格式条款，该条款将保险合同生效时间推迟至次日零时，造成投保人自缴纳保险费起至次日零时之间产生一段保险的“真空期”，使投保人在此期间无法获得所投商业险的风险转移，排除了投保人从这一时间段可能获得期待利益的权利，加重了投保人的义务，免除了保险人本应承担的保险责任，故保险人应就案涉免责条款尽到提示及明确说明义务。某保险公司提交的投保单上并未对生效时间作出能够引起注意的提示，也未有对此作出明确说明的内容，且某保险公司在二审期间陈述其提供线上投保的流程中没有选择生效时间的环节，并解释其公司在保险办理上亦无法做到交费即时生效，可以看出某保险公司对案涉“次日零时起保”条款未尽到提示及明确说明义务，因此，该“次日零时起保”格式条款应当无效。

三、本案保险合同自保险人签发保险单时即已成立并生效

合同成立后，既可能同时生效，也可能延期生效。所谓合同成立，是指订约当事人就合同的主要条款达成合意，其具体表现就是将要约人单方面的意思表示转化为双方一致的意思表示，具体到《中华人民共和国保险法》中为“投保人提出保险要求，经保险人同意承保，保险合同成立”。合同生效，指当事人约定的合同条款获得法律的认可，因而对当事人双方已发生法律上的效力，要求当事人双方恪守合同，全面履行合同规定的义务。我国保险合同的保险生效规则有两种，一是法定生效规则，即依法成立的保险合同，自合同成立时生效；二是约定生效规则，即保险生效时间根据双方约定确认。虽然案涉保险合同约定“次日零时起保”，但该条款在本案中对陈某不生效，因此案涉保险合同生效时间应适用法定生效规则，陈某作为投保人提出以订立保险合同为目的的保险要求，视为向保险人发出申请订立保险合同的要约。某保险公司作为保险人，接受投保人的保险要求并同意承保，应视为承诺。某保险公司向陈某出具保险单视为就双方的保险合同的条款达成协议，双方的保险合同关系成立，并且自保险单签发的同时产生法律效力。

编写人：江苏省徐州市中级人民法院　李飞　仝斌

6

合同约定不明情境下商业性森林保险赔偿金的裁量原则

——吴某甲诉某财保公司政和支公司财产保险合同案

【案件基本信息】

1. 裁判书字号

福建省南平市中级人民法院（2022）闽 07 民终 516 号民事判决书

2. 案由：财产保险合同纠纷

3. 当事人

原告（上诉人）：吴某甲

被告（上诉人）：某财保公司政和支公司

第三人：某林业站

【基本案情】

某市 2018—2020 年森林综合保险承保机构经政府公开招投标，确定某财保公司南平市分公司中标，相关森林综合保险合同一年一签。坐落于政和县甲镇乙村丙山场的 77 亩毛竹林所有权归吴某甲。2019 年 5 月 20 日，某财保公司政和支公司与某林业站续签《商品林综合保险协议》约定，一、保险标的：政和县甲镇乙村境内商品林。二、被保险人：林木所有权者……四、保险责任：在保险期间内，发生森林火灾、林业有害生物、雨灾、风灾等，造成的保险林木受害损失，保险公司按照本协议的赔偿标准负责赔偿。五、保险金额：每亩 1020 元……七、……2. 受灾面积>100 亩，免赔 10 亩，赔偿金额＝每亩保险金额×（受害面积－免赔面积）×损失率……4. 桉树风灾损失，每亩赔款限额 408 元，桉树其他损失仍按 1020 元/亩标准赔偿；5. 损失率按照相关主管部门制定的受灾损失认定标准确定。

2020年5月10日，乙村发生风灾。经某财保公司政和支公司组织对事故现场进行查勘，确定受灾山场的林班，以及××地当年毛竹的幼竹受损情况，按面积3275亩计算，毛竹受损率50%，即当年竹与成年异龄竹的占比均为50%，其中幼竹受损情况按100%计算，受灾的毛竹林幼竹已全部折损，面积为1637亩。2021年5月13日，某林业站出具权属证明，对上述查勘情况予以确认。2020年6月19日，某财保公司政和支公司作出《森林保险定损及赔偿公示表》并予以公示，认定核损比例为50%（核损亩数/投保亩数），损失率为100%。本案吴某甲的77亩毛竹林在某财保公司政和支公司此次查勘定损的范围内。依据上述公示表认定核损比例，吴某甲的核损亩数为361.5亩（743×50%-10）一年生幼竹全损。某财保公司政和支公司在乙村对该村的竹林受灾面积1637.5亩、赔款166005元等情况进行公示。吴某甲对被保险人和赔付标准等均提出异议。

【案件焦点】

用于计算某财保公司政和支公司应支付保险理赔款的每亩赔偿金额应如何确定。

【法院裁判要旨】

福建省政和县人民法院经审理认为：本案焦点是本案赔偿金额是每亩1020元还是每亩102元。吴某甲认为按每亩1020元赔偿符合保险合同的约定和法律规定。某财保公司政和支公司认为，根据福建省森林综合保险承保理赔操作规程和灾害损失认定标准，一年生竹子因保险责任损毁的，其赔偿标准按其他用材林赔偿标准的10%计算即每亩102元计算。本案保险合同中没有约定将福建省森林综合保险承保理赔操作规程和灾害损失认定标准作为本案保险合同的组成部分，且该文件不属于规范性文件，福建省森林综合保险承保理赔操作规程和灾害损失认定标准不是合同的组成部分，因此保险公司以“规程和标准”的规定“一年生竹子因保险责任损毁的，其赔偿标准按其他用材林赔偿标准的10%计算赔付”，即每亩1020元的10%为102元/亩进行赔付，依据不足。

因保险协议中对一年生毛竹的受损赔偿没有进行约定，经鉴定受损的是当年生幼竹，其和一般的树种有所区别，参照《商品林综合保险协议》第七条第一款第四项桉树风灾损失每亩赔款限额 408 元/亩的标准，更符合 2020 年 5 月 10 日时幼竹的风灾损失程度和特征。

综上所述，关于赔偿数额问题，根据《商品林综合保险协议》中“七、受灾面积>100 亩，免赔 10 亩。赔偿金额 = 每亩保险金额×（受害面积-免赔面积）×损失率（一）赔偿计算”的约定，因免赔面积已经在另一个案件中计算，此案不存在免赔面积，故财保公司政和支公司应赔偿金额为 408 元/亩×（77 亩×50%）×100% = 15708 元。

福建省政和县人民法院依照《中华人民共和国保险法》第十四条、《中华人民共和国民事诉讼法》第二百五十三条的规定，判决如下：

某财保公司政和支公司在本判决生效之日起十日内支付吴某甲保险理赔款人民币 15708 元 。

某财保公司政和支公司、吴某甲均不服一审判决，提出上诉。

福建省南平市中级人民法院经审理认为：《商品林综合保险协议》约定保险金额为每亩 1020 元，桉树风灾损失的每亩赔款限额为 408 元，桉树因其他灾害造成的损失仍按每亩 1020 元的标准赔偿，对竹子的赔偿标准未作出特别约定。首先，《商品林综合保险协议》对桉树因风灾受损的赔偿标准作出特别规定，说明该合同就极易导致林木受损的特殊风险在设置赔偿标准上有所考量。而根据日常生活经验法则，一年生幼竹亦属于易因风灾而受损的林木种类。按照合同解释方法，使一年生幼竹因风灾而受损的赔偿标准与其他种类林木受损的赔偿标准有所区分，更加合乎《商品林综合保险协议》的价值衡量原则。

其次，《中华人民共和国保险法》第五十五条第三款规定：“保险金额不得超过保险价值。超过保险价值的，超过部分无效，保险人应当退还相应的保险费。”故应当以保险标的之实际价值为保险价值的上限，否则，就意味着被保险人可以通过保险事故的发生而获得利益，违反损失补偿这一财产保险的基本原则。《商品林综合保险协议》涉及的险种为中央财政提供保费补贴的农业保险。《中央财政农业保险保费补贴管理办法》第十二条第三项明确，森林保险的保险金额原则上为林木损失后的再植成本，包括灾害木清理、整地、种苗处理与施肥、挖坑、栽植、抚育管理到树木成活所需的一次性总费用。考虑到一年生幼竹的萌芽、生长特性及抚育、管理成本，再通过对一年生幼竹、桉树、其他树种的经济价值进行比照，一审判决参照合同所约定桉树因风灾受损的每亩赔款限额确定一年生幼竹的赔偿标准，更加符合上述法律规定所确定的损失补偿原则。综上，一审判决有事实和法律依据。

福建省南平市中级人民法院依照《中华人民共和国民事诉讼法》第一百七十七条第一款第一项的规定，判决如下：

驳回上诉，维持原判。

【法官后语】

森林资源在维护生态安全、推动经济社会的可持续发展中具有重要作用，但林业经营受自然气候条件影响较大，且容易因火灾、病虫害等自然灾害遭受损失。森林保险作为增强林业风险抵御能力的重要机制，对于减少林业投融资风险、保障林业生态建设成果具有重要意义。《中华人民共和国森林法》第六十三条规定："国家支持发展森林保险。县级以上人民政府依法对森林保险提供保险费补贴。"案涉《商品林综合保险协议》即属于政府提供保险费补贴的政策性保险合同。《商品林综合保险协议》对一年生幼竹的保险金额未作出约定，导致双方当事人就一年生幼竹因风灾受损的赔偿标准产生严重分歧。二审判决主要从探求当事人合同真意、适用损失补偿原则、考量保险标的实际价值三个方面进行分析，确定将桉树因风灾损失的每亩赔款限额作为确定一年生幼竹的赔偿标准，较好地平衡了林业经营者获取保险赔偿的权利和商业保险公司的正常盈利诉求，对于后续类案的裁判具有一定的参考价值。

一、准确运用合同解释方法探求双方当事人的合同真意。

《商品林综合保险协议》明确保险金额为每亩1020元，桉树因风灾损失的每亩赔款限额为408元，桉树因其他灾害造成的损失仍按每亩1020元的标准赔偿，但未明确竹子或一年生幼竹的保险金额或保险价值，从而导致双方当事人对一年生幼竹因风灾受损的赔偿标准产生争议。该核心争议焦点问题系由合同约定不明而产生，应当诉诸合同解释方法加以解决。

在司法实践中，人民法院在认定合同条款的真实意思时，应以合同争议条款本身的文义解释为基础，结合合同文本通过整体解释确定合同的真实性，借助双方在交易洽谈、履行中所体现的合同目的进行判断印证，通过交易习惯、诚实信用、公平原则等进行价值衡量和利益平衡，确保公平合理地认定合同内容。本案《商品林综合保险协议》不分树种地约定林木赔偿金额为每亩1020元，却对桉树因风灾受损的赔偿标准作出特别规定，说明该合同就极易导致林木受损的特殊风险在设置赔偿标准上有所考量。而根据日常生活经验法则，一年生幼竹亦属于易因风灾而受损的林木种类。故二审法院将案涉争议事实置于较为完整的合同情境中，以争议条款本身文义解释为基础，结合行业惯例、公平原则等，认定一年生幼竹因风灾而受损的赔偿标准应当有别于一般林木的赔偿标准更为符合当事人订立合同时的真实意思。

二、本案应当适用《中华人民共和国保险法》确定的损失补偿原则。

我国森林保险保费补贴政策采取"政府引导、市场运作"的协保模式，即在政府统一制度框架下，由各地指定的商业保险公司在基层林业部门的协助下开展森林保险业务，政府给予投保者一定的保费补贴。但森林保险合同因承保机构为商业保险公司，不可避免地具有商业保险的属性。此外，森林保险合同一般被认为属于农业保险合同的范畴，《农业保险条例》第一条阐明，根据《中华人民共和国保险法》等法律制定本条例，而根据《中华人民共和国保险法》第二条的规定，该法所称保险为商业保险行为。故人民法院在审理因此类保险合同引发的纠纷时，应当兼顾保险行为的商业属性。

《中华人民共和国保险法》第五十五条第三款规定："保险金额不得超过保险价值。超过保险价值的，超过部分无效，保险人应当退还相应的保险费。"保险金额是投保人对保险标的的实际投保金额，根据《中华人民共和国保险法》第十八条第四款的规定，也是保险人承担赔偿或者给付保险金责任的最高限额。而保险价值是保险标的的实际金钱价值，即保险事故发生后保险标的的全损时被保险人的实际物质损失，以及确定保险金额从而确定保险人所承担赔偿责任的依据。保险金额与保险价值皆为限定保险人责任范围的因素，前者为当事人约定的最高额，后者则是法定的最高额。一言以蔽之，保险人承担保险金责任的上限为保险价值，即保险标的的实际价值。在实务中，即使保险合同约定了保险价值，人民法院仍应当对合同约定的保险价值是否真实反映保险标的的实际价值进行审查。

对于政策性森林保险合同，政府提供保费补贴的目的在于提升林业经营者的参保意愿，推动更多的林业经营者自愿投保从而提高林业风险抵御能力。但从林业经营现状来看，森林资源通常分布于较为偏远的地区，且林权较为分散，这些因素客观上加大了保险公司的经营成本和理赔成本，与之对应的是森林保险合同相对较低的保费标准。森林保险经营具有的低盈利、高风险性特点，在很大程度上限制了保险公司的供给意愿。如果人民法院在处理森林保险理赔纠纷时，忽略森林保险合同的商业属性，未能正确适用《中华人民共和国保险法》第五十五条所确定的损失补偿原则，使林业经营者获取的保险金超出保险标的的实际价值，则在违反法律规定的同时，还将进一步削弱保险公司的供给意愿，如此将有违政府推动保险公司积极开展政策性森林保险业务的初衷。

因此，对森林保险合同保险金的认定，应当适用《中华人民共和国保险法》第五十五条第三款确定的损失补偿原则，以保险标的物之保险价值为裁量依据。具体到本案，某财保公司政和支公司应仅在被损毁一年生幼竹的实际价值范围内承担赔偿责任。

三、考量一年生幼竹再植成本以衡平双方当事人利益

在诉讼中，人民法院可以委托鉴定机构对财产损失价值进行鉴定。但因案涉风灾发生于吴某甲提起诉讼前一年，至其提起本案诉讼时风灾现场幼竹竹兜已高度腐烂乃至灭失，导致委托鉴定机构对毛竹损失价值进行鉴定缺乏依据。当事人由此陷入保险合同对赔偿标准缺乏约定、鉴定依据不足等举证不能的困境。但吴某甲获取保险赔偿的权益依法应当受到保护。为加强农业保险保费补贴管理，加快农业保险高质量发展，财政部出台了《中央财政农业保险保费补

贴管理办法》。该办法第十二条第一款第三项明确，森林保险的保险金额原则上为林木损失后的再植成本，包括灾害木清理、整地、种苗处理与施肥、挖坑、栽植、抚育管理到树木成活所需的一次性总费用。通过考量一年生幼竹的萌芽、生长特性及抚育、管理成本，加之对一年生幼竹、桉树、其他树种的经济价值的比照，法官形成参照合同所约定桉树因风灾受损的每亩赔款限额确定一年生幼竹的赔偿标准，更加符合前述损失补偿原则的内心确信。本案裁判采用桉树因风灾受损的每亩赔款限额作为计算赔偿金的标准，兼顾森林保险合同的政策属性和商业属性，较好地缓解了双方当事人的利益冲突，为推动森林保险市场的可持续发展提供了实践样本。

编写人：福建省南平市中级人民法院　乐芳

7

被保险财产危险程度显著增加的认定

——师某诉甲保险公司巴州分公司财产保险合同案

【案件基本信息】

1. 裁判书字号

新疆维吾尔自治区巴音郭楞蒙古自治州中级人民法院（2023）新民终206号民事判决书

2. 案由：财产保险合同纠纷

3. 当事人

原告（上诉人）：师某

被告（被上诉人）：甲保险公司巴州分公司

【基本案情】

2021年9月18日，师某为其自有的越野乘用车在被告处投保机动车交通事故责任强制保险以及机动车综合商业保险，保险车辆使用性质为家庭自用车，机动车损失保险责任限额180000元，保险期间为自2021年9月18日18时0分起至2022年9月18日24时止。《机动车商业保险保险单》中重要提示部分第4项载明：被保险机动车因改装、加装、改变使用性质等导致危险程度显著增加以及转卖、转让、赠送他人的，应通知保险人。2022年6月5日，师某驾驶该车辆在甲县某公园发生事故，造成车辆损失，无人员伤亡的交通事故。事故发生后，原告向甲县公安局报案，民警到达现场，师某称已联系保险公司，自行将车辆拖出。后师某自行联系救援将受损车辆拖回库尔勒市，共花费施救费、拖车费5300元。2022年6月13日，师某委托某公司对事故车辆损失进行评估，评估车辆损失金额为147106元，原告支付评估费7350元。因被告拒赔，原告遂诉至法院。

另查明，甲保险公司巴州分公司在本案事故发生后既未就损失作出核定、未向师某发出拒绝赔偿通知书，亦未书面说明拒赔理由。涉案车辆并未进行修复。

【案件焦点】

师某涉案车辆的财产损失应否由甲保险公司巴州分公司承担赔偿责任。

【法院裁判要旨】

新疆维吾尔自治区库尔勒铁路运输法院经审理认为：师某与甲保险公司巴州分公司签订的保险合同系双方真实意思表示，合法有效。根据《中华人民共和国保险法》第五十二条的规定："在合同有效期内，保险标的的危险程度显著增加的，被保险人应当按照合同约定及时通知保险人，保险人可以按照合同约定增加保险费或者解除合同……被保险人未履行前款规定的通知义务的，因保险标的的危险程度显著增加而发生的保险事故，保险人不承担赔偿保险金的责任。"本案双方当事人对师某驾驶机动车在沙漠区域行驶是否属于"导致危险程度显著增加"存在争议。保单中师某投保的车辆使用性质为家庭自用车，甲保险公司巴州分公司提交的视频可以反映出师某驾驶涉案车辆在沙漠中行驶时翻越沙丘导致车辆侧翻，即师某系驾驶保险车辆“冲沙”导致车辆发生自翻事故。所谓“冲沙”，就是在沙子上冲浪，指冲沙爱好者驾驶越野车在沙漠区域体验各种复杂路况下的驾驶感受，这种运动是比较惊险和刺激的，与在公路或者城市道路上行驶相比，“冲沙”会导致车辆危险程度显著增加。师某未将导致危险程度显著增加的事项通知保险人，甲保险公司巴州分公司不承担本案保险责任。师某称其系驾驶车辆去沙漠救援朋友，但未提交证据予以证明。

新疆维吾尔自治区库尔勒铁路运输法院依照《中华人民共和国保险法》第十三条、第五十二条，《中华人民共和国民事诉讼法》第六十七条、第六十八条的规定，判决如下：

驳回师某的全部诉讼请求。

师某不服一审判决，提起上诉。

新疆维吾尔自治区巴音郭楞蒙古自治州中级人民法院经审理认为：本案中，所涉车辆保险是针对家庭自用的商业保险，在日常车辆出行中虽存在一定危险性和危险性增加的可能性，但应仅限于日常驾驶。根据师某提交的派出所出警记录、执法记录仪提取的视频，结合甲保险公司巴州分公司提交的被保险人本人发布的视频、“新疆××”发布的抖音视频，涉案汽车进入沙漠较深处，从较陡沙坡顶部翻下并多次翻滚，从沙坡顶到车辆最终停止翻滚沿途撞碎、掉落多个汽车部件，造成损失；事故发生时间是中午，能见度良好，一般稳慎的沙漠行驶甚至具有一定冒险性质的沙漠行驶不会发生此种严重事故，应属较为严重的故意冒险行为导致，被保险人将自身及车辆置于显著增加的危险之中，超出了保险人应当预见的危险范围，也超出了一般人关于危险程度的认知。即使被保险人关于前去救援的辩解成立，也并不能否定事故是因“冲沙”或类似高度危险驾车行为引起的。

新疆维吾尔自治区巴音郭楞蒙古自治州中级人民法院依照《中华人民共和国保险法》第五十二条，《最高人民法院关于适用〈中华人民共和国保险法〉若干问题的解释（四）》第四条，《中华人民共和国民事诉讼法》第一百七十七条第一款第一项的规定，判决如下：

驳回上诉，维持原判。

【法官后语】

何谓“危险程度显著增加”一直是保险理赔实务中的热点和难点。本案审理的关键点在于对是否构成“危险程度显著增加”的认定有分歧。

一、关于危险程度显著增加的相关规定

关于保险责任的规定：《中华人民共和国保险法》第五十二条规定，在合同有效期内，保险标的的危险程度显著增加的，被保险人应当按照合同约定及时通知保险人，保险人可以按照合同约定增加保险费或者解除合同，保险人解除合同的，应当将已收取的保险费，按照合同约定扣除自保险责任开始之日起至合同解除之日止应收的部分后，退还投保人。被保险人未履行前款规定的通知义务的，因保险标的的危险程度显著增加而发生的保险事故，保险人不承担赔偿保险金的责任。

关于危险程度显著增加的构成的规定：《最高人民法院关于适用〈中华人民共和国保险法〉若干问题的解释（四）》第四条第一款规定，人民法院认定保险标的是否构成保险法第四十九条、第五十二条规定的“危险程度显著增加”时，应当综合考虑以下因素：(1) 保险标的用途的改变；(2) 保险标的使用范围的改变；(3) 保险标的所处环境的变化；(4) 保险标的因改装等原因引起的变化；(5) 保险标的使用人或者管理人的改变；(6) 危险程度增加持续的时间；(7) 其他可能导致危险程度显著增加的因素。尤其是对兜底条款采取何种判断标准，并没有予以明确，应参照前述六种因素进行综合判断，不能随意扩大适用场景。

关于保险人免责的告知义务的规定：《最高人民法院关于适用〈中华人民共和国保险法〉若干问题的解释（二）》第六条第一款规定，“投保人的告知义务限于保险人询问的范围和内容。当事人对询问范围及内容有争议的，保险人负举证责任”。第二款规定，“保险人以投保人违反了对投保单询问表中所列概括性条款的如实告知义务为由请求解除合同的，人民法院不予支持。但该概括性条款有具体内容的除外”。

关于保险人核实的规定：《中华人民共和国保险法》第二十三条第一款规定，“保险人收到被保险人或者受益人的赔偿或者给付保险金的请求后，应当及时作出核定；情形复杂的，应当在三十日内作出核定，但合同另有约定的除外。保险人应当将核定结果通知被保险人或者受益人；对属于保险责任的，在与被保险人或者受益人达成赔偿或者给付保险金的协议后十日内，履行赔偿或者给付保险金义务。保险合同对赔偿或者给付保险金的期限有约定的，保险人应当按照约定履行赔偿或者给付保险金义务”。

以上规定虽然比较全面，但在具体法律适用中，仍然难以覆盖实践中的不同情况，从而产生不同的处理意见。

二、关于本案中的行为是否构成危险程度显著增加以及相应责任负担的不同意见

第一种处理意见：保险公司应予赔偿。(1) 冲沙的事实属性推定。一审事实认定基本正确，但关于被保险人事故当天驾车行为的性质，没有直接证据证明进行冲沙属于高度盖然性的推论，在此推论的基础上认定“冲沙”、构成危险程度“显著增加”，在危险程度显著增加时未履行通知保险人义务，保险公司免责。该逻辑有一定瑕疵，保险公司并未完成举证责任。(2) “冲沙”属于“危险程度显著增加”的情形。关于被保险人承担“告知”义务，保险人承保时并未将沙漠中具有一定冒险程度的驾车行为作为《中华人民共和国保险法》第五十二条的告知内容，属于对保险法的扩大解释，而不属于《最高人民法院关于适用〈中华人民共和国保险法〉若干问题的解释（四）》第四条第一款规定的六种情形，因此被保险人驾车进入沙漠行驶不属于应向保险人通知的内容。关于是否属于危险程度显著增加的兜底条款，应综合汽车用途、使用范围等进行认定，关于危险程度显著增加的举证责任在保险人，保险人未完成举证。

第二种处理意见：保险公司免责。(1) 被保险人驾车“冲沙”，超出了保险人应当预见的危险范围，也超出一般人关于危险程度的认知范围。从事故现场看，汽车从沙包顶翻下并多次翻滚，事发在中午，能见度极佳，其驾车行为

应属故意冒险行为，即将自身及车辆置于显著增加的危险之中。事前被保险人本人发布的抖音视频、事后“新疆××”发布的抖音视频，可形成证据链认定事故当天被保险人驾车“冲沙”，被保险车辆从事“冲沙”、危险程度显著增加具有高度盖然性。危险程度显著增加与保险事故之间存在因果关系。(2) 从被保险人的辩解看，其也知道“冲沙”具有高度危险、对危害结果或风险能够预见，因此其否认事发时正在“冲沙”，而是救援的说法经不起推敲，驾车到沙漠深处的目的很明显是从事刺激性活动。(3) 从社会效果看，保险公司赔偿损失将可能鼓励这种冒险行为。

经合议庭合议、专业法官会讨论，法院最终采纳第二种处理意见，作出认定本案存在“冲沙”事实、被保险人未履行告知义务、保险公司不予赔偿的判决。

编写人：新疆维吾尔自治区巴音郭楞蒙古自治州中级人民法院　普新

8

财产保险合同中非所有权人仍可能享有保险利益，保险标的灭失且无法鉴定情况下保险赔偿金的确定

——方某甲诉某财险公司财产保险合同案

【案件基本信息】

1. 裁判书字号

成渝金融法院（2023）渝 87 民终 3964 号民事判决书

2. 案由：财产保险合同纠纷

3. 当事人

原告（上诉人）：方某甲

被告（上诉人）：某财险公司

第三人：方某、方某乙、方某丙、方某丁、方某戊

【基本案情】

2021 年 5 月 19 日，方某甲采用官网线上投保的方式，在某财险公司投保了《某家财宝保障计划》，投保人与被保险人均为方某甲，保险期间：2021 年 5 月 24 日 0 时至 2022 年 5 月 23 日 24 时，标的地址：重庆市江津区中山镇××社区老街××号。险种名称：××家庭财产保险，其中，房屋主体损失保障，保额 1000000 元；房屋装修损失保障，保额 200000 元；室内财产损失保障，保额 100000 元……

《某财险公司××家庭财产保险条款》载明：第四条本保险合同可以承保的家庭财产包括由被保险人所有的房屋主体、房屋装修、室内财产及其他经投保人申请且经保险人书面同意承保的其他家庭财产，具体承保的家庭财产以保单载明为准……第二十一条当发生保险事故后，被保险人需尽快向保险人报案，并提供以下资料：（1）保单号和索赔申请书；（2）被保险人的身份证明；（3）财产损失、费用清单、发票（或其他保险人认可的财产证明）；（4）投保人、被保险人所能提供的与确认保险事故的性质、原因、损失程度等有关的其他证明和资料。被保险人未履行前款约定的索赔材料提供义务导致保险人无法核实损失情况的，保险人对无法核实的部分不承担赔偿责任。

方某己与郭某甲系夫妻关系，方某己于 2018 年 1 月 28 日死亡，郭某甲于 2021 年 12 月 18 日死亡。两人共生育第三人方某乙等五个子女，案涉房屋为两人共有，产权证登记权利人：郭某甲、方某己。方某甲系郭某甲、方某己的外孙，自小与郭某甲、方某己共同生活在案涉房屋处，且方某甲户籍与郭某甲生前户籍均在案涉房屋所在地。

2021 年 6 月 4 日，案涉房屋因所在街道突发火灾而完全灭失。当日，某财险公司接到方某甲报案，但其未进行理赔，亦未下达拒赔通知，方某甲遂起诉至法院，请求法院判决给付保险金 1300000 元。方某甲曾申请鉴定，要求评估房屋及室内装修和财产等的价值，但无法提供鉴定相关资料，鉴定未能进行。

本案中的第三人均表示同意方某甲以其本人名义向某财险公司主张权利，第三人均放弃向某财险公司主张权利。

【案件焦点】

1. 财产保险合同中的被保险人并非保险标的所有权人，其是否具有保险利益；2. 在保险标的灭失且无法鉴定的情况下，保险金如何确定。

【法院裁判要旨】

重庆市江津区人民法院经审理认为：关于焦点一，保险利益是指投保人或者被保险人对保险标的具有的法律上承认的利益。首先，某财险公司在接受方某甲投保后，保险单中载明被保险人为方某甲。在投保过程中，某财险公司既未要求方某甲具有产权人身份才可以投保，也未要求方某甲提供产权证明。某财险公司在签发保险单时，已对方某甲作为被保险人的身份予以确认。而在保险事故发生后，某财险公司又以方某甲不具有被保险人身份为由进行抗辩，有违诚信原则。其次，本案中的方某甲作为案涉房屋产权人的外孙，其在保险事故发生时虽然不享有房屋所有权，但其仍对案涉房屋享有众多利益，例如其自小跟随外公外婆共同居住的现实居住权利，以及基于近亲属关系可能获得的未来产权等。故本案中方某甲可视为有保险利益。

关于焦点二，案涉房屋没有约定保险价值，故本案系不定值保险，保险标的发生损失时，应以保险事故发生时保险标的实际价值为赔偿计算标准。本案不能证明保险事故发生时保险标的的实际价值。某财险公司对保险事故发生时案涉标的的实际价值负有举证责任。某财险公司一方面在订立合同时未约定保险价值或要求提供案涉财产价值的相应证明材料，另一方面在保险事故发生后，对所涉财产怠于及时履行查勘定损的义务，应当自行承担不利后果，按照合同约定的最大赔偿金额 1300000 元（即房屋主体 1000000 元、房屋装修损失 200000 元、室内财产 100000 元），再扣除案涉房屋已经获得的保险理赔款 45000 元，作为本案的赔偿金额。

重庆市江津区人民法院依照《中华人民共和国保险法》第二条、第十三条、第十四条、第二十二条、第二十三条、第二十四条、第四十八条、第五十五条、第五十六条，《中华人民共和国民事诉讼法》第六十七条的规定，判决如下：

一、某财险公司于本判决生效之日起十日内赔偿方某甲保险金 1255000 元；

二、驳回方某甲的其他诉讼请求。

双方均不服一审判决，提起上诉。

某财险公司向成渝金融法院提交了新证据：火灾发生后，方某甲向该公司提交的自制的《损失统计表中山老街××号》，显示房屋主体损失为 759080 元，成渝金融法院据此认定房屋主体损失应按方某甲自行申报价值 759080 元计算。

法院认定，本案三项保险标的实际损失共计 1059080 元，扣除巨灾保险理赔款 45000 元，某财险公司应当向方某甲付保险金 1014080 元。综上所述，某财险公司的上诉请求部分成立，方某甲的上诉请求不成立。法院根据二审事实予以相应改判。

成渝金融法院依照《中华人民共和国保险法》第二条，第十二条第二款、第四款、第六款，第十三条，第十四条，第二十二条，第二十三条，第二十四条，第五十五条，第五十六条，以及《中华人民共和国民事诉讼法》第一百七十七条第一款第二项的规定，判决如下：

一、撤销重庆市江津区人民法院一审民事判决；

二、某财险公司支付方某甲保险金 1014080 元；

三、驳回方某甲的其他诉讼请求。

【法官后语】

《中华人民共和国保险法》第十二条规定："……财产保险的被保险人在保险事故发生时，对保险标的应当具有保险利益……财产保险是以财产及其有关利益为保险标的的保险……保险利益是指投保人或者被保险人对保险标的具有的法律上承认的利益。"具体而言，这种利益关系体现在两个方面：一是保险事故发生，投保人或者被保险人因保险标的遭受损失或伤害而受到损害；二是保险事故未发生，投保人或者被保险人因保险标的的安全而受益。财产保险合同保障的并非财产本身，而是财产中所包含的经济利益及相关利益。凡因保险标的发生保险事故而蒙受经济损失或因财产安全而得到预期利益的，均具有财产保险的保险利益，并非以投保人、被保险人对保险标的享有所有权为唯一基准。确立保险利益原则的意义主要在于两方面：一是遏制经济学上赌博行为的发生。保险合同是一种机会性合同，其所约定的保险事故并不必然发生，而保险金的支付以这种事故的发生为条件，如果允许没有保险利益的人用他人的财产或生命进行投保，这种保险必然带有赌博的性质。二是防止道德危险的发生。所谓道德危险，是指投保人在与保险人订立保险合同以后，投保人、被保险人或者受益人为图谋保险金而违背道德，故意促使保险事故的发生或在保险事故发生时人为扩大损失程度的行为。若投保人或者被保险人对于保险标的不具有保险利益，则很容易发生道德危险。案涉房屋地址为方某甲的户籍所在地，且从实际情况看，方某甲从小与房主即外公外婆生活在一起，对该房屋存在法律上承认的合法利益，本案中并无防范赌博行为以及道德风险之虞。故应当认定其具有保险利益。

财产保险中，对于不定值保险，往往在保险标的灭失后，存在无法确定保险价值的风险，造成理赔难的问题。在此情形下，应认定保险公司对保险事故发生时房屋及其财产的实际价值负有举证责任。理由如下：

其一，对保险公司来说，其核保工作应是保险经营的核心环节，保险公司对于财产保险的核保要点一般都包含风险调查与评估，在承保前会审核所有材料，实地查勘周围环境，包括查明保险财产的占用性质、了解地域范围情况以及防灾安全设施等。财产保险的保险费率会综合考量建筑物的建筑结构或物资类别、标的物危险性大小、标的物所处环境及当地水文、气象、地质状况等，而这些情况的掌握依赖于核保流程。作为专业保险机构，在实际经营中，保险公司只有采取规范的核保流程以控制其经营风险，才符合常理和行业惯例。本案中，作为格式合同的保险合同中的格式条款全部由某财险公司提供，但其在提供合同时并未约定案涉房屋的实际价值（包括房屋主体和装修）、室内财产价值如何确定的标准，在接受方某甲投保时，也未要求其提供上述投保财产价值的证明，某财险公司的这种做法并不符合常理常情。

其二，我国当前房屋市场交易体系较为完善，保险公司作为专业保险机构，既有能力也有条件准确判断投保时的实际价值，做到事前核保，通常不存在房屋权利人利用自身对财产状况更为熟悉的优势隐瞒投保时实际价值的可能性。本案中，从某财险公司举示的方某甲投保过程看，双方对保险金额的约定来源于某财险公司已设定好的固定选项范围（即只能在ABCDE五个方案中选择，不同方案代表不同的保险金额），并非由方某甲自由设定。保单载明了案涉房屋的地址，某财险公司亦未能举证证明投保人投保时有隐瞒房屋信息的行为，方某甲已经尽到如实告知义务。某财险公司这种事前核保不到位、事后以保险价值未约定，且方某甲无法证明保险事故发生时案涉财产的实际价值为由进行抗辩的行为，系将举证责任不合理地转嫁给保险消费者。

其三，根据《中华人民共和国保险法》第二十二条的规定，“保险事故发生后，按照保险合同请求保险人赔偿或者给付保险金时，投保人、被保险人或者受益人应当向保险人提供其所能提供的与确认保险事故的性质、原因、损失程度等有关的证明和资料。保险人按照合同的约定，认为有关的证明和资料不完整的，应当及时一次性通知投保人、被保险人或者受益人补充提供”。资料与证明的提供须以投保人、被保险人能够提供为限。保险人要求投保人一方提供的证明和资料不能超出其能力范围。法律规定投保人在保险事故发生后有提供保险事故证明和资料的义务，目的在于使保险人能够及时准确查勘定损，保存证据材料。该提交资料义务的设定是以投保人一方在占有保险事故发生方面的信息优势为前提的，如果有些证明和资料投保人一方很难甚至不可能获得，则无须提供。本案中，虽然案涉保险条款中对提交资料有一定的约定，但某财险公司并未举证证明其在认为有关证明和资料不完整后，已通知方某甲补充提交。同时，某财险公司也不能仅以方某甲未提供相关证明和资料为由不予赔偿。案涉房屋已全部损毁，某财险公司执意要求方某甲应提供发票等资料，已超出方某甲所能提供的范围，并不符合法律规定。

其四，《中华人民共和国保险法》第二十三条第一款规定：“保险人收到被保险人或者受益人的赔偿或者给付保险金的请求后，应当及时作出核定；情形复杂的，应当在三十日内作出核定，但合同另有约定的除外。保险人应当将核定结果通知被保险人或者受益人……”这表明保险人负有积极核损并及时定损的义务。若保险人怠于履行该义务，在因客观原因而无法鉴定的情况下，不能因此把无法证明损失的举证责任归于投保人，可结合保险金额、已有房屋资料、公估报告以及常理常情，合理认定保险金。方某甲在火灾发生后的第一时间已经报案，某财险公司亦陈述去过现场，而及时查勘定损本属于某财险公司的责任，现距离火灾发生已两年之久，某财险公司既未赔偿也未出具赔偿与否的决定，更未出具任何定损结论，在本案审理过程中亦未能提出关于实际损失金额的任何主张。

编写人：重庆市江津区人民法院　陈巧琳　刘传颂

9

财产保险中“第一受益人”的权益保障[①]

——某销售公司诉某保险公司财产损失保险合同案

【案件基本信息】

1. 裁判书字号

北京金融法院（2022）京74民终587号民事判决书

2. 案由：财产损失保险合同纠纷

3. 当事人

原告（被上诉人）：某销售公司

被告（上诉人）：某保险公司

① 入库案例，参见人民法院案例库2025-08-2-333-001。

第三人：某工程公司

【基本案情】

2013年，某销售公司为其库存配件向某保险公司投保了财产损失保险，约定其为被保险人，其债权人即库存配件抵押权人某小额贷公司为第一受益人。该保险系根据某小额贷公司的要求进行投保，某小额贷公司还授权第三方公司对上述库存配件进行监管。2014年，库存配件因火灾事故被全部烧毁。某保险公司收到被保险人某销售公司提交的赔偿保险金申请和残留单证后，核定了损失数额，双方签订了赔偿协议，某保险公司据此给付了保险金。后某销售公司认为《赔偿协议》并非其真实意思表示，在签订过程中其存在重大误解，同时该协议显失公平，与实际损失金额严重不符，应予撤销。就某销售公司与某保险公司签订先行赔付165万元款项并履行的行为及其后果而言，实际上损害了某小额贷公司作为第一受益人的利益，某销售公司与某保险公司所签订的165万元赔偿协议及附件也应被认定为无效，某保险公司应继续赔付剩余保险金20254311.6元及经济损失。

诉讼中，某工程公司因受让某小额贷公司案涉债权申请加入本案诉讼，法院予以准许。某工程公司以有独立请求权第三人身份请求确认某保险公司与某销售公司于2016年3月16日签订的《赔偿协议》无效，并判令某保险公司向某工程公司支付保险赔偿金15078741.43元。

【案件焦点】

某工程公司作为案涉财产保险合同“第一受益人”的独立诉讼请求能否得到支持。

【法院裁判要旨】

北京市朝阳区人民法院经审理认为：某销售公司、某保险公司均认为某工程公司无权直接领受赔偿金，其理由为《中华人民共和国保险法》关于财产保险部分的规定中并无受益人概念，且某工程公司并非保险合同的相对方，无权主张赔付。对此法院认为，第一，保险法为管理、规范性法律，财产保险部分无受益人的概念不宜直接理解为禁止于财产保险合同中约定受益人，相关条款不能因此被直接认定为无效。第二，现代商业活动中包含众多利益交错、嵌套的商事交易，合同日益呈现多样化的特征，双方对传统模式的突破实质包含交易双方的内在需求，即各类商事主体通过灵活设定权利义务控制风险、保证收益，故基于意思自治、鼓励交易的基本原则，财产保险合同中关于受益人的约定并无不妥。第三，案涉交易即具备复杂交易的特征，某销售公司投保并非孤立的行为，而是为达到融资目的应某小额贷公司要求进行抵押、投保，实践中，财产保险合同中约定受益人的情形并非个例，仅以保险法未规定受益人概念为由认定相关约定无效，会造成大量合同预期落空，不利于交易稳定。第四，某小额贷公司提交的《最高额抵押合同》显示，某销售公司同意以其所拥有的汽车配件作为抵押物向某小额贷公司提供担保，担保范围包括主合同项下的本金、利息、罚息、损害赔偿金及实现债权的费用等，《动产抵押登记书》显示，抵押事项已于北京市工商行政管理局朝阳分局办理了登记，至此，某小额贷公司的抵押权已有效设立并公示。此后某销售公司尚未清偿完借款，作为抵押物的汽车配件即因火灾灭失，依据《中华人民共和国物权法》第一百七十四条“担保期间，担保财产毁损、灭失或者被征收等，担保物权人可以就获得的保险金、赔偿金或者补偿金等优先受偿”的规定，某小额贷有权取得物上代位权，其于某保险公司未足额支付保险金时有权直接主张赔偿金。现因某小额贷公司已将债权转让给某工程公司，综上，法院对某工程公司要求某保险公司支付保险金权利予以确认。

北京市朝阳区人民法院依照《中华人民共和国合同法》第五十五条、第六十条、第一百零七条、第一百一十二条、第一百一十三条，《中华人民共和国物权法》第一百七十四条，《中华人民共和国保险法》第二十三条、第五十五条，《最高人民法院关于适用〈中华人民共和国民法典〉时间效力的若干规定》第一条第二款之规定，判决如下：

一、确认某销售公司与某保险公司签订的《赔偿协议》无效；

二、某保险公司于判决生效之日起七日内支付某工程公司保险赔偿金15078741.43 元；

三、某保险公司于判决生效之日起七日内赔偿某销售公司保险赔偿金1451837.2 元及利息损失，扣减某保险公司已向某销售公司支付的 165 万元；

四、驳回某销售公司的其他诉讼请求。

某保险公司不服一审判决，提起上诉。

北京金融法院经审理认为：关于能否根据《赔偿协议》免除某保险公司继续支付保险金的责任。《赔偿协议》的签订主体为某销售公司和某保险公司。从协议内容看，协议载明为“一次性赔偿协议”，而从某销售公司在本案中的陈述和其提交的某保险公司北京分公司负责人李某甲的录音内容看，某销售公司主张《赔偿协议》系部分先行赔付，而李某甲事后解释称“这个钱属于协商的一种，先行赔付的第一笔款，不是根据实际损失赔的，我这是被保险人有损失的前提下，我们先给他垫付一笔钱”。据此，从合同解释角度看，“一次性赔偿协议”并非协议任何一方的真实意思表示，双方均明知财产损失金额大于协议所载金额。从签约过程看，签约双方明知，某工程公司作为保险标的的抵押权人和保险单载明的第一受益人，既有权就保险金优先受偿，也有权直接向某保险公司主张保险金。相关录音证据也能够证明某保险公司北京分公司负责人李某甲明知“应该把钱先赔给某小额贷款公司（后转让给某工程公司）”。但某销售公司和某保险公司故意在未经某工程公司同意的情况下协商赔偿方案，签订《赔偿协议》，且共谋通过向第三方账户付款的方式阻碍某工程公司追索保险金。基于上述分析，一审法院认定某销售公司与某保险公司签订的《赔偿协议》构成恶意串通损害某工程公司利益，进而根据某工程公司的请求否定《赔偿协议》的效力，处理结果并无不当。某保险公司依据《赔偿协议》上诉主张免除其继续支付保险金的责任，二审法院不予采信。综上所述，某保险公司的上诉请求不能成立，应予驳回；一审判决处理结果并无不当，应予维持。

北京金融法院依据《中华人民共和国民事诉讼法》第一百七十七条第一款第一项的规定，判决如下：

驳回上诉，维持原判。

【法官后语】

为了满足社会经济快速发展背景下市场主体的融资需求、维护市场的安全稳定，财产保险实务中逐渐开始使用“受益人”的概念。但“受益人”制度是否适用于财产保险，理论界和实务界一直存在不同意见。从保险实务来看，财产保险中经常使用这一概念的是保证保险。根据《信用保险和保证保险业务监管办法》的规定，保证保险指以履约信用风险为保险标的的保险，是由作为保证人的保险人为作为被保证人的被保险人向权利人提供担保的一种形式。此处的权利人也即被保险人的债权人，一般会在保险合同中被明确为保险事故发生时的受益人。

一、规范性文件溯源

《中华人民共和国保险法》第十八条第三款规定，“受益人是指人身保险合同中由被保险人或者投保人指定的享有保险金请求权的人。投保人、被保险人可以为受益人”。财产保险合同专节并未出现“受益人”的表述。有学者认为，该条明确了受益人只能存在于人身保险合同中。[①] 也有学者认为，这一规定只是概念式的界定，并非法律的强制性规范，更非禁止性规定，难以从反面解释的角度得出禁止财产保险存在受益人的结论。[②]

《中华人民共和国保险法》已经明确了保证保险属于财产保险的范畴，而早在1999年原中国保监会在给最高人民法院的复函[③]中就已明确：保证保险是财产保险的一种，如果因被保险人的作为或不作为而不履行合同义务，致使权利人遭受经济损失，则保险人应向被保险人或受益人承担赔偿责任。保证保险合同的当事人是债务人（被保证人）和保险人（保证人），债权人一般不是保证保险合同的当事人，而可以作为合同的第三人（受益人）。由此可见，保证保险中的受益人的法律地位已得到监管部门和司法实务部门的认可，财产保险

---

① 马宁主编：《保险法理论与实务》，中国政法大学出版社2010年版，第96页；张民安主编：《保险法》，中山大学出版社2003年版，第86页。

② 梁鹏：《财产保险“第一受益人”争议之检视》，载《中国应用法学》2019年第4期。

③ 《中国保险监督管理委员会关于保证保险合同纠纷案的复函》。

中的受益人制度有了存在的空间和依据。[①] 从地方司法文件来看，广东、山东等地人民法院也在相关指导意见中不仅明确了财产保险中受益人制度的存在，更明确了其享有诉的利益，可以作为原告主张保险人支付保险金。[②]

二、请求权性质的争议

与人身保险合同中受益人与被保险人的紧密人身关系不同，财产保险合同中的受益人与被保险人往往并不具备这种紧密联系，但二者之间通常情况下也存在交易关系，并且是通过财产保险合同进行保证的方式，保障交易关系的履行，一般来说是未来债权的实现。比如融资租赁、贷款购车买房等情况下，贷款人为了保障贷款按期回收，除了对财产标的采取抵质押等传统担保方式，还会要求借款人为财产标的购买保险并将贷款人设定为“第一受益人”。类似于以担保的方式保障贷款债权的实现。当发生保险事故时，贷款人有权以自己的名义向保险公司请求支付保险金。

从权利来源的角度来看，受益人的保险金请求权来源于被保险人的让渡，有学者认为这本质上是债权让与[③]。也有学者撰文指出，“当投保人或被保险人指定第三人为受益人时，此时成立的合同属于为第三人利益而订立的合同”。[④] 司法实务中也有持此类观点的，认为财产保险受益人虽为利益第三人合同，但

① 桑罗婷、杨文丛：《船舶保险合同中“第一受益人”条款的理论溯源与实践分析》，载上海市法学会微信公众号，2024年4月1日发布，2025年2月13日访问。

② 《广东省深圳市中级人民法院关于审理财产保险合同纠纷案件的裁判指引（试行）》第八条：“由保险人印制的载明‘该案一切赔偿责任业已终结’的收款收据不能单独作为认定保险人与被保险人或受益人达成最终赔偿或给付保险金协议的依据；但保险人有其他证据证明已经向被保险人或受益人说明了赔偿范围、标准、方法、数额等基本情况，被保险人或受益人已明确表示同意终结赔偿的，可以认定保险人的赔偿责任终结。”山东高院民二庭《关于审理保险合同纠纷案件若干问题的解答》第十四条对“机动车向银行抵押贷款后，在保险合同中约定银行为‘受益人’是否具有法律效力”的问题解答称：此类保险合同中约定的“受益人”或者“第一受益人”实际为保险赔偿金请求权主体，如果不存在其他导致无效的情形，应认定该约定具有法律效力。在发生保险事故导致车辆全损时，受益人有权根据保险合同约定向保险人主张保险赔偿金，除非有证据证明受益人已经同意将索赔权转让给被保险人。

③ 李娟：《“财产保险合同有受益人概念适用”质疑》，载《浙江金融》2009年第8期。

④ 刘晓雯、马炎秋：《财产保险受益人之法律分析》，载《大连海事大学学报（社会科学版）》2012年第6期。

并非真正利益第三人合同，而属于没有独立请求权的不真正利益第三人合同。此种观点从司法实务的角度出发，认为财产保险受益人对保险人不享有独立的保险金请求权，而仅享有保险金受领权。① 也有观点将其解释为“债权质押”②。

三、财产保险受益人的承认

《中华人民共和国民法典》第四百四十条明确规定“现有的以及将有的应收账款”和“法律、行政法规规定可以出质的其他财产权利”可以出质。《最高人民法院关于适用〈中华人民共和国民法典〉有关担保制度的解释》第六十三条进一步规定，“债权人与担保人订立担保合同，约定以法律、行政法规尚未规定可以担保的财产权利设立担保，当事人主张合同无效的，人民法院不予支持”。

鉴于保证保险合同明显具备的担保属性和保险合同本身的射幸属性，保证保险合同中的保险金请求权是一种未来可能产生的债权，也即只有在保险事故发生的情况下，才能确定产生的债权。这种债权未来是否产生虽然具有一定的不确定性，但作为已成立的债权本身，是可以设立担保的。因此，财产保险中的受益人约定可以认为是一种附条件的债权转让，受益人的保险金请求权可以是将来债权的让与担保。当条件成就时，债权转让的法律后果出现，受益人同时获得保险金请求权，也即应享有独立的、请求保险人给付保险金的权利。

本案中，保险合同确立了某工程公司作为第一受益人的合同当事人地位，但某销售公司和某保险公司未在保险事故发生后第一时间告知受益人，且通过协商确定一次性赔偿的方式损害了受益人的保险金请求权。因此，不论是从保险行业实践、保险监管观点，还是从民法典担保制度的立法精神和公平受偿原则出发，都应当承认某工程公司在本案中对保险金享有独立的请求权。

本案中，某保险公司不能据实核定某销售公司的财产损失，且共谋通过向第三方账户付款的方式阻碍了向根据合同约定具有“第一受益人”身份的某工程公司赔偿保险金，不仅违反合同约定、有悖商业信任、增加民营企业对合法

---

① 陈亚、梅贤明：《船舶保险合同中第一受益人条款的效力》，载《人民司法》2014年第8期。

② 王静：《保险案件司法观点集成》，法律出版社2016年版，第309页。

保险利益的不确定性风险，更拉长了民营企业债权实现的链条、增加了民营企业的维权成本。本案的处理在充分尊重当事人意思自治和现代商业规则的基础上，依法肯定财产保险“第一受益人”约定的效力，拓宽了民营企业债权实现的路径，引导保险机构依法合规、全面保护受益人利益，为金融服务实体经济提供了司法支撑和保障。

编写人：北京金融法院　王玫　孙兆晖

10

低空经济下通用航空器综合险中关于飞行员的乘客法定责任险的赔付标准

——某航空公司诉某保险公司财产保险合同案

【案件基本信息】

1. 裁判书字号

广东省深圳市中级人民法院（2022）粤03民终31703号民事判决书

2. 案由：财产保险合同纠纷

3. 当事人

原告（上诉人）：某航空公司

被告（被上诉人）：某保险公司

【基本案情】

2020年4月，某航空公司向某保险公司申请投保航空器综合险。其中乘客法定责任险特别约定：乘客指航空器上或处于与航空器相连的任何设备或装置上的任何人员，包括但不限于飞行员及机组人员，飞行员及机组人员责任限额每座每次事故250万元。除外条款又将飞行员及机组人员排除在乘客之外，并约定保险人对在受雇佣或履行被保险人职责期间的被保险人或其业务合作伙伴的雇员所遭受的人身伤亡或损失不予负责。

2020年9月，某航空公司执行飞行任务时，直升机失控跌落与山体相撞，造成机长潘某、副机长郑某及机务陈某死亡。其中潘某、陈某系某航空公司员工，某航空公司为潘某、陈某缴纳了工伤保险费，社会保险基金管理局核准潘某、陈某工伤保险待遇各93万余元。郑某系某航空公司合作伙伴某乙航空公司的员工，某航空公司与某乙航空公司签有《直升机飞行服务合同》，约定某乙航空公司为某航空公司提供机组人员开展飞行作业。某航空公司与三名遇难者家属分别达成和解协议，向潘某家属支付救助款240万元、教育专项补贴50万元，向陈某家属支付抚恤金150万元，向郑某家属支付死亡赔偿金1285516.5元、精神损害抚慰金10万元、善意救助款934483.5元。

后某航空公司向某保险公司索赔，某保险公司根据除外责任条款以潘某、陈某属于工伤赔付范围为由不予赔付。郑某是某乙航空公司的雇员，被保险人在本次事故中依法承担侵权责任，基于人身损害赔偿标准，核定赔偿金额为1460267元。

【案件焦点】

1. 作为雇员的飞行员是否属于赔偿范围；2. 飞行员的乘客法定责任赔偿标准是否等同于工伤保险赔偿责任标准或一般的人身损害赔偿标准。

【法院裁判要旨】

广东省深圳市福田区人民法院经审理认为：某航空公司为潘某、陈某投保了工伤保险，潘某、陈某按照工伤保险条例享受工伤保险待遇后，某航空公司对二人应负的赔偿责任已尽，其要求某保险公司对潘某、陈某的伤亡承担保险责任缺乏法律依据。保险合同条款除外责任约定对被保险人或其业务合作伙伴雇员所遭受的人身伤亡不予负责，某保险公司已对上述免责条款尽到提示及明确说明义务，免责条款产生法律效力，郑某系某航空公司合作伙伴的员工，属于免除赔偿责任的范围。

广东省深圳市福田区人民法院依照《中华人民共和国保险法》第十三条、第十七条、第五十七条、第六十五条第四款，《最高人民法院关于审理人身损害赔偿案件适用法律若干问题的解释》第三条，《中华人民共和国民事诉讼法》第六十七条第一款、第一百四十五条，《最高人民法院关于适用〈中华人民共和国民事诉讼法〉的解释》第九十条之规定，判决如下：

一、某保险公司于判决发生法律效力之日起十日内赔偿某航空公司保险附加费 29120 元及利息；

二、驳回某航空公司的其他诉讼请求。

某航空公司不服一审判决，提起上诉。

广东省深圳市中级人民法院经审理认为：

第一，关于飞行员是否属于赔偿范围。乘客法定责任险特别约定将飞行员扩展到乘客范围适用赔偿，而除外条款又将执行飞行操作的飞行员及机组人员排除在乘客之外，这种自相矛盾的合同约定既违反了合同法关于格式合同解释的规定，也违背了诚信原则，应作出有利于被保险人利益的解释，故该除外条款无效。

第二，关于飞行员的乘客法定责任赔偿标准。案涉保险是针对通用航空市场设计的综合保险产品，无论是从行业惯例、发展历史、市场需求、法律规定、保费定价，还是从飞行员的成本投入及收入看，抑或是从被保险人发生航空事故后实际向飞行员家属赔付的金额看，该险种包括的乘客法定责任险带有一定的航空意外险赔付性质，将航空综合险中航空公司对飞行员及机组人员的法定责任解释为员工的工伤保险责任，依据工伤赔付标准或一般的人身损害赔偿标准予以赔付，与案涉航空器综合险产品的市场实际、经验规则相悖。投保人在购买了工伤保险之后，再给飞行员及机组人员购买专门的或者包括法定责任险内容的综合商业保险，如该商业保险的标准等同于工伤保险，亦与其投保的目的不符。本案遇险的潘某、陈某、郑某均属于乘客法定责任险的理赔范围，应根据双方约定的赔偿标准和被保险人实际赔付的情况确定。遂改判某保险公司向某航空公司支付保险金及利息。

广东省深圳市中级人民法院依照《最高人民法院关于适用〈中华人民共和

国民法典〉时间效力的若干规定》第一条第二款，《中华人民共和国保险法》第五条、第十九条、第二十三条，《中华人民共和国合同法》第四十一条，《中华人民共和国民事诉讼法》第一百七十七条第一款第二项规定，判决如下：

一、维持广东省深圳市福田区人民法院一审民事判决第一项；

二、撤销广东省深圳市福田区人民法院一审民事判决第二项；

三、某保险公司应于本判决生效之日起十日内支付某航空公司保险赔付款5129050.41元及利息；

四、某保险公司应于本判决生效之日起十日内赔偿某航空公司律师费损失120000元；

五、驳回某航空公司的其他诉讼请求。

【法官后语】

通用航空是低空经济的重要组成部分，主要包括以工业、农业为主的作业飞行以及医疗卫生、抢险救灾、气象探测、科学实验、教育训练和文化体育等方面的飞行活动，在助推产业结构调整、经济方式转型等方面的作用日益突出。但在世界范围内通用航空安全面临巨大挑战，事故频发，而飞行员及机组人员既是造成事故的重要因素，也是事故的直接受害者。飞行员培养难度大、成本高、风险多，因此飞行员短缺成为制约通用航空业发展的重要因素。

通用航空公司作为航空器的所有者和运营者，承担事故的主要赔偿责任，对飞行员的保险需求极为迫切。由于通用航空保险标的具有高价值、高技术、高风险的特点，通用航空保险专业性强、市场准入门槛高，保险市场承保能力不足，因此容易忽略通用航空风险特有的技术性和专业性。

本案综合考虑行业惯例、发展历史、市场需求、法律规定、保费定价，飞行员和机组人员的成本投入及收入，以及被保险人发生航空事故后实际向飞行员赔付的金额等因素，运用不利解释原则、习惯解释原则以及目的解释原则切实保障了被保险人的合法利益，认定通用航空器综合险中关于飞行员的乘客法定责任险具有一定的航空意外险性质，其赔付标准不能等同于工伤赔付标准或一般的人身损害赔偿标准，根据双方约定的赔偿标准和被保险人实际赔付的情况确定保险金的赔付标准，有力地保障了通用航空公司的合法利益，促使保险公司充分发挥经济减震器的功能。

第一，关于飞行员是否属于赔付范围，主要运用不利解释原则。我国关于保险合同条款解释的规定，已经确立了不利解释原则，《中华人民共和国保险法》第三十条规定，对于保险合同的条款，保险人与投保人、被保险人或者受益人有争议时，人民法院或者仲裁机构应当作出有利于被保险人和受益人的解释。由于保险合同的格式化，因此其可以最大限度地维护保险人的利益。因此，保险合同所使用的语言文字的含义不清楚或有两种以上的解释，应当适用不利解释原则，即作对保险人不利的解释、对被保险人有利的解释。本案中关于飞行员是否属于赔偿范围，合同条款作了自相矛盾的规定，只有作有利于被保险人利益的解释，方能符合公平原则。

第二，关于乘客法定责任赔偿标准主要运用习惯解释原则。案涉保险是针对通用航空市场设计的综合保险产品，本案借助商业习惯，认为将航空综合险中保险公司对飞行员及机组人员的法定责任解释为员工的工伤保险责任，依据工伤赔付标准或一般的人身损害赔偿标准予以赔付，与案涉航空器综合险产品的市场实际、经验规则相悖。另外，根据目的解释原则，认为投保人在购买了工伤保险之后，再给飞行员及机组人员购买专门的或者包括法定责任内容的商业保险，如该商业保险的标准等同于工伤保险，亦与其投保的目的不符。

第三，关于投保人的律师费负担。保险公司关于飞行员“乘客法定责任险”赔付的合同条款约定存在矛盾，在诉讼中对存在冲突的合同条款解释主张，与其在理赔意见中的部分主张自相矛盾，违背诚实信用原则。从发生保险事故至二审终结已过去较长时间，保险公司拖延承担理赔义务导致投保人产生律师费损失。为引导当事人诚信理性诉讼，发挥律师费用调节当事人的诉讼行为的杠杆作用，根据《中华人民共和国保险法》第二十三条第二款和《最高人民法院关于进一步推进案件繁简分流优化司法资源配置的若干意见》第二十二条的规定，本案对投保人作为无过错方依法提出的赔偿合理的律师费用的正当要求予以支持。

本案创设了通用航空器综合险中关于飞行员的乘客法定责任险赔付标准的

裁判规则，促使保险业健全合规制度，强化金融供给侧结构性改革，夯实服务实体经济和以人民为中心这一根本。

编写人：广东省深圳市中级人民法院　孙妍

11

非全时段网约车危险程度评价与因果关系认定

——甲某诉乙财产保险公司上海分公司、乙财产保险公司财产保险合同案

【案件基本信息】

1. 裁判书字号

上海金融法院（2023）沪74民终516号民事判决书

2. 案由：财产保险合同纠纷

3. 当事人

原告（被上诉人）：甲某

被告（上诉人）：乙财产保险公司上海分公司

被告：乙财产保险公司

【基本案情】

沪F××的车辆所有权人为甲某，使用性质为“非营运”，甲某就该车辆向乙财产保险公司投保商业险，使用性质为非营业个人。保险条款责任免除载明，被保险机动车被改变使用性质，导致被保险机动车危险程度显著增加，且未及时通知保险人，危险程度显著增加而发生保险事故导致的被保险机动车的损失和费用，保险人不负责赔偿。

甲某投保的涉案车辆自2021年7月7日起至车辆事故发生日即2021年9

月30日止在××打车平台从事网约车服务。保险期间内，自2021年9月17日至23日以甲某为驾驶员成功接单共计14单，单笔订单短则30分钟左右，长则9个小时左右，涉及本市多区，2021年9月25日至30日以丙某为驾驶员成功接单共计11单，单笔订单短则20分钟左右，长则4个小时左右，其余还有数笔未接单成功。甲某并未将上述接单营运行为告知被告。

事故发生日2021年9月30日20时28分，甲某允许的驾驶员丙某接单结束，自20时16分起，丙某与其女朋友丁某的微信聊天显示，丙某于当天20时53分到达丁某家吃晚饭，后接到甲某电话让丙某去虹桥机场拿土特产，22时30分左右丙某到达虹桥机场P7车库，后开车回家。23时10分，因丙某操作不当，涉案保险车辆与中央隔离栏发生碰撞，致车辆受损，产生牵引费1500元。乙财产保险公司出具定损报告，定损工料费合计443000元。

甲某认为乙财产保险公司“甲某改变了车辆的使用性质，使危险程度显著增加，未向保险公司告知”的拒赔理由不成立，要求乙财产保险公司对车损等进行理赔。

案件审理过程中，甲某的证人丙某出庭作证，丙某系甲某之子，也系事故发生时的驾驶员。证人称：甲某于2021年9月16日或17日将涉案车辆交给其使用，自2021年9月25日起至30日止，证人在××打车平台上共计接单11笔，除此之外自己正常使用车辆；证人实际控制其朋友戊某及其自己的××打车平台账户，自2021年9月25日起至30日止，其会使用自己的账户正常接单；自2021年9月25日起至30日止所接的11单中，2021年9月26日一单、27日三单、29日后两单系正常接单，2021年9月25日一单、29日第一单、30日两单系通过戊某或其他朋友账户下单，实际是为了赚取返现和帮朋友忙，并非营运获利。

【案件焦点】

1. 甲某将涉案车辆作为网约车使用是否改变了保险标的的用途，是否导致保险标的的危险程度增加，且达到显著的程度；2. 涉案事故发生是否与危险程度显著增加存在因果关系，保险人应否就涉案事故承担赔偿保险金的责任。

【法院裁判要旨】

上海市静安区人民法院经审理认为：关于争议焦点一，第一，甲某将自有车辆从事网约车服务，接单有固定报酬，运载对象为不特定多数人且与甲某无特定关系，超越个人及家庭用车范围，改变了车辆的使用性质。第二，保险费与承保危险呈对价关系，营运车辆较非营运车辆超出的承保危险实际未经评估，且不能被保险人预见。从非营运到营运的要素事实转变对应的危险足以影响保险人决定是否承保或者提高保险费率。第三，保险期间伊始，甲某 2021 年 9 月 17 日至 23 日持续使用车辆每天接单，成功接单共计 14 单，危险程度持续性增加。据此，可以认定保险标的的危险程度显著增加。

关于争议焦点二，因果关系是“危险程度显著增加”与保险人拒赔权利的必要连接点。判断保险事故与“危险程度显著增加”之间是否具有因果关系，首先需要考察足以对保险事故的发生产生影响的合理时间区间内危险程度是否实质性显著增加。就普通网约车业务而言，接单后前往、载客服务中、提前接单后续路线行驶路程中、完成接单行程后返回途中均宜被统一视为网约车营运的一部分，在此期间内，危险程度持续性保持显著增加，一旦发生事故，应认定为危险增加对事故的发生存在实质性影响。本案中，驾驶员丙某结束网约车运营业务回到女朋友家中，自此网约车运营返程已经结束，危险增加的持续性中断。在衡量导致保险事故发生的“危险程度”较保险合同约定是否增加时，中断前增加的危险不应计入中断后造成事故发生的“危险”。待考察的合理时间区间应从危险增加持续性中断（即回到女朋友家中）起至事故发生时止，这段时间的用车行为均为非营运自用，因之前运营行为增加的危险未对该往返路程时间段内的危险产生实质性影响，故，涉案事故并非因危险程度显著增加而发生的事故。

综合上述评析，对于未取得经营许可而擅自频繁进行网约车运营的车辆，投保人以“非营运”性质为车辆投保且未告知保险人实际使用性质的，网约车营运的合理区间应被视为投保人自甘保险标的陷入危险程度显著增加的“脱保”状态，在该区间内发生保险事故造成保险标的损失的，由被保险人自行承担；对于该区间外的非营运自用期间，因危险程度与保险费（率）之间仍符合对价平衡原则，在该区间内发生保险事故造成损失的，保险人应承担赔偿责任。涉案事故非因危险程度显著增加导致，两被告应予赔付保险金。

上海市静安区人民法院根据《中华人民共和国保险法》第五十二条、《最高人民法院关于适用〈中华人民共和国保险法〉若干问题的解释（四）》第四条以及《中华人民共和国民事诉讼法》第一百四十七条之规定，判决如下：

乙财产保险公司等应于本判决生效之日起十日内支付甲某保险金444500元。

乙财产保险公司上海分公司不服一审判决，提起上诉。

上海金融法院同意一审法院裁判意见，判决：

驳回上诉，维持原判。

【法官后语】

投保人将非营运车辆用于网约车运营发生交通事故，擅自改变使用性质通常被认为构成《中华人民共和国保险法》第五十二条规定的“危险程度显著增加”，车险理赔遭拒。但当更多私家车开拓网约车营运领域，“公”私混用情况增多，保险公司见“改变使用性质”即“一刀切拒赔”存在排除原有承保危险之嫌，亦有碍第五十二条的立法初衷——对价平衡。审判实践中，应重视审查改变使用性质增加的危险与事故是否存在因果关系。笔者认为，改变使用性质导致危险程度阶段性增加，对于在恢复使用性质时段发生的事故，应认为增加的危险因营运行为的中断而无法对事故提供实质性原因力。

审查增加的危险是否会对事故产生实质性原因力时，需先划定影响事故发生的合理时间区间。合理时间区间应为各危险变化点（包括危险增加起始点、危险增加中断点、危险增加重启点）至事故发生时间点。危险中断点至重启点之间构成危险恢复时间段；危险增加重启点至中断点之间构成危险增加时间段。若事故发生在危险增加时间段内，则危险增加状况为事故提供直接、实质性原因力，自不必赘述。若事故发生在危险恢复时间段内，则意味着危险增加中断点及自用起始点均已开启，且危险增加重启点尚未到来，此时，影响事故发生的合理时间区间为危险增加中断点至事故发生时间点，在衡量该时间区间内的危险程度较保险合同约定是否增加时，中断前增加的危险被危险增加中断点开启的自用时间段阻断，不应计入中断后造成事故发生的“危险”，概括性认定的“危险显著增加”在中断时间段内被封印。危险增加与保险事故因果关系的审查实际上是聚焦影响事故发生的合理时间区间后对增加危险的细化认定，是对“危险增加的持续性”的进阶考量。

上述法律适用可以体现，人民法院审慎应对保险标的危险在整个保险期间内的波动，通过合理划分保险公司固有承保风险及投保人因擅自改变使用性质造成的自甘风险维护动态的对价平衡。一方面，现有保险产品设计不能完全匹配不同网约车的运营特点，半运营网约车随着民商用时间段交替，危险呈波动状态，对价平衡不断被打破的同时亦可不断被恢复，若事故发生前对价失衡已经自行恢复，并未对交通事故产生实际影响，则事故系保险人需承担的固有风险，无须适用《中华人民共和国保险法》第五十二条予以干预。另一方面，投保人及被保险人明知运营车辆具有更高事故概率，但为了非常规地获取非营运车险更低的保费费率，仍擅自改变或放任他人改变车辆使用性质，将“非营运”性投保车辆用于网约车运营，对危险程度显著增加具有故意或重大过失的主观过错。改变车辆使用性质后，投保人或被保险人直至发生事故时尚未告知保险人的，对未履行保险合同附随的如实告知义务具有过错。上述双重过错足以认定投保人自甘将网约车营运的合理区间陷入危险程度显著增加的“脱保”状态，该区间内发生保险事故造成保险标的损失的，由被保险人自行承担。

编写人：上海市静安区人民法院　鲍陶然　何莹婷

12

私人轿车从事顺风车是否改变其使用性质的认定

——廖某甲诉某保险公司赣州公司保险合同案

【案件基本信息】

1. 裁判书字号

江西省赣州市中级人民法院（2024）赣07民终347号民事判决书

2. 案由：保险合同纠纷

3. 当事人

原告（上诉人）：廖某甲

被告（被上诉人）：某保险公司赣州公司

【基本案情】

2022年11月1日，廖某甲委托丈夫刘某甲在汽贸公司购买了纯电动轿车一辆，车牌为赣××，同时约定由汽贸公司代办投保新能源汽车商业保险，投保单中载明被保险人廖某甲，使用性质为家庭自用汽车，保险期间为2022年11月2日0时0分至2023年11月1日24时……

2023年2月27日，刘某甲驾驶赣××号小型轿车，载胡某甲、孙某、潘某甲从新余市前往乐安县城发生交通事故，造成刘某甲死亡，胡某甲、孙某、潘某甲三人受伤及车辆受损。经查，赣××号小型轿车的乘客潘某甲系通过某旅行平台上预约下单前往宁都，上车后取消订单，由其直接向司机付款；另一名乘客胡某甲则系通过某网约车平台预约下单前往乐安县城。经交管部门认定，刘某甲在驾驶过程中未确保安全、过度疲劳驾驶是造成此次事故的全部原因，其应承担此次事故的全部责任。

事故发生后，廖某甲向某保险公司赣州公司理赔新能源汽车损失险遭拒，遂起诉至江西省赣州市章贡区人民法院，江西省赣州市章贡区人民法院一审审理时委托了某机动车价格评估公司，该公司作出评估报告书，评定赣××号小型轿车因交通事故造成的车辆损失金额为 79661 元。廖某甲支付了鉴定费 4000 元。

【案件焦点】

私人轿车从事顺风车行为是否属于保险条款中约定的“被保险车辆被改变车辆使用性质，导致被保险车辆危险程度显著增加……”的情形，保险公司能否据此条款不承担赔偿责任。

【法院裁判要旨】

江西省赣州市章贡区人民法院经审理认为：保险合同是投保人与保险人约定保险权利义务关系的协议。订立保险合同，当事人应当协商一致，遵循公平原则。廖某甲将保险费交给销售商，由其代为办理首次保险事宜，系目前汽车销售行业的常态，应视为廖某甲对销售商为其本人车辆投保行为的认可。订立保险合同的双方为保险人与投保人，现行《中华人民共和国保险法》并不要求保险人向被保险人交付条款，原告是否参与投保过程和收到保险条款不影响本案的法律适用。结合原、被告的诉辩意见，归纳案涉争议焦点为：一是涉案交通事故发生时，案涉机动车是否改变了使用性质，以及是否显著增加了被保险机动车的危险程度；二是被告某保险公司赣州公司是否就涉案保险合同约定的免责条款向投保人履行了明确说明义务。

关于涉案交通事故发生时，案涉机动车是否改变了使用性质，以及是否显著增加了被保险机动车的危险程度。所谓危险程度显著增加是指保险合同当事人在订立保险合同时既不存在也不能预知，但在保险期限内发生的保险标的的危险因素和危险程度的显著增加。保险标的的危险状况是保险人决定是否承保以及确定保险费率的重要依据，在机动车财产保险合同中，营运机动车辆与非营运机动车辆，因各自不同的危险程度的增减而导致保险公司承担的风险不同、保险费率的不同，营运机动车辆的危险系数明显大于非营运机动车辆，因此保险人核定营运机动车辆的保险费率标准要高于非营运车辆。以家庭自用的非营运机动车辆投保，在保险期间内从事以牟利为目的的网约车营运活动，实际上改变了保险车辆的使用性质，造成被保险机动车辆发生交通事故的危险程度显著增加，此时投保人或者被保险人应当及时通知保险人，该通知义务为法定义务，如果被保险人不履行通知义务导致投保机动车的危险程度显著增加而发生道路交通事故，那么保险公司有权拒绝理赔。本案中，案涉车辆的行驶证载明车辆使用性质为非营运，投保人亦以家庭自用汽车的性质在某保险公司赣州公司处办理了涉案机动车商业保险。而根据被告所提交的调查结案报告中询问笔录、支付凭证等证据可以证实在保险合同有效期内，廖某甲在多个网约车运营平台上对被保险机动车进行了网约车运营注册，从而改变了涉案被保险机动车单纯由家庭自用的性质，且事发时涉案机动车正在网络平台下单进行营运活动，事故认定书中亦确认刘某甲当日驾驶案涉车辆过程中未确保安全、过度疲劳驾驶是造成本次事故的全部原因，故廖某甲改变车辆性质的行为，从客观上提高了车辆的出行频率、扩大了出行范围，导致危险程度显著增加，保险事故发生的概率超过了保险人在订立保险合同时对事故发生的合理预估，某保险公司赣州公司主张的“改变使用性质导致被保险车辆危险程度显著增加”的商业三者险免责条件已成就。

某保险公司赣州公司是否就涉案保险合同约定的免责条款向投保人履行了明确说明义务。《中华人民共和国保险法》第十七条第二款规定：“对保险合同中免除保险人责任的条款，保险人在订立合同时应当在投保单、保险单或者其他保险凭证上作出足以引起投保人注意的提示，并对该条款的内容以书面或者口头形式向投保人作出明确说明；未作提示或者明确说明的，该条款不产生效力。”《最高人民法院关于适用〈中华人民共和国保险法〉若干问题的解释（二）》第十一条第二款规定，保险人对保险合同中有关免除保险人责任条款的概念、内容及其法律后果以书面或者口头形式向投保人作出常人能够理解的解释说明的，人民法院应当认定保险人履行了保险法第十七条第二款规定的明确说明义务。法律及相关司法解释规定保险人需就免责条款向投保人进行明确解释说明的目的在于防止因信息不对称或其他可能影响投保人表达真实意思的情形而出现损害合同一方当事人权益的后果，换言之，经过保险人对其免责条款解释说明之后，投保人在确实了解了有关免责条款的概念、内容及其法律后果之后依然愿意投保的情形下，保险人可据此免责。本案中，案涉《中国保险行业协会新能源汽车商业保险示范条款（试行）》第九条至第十一条有关责任免除条款已作不同于其他文本的加粗加黑处理，足以引起投保人注意；且投保人在投保单中“投保人声明”一栏中签字确认“保险人已向本人详细介绍并提供投保险种所适用的条款，并对其中免除保险人责任的条款（包括但不限于责任免除、免赔率和免赔额、投保人被保险人义务、赔偿处理、通用条款等)，本人已充分理解并接受上述内容，同意以此作为订立保险合同的依据”，原告认可由汽车销售方联系投保事宜，亦表示同意投保，即投保人代为操作投保的行为经过了原告的同意，投保人所掌握的案涉被保险车辆投保所需的信息亦应来源于原告，因此，可以认定投保人代为投保的行为获得了原告的授权，产生的后果及于授权人即原告廖某甲。投保人点击了保险链接并阅读了保险条款及免责事项说明书，完整地操作了电子投保的流程，在此情况下应当认定某保险公司赣州公司就免责条款履行了提示说明义务，免责条款生效，某保险公司赣州公司向投保人履行明确说明义务的效力拘束于廖某甲，故廖某甲以其投保单非其本人签名来否定合同条款的效力，理据不足。某保险公司赣州公司已就本案争议的免责条款向投保人进行了明确说明，本案属于保险人免除责任的情形。综上所述，廖某甲的诉讼请求，依据不足。

江西省赣州市章贡区人民法院依照《中华人民共和国保险法》第十条、第十一条、第十三条、第十四条、第十七条，《最高人民法院关于适用〈中华人民共和国保险法〉若干问题的解释（二）》第十一条、第十二条，《最高人民法院关于适用〈中华人民共和国保险法〉若干问题的解释（四）》第四条，《中华人民共和国民事诉讼法》第六十七条第一款之规定，判决如下：

驳回原告廖某甲的诉讼请求。

廖某甲不服一审判决，提起上诉。

江西省赣州市中级人民法院经审理认为：本案的争议焦点在于案涉交通事故发生时，案涉机动车是否改变了使用性质。2022 年 11 月 30 日，交通运输部、工业和信息化部、公安部、商务部、市场监管总局、国家网信办第二次修改的《网络预约出租汽车经营服务管理暂行办法》第三十八条规定，“私人小客车合乘，也称为拼车、顺风车，按城市人民政府有关规定执行”。赣州市《关于规范私人小客车合乘的若干规定》第一条规定，“私人小客车合乘，也称为拼车、顺风车，是指不以营利为目的，由合乘出行提供者事先发布出行信息，供出行线路相同的人（以下简称‘合乘者’）选择乘坐其小客车，并分摊部分出行成本或免费互助的共享出行方式”。第三条规定：“私人小客车合乘出行行为不属于道路运输经营行为，不纳入道路运输行业管理和服务质量监督范围，为合乘各方自愿的民事行为，相关权利、义务及安全责任事故等责任由合乘各方依法、依约自行承担。”本案中，案涉车辆的行驶证载明车辆使用性质为非营运，投保人亦以家庭自用汽车的性质在某保险公司赣州公司处办理了车上人员险（4 万元/座）。某保险公司赣州公司所提交的调查结案报告中询问笔录、支付凭证等证据可以证实在保险合同有效期内，刘某甲在多个网约车运营平台上对被保险机动车进行了车主注册认证，但完成了车主注册认证并接受平台的顺风车派单服务并不等同于改变车辆的使用性质。顺风车通过分摊出行成本或免费互助方式，达到缓解拥堵、方便出行的目的。从事顺风车是否改变被保险车辆的使用性质，应结合收取费用情况、车辆行驶区间、车辆所有人职业状况以及接单频率等情况予以综合判定。从廖某甲二审提供的刘某甲网约车账号截图来看，案涉事故发生当天的订单均属于顺风车订单，结合同车乘客潘某甲支付的车费金额及孙某属于好意同乘的事实，现有在案证据并不足以证明案涉事故中刘某甲从事顺风车业务属于改变车辆使用性质并导致危险程度显著增加，而某保险公司赣州公司亦无其他充分证据证明案涉车辆已改变为运营车辆使用的事实，故本案情形不属于保险公司可以免责的情形。因此，一审法院认定某保险公司赣州公司免赔错误，应予纠正。综上，廖某甲已提交充分证据证明案涉车辆因本案交通事故已达全损标准，某保险公司赣州公司应当根据保险合同的约定赔付车辆损失，故廖某甲诉请要求保险公司按照评估认定损失金额79661元赔付车辆损失并赔付车损鉴定费4000元的主张，在某保险公司赣州公司的保险金额范围以内，能够成立，应予支持。综上所述，廖某甲提供了新证据证明其主张成立，应予支持。

江西省赣州市中级人民法院依照《中华人民共和国民事诉讼法》第一百七十七条第一款第二项的规定，判决如下：

一、撤销江西省赣州市章贡区人民法院一审民事判决；

二、被上诉人某保险公司赣州市分公司于本判决生效起十五日内向上诉人廖某甲支付车辆损失保险款79661元和鉴定费4000元；

三、驳回上诉人廖某甲的其他诉讼请求。

【法官后语】

保险合同纠纷中，保险公司往往将“改变车辆使用性质，导致车辆危险程度显著增加……”作为相关责任免除条款。本案中，刘某甲从事顺风车载客途中发生交通事故，某保险公司赣州公司提交的《中国保险行业协会新能源汽车商业保险示范条款（试行）》第十条第三项明确规定，“被保险新能源汽车被转让、改装、加装或改变使用性质等，导致被保险新能源汽车危险程度显著增加，且未及时通知保险人，因危险程度显著增加而发生保险事故的”，保险人不负责赔偿。某保险公司赣州公司能否依据前述责任免除的保险条款免予赔偿？笔者认为，关键需要满足实体和形式两方面的条件：(1) 实体要件上，发生了条款约定的情形，即被保险车辆改变了车辆使用性质、未及时通知保险人、因改变车辆使用性质，导致车辆危险程度显著增加；(2) 形式要件上，责任免除条款依法发生法律效力，即保险公司对相关免责条款尽到了提示及说明义务。

一、关于顺风车的相关规定

司法实践中，关于私人小客车从事顺风车行为是否属于营运行为存在不少争议。有观点认为，私人小客车车主利用其家用车辆从事顺风车，赚取了乘客费用，不能认定为非营利行为；也有观点认为，顺风车属于拼车出行，车主收取乘客的费用是分摊出行成本，不属于专门从事客运的行为，即不属于营运行为。

早在 2016 年 7 月 27 日，交通运输部、工业和信息化部、公安部、商务部、市场监管总局、国家网信办就联合发布了《网络预约出租汽车经营服务管理暂行办法》，该办法第三十八条规定，“私人小客车合乘，也称为拼车、顺风车，按城市人民政府有关规定执行”。该办法第三十八条之规定直到 2022 年 11 月 30 日第二次修正，其条文内容未被修改。在本案所在地赣州，当地人民政府办公室印发了《关于规范私人小客车合乘的若干规定》，该规定第一条规定，“私人小客车合乘，也称为拼车、顺风车，是指不以营利为目的，由合乘出行提供者事先发布出行信息，供出行线路相同的人（以下简称‘合乘者’）选择乘坐其小客车，并分摊部分出行成本或免费互助的共享出行方式”。第三条规定：“私人小客车合乘出行行为不属于道路运输经营行为，不纳入道路运输行业管理和服务质量监督范围，为合乘各方自愿的民事行为，相关权利、义务及安全责任事故等责任由合乘各方依法、依约自行承担。”

根据前述赣州市《关于规范私人小客车合乘的若干规定》的规定，顺风车出行是不以营利为目的，为了分摊出行成本或免费互助，能够达到缓解交通拥堵、方便人们出行的共享出行方式。本案中，刘某甲驾驶其新能源小型轿车赣××从事顺风车行为本质上属于合乘行为，不属于道路运输经营行为。

二、是否改变车辆使用性质的关键——“营运”的认定

营运车辆和非营运性车辆在车辆登记使用性质、所需证件、缴费、保险费率、驾驶员资质等都存在差别。那么，从事网约车或顺风车是否属于营运行为？

1. 顺风车行为不同于网约车行为。根据《网络预约出租汽车经营服务管理暂行办法》第十二条的规定，“拟从事网约车经营的车辆，应当符合以下条件：（一）7 座及以下乘用车；（二）安装具有行驶记录功能的车辆卫星定位装置、应急报警装置；（三）车辆技术性能符合运营安全相关标准要求。车辆的具体标准和营运要求，由相应的出租汽车行政主管部门，按照高品质服务、差异化经营的发展原则，结合本地实际情况确定”。第十三条规定，“服务所在地出租汽车行政主管部门依车辆所有人或者网约车平台公司申请，按第十二条规定的

条件审核后，对符合条件并登记为预约出租客运的车辆，发放《网络预约出租汽车运输证》。城市人民政府对网约车发放《网络预约出租汽车运输证》另有规定的，从其规定”。前述暂行办法还规定了，网约车平台公司应当取得相应《网络预约出租汽车经营许可证》。从前述规定可知，专职从事网约车的行为属于营运行为，且从事网约车的私家车主必须取得《网络预约出租汽车运输证》。回归到本案，刘某甲系从事顺风车出行，按照《网络预约出租汽车经营服务管理暂行办法》第三十八条的规定，私人小客车从事顺风车属于合乘行为，按城市人民政府有关规定执行。按照赣州市《关于规范私人小客车合乘的若干规定》第四条第四项“合乘出行提供者有相应准驾车型机动车驾驶证，使用具有公安机关交通管理部门核发的有效机动车号牌，按规定投保机动车第三者责任强制保险，且年检合格的7座及以下非营运小型客车”的规定，顺风车在注册认证、车辆证件、车辆管理上不同于网约车。

2. 从事顺风车是否会改变车辆的使用性质，关键是看其行为是否属于营运行为。笔者认为，从事车辆进行营运的行为，应该指利用车辆持续性地以营利为目的进行客运或货运的行为。具体而言，可以利用车辆注册信息、车辆的平常使用情况，顺风车收取费用情况，顺风车途中车辆行驶区间或路线，接单频率或次数，车辆所有人职业状况等因素综合判定。

（1）车辆性质、车辆使用情况，注意区分是否从事了网约车行为、是否利用车辆进行客运职业。本案中，刘某甲所有并驾驶的小型轿车赣××注册登记为“非营运”“家庭自用汽车”，刘某甲平时使用车辆均为家庭出行之需，而非从事营运获利。

（2）收取费用、分摊费用情况，注意顺风车车主收取费用的合理性。赣州市《关于规范私人小客车合乘的若干规定》第四条第二项分摊费用中规定，“合乘出行分摊的出行成本仅限于燃料（含油、气、电）成本及通行费，按合乘里程分摊计算，单次里程分摊总费用不得超过本市中心城区巡游出租汽车运价标准（限起步价和区间车公里运价）的50%”。本案中，事发时刘某甲虽接单从事顺风车行为，但其收取潘某甲的乘坐费用属于合理范畴，搭乘孙某又属于好意同乘行为，并无获利的明显主观目的。

（3）顺风车行驶区间或路线情况，注意顺风车车主是否存在未按平台发布的拼车路线行驶且存在其他营利的行为。本案中，事发之时刘某甲驱车行驶的路线既未偏出平台顺风车的导航行驶路线，属于乘客与驾驶人存在相同出行路线的情况，也无载客途中赚取其他费用的行为。

（4）顺风车接单次数或频率。赣州市《关于规范私人小客车合乘的若干规定》第四条第三项合乘次数中规定，“合乘出行提供者提供市中心城区或县域合乘出行每车每天不得超过4次。其中有跨县出行服务的，每天提供合乘出行服务累计不超过3次；有跨市或跨省出行服务的，每天提供合乘出行服务累计不超过2次；免费互助合乘的次数不受限制。通过合乘平台出行的，每个合乘计划及线路只能在一个合乘平台发布”。本案中，法院调取了刘某甲在多家网约车平台的车辆注册信息，发现其完成了车主认证，但实际上其仅在车辆购置后从事顺风车次数不到5次，且从未完成过网约车营运接单、跑单的客运任务。

（5）车主职业情况，注意顺风车车主是否以网约车、顺风车为职业。本案中，车辆驾驶人刘某甲并不以从事顺风车或网约车为专门职业，其既无道路运输从业资质，也未从事过网约车出租运输活动。

（6）其他因素，如是否超出车辆荷载范围、荷载质量。本案中，刘某甲从事顺风车载客时并未超出规定人数载客，也未从事货物运输，车辆质量仍在规定的荷载范围内。

经以上综合研析，本案中的刘某甲在事发时从事顺风车并非以营利为目的，也没有持续性进行营利，不属于营运行为，不能认定为改变了车辆的使用性质。

三、车辆危险程度显著增加的认定

根据《中华人民共和国保险法》第五十二条的规定，“在合同有效期内，保险标的的危险程度显著增加的，被保险人应当按照合同约定及时通知保险人，保险人可以按照合同约定增加保险费或者 解除合同。保险人解除合同的，应当将已收取的保险费，按照合同约定扣除自保险责任开始之日起至合同解除之日止应收的部分后，退还投保人。被保险人未履行前款规定的通知义务的，因保险标的的危险程度显著增加而发生的保险事故，保险人不承担赔偿保险金的责任”。那么，在人民法院审理该类案件时，如何界定车辆危险程度显著增加？

1. 司法解释规定。《最高人民法院关于适用〈中华人民共和国保险法〉若干问题的解释（四）》第四条规定，“人民法院认定保险标的是否构成保险法第四十九条、第五十二条规定的‘危险程度显著增加’时，应当综合考虑以下因素：（一）保险标的用途的改变；（二）保险标的使用范围的改变；（三）保险标的所处环境的变化；（四）保险标的因改装等原因引起的变化；（五）保险标的使用人或者管理人的改变；（六）危险程度增加持续的时间；（七）其他可能导致危险程度显著增加的因素。保险标的危险程度虽然增加，但增加的危险属于保险合同订立时保险人预见或者应当预见的保险合同承保范围的，不构成危险程度显著增加”。从上述司法解释看，对于危险程度显著增加，最高人民法院设立了几个标准，即从车辆的用途、使用范围、所处环境等因素认定。但实践中有不同的观点，有观点认为，改变了车辆的使用性质，必然导致车辆危险程度显著增加；有观点认为，应根据频率认定车辆危险程度显著增加；还有观点认为，营运不必然导致车辆危险程度显著增加。

2. 笔者认为，危险程度显著增加是指保险合同当事人在订立保险合同时既不存在也不能预知，但在保险期限内发生的保险标的危险因素和危险程度的显著增加。保险标的的危险状况是保险人决定是否承保以及确定保险费率的重要依据，车辆危险程度显著增加与否，应该遵循保险条款约定内容，从特定行为、行为后果、因果关系三方面综合认定。（1）特定行为，存在被保险车辆被转让、改装、加装或改变了使用性质的特定行为。（2）行为后果，车辆被转让、改装、加装或改变了使用性质后，造成了车辆危险程度显著增加的后果。（3）因果关系，改变汽车使用性质行为与车辆危险程度显著增加的后果存在因果关系。回归到本案，案涉保险条款约定了保险公司不负责赔偿的条件：车辆被改变使用性质，导致车辆危险程度显著增加，未及时通知保险人，因危险程度显著增加发生交通事故。基于前文分析，刘某甲事发时从事顺风车行为并未改变车辆的使用性质，但也未导致车辆出现结构损坏、承载过重、动力不足等行驶风险。从案涉交通事故认定书看，事故发生的原因是刘某甲过度疲劳驾驶，其虽然从事顺风车行为并未告知保险公司，但该行为难以认定造成了车辆危险程度显著增加。

四、免责条款效力分析

《中华人民共和国保险法》第十七条第二款规定："对保险合同中免除保险人责任的条款，保险人在订立合同时应当在投保单、保险单或者其他保险凭证上作出足以引起投保人注意的提示，并对该条款的内容以书面或者口头形式向投保人作出明确说明；未作提示或者明确说明的，该条款不产生效力。"《最高人民法院关于适用〈中华人民共和国保险法〉若干问题的解释（二）》第十一条第二款规定，保险人对保险合同中有关免除保险人责任条款的概念、内容及其法律后果以书面或者口头形式向投保人作出常人能够理解的解释说明的，人民法院应当认定保险人履行了保险法第十七条第二款规定的明确说明义务。

本案中，案涉《中国保险行业协会新能源汽车商业保险示范条款（试行）》第十条关于改变车辆使用性质，导致车辆危险程度显著增加的条款已作不同于其他文本的加粗加黑处理，足以引起投保人注意；且投保人在投保单中"投保人声明"一栏中签字确认"保险人已向本人详细介绍并提供投保险种所适用的条款，并对其中免除保险人责任的条款（包括但不限于责任免除、免赔率和免赔额、投保人被保险人义务、赔偿处理、通用条款等），本人已充分理解并接受上述内容，同意以此作为订立保险合同的依据"，廖某甲认可由汽车销售方联系投保事宜，其亦表示同意投保，即投保人代为操作投保的行为经过了原告的同意，投保人所掌握的案涉被保险车辆投保所需的信息亦应来源于廖某甲，可以认定投保人代为投保的行为获得了廖某甲的授权，产生的后果及于授权人廖某甲。投保人点击了保险链接并阅读了保险条款及免责事项说明书，完整地操作了电子投保的流程，在此情况下应当认定保险公司就免责条款履行了提示说明义务，免责条款生效。基于前文论述，责任免除条款虽然有效，但本案中刘某甲从事顺风车行为并不符合该条款约定的"改变车辆使用性质，导致车辆危险程度显著增加"的情形，故保险公司不能免赔。

五、结语

司法实践中，存在将从事顺风车的行为等同于从事网约车的行为，但实际上二者存在显著差异。笔者认为，私人小客车顺风车出行本质上属于合乘，不以营利为目的，一般不属于营运行为。而保险公司能否依据“改变车辆使用性质，导致车辆危险程度显著增加……”的责任免除条款免予赔偿须同时满足实体和形式两方面条件：(1) 形式要件上，责任免除条款依法发生法律效力，即保险公司对免责条款尽到了提示说明义务；(2) 实体要件上，符合保险条款约定的情形即被保险车辆改变了车辆的使用性质，导致车辆危险程度显著增加、未及时通知保险人。而在合理界定私人轿车从事顺风车是否改变家用汽车使用性质，是否造成了车辆危险程度增加，可以利用车辆注册信息、车辆的平常使用情况，顺风车收取费用情况，顺风车途中车辆行驶区间或路线，接单频率或次数，车辆所有人职业状况等因素综合判定。

编写人：江西省赣州市中级人民法院　彭伟明　刘坚莹

13

家庭自用汽车从事网约车活动构成“危险程度显著增加”的认定

——杨甲、尤甲诉保险公司财产保险合同案

【案件基本信息】

1. 裁判书字号

云南省昆明市中级人民法院（2023）云01民终11107号民事判决书

2. 案由：财产保险合同纠纷

3. 当事人

原告（上诉人）：杨甲、尤甲

被告（被上诉人）：保险公司

【基本案情】

杨甲与尤甲系夫妻关系。云AD××小型轿车登记的所有权人为杨甲，使用性质为非营运。尤甲于2021年11月23日在网约车平台注册为网约车车主。杨甲就云AD××车辆向保险公司投保机动车交通事故责任强制保险、机动车综合商业保险，电子保单载明的被保险机动车的使用性质为非营业，特别约定载明，“1. 非营业车辆如从事营业性运输或租赁活动，发生保险责任范围内的事故，本公司不负责赔偿……”投保人杨甲在《××财产保险股份有限公司机动车商业保险投保单》上签字确认，该投保单特别约定载明，“1. 非营业车辆如从事营业性运输或租赁活动，发生保险责任范围内的事故，本公司不负责赔偿……”保险公司出具的《机动车商业保险免责事项说明书》载明：保险条款第十条规定，“下列原因导致的被保险机动车的损失和费用，保险人不负责赔偿……（三）被保险机动车被转让、改装、加装或改变使用性质等，导致被保险机动车危险程度显著增加，且未及时通知保险人，因危险程度显著增加而发生保险事故的……”保险条款第二十三条规定，“下列原因导致的人身伤亡、财产损失和费用，保险人不负责赔偿……（三）被保险机动车被转让、改装、加装或改变使用性质等，导致被保险机动车危险程度显著增加，且未及时通知保险人，因危险程度显著增加而发生保险事故的……”杨甲在投保人签章处签字确认。2021年12月25日9时55分，尤甲驾驶被保险车辆与道路绿化设施相撞，致车辆及绿化设施和苗木受损，交警认定尤甲负事故全部责任。事故发生后，被保险车辆产生维修费用共计63023元。事故发生后，保险公司出险后，委托某商务信息咨询有限公司对涉案事故经过、真实性、是否存在改变车辆使用性质进行调查。某商务信息咨询有限公司于2022年1月4日出具《调查报告》，结论为驾驶员改变车辆的使用性质、非法运营，建议保险公司按保险合同的约定处理。

【案件焦点】

保险公司应否承担保险赔付责任。

【法院裁判要旨】

云南省昆明市官渡区人民法院经审理认为：其一，免责条款是否有效的问题。保险条款中关于责任免除的规定，投保人签署投保单时已作“投保人声明”，并在《机动车商业保险免责事项说明书》处签字确认，应认定保险公司已履行相应免责条款的提示和说明义务，相应的特别约定条款及保险条款中的责任免除发生法律效力。其二，是否属于擅自变更车辆的使用性质的问题。杨甲就案涉车辆投保时，车辆的使用性质为非营业；尤甲于2021年11月23日在网约车平台注册为网约车车主并营业。相较于家庭自用车辆，营运车辆的运行里程多、使用频率高、发生保险事故的概率大。杨甲以非营业性质投保的车辆，从事营运活动，导致车辆的风险显著增加，投保人应当及时通知保险公司，保险公司可以增加保费或解除合同并返还剩余保费。杨甲陈述事故发生时，驾驶车辆的尤甲并非处于运营过程中，而是在返家的途中。根据《调查报告》中对尤甲事发当日的行程记录，可知尤甲完成8：50订单的目的地为昆明长水机场，10：30的订单行程为××院至昆明长水机场（状态为取消）。发生事故的时间介于这两个订单之间，且发生事故的地点也是从昆明长水机场到××院途中。尤甲陈述是返还昆明市呈贡区家中，但并未提交证据予以证实；对于取消10：30订单的原因也未作出合理解释；杨甲陈述尤甲并非专职开网约车，但法庭核实尤甲的职业时无法作出合理解释，且根据其行程记录，其从2021年12月24日22：55至25日10：30持续接单。故一审法院对杨甲主张发生事故时并非处于运营过程中的主张不予采纳，一审法院认定杨甲变更了车辆的使用性质。综上，杨甲变更车辆性质，导致保险标的危险程度显著增加而未通知保险公司；根据保险条款及特别约定中明确被保险车辆改变使用性质，非营业车辆如从事营业性运输，发生保险责任范围内的事故的，保险公司不负责赔偿。诉争保险事故系因改变车辆性质、从事营运活动造成，保险公司不应承担保险金赔偿责任。

云南省昆明市官渡区人民法院根据《中华人民共和国保险法》第十七条、

第五十二条，《最高人民法院关于适用〈中华人民共和国保险法〉若干问题的解释（二）》第十一条、第十三条第二款，《中华人民共和国民事诉讼法》第六十七条第一款之规定，判决如下：

驳回原告杨甲、尤甲的全部诉讼请求。

杨甲、尤甲不服一审判决，提出上诉。

云南省昆明市中级人民法院经审理认为：杨甲、尤甲以其向保险公司购买了机动车损失保险为由主张诉争车辆修复费，保险公司则以保险合同约定“被保险机动车被转让、改装、加装或改变使用性质等，导致被保险机动车危险程度显著增加，且未及时通知保险人，因危险程度显著增加而发生保险事故的，保险人不负责赔偿”为由予以拒赔，对此首先，该条款系责任免除的规定，投保人杨甲签署投保单时已作出“投保人声明”，并在《机动车商业保险免责事项说明书》处签字确认，能够证明保险公司已履行相应免责条款的提示和说明义务，故前述条款对杨甲、尤甲发生法律效力，杨甲、尤甲主张案涉保险系搭售保险，保险公司并未履行提示及说明义务并无相应证据证实，故法院对杨甲、尤甲的该主张不予支持。其次，关于本案是否符合保险公司主张的前述免责情形，根据一审、二审已查明的法律事实：杨甲就案涉车辆进行投保时，车辆的使用性质为非营业；尤甲于 2021 年 11 月 23 日在网约车平台注册为网约车车主并营业。杨甲以非营业性质投保的车辆从事营运活动，网约车与家用车相比，使用频率高、里程多，必然导致车辆的风险显著增加。杨甲、尤甲二审虽提交证据欲证明尤甲事发时并未处于营运状态，下个订单已被取消，故其是返回家中，此时并未改变车辆的使用性质，对此尤甲完成 8：50 订单的目的地为昆明长水机场，10：30 的订单行程为××院至昆明长水机场（状态为取消）。发生事故的时间介于这两个订单之间，且发生事故的地点也是从昆明长水机场返回途中，而网约车业务的各笔订单之间不可能完全实现地理位置和时间的无缝对接，司机在完成一单业务后，通常车辆会等待网约车平台派发下一个订单，即使下一个订单被取消，也无法证实尤甲不是在等待下一个订单过程中，且从案涉车辆行程记录看，处于频繁接单状态中，即使尤甲当时已收车返回家中，也无法改变其更改车辆使用性质的事实，故法院对上诉人提交的证据及所提事实的异议不予支持。最后，如前所述，保险公司以前述免责条款拒赔符合双方合同约定，一审法院予以采纳并无不当，因而保险公司不应承担保险赔付责任。

云南省昆明市中级人民法院依照《中华人民共和国民事诉讼法》第一百七十七条第一款第一项之规定，判决如下：

驳回上诉，维持原判。

【法官后语】

根据《中华人民共和国保险法》第五十二条的规定："在合同有效期内，保险标的的危险程度显著增加的，被保险人应当按照合同约定及时通知保险人，保险人可以按照合同约定增加保险费或者解除合同。保险人解除合同的，应当将已收取的保险费，按照合同约定扣除自保险责任开始之日起至合同解除之日止应收的部分后，退还投保人。被保险人未履行前款规定的通知义务的，因保险标的的危险程度显著增加而发生的保险事故，保险人不承担赔偿保险金的责任。"实践中，投保人与保险公司签订的保险合同通常会约定，被保险机动车改变使用性质，被保险人、受让人未及时通知保险人，且改变使用性质等导致被保险机动车危险程度显著增加的，保险人不负责赔偿。由于家用汽车从事网约车活动往往会在非营运与营运状态之间转换，所以涉及网约车的保险纠纷案件中，车辆是否改变使用性质，以及是否符合《中华人民共和国保险法》第五十二条规定的"保险标的的危险程度显著增加"，成为该类纠纷的争议焦点。

《最高人民法院关于适用〈中华人民共和国保险法〉若干问题的解释（四）》第四条对《中华人民共和国保险法》第五十二条规定的"危险程度显著增加"列明了应考虑的情形，其中"保险标的用途的改变"就是情形之一。本案中，如投保人对家庭自用车进行投保，投保时明确承保车辆的用途是非营运，投保人或被保险人注册成为网约车车主，将车辆有时用于家庭日常出行，有时用于网约车，即该车的使用性质并非固定不变的，而是处于持续转换之中，如何判断该车发生交通事故时是否符合前述规定的"危险程度显著增加"，应主要从"危险程度显著增加"的构成及与保险事故发生是否存在因果关系进行认定。

通说认为构成危险程度显著增加须具备重要性、持续性、不可预见性三个要件。

1. 重要性。“显著”一词明确了该危险必须达到某种质变程度，如仅是一般或轻度的危险，并未威胁到保险合同基础或现有保险合同的保障承受范围，则不应认定为危险增加。网约车与家用车相比，使用频率高、里程多，必然导致车辆的风险显著增加，故符合该要件。

2. 持续性。该要件主要是针对危险增加的时间长短。根据《中华人民共和国保险法》第五十二条的规定，保险公司不承担保险赔付责任的前提条件是被保险人未履行通知保险公司保险标的的危险程度显著增加，在此情形下，若危险变大存在时间短暂，增加后随即恢复原状，不具有持续性，并未违反对价平衡原则，不能认定为危险增加。另外，危险变大后瞬间引起保险事故，亦不符合持续性的时间要求。本案中，家用车辆长期用于从事网约车活动，时间上符合“持续性”要件。

3. 不可预见性。《最高人民法院关于适用〈中华人民共和国保险法〉若干问题的解释（四）》第四条第二款规定，“保险标的危险程度虽然增加，但增加的危险属于保险合同订立时保险人预见或者应当预见的保险合同承保范围的，不构成危险程度显著增加”。保险合同订立之初，投保人与保险人依据所承保的保险标的危险发生率等因素确定保费，因此可以说保费与危险程度相对应。本案中，在投保时保险合同就明确约定车辆是非营运，而营运车辆比非营运车辆的危险发生率明显更大，对保险公司来说，无法预见到投保人会将家庭自用车辆用于营运，订立合同之初收取的保费对应的也是非营运车辆的保费，若保险公司承担超出合同订立之时可以预见到的危险造成的保险责任，则有违对价平衡原则。

另外，危险程度显著增加与保险事故发生应存在因果关系。保险公司只对承保危险造成的损失承担赔偿责任，这是保险法的基本要求。若危险程度虽显著增加，但并未造成保险事故，而是其他原因造成保险事故，则保险公司不能仅以投保人存在改变使用用途为由拒绝承担保险责任。本案中，发生交通事故的车辆用途不断在家庭自用及网约车之间变换，此时就必须确定发生交通事故是处于家庭自用还是网约车状态，同时由于网约车的经营特点，乘客通过网络向平台公司预约，平台公司接单并指派公司名下的在册车辆和驾驶员承运，故网约车业务的各笔订单之间不可能完全实现地理位置和时间的无缝对接，司机完成一个订单后，不一定立即处于载乘客户状态，必然会存在等待下单、抢单的情况，不能仅以车上未有乘客即判断不是处于营运状态发生的保险事故。本案中，发生交通事故时被保险人驾驶的车辆并未搭载乘客，其辩称处于回家途中，但从案涉车辆行程记录看，处于频繁接单状态，发生交通事故时处于被保险人完成一个订单后折返途中，但无法排除其仍在等待并承接下一个订单的可能性，即无法以该事实否定车辆的营运性质，故该车仍属于危险程度显著增加并与保险事故的发生有因果关系，保险公司拒赔的理由成立。

营运车辆会在行驶证中将使用性质标注为“营运”，且应当在主管机关办理《道路运输许可证》并缴纳运营费用，方可合法从事以营利为目的的运输经营活动。《网络预约出租汽车经营服务管理暂行办法》第十七条规定：“网约车平台公司应当保证提供服务车辆具备合法营运资质，技术状况良好，安全性能可靠，具有营运车辆相关保险，保证线上提供服务的车辆与线下实际提供服务的车辆一致，并将车辆相关信息向服务所在地出租汽车行政主管部门报备。”案涉车辆发生事故时，其使用性质仍为家庭自用，即车辆并不具备营运资质。本案争议的发生究其原因在于车辆注册成为网约车时，平台公司未尽到网约车车辆的审查义务，如何对平台公司在审查注册网约车进行监督和处罚，有待行政主管部门加大执法和处罚力度，而本案的处理也给各网约车司机起到了提醒及示范作用，不按法律、法规从业，其权益将无法得到保护，从而为规范网约车行业起到了良好的社会示范作用。

编写人：云南省昆明市中级人民法院　李娜

14

网约顺风车载客过程中发生交通事故，应综合事故发生时和该车辆过往载客情况是否显著增加保险标的危险程度认定保险公司应否赔偿

——罗某甲诉某保险公司财产保险合同案

【案件基本信息】

1. 裁判书字号

广西壮族自治区玉林市中级人民法院（2023）桂 09 民终 2331 号民事判决书

2. 案由：财产保险合同纠纷

3. 当事人

原告（被上诉人）：罗某甲

被告（上诉人）：某保险公司

【基本案情】

罗某甲于 2022 年 11 月 28 日为桂 K××0 号车在某保险公司处投保了机动车损失险，投保单中的“机动车使用性质”为：家庭自用汽车。《某保险公司机动车商业保险条款》（2020 版）第十条第三项用黑色字体载明，“下列原因导致的被保险机动车的损失和费用，保险人不负责赔偿……（三）被保险人机动车被转让、改装、加装或改变使用性质等，导致被保险人机动车危险程度显著增加，且未及时通知保险人，因危险程度显著增加而发生保险事故的”。2023 年 1 月 14 日晚上，罗某甲从广东省东莞市出发，到东莞市虎门镇接到其姐罗某乙、其弟罗某丙、李某甲、李某之后从广东省回广西，罗某甲和其姐罗某乙、

其弟罗某丙三人是回广西玉林市北流市老家过年，李某甲、李某是到广西玉林市容县甲镇乙村。2023年1月15日2时10分许，罗某甲沿省道508线由岑溪市往容县甲镇方向行驶，驶至省道508线11千米+20米路段时，操作不当导致车辆碰撞到公路护栏、房屋围墙并侧翻出公路外，造成罗某丙、李某甲、李某受伤和桂K××0小型轿车及路外房屋的围墙、公路护栏均损坏的交通事故。事故经某市公安局交通管理大队处理，认定罗某甲承担此事故的全部责任。事故发生后，罗某甲将桂K××0号小型轿车送至某保险公司指定的广西某公司，广西某公司对桂K××0号车维修费用进行报价，所报价格为144724元。罗某甲认为维修价格高于保险金额费用，没有维修价值，遂向某保险公司申请车辆全损理赔，某保险公司以罗某甲改变车辆使用性质为由拒赔，罗某甲遂诉至一审法院。罗某甲在“××出行”平台上注册“顺风车”。本次事故行程中，乘客李某甲、李某两人由李某甲在“××顺风车”平台下单，从广东省东莞市虎门镇到容县甲镇乙村，罗某甲获得平台结算金400元。根据车主端账单情况记载，罗某甲有多达几十次的接单收费行为，且时间、金额均不固定。

【案件焦点】

罗某甲在案涉事故中以私家车从事收费的网约车顺风车行为，是否属于保险条款约定以及《中华人民共和国保险法》第五十二条规定的保险公司免责情形。

【法院裁判要旨】

广西壮族自治区北流市人民法院经审理认为：网约顺风车是在车辆自用的基础上顺便搭乘出行线路相同的人，未明显增加私家车行驶过程中的事故风险。本案中，罗某甲在“××出行”平台上注册车辆为顺风车，通过顺风车平台搭乘李某甲、李某共同回广西玉林，路线明确，是在本就计划的出行线路上顺带他人，行驶范围、行驶路线亦在合理可控范围内，属典型的共享出行、分摊出行成本的顺风车运行模式，既没有明显增加车辆的风险，也没有改变车辆的使用性质，不符合保险条款约定的免责情形，某保险公司应赔偿罗某甲的车辆损失。

广西壮族自治区北流市人民法院依照《中华人民共和国民法典》第四百九十六条、第四百九十八条、第五百零九条、第五百七十七条、第五百七十九条,《中华人民共和国保险法》第十条、第十三条、第十四条、第二十三条、第五十二条、第五十五条,《中华人民共和国民事诉讼法》第六十七条的规定,判决如下:

保险公司应在机动车损失保险责任限额范围内赔偿罗某甲经济损失114392 元。

某保险公司不服一审判决,提起上诉。

广西壮族自治区玉林市中级人民法院经审理认为:作为顺风车车辆的使用人或车主应举证证明其在出行目的、行驶线路、出行频率、费用分摊等方面与一般营运行为存在本质区别。本案中,首先,从案涉事故发生来看,罗某甲驾驶车辆从东莞市回北流市过年,通过顺风车平台搭载两名乘客到容县甲镇,虽然容县为东莞市到北流市的必经之地,但是具体到线路,甲镇并非必经之地,而案涉事故正好发生在省道 508 线由岑溪市往甲镇方向行驶路段。其次,罗某甲在××平台车主端账单明细显示,罗某甲顺风车接单的时间和每次收费金额并不一致,罗某甲主张其有工作,其使用顺风车载客收费业务不多,只是为了平摊成本,但其行驶线路、出行频率、接单时间并不固定,罗某甲提供的现有证据不能证明其合理顺路分摊费用的出行目的。综上,认定罗某甲适用平台载客收费行为属于导致保险标的危险程度显著增加的行为,符合保险条款约定的保险公司免责情形,一审判决某保险公司需承担保险责任有误,应予以纠正。

广西壮族自治区玉林市中级人民法院依照《中华人民共和国民事诉讼法》第一百七十七条第一款第二项的规定,判决如下:

一、撤销广西壮族自治区北流市人民法院一审民事判决;

二、驳回罗某甲的诉讼请求。

【法官后语】

随着我国网约车行业的迅猛发展,网约车已经成为人们出行的重要工具。网约顺风车,通过线上+顺风车的形式,能有效实现资源整合与共享,也占据着重要位置。区别于网约出租车的营运性质，网约顺风车是车主事先发布出行信息，出行线路相同的人选择合乘，目的在于分摊出行成本和共享互助。网约顺风车投保时大多以家庭自用汽车的使用性质购买保险，极易因载客行为发生交通事故后引发保险赔偿纠纷。一审、二审法院观点不同且均有理有据。二审判决以事故发生在车主原路线非必经之地且是因载客而发生的线路中，深入分析该顺风车接单以来的接单次数、接单时间及收费金额，进而评价案涉网约顺风车在出行目的、行驶线路、出行频率、费用分摊与普通顺风车合理顺路成本分摊的特点迥然不同，显著增加了保险标的的危险程度，故而认定客保险公司免除赔偿责任。下面对类案中认定保险公司应否承担赔偿责任作以下三点解读：

一、事故发生时的具体情况应作为首要条件

网约顺风车因载客行为而发生事故要求保险赔偿。故而首先应回到该事故发生时是否存在增加车辆危险程度的具体情况进行分析判断，如当时的行驶线路是否为合理顺路、当次收费是否明显超出分摊成本、出行时间是否相对合理等。因为在顺路情况下发生的事故，该事故与载客行为没有必然联系，收费只是分摊成本（油费等），符合合理出行目的，出行时间合理符合顺路搭乘的特点。本案事故即发生在车主原路线（回北流）非必经之地且是因载客而发生的线路中，故而本案明显是因载客而显著增加了车辆的危险程度。

二、网约顺风车曾发生过的载客情况作为重要参考条件

保险标的改变使用性质，使危险程度显著增加是保险公司拒赔的免责事由。若该网约顺风车虽注册为顺风车，却以顺风车之名、以营利为目的从事载客活动，则保险公司得以免责。可以从该车以往载客的总体情况进行分析衡量，如接单总量、行驶线路、出行频率、收费金额等方面是否相对固定来判断其出行目的。本案中，罗某甲的历次载客的行驶线路、出行频率、接单时间均不固定，无法得出其顺路搭乘合理分摊费用的目的，实则更指向其通过网约顺风车进行盈利的目的，这显著增加了车辆发生保险事故的风险。

三、举证责任应由车主承担

车主应就其顺路搭乘他人、未使用车辆进行盈利性载客等事实承担举证责

任。原因：一是车主对车辆使用情况更清楚，天然地更具有举证能力优势；二是事故发生在其存在收费行为的载客过程中，区别于一般车辆家用行为；三是通过举证责任分配这一诉讼手段，从司法审判的角度引领广大车主合理使用车辆，尽量避免部分车主钻法律的空子，以使车主与保险公司得到最大化的利益平衡。

本案生效判决确立了网约顺风车保险公司应否赔偿应综合事故发生时和该车辆过往载客情况是否显著增加保险标的危险程度认定的裁判思路，对完善我国线上共享经济相关法律法规乃至引领保险行业针对性设计新的保险险种，有着重要的参考价值。

编写人：广西壮族自治区玉林市中级人民法院　张秀云

15

认定保险合同无效应综合考虑关联保险产品辐射范围、群体性态势，依法保护保险消费者信赖利益

——刘某诉某财险公司保险案

【案件基本信息】

1. 裁判书字号

北京金融法院（2023）京 74 民终 1510 号民事判决书

2. 案由：保险纠纷

3. 当事人

原告（上诉人）：刘某

被告（被上诉人）：某财险公司

【基本案情】

刘某于2018年3月6日在某财险公司投保一份恋爱保险，合同约定保险金额9995元，保险费495元，保险期间为2018年3月6日0时30分37秒至2031年3月6日0时30分36秒，自本保险合同生效后满三年之日起的十年期间，被保险人与心上人初次在民政部门领取中华人民共和国结婚证的，保险人将赔付婚礼祝贺金人民币9995元。2022年12月5日，刘某向某财险公司申请理赔。2023年2月8日，某财险公司进行核赔，内容为：您的总理赔金额9995元已受理，赔款预计到账时间为1—7个工作日，同日显示已结案。因理赔款一直未到账，故2023年5月19日，刘某提出上述请求。

【案件焦点】

涉案恋爱保险合同是否有效。

【法院裁判要旨】

北京市延庆区人民法院经审理认为：该保险合同的保险标的为“恋爱关系”，刘某、某财险公司签订的《恋爱保险合同》为无效合同。

北京市延庆区人民法院依照《中华人民共和国民法典》第一百五十三条、《最高人民法院关于适用〈中华人民共和国民法典〉时间效力的若干规定》第一条第三款之规定，判决如下：

一、某财险公司在本判决生效后七日内退还刘某保险费495元；

二、驳回刘某的其他诉讼请求。

刘某不服一审判决，提出上诉。

北京金融法院经审理认为：涉案保险合同在监管部门备案为财产保险，其保险条款亦明确约定保障内容为筹备婚礼的花费。涉案保险合同的保险标的并非“恋爱关系”，而是因筹备婚礼而可能产生的与财产相关的利益，属于法律承认的合法利益。涉案保险合同只对保险合同订立后一定时间范围内缔结婚姻关系予以保障，是确保该保险合同具有射幸性的必然要求，恰恰符合保险法的基本原理。对一定时间段内缔结婚姻关系的开销进行承保，也并非对恋爱时间和缔结婚姻关系时间进行限制，遑论限制婚姻自由、违反《中华人民共和国民法典》的相关规定。且监管机构认定该产品存在问题，无法产生合同无效的法律后果。处在恋爱关系中的任何一方，以购买保险产品的方式为未来双方缔结婚姻关系可能产生的开销预置经济保障，属于意思自治范畴，并不影响公共秩序，亦不对善良风俗构成损害。某财险公司应当履行给付保险金的义务。综上，一审判决适用法律错误，依法予以纠正。

北京金融法院依照《中华人民共和国民事诉讼法》第一百七十七条第一款第二项的规定，判决如下：

一、撤销北京市延庆区人民法院作出的一审民事判决；

二、某财险公司在本判决生效之日起十日内给付刘某保险赔偿金 9995 元。

【法官后语】

本案明确了经监管机构备案并在市场上公开销售的保险产品的效力不仅承载着社会公众对保险产品、保险机构、保险行业的信赖利益，同时也承载着对监管权力的信赖利益。对依法备案的保险产品的效力进行全面否定性评价，要以《中华人民共和国民法典》《中华人民共和国保险法》等法律规定为标准进行严格审查，同时充分考虑金融消费者基于相关保险产品的公开销售产生的信赖利益，以及合同无效衍生的后续影响。正确区分保险产品功能发挥与保险合同效力，保险产品功能发挥与否应交由市场来评价，不应成为判断合同是否有效的标准，从而依法充分保护金融消费者合法权益。

一、恋爱保险产品的保险标的

保险标的是指作为保险合同保障对象的财产权利关系或有关主体对其寿命、身体或健康的利害关系。恋爱保险合同在监管部门备案为财产保险，其保险条款亦明确约定保障内容为筹备婚礼的花费。步入婚姻殿堂固然可喜可贺，但是通常情况下筹备婚礼需要一定开销，可能给被保险人的财产带来一定程度的减损。故案涉保险合同的保险标的并非“恋爱关系”，而是因筹备婚礼而可能产生的与财产相关的利益，属于法律承认的合法利益。

二、恋爱保险具有射幸性

保险合同是典型的射幸合同，保险制度的基本原理决定了保险合同所保障事项必须具有不确定性。这种不确定性包括事件发生与否不确定、发生时间不确定以及发生后果不确定。二人确立恋爱关系后，最终是否缔结婚姻关系不确定、缔结婚姻关系的时间不确定、缔结婚姻关系的开销亦不确定。这种不确定性恰恰符合保险法的基本原理。而案涉保险合同只对于保险合同订立后一定时间范围内缔结婚姻关系予以保障，是确保该保险合同具有射幸性的必然要求，恰恰符合保险法的基本原理。正如意外身故保险并非引导或者限制被保险人在特定时间内意外死亡，重大疾病保险并非引导或者限制被保险人在特定时间内罹患重大疾病，车辆财产保险并非引导或者限制被保险人在特定时间发生交通事故，保险人对于某一时间段内发生的某些特定事件进行承保是保险法基本原理决定的，并非对特定时间段内发生特定事件的引导和限制。对特定时间段内缔结婚姻关系的开销进行承保，也并非对恋爱时间和缔结婚姻关系时间进行限制，遑论限制婚姻自由、违反《中华人民共和国民法典》的相关规定。

三、监管机构对恋爱保险产品的效力认定

监管机构认为恋爱保险产品“条款要素不完备，未明确投保人、被保险人的定义及相应的义务”，并未认定其属于无实质内容意义、炒作概念的噱头性产品，亦未对该产品的合同效力进行否定，无法产生合同无效的法律后果。虽然案涉保单销售于监管机构命令某财险公司停止使用相关产品之后，但是监管机构责令该产品停止使用后某财险公司依然销售相关产品的行为，应当在行政监管范畴内予以评价，并不能产生民事合同无效的法律后果。此外，市场是检验产品品质优劣的试金石，一款保险产品有无实质内容，是否炒作概念，经济减震器、社会稳定器作用发挥得如何，市场和保险消费者自有评价，不应成为司法裁判中判断民事合同效力的理由与依据。

四、恋爱保险产品并不影响公序良俗

处在恋爱关系中的任何一方，出于对双方感情的信任，以及学业、事业、生活等人生统筹规划的综合考量，以购买保险产品的方式为未来双方缔结婚姻关系可能产生的开销预置经济保障，该行为是当事人基于人生安排对自身财产的处分与规划，属于意思自治范畴，并不影响公共秩序，亦不对善良风俗构成损害。

综上，司法裁判对经监管机构备案并在市场上公开销售的保险产品合同效力的全面否定性评价应持审慎态度。对保险合同标的的判断应当根据保险合同保障对象本质上的财产权利关系或人身利害关系进行认定，不应停留于保险名称文义表面；保险合同是射幸合同，保险制度的基本原理决定了保险合同所保障的事项具有不确定性，而非对特定时间段内发生特定事件的引导和限制；监管机构责令保险产品停止使用，并不必然产生保险合同无效的法律后果；以购买保险产品的方式为未来缔结婚姻关系可能产生的开销预置经济保障是当事人对自身财产的处分与规划，属于意思自治范畴，不应被认定为违背公序良俗。

编写人：北京金融法院　厉莉　林昱彤

16

电子投保时保险人对代签人免责条款的提示效力及于投保人本人

——霍甲、孙甲诉布甲等机动车交通事故责任案

【案件基本信息】

1. 裁判书字号

河北省保定市中级人民法院（2023）冀06民再96号民事判决书

2. 案由：机动车交通事故责任纠纷

3. 当事人

原告（被申请人）：霍甲、孙甲

被告（再审申请人）：布甲、布乙

被告（被申请人）：某财产保险公司

【基本案情】

2022年7月3日21时25分许，布甲驾驶涉案小型轿车与齐某驾驶的小型轿车相撞，造成后者乘车人孙甲、霍甲受伤并且两车损坏的道路交通事故；事故发生后，布甲弃车逃逸。公安局交通警察大队出具道路交通事故认定书，认定布甲负此事故的全部责任。布甲驾驶的涉案小型轿车所有权人为布甲的祖父布乙，该车在某财产保险公司投保有交强险和200万元机动车第三者责任保险，事故发生在保险期限内。保险合同中约定，下列情况下，不论任何原因造成被保险机动车的任何损失和费用，保险人均不负责赔偿……（二）驾驶人有下列情形之一者：（1）交通肇事逃逸；（2）……霍甲、孙甲起诉要求布甲、布乙、某财产保险公司赔偿霍甲、孙甲医疗费等各项损失共计118903.28元。

【案件焦点】

某财产保险公司与布乙签订的保险合同中的免责条款是否产生法律效力。

【法院裁判要旨】

河北省博野县人民法院经审理认为：投保人订立保险合同时虽没有亲自签字，但由其亲属代为签字，且已经交纳保险费，视为其对代签字行为的追认，保险合同依法成立并有效。因保险合同中涉及肇事逃逸的免责条款，某财产保险公司应否在机动车第三者责任保险限额范围内承担赔偿责任是本案的焦点。《最高人民法院关于适用〈中华人民共和国保险法〉若干问题的解释（二）》第十条规定："保险人将法律、行政法规中的禁止性规定情形作为保险合同免责条款的免责事由，保险人对该条款作出提示后，投保人、被保险人或者受益人以保险人未履行明确说明义务为由主张该条款不成为合同内容的，人民法院不予支持。"本案中，根据道路交通事故认定书认定，布甲弃车逃逸，属于法律、行政法规禁止的情形，某财产保险公司在布乙投保过程中对保险合同中的免责条款作了加黑加粗处理，可以认定其履行了提示义务，故某财产保险公司不在机动车第三者责任保险范围内承担赔偿责任。因肇事车辆投保了交强险，故某财产保险公司应在交强险责任限额范围内予以赔偿，超出交强险赔偿限额的部分，由布甲予以赔付。

河北省博野县人民法院依照《中华人民共和国民法典》第一百六十二条、第一千一百七十九条、第一千二百零八条、第一千二百零九条，《最高人民法院关于审理人身损害赔偿案件适用法律若干问题的解释》第六条、第七条、第八条、第九条、第十条、第十一条，《中华人民共和国道路交通安全法》第七十条、第七十六条，《最高人民法院关于审理道路交通事故损害赔偿案件适用法律若干问题的解释》第十一条、第十二条，《最高人民法院关于适用〈中华人民共和国保险法〉若干问题的解释（二）》第十条，《中华人民共和国民事诉讼法》第六十七条、第一百四十七条的规定，判决如下：

一、某财产保险公司赔偿霍甲 46395.97 元，布甲赔偿霍甲 44532.73 元（布甲垫付费用 23264 元应作相应扣减）；

二、某财产保险公司赔偿孙甲 6159.21 元，布甲赔偿孙甲 3988.97 元；

三、驳回霍甲、孙甲的其他诉讼请求。

判决生效后，布甲、布乙不服，向河北省保定市中级人民法院申请再审。

河北省保定市中级人民法院经审理认为：关于某财产保险公司应否在机动车第三者责任保险限额范围内承担赔偿责任的问题。本案中，根据道路交通事故认定书可知，布甲在事故发生后，弃车逃逸，属于法律法规禁止的情形，故保险公司对该免责条款需要尽到提示义务。《最高人民法院关于适用〈中华人民共和国保险法〉若干问题的解释（二）》第十一条第一款规定：“保险合同订立时，保险人在投保单或者保险单等其他保险凭证上，对保险合同中免除保险人责任的条款，以足以引起投保人注意的文字、字体、符号或者其他明显标志作出提示的，人民法院应当认定其履行了保险法第十七条第二款规定的提示义务。”本案中，保险公司在保险合同中对免责条款作了加黑加粗处理，能够证明某财产保险公司履行了提示义务。

布甲、布乙主张本案是电子保单，布乙订立保险合同时没有亲自签字，而由其亲属代为签字，虽然已经交纳保险费，保险合同依法成立并有效，但不能将对代签人的提示及于布乙本人，故某财产保险公司并未对布乙尽到提示义务，免责条款不产生效力。本案中，被保险人布乙为老年人，其在签订电子保单时由其家人代为操作，符合常理。布乙委托家人签订电子保单时，已经产生了事实上的委托关系，否则保险合同无法成立，保险合同中对受托人免责条款的提示应及于委托人，故本案保险合同中对代布乙签订电子保险合同家人的提示义务，应及于布乙本人。在签订电子保险合同时主张保险合同中对受托人的提示义务不能及于委托人，又认定保险合同成立并有效，这本身是自相矛盾的，亦不符合公平正义的社会主义核心价值观。认定代签的电子保单合法有效，并确认某财产保险公司对代签人的提示义务及于布乙本人，符合法律规定及公平正义的原则。

河北省保定市中级人民法院依照《中华人民共和国民事诉讼法》第一百七十七条第一款第一项的规定，判决如下：

维持河北省博野县人民法院一审民事判决。

【法官后语】

保险合同纠纷中，免责条款是否对投保人产生法律效力经常成为案件审理的焦点，实践中代为投保的情形时有发生，使保险人进行提示义务和明确说明义务的对象发生变化。电子投保时代，在投保流程必须由本人手机操作的情况下，投保人将手机交由亲属或朋友操作并代签保险合同的，保险合同中免责条款对代签人的提示义务是否及于投保人本人，是本案值得研讨的重点问题。

“代签”通俗的理解为非投保人在保险合同签名处签署投保人的姓名，代签是一种事实行为，并非明确的法律概念，代签人的身份认定是判断免责条款是否生效的重要依据。

《最高人民法院关于适用〈中华人民共和国保险法〉若干问题的解释（二）》第三条第一款规定：“投保人或者投保人的代理人订立保险合同时没有亲自签字或者盖章，而由保险人或者保险人的代理人代为签字或者盖章的，对投保人不生效。但投保人已经交纳保险费的，视为其对代签字或者盖章行为的追认。”这里的“代签”指的是保险人或保险代理人的代签，此种情形下的代签虽然也能够产生保险合同成立的法律后果，但保险人对代签人的提示义务和明确说明义务能否及于投保人？笔者认为是不能的。因保险人或保险代理人的代签体现的都是保险人的意思，而保险人和投保人才是保险合同的相对方，二者利益并不一致，免责条款实质上减轻了保险人的责任，对于免责条款必须向投保人本人进行提示和明确说明，否则免责条款不产生效力。本案中的代签主体是投保人的亲属，代签行为体现的合同利益与投保人一致，其地位相当于“投保人的代理人”，并非保险人或保险人的代理人。本案中，根据保险公司设置的投保流程，布乙在进行电子投保时必须借助其本人手机及相关账号，但布乙年事已高，无法独立完成手机操作，此时布乙将手机交由其亲属操作并代签保险合同，应视为布乙对实际操作人的委托，保险人在保险合同中对实际操作人免责条款的提示效力应及于布乙本人。

实践中，保险公司为确保电子投保流程的操作人为投保人本人，对投保流程、交费账户等已作出了技术限制，因此代签人能够完成投保操作的前提条件是投保人转交手机、银行账号、密码等设备及相关信息，在保险人已经尽责限制本人操作投保流程的现实情况下，仍将保险人的提示义务固化到投保人本人，属于苛责保险人。不认定保险人履行了提示义务，无疑会让部分投保人故意将账号或手机交由他人操作，规避保险人履行提示义务的效力，以此来阻碍免责条款的生效，这既不符合立法的初衷，也会带来不良的社会影响。因此，在审判实践中要正确区分代签的情形，既要避免保险人一方不尽提示义务代投保人签字不当减轻保险责任，又不能过分苛责保险人从而不当增加其履行提示义务的标准，以促进社会诚信建设。

编写人：河北省保定市中级人民法院　张思名　石晓燕

（二）进出口信用保险合同纠纷

17

出口信用保险保单融资情形下保险人义务的承担

——某货运中心诉某保险公司进出口信用保险合同案

【案件基本信息】

1. 裁判书字号

上海金融法院（2022）沪74民终490号民事判决书

2. 案由：进出口信用保险合同纠纷

3. 当事人

原告（被上诉人）：某货运中心

被告（上诉人）：某保险公司

【基本案情】

2017年8月18日，某保险公司在其运营的系统内向某货运中心出具《信用限额审批单》，载明：被保险人名称为某货运中心，买方名称为U×CC公司；审批结果：金额为80万美元，拒收风险赔偿比例为80%，其他商业风险赔偿比例为80%。《短期出口信用保险综合保险条款》第二十三条约定：被保险人在申请信用限额后，变更销售合同的支付方式、付款期限、转让债权债务以及其他可能影响保险人权益的合同内容时，应事先征得保险人书面同意，否则，保险人对相关出口项下发生的损失有权拒绝承担赔偿责任。

2018年4月至7月，经案外人某国际贸易公司联络，某货运中心及其境外关联公司 Y×D 公司与 U×CC 公司陆续签订了六批货物的《售货确认书》，并通过提单向 U×CC 公司出口了货物，货款支付日期皆为出运提单日后 90 日内。上述货物的海关申报均已完成，且所涉货物均已经交付承运人，承运人出具了相应提单。付款到期后，买方 U×CC 公司均未支付上述货款，某货运中心向某保险公司申请索赔被拒。

某货运中心、某保险公司与某银行曾共同签署《赔款转让协议》《赔款转让补充协议》，约定对于某货运中心向涉案买方的出口项下发生保险责任范围内的损失，某货运中心授权某保险公司将按照保险单规定理赔后应付给某货运中心的赔款直接全额支付给某银行，同时某保险公司在上述出口项下的赔偿责任终止。无论本协议其他条款如何规定，某货运中心和某保险公司之间的保险法律关系，以及某货运中心与某银行之间的出口贸易融资法律关系都是两个相互独立的法律关系。

某保险公司分别于 2018 年 5 月 9 日、6 月 14 日、7 月 20 日向某银行发送《短期出口信用保险承保情况通知书》，告知涉案五份销售合同在某保险公司处的承保情况。

2018 年 11 月 10 日，某银行向某货运中心发送《应收账款反转让通知书》，某银行将某货运中心在保理协议项下对买方享有的应收账款债权反转让给某货运中心。附件中包含涉案五份销售合同对应的应收账款。

某货运中心主张某保险公司向其赔偿保险金 306439.09 美元并支付利息，某保险公司予以拒绝。

【案件焦点】

某货运中心就系争交易进行保理债权转让，某保险公司能否依约拒赔？

【法院裁判要旨】

上海市浦东新区人民法院经审理认为：第一，《保险条款》第二十三条约定被保险人转让债权债务需经保险人事先书面同意，只是对转让债权债务有所限制，且该转让权也未被排除，只是设置了需经保险人事先书面同意的前提条件。《保险条款》第二十三条已加粗加黑显示，且某货运中心在《续转保险单明细表》中已经认可某保险公司向某货运中心进行了提示和说明，某货运中心已经充分理解，故《保险条款》第二十三条合法有效。

第二，某保险公司不能依据《保险条款》第二十三条的规定对某货运中心拒赔。首先，某货运中心、某保险公司与某银行共同签署过《赔款转让协议》《赔款转让补充协议》等，根据相关约定，某保险公司对某货运中心在某银行进行出口贸易融资是知情且认可的，实际某货运中心在某银行处进行融资的方式包括保理融资，某保险公司对此应具有一定的预期。其次，根据保理合同的一般业务模式，保理交易中债权转让不同于一般债权转让，本案某货运中心进行的回购型保理实质为将其对境外买家的债权作为其融资的非典型担保，与可能影响保险人权益的一般债权债务转让应作适当区分。同时，本案中的保理融资到期后，银行亦将涉案债权回转给某货运中心，债权已恢复到开展保理业务之前的状态，并不会直接影响保险人定损核赔及代位追偿，亦不会直接影响保险人的权益。

第三，某保险公司作为一家政策性保险公司，承担着服务我国企业拓展海外市场、开展国际贸易的重要职责，在“稳外贸”的宏观背景下，支持境内企业依托国际贸易开展供应链融资，有利于某保险公司自身职责的履行、出口企业降低融资成本和我国出口贸易的发展。综上，某保险公司应按照《信用限额审批单》约定的赔付比例赔偿某货运中心。

上海市浦东新区人民法院依照《中华人民共和国合同法》第六十条第一款的规定，判决如下：

某保险公司应支付某货运公司保险金 272390. 30 美元。

某保险公司不服一审判决，提出上诉。

上海金融法院经审理同意一审法院裁判意见，判决驳回上诉，维持原判。

【法官后语】

出口信用保险作为一种政策性金融工具，对本国企业扩大出口、开拓国外市场，以及推动经济结构优化具有重大意义，为本国企业的出口和对外投资提供经济保障。但是我国目前尚没有出口信用保险的专门立法，根据《最高人民法院关于审理出口信用保险合同纠纷案件适用相关法律问题的批复》，在案件审理中可以参照适用保险法的相关规定；出口信用保险合同中另有约定的，从其约定。涉案保险合同中约定了被保险人未经保险人同意，转让债权债务以及变更其他可能影响保险人权益的合同内容时，保险人有权拒赔。而被保险人在保理融资时进行债权转让，保险人是否有权拒赔是本案的争议焦点，因此，有必要厘清保理融资与一般债权转让的区别。

在一般债权转让中，债权人出让债权后，由受让人请求债务人向其履行债务。由于受让人对该债权的产生、履行等情况可能了解得不够清楚，因此在向债务人主张权益时，相较债权人可能会增加一定的成本。若保险人承担保险责任后，再向债务人进行追偿，则该债权转让将会对保险人定损核赔权、代位追偿权等权益造成一定的影响。在合同对债权转让予以限制的情况下，债权人转让应收账款的，保险人可以予以拒赔。

有追索权的保理不同于一般债权转让。《中华人民共和国民法典》将保理分类为有追索权保理和无追索权保理，该分类标准的实质是在应收账款到期无法从债务人处收回时，由何方承担应收账款不能收回的风险。由保理人承担风险的，为无追索权保理；由应收账款债权人承担风险的，为有追索权保理。在有追索权保理业务中，由于保理人并不承担债务人于清偿期届满后无支付能力的风险，保理人在债务人陷于无支付能力时需向原债权人请求补偿或追偿，实际上相当于借款人履行返还借款义务的担保手段。此外，《最高人民法院关于适用〈中华人民共和国民法典〉有关担保制度的解释》关于有追索权保理具有非典型担保属性的规定，将应收账款的转让在性质上认定为债权的让与担保，与通常的债权转让存在显著区别。

因此，出口商就承保贸易下的应收账款叙做保理进行融资，其仍为实际债权人，未实质影响保险人权益；且涉案纠纷发生时，应收账款债权因回购已转回至陆上货运中心，对某保险公司所主张的定损核赔权、代位追偿权等权益的行使亦并无影响。故出口商并未丧失保险利益，保险人不能仅以此拒赔。

本案裁判明确出口商就承保贸易下的应收账款叙做保理进行融资未实质影响保险人权益，保险人不能仅以此拒赔，这积极回应了中小微企业出口信用保险保单融资是否符合保险拒赔条款约定的问题。本案裁判充分体现了当前司法审判立足我国金融市场发展实际，秉持客观务实的态度，正视金融交易当事人之合意，平等保护各方权益的裁判理念。同时，支持境内企业依托国际贸易开展供应链融资，既有利于缓解中小微外贸企业融资难题、降低融资成本，亦有利于我国出口贸易的发展。

值得一提的是，2023 年 3 月 1 日，国家外汇管理局启动跨境金融服务平台“出口信用保险保单融资”应用场景在全国范围试点工作，并新推出中小企业保单融资功能，① 进一步体现了本案裁判的前瞻性。

编写人：上海市浦东新区人民法院　余韬　王朝辉

18

出口信用保险中如实告知义务和危险增加通知义务的范围认定

——某进出口公司诉某保险公司保险案

【案件基本信息】

1. 裁判书字号

广东省广州市中级人民法院（2022）粤 01 民终 25562 号民事判决书

2. 案由：保险纠纷

① 《跨境金融服务平台出口信保保单融资场景在全国推广啦》，载国家外汇管理局微信公众号，2023 年 3 月 14 日发布，2025 年 1 月 4 日访问。

3. 当事人

原告（被上诉人）：某进出口公司

被告（上诉人）：某保险公司

【基本案情】

某进出口公司与不同外国公司签订了多份买卖合同出售货物，并就不同买卖合同分别向某保险公司投保了多份出口信用保险，约定如买方无法支付货款则由某保险公司赔付保险金。货物出口后，因一些客观因素，多份买卖合同的买方均无法支付货款。某进出口公司遂向某保险公司索赔，某保险公司以海外买家之间存在关联关系增加了赔付风险为由主张某进出口公司未履行告知义务，并拒绝赔付。某进出口公司诉至法院，要求某保险公司支付保险金。

【案件焦点】

进出口公司投保出口信用保险时，未向保险公司告知不同海外买家之间存在关联关系，投保人是否违反了如实告知义务和危险增加通知义务，保险公司能否以此主张免除保险责任？

【法院裁判要旨】

广东省广州市天河区人民法院经审理认为：某保险公司认为投保人的行为突破了某保险公司内部制度而拒绝理赔缺乏依据。案涉保险条款属于格式条款，该格式条款因加重了投保人、被保险人责任而无效。某保险公司没有明确告知某进出口公司什么是影响信用限额审批的信息。因此，该条款给某进出口公司带来了不可测的风险，这对某进出口公司并不公平。综上，对于某保险公司的抗辩意见，一审法院不予采纳。

广东省广州市天河区人民法院依据《中华人民共和国保险法》第十九条第一项，《中华人民共和国保险法》第二十三条第一款、第二款，《中华人民共和国民事诉讼法》第六十七条第一款的规定，判决如下：

一、某保险公司应向某进出口公司赔付 3150463.23 元及资金占用费；

二、驳回原告某进出口公司的其他诉讼请求。

某保险公司不服一审判决，提起上诉。

广东省广州市中级人民法院经审理认为：首先，本案双方的权利义务应以合同约定为准，案涉保险合同并未对某进出口公司采取的贸易模式作出限定，更未约定如某进出口公司采取某种贸易模式，则某保险公司有权免责，故某保险公司以某进出口公司采取的贸易模式存在风险为由主张免除保险责任缺乏合同依据。

其次，某进出口公司提交了海外资信报告、销售合同、发票、付款保证书等证明案涉买卖关系真实，且某进出口公司已尽审慎经营义务。买方在某进出口公司出运前已支付部分货款，某保险公司所称买方存在关联关系与买方是否具有付款能力无关，不能以此推定某进出口公司在出运时已经知道买方根本违约或预期违约。结合某进出口公司曾于2019年与买方公司正常交易且并未出险，某进出口公司于2019年12月签署案涉销售合同并出运货物，本案证据不足以证实某进出口公司出运货物时已经明知存在《保险条款》约定的风险，故不能根据上述约定认定某保险公司可免除保险责任。

再次，保险人应当清楚何种信息会影响其承保意愿及保险责任，并通过提前询问或合同约定方式让被保险人就特定事项履行告知义务，而不应要求被保险人承担概括性不特定的告知义务，并以被保险人未履行告知义务为由免除保险责任，否则会过分加大被保险人的责任，不当免除保险人的责任。因《保险条款》未明确约定某进出口公司须就买方之间是否存在关联关系履行告知义务，故某保险公司主张根据上述约定免除保险责任缺乏依据。

最后，某保险公司有关买方存在关联关系的主张不足以证明某进出口公司出运前已经知道无法收回货款，因此上述因素不足以证明保险标的的危险程度已经显著增加。某进出口公司系出运货物后才得知买方确定无法付款，此时保险事故已经实际发生，保险事故的发生与某进出口公司是否及时通知某保险公司无关，因此某保险公司主张免除保险责任缺乏法律依据。

综上，某保险公司有关其可免除保险责任的主张缺乏合同与法律依据，法院不予支持，某保险公司应当承担保险责任。

广东省广州市中级人民法院依照《中华人民共和国民事诉讼法》第一百七十七条第一款第一项之规定，作出如下判决：

驳回上诉，维持原判。

【法官后语】

当前，国际经济贸易形势复杂多变，不少出口企业通过投保出口信用保险实现抵御和分散出口风险的目的。出口信用保险是国家分散企业出口风险，鼓励企业拓展海外业务信心的政策性保险机制。目前已有80多个国家和地区建立了出口信用保险制度，世界贸易总额的14%左右得到了出口信用保险的支持。[①]

出口信用保险是保险人对被保险人在保险期限内出口货物后，出口买受方拒绝或不能履行付款义务时，所遭受的经济损失承担赔偿责任的保险方式。一方面，出口信用保险有助于转移或分散企业的出口贸易风险，对鼓励企业大胆走出去具有重要作用。另一方面，出口信用保险比一般保险更具专业性和复杂性，需要法院依法厘定双方责任，妥善解决日益增多的出口信用保险纠纷。

一、出口信用保险的特有制度：买方信用限额

买方信用限额（Credit Limit）是出口信用保险中的一项特有制度，即被保险人有义务就保险范围内的买方逐一向保险公司申请适用的信用放账额度，其是保险人对被保险人向特定买方输送货物所承担的最高赔偿额度。[②] 保险公司通常会结合出口商的经营历史、规模、盈利水平等综合因素核定投保人（即出口商申报）的信用限额。因此，买方信用限额也是对价平衡原则在出口信用保险中的体现。保险公司通过对买方设定出口信用限额控制保险赔付风险。买方信用限额可以循环使用，如果被保险人的出口货物第一次出运后安全收汇，则其占用的买方信用限额会自动恢复到原来额度，被保险人即可对该买家进行第

① 唐志刚：《政策性出口信用保险助力高质量发展的着力点》，载《中国金融》2023年第12期。

② 刘波：《论出口信用保险中的买方信用限额问题》，载《科协论坛（下半月）》2007年第2期。

二次出运贸易。

本案的新颖、复杂之处在于：投保人为关联买方分别投保出口信用保险是否会破坏出口信用保险设置的买方信用限额制度，造成保险公司的风险不可控？进一步而言，保险公司能否以投保人未告知不同买方之间存在关系为由，主张投保人未履行如实告知义务或者被保险人未履行危险增加通知义务，以此拒绝承担赔偿责任？

本案中，如果保险公司未作特别说明，则买方信用限额应理解为是针对特定买卖关系中单一买方的信用限额，而不应扩大理解为是针对不同买卖关系中关联买方的共同限额。保险公司通过审定买方信用限额控制保险风险，其对买方信用限额度具有决定权。因此，如果保险公司认为不同买方之间存在关联关系可能增加保险事故发生风险，并影响其风险预测、费率厘定、信用限额审批，则其应当通过明确方式要求投保人、被保险人就不同买方之间存在关联关系履行告知和通知义务，而不能在保险事故发生后以投保人违反概括性告知义务以及被保险人违反一般性通知义务为由拒绝赔付。本案对出口信用保险中的如实告知义务和危险增加通知义务构建认定与适用规则，对同类案件的处理具有重要参考意义。

二、违反“概括性告知条款”不构成违反如实告知义务

关于投保人告知事项的范围，我国保险立法采用询问告知主义，投保人负有有限的告知义务。在询问告知主义模式下，“兜底条款”或者“模糊询问”事项成为广泛存在的争议。所谓“兜底条款”或者“模糊询问”事项，是指保险人往往会在询问范围中设定一些概括性的、没有指明具体名称的事项。在现行法规定的书面询问回答模式下，概括性条款往往成为保险人青睐的询问手段以及免予承担保险责任的借口。这种“兜底条款”和“模糊询问”事项违反了有限告知原则，实际上扩大了投保人的如实告知义务。考虑到保险消费者普遍缺乏专业保险知识，难以准确理解概括性条款的含义，《最高人民法院关于适用〈中华人民共和国保险法〉若干问题的解释（二）》（以下简称保险法解释二）第六条第二款否定了纯粹的概括性条款的法律效力，“保险人以投保人违

反了对投保单询问表中所列概括性条款的如实告知义务为由请求解除合同的，人民法院不予支持。但该概括性条款有具体内容的除外”。该“但书”规定，“应当限定为仅在义务人不实告知的事实属于对概括性条款中列举的具体问题的回答时，保险人才可借此主张违反告知义务的法律责任”。①

有观点认为，跨境出口贸易相较于境内贸易手续复杂、金额较大、流程较长，一旦买方拖欠，守约方跨国追索的难度极大。保险人无法获得出口贸易进行时的全部信息。有鉴于此，在出口信用保险经营中，出口方须在贸易过程中时刻对交易风险保持警觉，尽可能避免损失的发生，及时告知可能影响风险预测、费率厘定、信用限额审批的不利信息，以维持保险合同的对价平衡。本案中，出口信用保险中的投保人告知义务仍不能脱离“询问—告知”的基本框架。《最高人民法院关于审理出口信用保险合同纠纷案件适用相关法律问题的批复》规定：“对出口信用保险合同的法律适用问题，保险法没有作出明确规定。鉴于出口信用保险的特殊性，人民法院审理出口信用保险合同纠纷案件，可以参照适用保险法的相关规定；出口信用保险合同另有约定的，从其约定。”根据上述规定，保险人在出口信用保险中也应通过具体明确的方式进行询问。具体而言，保险人可以通过相关途径和渠道如伯尔尼协会、征信机构、保险人的数据库、我国驻外使领馆经商处、商会、行业协会、银行、其他信用保险人、进口商提供的保密信息、被保险人提供的保密信息、新闻报道、报刊等获得国外买家所在国家风险和自身商业风险信息，② 也可以通过承保经验归纳常见风险并开展询问。

本案中，《保险条款》约定：“被保险人应将可能影响保险人风险预测、费率厘定、信用限额审批和理赔追偿的信息真实、全面、准确、及时地书面告知保险人。”首先，从形式来看，该条款不属于询问，而是对告知义务的简单约定，且未约定投保人不履行告知义务的法律后果。其次，即便认为该条款属于某种形式的询问，其也并未明确何谓“可能影响保险人的信息”，属于要求被保险人承担概括性的告知义务，从而将投保人置于不可测的风险下。保险人主

---

① 马宁：《保险法如实告知义务的制度重构》，载《政治与法律》2014年第1期。

② 韩强：《出口信用保险法律制度研究》，2012年吉林大学博士学位论文。

张案涉所有出口贸易实际买受人之间存在关联关系属于投保人应当主动告知的信息。但是，买受人之间存在关联关系与其是否具有履行能力、是否会加大违约风险并无必然关系。实践中，不少大型企业具有众多的关联公司，因此买方之间存在关联关系不仅不会削弱其履约能力，甚至还可能增强总体履约能力，降低违约发生概率。鉴于买方之间存在关联关系不会必然导致风险增加，如果保险人认为该因素属于“影响保险人风险预测、费率厘定、信用限额审批和理赔追偿的信息”，则应由保险人对此予以明确询问，保险人不应在保险事故发生后才主张买方之间存在关联关系属于合同约定的“概括性告知范畴”。综上，保险人有关投保人违反如实告知义务的抗辩有违保险法解释二第六条第二款的规定，依法应不予支持。

三、违反“一般性通知条款”不构成违反危险增加通知义务

第一，被保险人应按保险合同约定履行危险增加通知义务。《中华人民共和国保险法》第五十二条规定，“保险标的的危险程度显著增加的，被保险人应当按照合同约定及时通知保险人”。主流观点认为，如果保险合同约定被保险人负有危险增加通知义务，则被保险人负有相应义务；如果保险合同对此没有约定，则被保险人不负有该义务。[①] 保险合同条款一般为单方拟定的格式合同条款，如果保险公司没有在保险合同条款中要求被保险人在保险标的危险增加时履行通知义务，则被保险人完全有可能不清楚保险标的危险程度增加对于保险公司将产生不利影响，继而没有必要在保险标的危险程度增加时，将有关情形通知保险公司。

第二，保险人不能通过“一般性通知条款”加重被保险人的危险增加通知义务。当保险人在合同中列明的危险增加情况发生时，被保险人是否必须履行危险增加通知义务？该问题存在观点分歧。一种观点认为，凡在合同中约定的须通知的危险增加情形皆属于重要危险增加，即使客观上不属于重要危险增加，亦在其内。另一种观点认为，不能赋予合同中对特定事项须负危险增加通知义

---

① 高燕竹：《被保险人危险增加通知义务若干问题探讨》，载《法律适用》2010年第8期。

务的约定绝对效力。[①] 笔者同意后一种观点。保险条款通常是由保险公司单方拟定的格式合同条款，保险人为了规避自身风险，更倾向于在保险合同中添加有利于自身的条款。鉴于我国保险法已将被保险人的危险增加通知义务限于“危险显著增加”的情形，保险人约定被保险人应就“一般性危险”履行通知义务，实质上不合理地加大了被保险人的义务。如果投保人以被保险人未履行“一般性危险”义务为由拒赔，则更是不当减免自身责任。因此，被保险人未履行约定的通知义务是否必然导致保险人免除保险责任，还要看该约定的危险增加是否同时具备重要性、持续性以及未曾估价性。如果该危险增加并未同时具备上述三个特性，则意味着其并不属于危险程度“显著增加”，此时，即使被保险人未通知该危险，也不能认为其违反了危险增加通知义务。[②]

本案中，《保险条款》约定：“在知道或者应当知道买方或开证行不利的消息以及本保单条款第二条项下任一风险发生时，被保险人应及时采取一切必要措施，避免或减少损失，并书面通知保险人。”保险人辩称被保险人未通知其买方存在关联关系，属于违反危险增加通知义务。但是，上述条款要求“任一风险发生时，被保险人应通知保险人”，明显不符合我国保险法规定的“危险显著增加”情形。进一步而言，买方是否存在关联关系与危险是否增加并无因果关系，本案并不存在被保险人怠于履行危险增加通知义务的情况。其一，就交易往来而言，被保险人曾向买方出口并正常收汇，本次贸易是收汇后针对该买方重新释放出口信用限额而进行的贸易。其二，就合同约定而言，合同约定买方支付预付款后，被保险人出运，买方在出运后90日内支付余款。被保险人系按照合同约定收取预付款后出运，并未违反合同约定增加危险。其三，就买方违约原因而言，买方未能支付余款与某些客观因素有关，而与买方之间存在关联关系无关。被保险人在收到预付款后，于2019年12月29日出运本案货物。货物出运后，海外买家因某些客观因素无法正常经营，因此在2020年4月

---

① 徐卫东：《保险法学》，科学出版社2004年版，第198页。

② 孙宏涛：《我国〈保险法〉中危险增加通知义务完善之研究——以我国〈保险法〉第52条为中心》，载《政治与法律》2016年第6期。

30日发出延期付款申请书。从上述分析可知，买方存在关联关系不仅不属于危险程度“显著增加”的情形，而且与本案保险事故的发生无关，因此保险人有关被保险人未通知保险人买方存在关联关系违反危险增加通知义务的抗辩不能成立，法院不予支持。

编写人：广东省广州市中级人民法院　叶汉杰　张子恒

（三）保证保险合同纠纷

19

保证保险合同保险费以及违约金的认定

——某财产保险股份有限公司诉郭某保证保险合同案

【案件基本信息】

1. 裁判书字号

四川省雅安市名山区人民法院（2023）川1803民初671民事判决书

2. 案由：保证保险合同纠纷

3. 当事人

原告：某财产保险股份有限公司

被告：郭某

【基本案情】

2020年7月5日，郭某作为借款人与出借人某信托股份有限公司签订《借款合同》，约定出借人向借款人发放借款200000元；借款期限为36个月，借款利率为年利率9.2%。同时还约定了罚息利率、贷款偿还以及提前还款等内容。

2020年7月4日，郭某向某财产保险股份有限公司投保了一份以资金出借方为被保险人的《个人借款保证保险投保单》，每月保险费为1148.4元，保险金额为借款合同项下应偿还的全部借款本金、利息之和；从保险人理赔当日开始超过30日，投保人仍未向保险人归还上述全部款项的，则视为投保人违约；投保人需以尚欠理赔金额为基数，从保险人理赔当日开始计算，按每日0.063%向保险人缴纳违约金等内容。

某信托股份有限公司向郭某发放了贷款后，郭某既未按约定归还贷款本息，也未向某财产保险股份有限公司支付保险费用。2022年4月26日，某信托股份有限公司出具保险理赔确认书，确认收到某财产保险股份有限公司理赔款。之后，某财产保险股份有限公司催要未果，遂提起诉讼。

【案件焦点】

郭某是否应按合同约定支付欠付保险费以及保证保险合同违约金的计算标准。

【法院裁判要旨】

四川省雅安市名山区人民法院经审理认为：某财产保险股份有限公司与郭某之间的保证保险合同有效，郭某未按照与某信托股份有限公司的约定归还借款本息，某财产保险股份有限公司作为保险人履行保证保险合同义务支付了贷款本息108951.99元，郭某作为投保人应当按照保证保险合同的约定向某财产保险股份有限公司支付理赔款。双方当事人在保证保险合同中约定了郭某每月支付保险费1148.4元，截至某财产保险股份有限公司履行完保证保险合同义务的2022年4月26日，郭某欠付保险费4190.87元。保证保险合同没有对资金占用损失进行约定，且某财产保险股份有限公司未请求违约金，因此，应当按同期全国银行间同业拆借中心公布的一年期贷款市场报价利率来计算资金占用损失。

四川省雅安市名山区人民法院依照《中华人民共和国民法典》第五百七十七条、第五百八十四条，《中华人民共和国保险法》第十四条、第六十条，《中华人民共和国民事诉讼法》第一百四十七条，《最高人民法院关于适用〈中华人民共和国民法典〉时间效力的若干规定》第一条第三款规定，判决：

一、郭某于判决生效之日起十日内向某财产保险股份有限公司给付理赔款108951.99元，并给付以108951.99元为基数从2022年4月27日起至付清之日止按同期全国银行间同业拆借中心公布的一年期贷款市场报价利率计算的资金占用损失；

二、郭某于判决生效之日起十日内支付某财产保险股份有限公司保险费4190.87元；

三、驳回某财产保险股份有限公司的其他诉讼请求。

宣判后，双方当事人均未提出上诉，判决已发生法律效力。

【法官后语】

近年来，无抵押、无担保的信用贷款盛行，放贷公司为控制风险，在提供贷款前会要求借款人向保险公司投保信用保险，构建出三方主体参与的资金流通行为。但此类借贷成本较高，借款人既需向放贷公司支付贷款利息，又需向保险公司支付保险费。若借款人逾期，则保险公司向放贷公司代偿后，会向借款人追偿，追偿范围除代偿款、保险费还包括违约金。

在保险法律关系中，保证保险双务性、有偿性、诺成性与射幸性的法律特征，是其有别于保证而存在于保险法领域的独立担保形式。它以保险法律关系为基础发挥着担保的功能和作用，自然应当适用保险法。虽然保险法没有对保证保险法律关系进行具体规范，但这并不意味着不能将保险法律关系的基本规范和基本原则作为依据对其进行积极地调整。首先，从案由看，该案不是保证合同纠纷，也不是借款合同纠纷，更不是民间借贷纠纷，不同的法律关系在法律适用上不能出现混搭。也就是说，保证保险合同法律规范不应适用上述法律规范（包括相关司法解释）进行调整。因此，可以排除民间借贷纠纷中关于一年期贷款市场报价利率四倍的适用，更不应该将投保人在借款合同中的履行义务与在保证保险合同中的义务相混淆。其次，《中华人民共和国保险法》第五十三条规定：“有下列情形之一的，除合同另有约定外，保险人应当降低保险费，并按日计算退还相应的保险费：（一）据以确定保险费率的有关情况发生变化，保险标的的危险程度明显减少的；（二）保险标的的保险价值明显减少的。”就该案而言，当事人在保证保险合同中所约定的就是固定保费按月支付的方式，因此其不可能随着借款数额的变化而变化，即不能依照“保险标的的保险价值明显减少的”而不断调整保费，保证保险合同的标的针对的是价款人的履行行为，无法量化保险价值明显减少的问题。最后，按月支付固定保费是双方合同的约定，依照当事人意思自治原则，法院无权改变当事人的约定。因此，投保人应当按合同约定支付拖欠保险公司的保险费。

从案件审理情况看，借款综合成本过高问题凸显，虽然保证保险的费率没有刚性监管标准，但把具有合作关系的贷款人、保险公司及担保公司向借款人收取的费用作为一个整体来计算借款人的综合融资成本，是一个较为可行的办法。此外，保险人在理赔后向投保人追偿垫付的主债权本息时，能否再请求投保人支付资金占用费或者合同约定的违约金，也值得研究。从逻辑上看，保险人赔付后，要求投保人按照同期LPR支付资金占用损失，属于合理的诉求，而违约金的重要功能也是弥补损失。因此，当保险人同时主张投保人支付违约金时，应当承担证明资金占用损失仍然不能弥补其实际损失的举证责任。若保险人未提交相应证据，则违约金应认定为资金占用期间的利息损失。也就是说，保险人可以要求违约方承担逾期付款责任，从而弥补资金占用损失。对于资金占用损失标准，由于案件并非买卖合同关系，虽然不能直接适用《最高人民法院关于审理买卖合同纠纷案件适用法律问题的解释》第十八条规定的逾期付款违约金的计算方法，但是可以参照适用。因此，资金占用损失可以违约行为发生时中国人民银行授权全国银行间同业拆借中心公布的一年期贷款市场报价利率（LPR）标准计算。

编写人：四川省雅安市名山区人民法院　高飞

20

财产保险合同中“约定受益人”享有保险金请求权的司法认定

——张某诉某财产保险公司等保证保险合同案

【案件基本信息】

1. 裁判书字号

广东省深圳市福田区人民法院（2022）粤 0304 民初 1339 号民事判决书

2. 案由：保证保险合同纠纷

3. 当事人

原告：张某

被告：某财产保险公司、某资产交易所、某资产登记结算公司

【基本案情】

2019 年 12 月 3 日，原告通过某 APP（应用程序）认购“某某债转 2019×49”产品，本金 5 万元，预期回报 3125.34 元，产品期限 351 天，预期年化收益率 6.5%，保障方式为保险为回款来源提供本息保障，回款方式为到期一次性还本付息。

2019 年 12 月 4 日，某资产登记结算公司出具《一般债权资产转让登记凭证》，载明涉案产品转让方为某商业保理公司，受让方为原告，挂牌价格 5 万元。当日，原告支付的 5 万元划入某商业保理公司账户，附言“某某债转 2019×49-放款”。

同日，某财产保险公司出具《资金债务履约保证险保险单》，载明投保人为徐某，被保险人为某小贷公司，标的信息为债务合同，资金债务金额为 200

万元，保险期为 2019 年 11 月 27 日至 2020 年 11 月 26 日，共 366 天，险别为资金债务履约保证保险，总保额/累计赔偿限额为 2236712.33 元，无免赔约定。第十二条特别约定：（1）被保险人不可撤销授权某资产登记结算公司为其理赔委托代理人，某资产登记结算公司在收到保单对应的理赔款后，应将理赔款支付至受益人……（3）受益人为该笔保单项下资产对应的某某债转 2019×01-2019×60 的全体投资人，如受益人在该产品到期日未收到足额投资本金和利息，等同于本保险合同项下的投保人未按照债务合同约定按时还款，同样视为保险事故发生。

另查，2019 年 11 月 25 日，某小贷公司与徐某、马某签订《房屋抵押借款协议》，约定徐某、马某向某小贷公司借款 200 万元，并以徐某名下房产作为抵押物。某资产交易所确认涉案产品通过其挂牌交易，原告投资属实，但在此之前某小贷公司将其对徐某的应收账款转让给某信息公司，再转让给某商业保理公司的交易并未通过其挂牌；其提交的《债权收益权资产转让确认单》显示，借款人徐某、借款合同编号 DFJX-BJ-×××、借款本金 5 万元、借款期限 360 天、借款利率 12%、应还款总额 53125.34 元。

再查，2020 年 11 月 19 日，某资产登记结算公司向某财产保险公司发出《索赔申请函》和《代偿通知书》，载明转让方在兑付操作日未能偿还逾期增值收益及转让价款，请某财产保险公司将代偿款划付至某资产登记结算公司，其中某某债转 2019×49 转让价款 5 万元，预期增值款 3125.34 元。2021 年 1 月 7 日，某资产交易所、某资产登记结算公司共同向某财产保险公司发函要求支付保险理赔款，并承诺按约将理赔款支付至保单项下受益人。

【案件焦点】

1. 保险事故是否已经发生；2. 原告是否享有保险金请求权。

【法院裁判要旨】

广东省深圳市福田区人民法院经审理认为：被告某资产交易所、某资产登记结算公司为独立于原告所购涉案产品法律关系之外的第三方平台，且已履行了作为理赔委托人的相关义务，原告请求某资产交易所、某资产登记结算公司承担责任，无事实和法律依据。本案争议焦点应为某财产保险公司是否应向原告承担保险责任。结合在案证据及事实，评析如下：

第一，关于保险事故是否已经发生的问题。依据《资金债务履约保证保险条款》第四条以及保险单的特别约定部分之约定，被告某财产保险公司在承保时即已知悉徐某与某小贷公司签署的《房屋抵押借款协议》项下的债权将作为“某某债转 2019×01-2019×60”产品在某资产交易所进行债权转让，并且已通过该特别约定增加了保险标的，即投资人的投资本金及利息的实现。原告在产品到期后未收到投资本金和利息，可以认定保险事故已发生。

第二，关于原告是否享有保险金请求权的问题。根据保险单特别约定，可以确定原告系被告某财产保险公司承保的涉案保证保险中的受益人，虽然目前法律并未明确规定财产保险的受益人享有保险金请求权，但是在本案中，法院认为原告有权直接请求保险人某财产保险股份有限公司支付保险赔偿金。首先，原告为债权资产受让方，根据某资产交易所公示的挂牌交易信息，原告购买某某债转产品后即取得对应投资份额的债权人身份，债权及相应从权利均转移至原告，保险标的实际已经发生变更，被保险人实际已变更为原告，因此从债权转让的角度来看，原告享有保险金请求权。其次，根据保险单特别约定部分的约定，某财产保险公司作为保险人，对保险理赔款系通过某资产登记结算公司直接向各受益人支付是明知的，若仅因原告受让的是债权收益权而不赋予其保险金请求权，在被保险人不能积极行使其保险金请求权的情况下，原告作为受益人通过保险赔偿金受偿的权利将无法得到保障。最后，在保险事故发生后，被保险人的理赔委托代理人某资产登记结算公司虽已在授权范围内发出理赔通知，但在某财产保险公司未能按期理赔后，被保险人并未采取进一步措施包括起诉请求支付保险金，原告作为债权资产受让人，根据涉案产品交易对债权转让方某商业保理公司依法享有债权，此时原告亦可根据合同法规定的债权人代位权向某财产保险公司请求支付保险金，其请求的保险金以其享有的债权为限。综上，原告在产品到期后未收到投资本金和利息，保险事故已发生，被告某财产保险公司应依据保险合同约定，在保险金额范围内直接向原告承担保险责任。

广东省深圳市福田区人民法院依照《中华人民共和国民法典》第四百六十五条、第五百三十五条、第五百四十五条，《中华人民共和国保险法》第二条、第五条、第二十三条、第四十九条的规定，判决：

一、被告某财产保险公司向原告张某支付保险赔偿金53125.34元及逾期利息1305.65元；

二、驳回原告张某的其他诉讼请求。

宣判后，双方当事人均未提起上诉，一审判决已经生效。

【法官后语】

本案为保证保险合同纠纷，属于财产保险合同纠纷，所涉最为重要的争议在于财产保险合同中“约定受益人”是否享有保险金请求权。随着现代社会经济的蓬勃发展以及保险业务模式的不断创新，财产保险合同中约定“受益人”的情形大量涌现，但因现行保险法受益人概念并未涵盖财产保险合同，故而司法实践中对财产保险合同中“约定受益人”能否享有保险金请求权一直存在较大争议，有必要予以厘清。

一、财产保险合同中“约定受益人”有效

从文义来看，现行《中华人民共和国保险法》第十八条第三款规定了受益人的概念以及受益人享有保险金请求权，同时明确该受益人适用于人身保险合同。从保险实务来看，大量财产保险合同也约定了“受益人”，约定当保险事故发生时，由保险人直接向“受益人”支付保险金。财产保险合同中约定“受益人”通常是基于“受益人”与被保险人之间存在某种经济利益关系，如抵押权人，保证保险合同中的债权人等。

笔者认为，虽然此“受益人”与保险法意义上的受益人存在区别，但并不意味着财产保险合同中约定“受益人”无效。首先，法律并未禁止财产保险合同中约定“受益人”。基于意思自治原则，只要该约定不属于法律规定的无效情形，就应对合同当事人及关系人产生约束力。其次，财产保险合同中约定“受益人”通常是基于“受益人”与被保险人之间存在某种经济利益关系，所以保险事故发生时，相应的损失极大可能是“受益人”。因此，约定“受益人”并不违反保险合同的损害补偿原则，反而能够切实保护“受益人”的利益，也与保险实务一致。虽然保险法上的受益人概念并不包含财产保险合同中约定的“受益人”，但财产保险中存在“受益人”这一独立关系人，是合法、合理的。

二、财产保险合同中的“受益人”可依法享有保险金请求权

财产保险合同中约定的“受益人”只是基于约定有权受领保险金，但因缺乏立法上的支撑，其能否突破合同相对性原则，享有直接向保险人请求给付保险金的权利及其行权路径存在一定争议，部分司法判例甚至直接以保险法并未规定财产保险合同存在受益人而驳回相关诉讼请求。

笔者认为，由“受益人”获得保险金请求权，可以高效平衡“受益人”与被保险人之间的经济利益关系。财产保险合同中的保险金请求权本质为财产权的衍生权利，而财产权较之于人身权的显著特点是具有相对性和可让与性，由此决定了财产保险合同中的“受益人”虽然不能直接依据保险法向保险人主张权利，但仍可以基于其他法律规定以其他身份向保险人主张权利。

(一)“受益人”可通过债权转让取得被保险人的保险金请求权

财产保险合同中，被保险人具有法定的保险金请求权。保险金请求权本质是一种债权请求权，即在保险事故发生后，保险金请求权从期待权转化为债权请求权，被保险人成为保险人的债权人。因此，有观点认为，财产保险中约定“受益人”的实质是债权让与。特别是在保证保险合同中，被保险人往往通过合同约定或金融交易将其享有的基础债权转让给“受益人”，而在财产保险合同中约定“受益人”后，被保险人即已通过基础债权的转让将保险金请求权等从权利一并附条件地让与“受益人”。从债权转让的条件来看，财产保险合同中约定“受益人”的条款既是被保险人和“受益人”之间的债权转让合同，也是对作为债务人的保险人的书面通知。同时，该债权转让可以是全部或部分转让，“受益人”据此取得全部或部分保险金请求权。

另外，在保险标的本身就是主债务的履行的情况下，被保险人将主债权全部或部分转让的，也可视为事实上的保险标的的转让，适用《中华人民共和国保

险法》第四十九条的规定，由“受益人”承继被保险人的权利和义务，取得受让债权部分的保险金请求权。

（二）“受益人”可通过债权人代位权行使保险金请求权

如前所述，在保险事故发生后，被保险人的保险利益已经从期待权转化为债权请求权，在“受益人”系被保险人的债权人，且其对被保险人的债权已经到期的情况下，如被保险人怠于履行保险金请求权，“受益人”可以依据《中华人民共和国民法典》第五百三十五条关于债权人代位权的规定，以自己的名义代位行使债务人（即被保险人）对相对人（即保险人）的权利。

以上认定路径，可以在审理案件时根据“受益人”的性质以及其与被保险人之间的法律规定具体考量及适用，如符合相关法律规定，则可以认定财产保险合同中“约定受益人”享有保险金请求权。

具体到本案，通过保险单中的特别约定可以确定原告即为某财产保险公司承保的涉案保证保险合同中约定的“受益人”，无论从债权转让还是债权人代位权，原告都应当享有保险金受益权。一方面，基于本案事实，原告通过某资产交易所挂牌受让了涉案债权资产，被保险人某小贷公司已通过上述交易行为实际收回了原债权合同项下资金，其对保险标的所具有的保险利益实际上已经一并转让给某某债转的投资人。另一方面，保险事故发生后，被保险人的期待权已经转化为债权请求权，某资产登记结算公司作为被保险人的代理人，虽然向某财产保险公司发出了理赔申请，但并未通过诉讼主张，属于怠于行使到期债权的情形，即使原告受让的是债权收益权，其作为该债权收益权转让中的债权人，亦可以自己名义行使代位权。本案中，如不赋予原告保险金请求权，在被保险人不能积极行使其保险金请求权的情况下，原告作为受益人通过保险赔偿金受偿的权利将无法得到保障。因此，无论是从法律层面，还是从裁判的实质公平及社会效果来看，原告都应享有保险金请求权。

编写人：广东省深圳市福田区人民法院　刘舒婷

21

保证保险合同的违约金调整应当衡量借款人的总融资成本

——某保险公司诉赵某保证保险合同案

【案件基本信息】

1. 裁判书字号

北京市丰台区人民法院（2023）京0106民初5796号民事判决书

2. 案由：保证保险合同纠纷

3. 当事人

原告：某保险公司

被告：赵某

【基本案情】

2021年4月25日，赵某与某商业银行签订《借款合同》，赵某借款金额361000元，借款期限自贷款资金发放之日起36个月，借款利率为年6.5%。当日，赵某向某保险公司投保个人借款保证保险。保险标的为：履约义务人的履约信用风险，承保比例为80%，被保险人为某商业银行，月保险费率为0.64%。违约责任部分约定：从保险人理赔当日开始超过30日，投保人仍未向保险人归还上述全部款项的，则视为投保人违约。投保人需以尚欠理赔金额为基础，从保险人理赔当日开始计算，按每日0.04%向保险人缴纳违约金。因赵某逾期还款满80日，某保险公司按照80%的承保比例支付保险理赔款162683.97元。2023年1月13日，某商业银行出具保险理赔确认书，确认收到162683.97元的理赔款。同时表示某保险公司在保险理赔范围内享有某商业银行对借款人（投保人）享有的全部权利（包括主债权、担保债权及其他相关权利)。某保险公司认为其履行了保险合同义务，现依照保险条款约定，向赵某主张理赔款、保险费用、违约金、律师费等费用。

【案件焦点】

保险公司按照合同约定履行了保证保险责任后，是否有权向借款人主张违约金。

【法院裁判要旨】

北京市丰台区人民法院经审理认为：某保险公司作为专业保险机构，个人借款保证保险系其经营业务之一，为中小微企业开展生产经营活动或个人消费支出增加了获得贷款的可能性，其按照每月 0.64%的标准收取了保险费，应当承担投保人不能及时返还理赔款的相应风险，如一味将全部业务风险转嫁给投保人，会造成投保人、保险人之间利益失衡。本案中，赵某为取得案涉借款所支出的综合融资成本已高达 23.9%，且在赵某逾期后某商业银行已向赵某计收罚息的情况下，其贷款成本明显过高。在某保险公司关于理赔款及保险费的诉请已得到支持的情况下，基于违约金弥补损失的功能定性，以及某保险公司与某商业银行之间的业务关联关系，双方关于违约金条款的约定显失公平。故对于某保险公司主张的违约金部分，法院不予支持。

北京市丰台区人民法院依照《中华人民共和国民法典》第五百零九条、第五百七十七条、第六百七十四条、第六百七十五条、第六百七十六条，《中华人民共和国保险法》第六十条，《最高人民法院关于适用〈中华人民共和国保险法〉若干问题的解释（四）》（2020 年修正）第七条、第八条之规定，判决如下：

一、赵某于本判决生效之日起十日内向某保险公司支付保险理赔款 162683.97 元；

二、赵某于本判决生效之日起十日内向某保险公司支付保险费 2432.29 元；

三、赵某于本判决生效之日起十日内向某保险公司支付律师费 35000 元；

四、驳回某保险公司的其他诉讼请求。

宣判后，双方当事人均未上诉，一审判决已经生效。

【法官后语】

个人借款保证保险的业务机制为：借款人向贷款机构申请贷款的同时，应依照贷款机构的增信要求向保险公司投保保证保险。如借款人出现逾期，则保险公司在按比例对借款本息进行偿还后，可向借款人进行代位追偿。追偿的范围包括理赔款、欠付的保险费、违约金、利息损失等费用。融资性保证保险所涉综合成本过高、调解难度大等情况导致该类诉讼频发，激化了金融消费者与金融机构之间的矛盾。最高人民法院在2023年11月发送4号司法建议，以规范保险业务。[①] 基于上述情况，就保险公司主张的违约金是否需要司法介入与调整是目前审判过程中的难点。

一、保证保险违约金的观点分歧

实践中，对保证保险合同违约金大致持三种观点：第一种观点为全部支持，其主要观点为法院应当尊重当事人意思自治达成的违约金约定；第二种观点为部分支持，其主要观点为虽然应当尊重违约金约定，但若约定的违约金数额过高，则法院应当对其进行调整；第三种观点为全部驳回，其主要观点为保险人主张的代位求偿权范围应以理赔款为限。

二、合同自由与实质正义的角力

实践中，裁判分歧背后体现的是对违约金司法酌减制度理解的差异。一方面，尊重违约金约定的效力乃私法自治的要求，审判者对于双方合意的改变应采取审慎之态度，若无十分之必要性理由，其不应随意介入。另一方面，当预先性决定违约金时，债务人面对的只是非现实的负担义务，尤其当涉及消费者和格式合同时，当事人地位结构性失衡及债务人的过于乐观会导致债务人在缔约时难以充分重视可能的违约金负担。合同自由的实质意义要求审判者恢复当事人之间被破坏的平衡，对违约金的限制与调整恰恰体现了实质正义对形式自由的约束。故部分法院依照违约金司法酌减制度，以LPR为标准对违约金进行了酌减甚至全部驳回。

---

① 《最高法：加大对资本市场违法行为判罚力度》，载最高人民法院网站，https://www.court.gov.cn/zixun/xiangqing/427082.html，2025年1月5日访问。

三、贷款人、助贷机构、保险人之间的利益衡平

不可否认的是，融资市场的活力来源于融资创新，在司法审判中应关注市场主体的融资诉求，坚持商事审判中的契约自由原则，充分尊重金融交易主体的意思自治，依法认定新类型担保、非典型担保等各类金融创新的法律效力，不轻易否定金融创新成果的合法性。但同时应警惕不受规制与约束的融资创新存在的引发市场动荡和社会不安的风险，需要司法在市场失灵时实施必要的干预，否定越界背俗行为的法律效力，实现私法自治与国家干预间的平衡。依照上述原则，在金融借款法律关系中，因交易地位相对弱势的借款人负担的贷款利息、保险费用、服务费、手续费等综合融资成本过高，故人民法院应当对某保险公司主张的违约金部分根据公平原则和诚实信用原则进行调整。

关于借款人综合融资成本的裁量，全国法院金融审判工作会议提出，虽然保证保险的费率没有刚性监管标准，但把贷款人、保险公司向借款人收取的费用作为一个整体来计算借款人的综合融资成本，是一个较为可行的办法。本案中，赵某为取得案涉借款支出的综合融资费用高达23.9%，其融资成本已经远高于市场平均水平，如果还要求赵某以理赔款日万分之四的标准支付违约金，则各方当事人之间的实质公平将遭到显著破坏。并且，法院在支持了某保险公司关于理赔款以及保险费的诉讼请求后，某保险公司的损失已经完全得到了填补，基于违约金弥补损失的功能定性，法院认为对于某保险公司违约金的诉讼请求不应予以支持。

此外，还应注意到，在融资性保证保险法律中存在两种法律关系，即借款人与贷款机构之间的借款法律关系，以及投保人和保险公司之间的保证保险法律关系。保险人基于保证保险合同提起的关于保险费的诉讼与其理赔后提起的代位求偿权诉讼系基于不同法律关系提起的诉讼。在实践中，保险公司虽然将两诉合并提起，但在审理过程中，法院应当对其请求权基础进行明确。其意义在于，就代位求偿权范围而言，基于保证保险合同的保险属性，保险公司在支付理赔款后向借款人主张的是代位求偿权，其求偿权范围应限于理赔款，故保险公司主张借款人向其支付资金占用损失的，人民法院不应支持。保险公司主

张违约金只能基于保证保险合同，鉴于保险合同的权利义务以保险费和保证保险责任展开，保险公司如有损失，则其损失为欠付保险费的期限利益，如果违约金的计算偏离了这一基础，人民法院应当对违约金进行调整。

编写人：北京市丰台区人民法院　赵晓蕾　闫一鸣

22

保证保险中保费利率不受借款利率上限规制

——某保险公司诉方某保证保险合同案

【案件基本信息】

1. 裁判书字号

北京金融法院（2024）京 74 民申 34 号民事裁定书

2. 案由：保证保险合同纠纷

3. 当事人

原告（被申请人）：某保险公司

被告（再审申请人）：方某

【基本案情】

方某向某保险公司申请投保个人贷款保证保险，用于其向某银行办理个人贷款，某保险公司向方某签发《个人贷款保证保险保险单》，并约定每月保费率 1.9%、保费金额 2831 元以及理赔后的违约金事宜。方某持某保险公司签发的保险单与某银行签订了《个人贷款合同》，某银行发放个人信用贷款 149000 元。之后，方某未按照约定按时足额偿还借款本息。根据保证保险条款的约定，某保险公司向某银行支付了方某未偿还的剩余贷款本金及利息 120869.15 元。某银行收到赔款后将相关权益转移给某保险公司。此外，方某尚欠某保险公司

2018 年 8 月 30 日至 12 月 18 日的保费 9978.47 元。

【案件焦点】

保证保险中的保费与借款合同中的利息性质不同，保证保险的保费费率不受借贷利率上限规制。

【法院裁判要旨】

北京市朝阳区人民法院经审理认为：方某向某保险公司投保，某保险公司同意承保后向方某签发《个人贷款保证保险保险单》，双方形成了保险合同关系，该保险合同系双方当事人的真实意思表示，且不违反法律、行政法规的禁止性规定，应属合法有效。依据前述保险单约定，方某向某银行申请贷款，某银行依约发放了贷款，方某未按约定期限偿还贷款本息的行为属于保证保险合同约定的保险事故。保险事故发生后，某保险公司向某银行履行了赔付义务，承担了相应的保险责任，并获得了某银行对其保险权益进行的转让，其有权依据法律规定和保险合同的约定在保险赔偿金额范围内向方某追偿。方某未按期支付保费，某保险公司亦有权按照保险单的约定要求方某偿还欠付保费。某保险公司理赔后，方某未及时清偿理赔款构成违约，某保险公司有权要求方某按照保险单的约定支付违约金，该款项的性质属于资金占用期间的利息损失，某保险公司自愿降低违约金标准，法院对此不持异议，但因全国银行间同业拆借中心公布的一年期贷款市场报价利率自 2019 年 8 月 20 日起适用，故法院对其主张的违约金标准予以调整，同时将违约金调整为以代偿款本金为基数，自代偿次日起算。关于方某的相关答辩意见，法院认为，方某作为完全民事行为能力人，应当在充分理解合同内容的基础上签署相关协议，根据其陈述，方某知晓由某银行发放贷款并收取利息及由某保险公司收取保费的交易模式和相关费率标准，双方约定的保费费率亦经原保监会审批，因此，对方某的相关答辩意见不予采纳。

北京市朝阳区人民法院依照《中华人民共和国保险法》第二条、第六十条第一款，《中华人民共和国合同法》第一百零七条、第一百一十四条，《最高人民法院关于适用〈中华人民共和国民法典〉时间效力的若干规定》第一条第二款，《中华人民共和国民事诉讼法》第六十七条之规定，判决如下：

一、被告方某于本判决生效之日起十日内向原告某保险公司支付理赔款120869.15元、未付保费9978.47元；

二、被告方某于本判决生效之日起十日内向原告某保险公司支付违约金；

三、驳回原告某保险公司的其他诉讼请求。

方某不服一审判决，申请再审。

北京金融法院同意一审法院裁判意见，裁定驳回方某的再审申请。

【法官后语】

一、保证保险合同效力独立于借款合同效力之外，不具有从属性

保证保险属于财产保险，是指以履约信用风险为保险标的的保险，其中投保人为履约义务人，被保险人为权利人。虽然从为债权提供保障方面的功能来看，保证保险与保证功能类似，但无论是从构成要件还是从法律政策层面来看，保证保险均应被认定为一种新型的财产保险，其具有不同于一般责任保险的特征，旨在填补债权人因债务人不能履行还款义务而遭受的损失。借款合同是保证保险合同的民事基础合同，两者有一定的牵连性，但其并不能改变两个合同在实体与程序上的独立性，保证保险合同与借款合同或借款担保合同的效力相互独立，并不存在主从关系，而是并存关系。借款合同或借款担保合同被认定为无效或被撤销，保证保险合同的效力及保险人的责任应该依据《中华人民共和国保险法》《中华人民共和国民法典》的相关规定及保证保险合同的相关约定来认定。当投保人逾期不履行借款合同义务时，被保险人不能同时要求投保人和保险人互负连带责任，债权人可以依据借款合同要求债务人承担还款责任，也可以依据保证保险合同要求保险人承担保险责任。

二、保证保险中的保费与借款合同中的利息性质不同，保费费率不受借贷利率上限规制

保证保险合同中的保费是保险人向投保人收取的费用，保费费率对应的是投保人违约风险造成的损失概率，与保险金额、基本费率、投保人信用情况等

因素有关。借款合同中的利息利率受国家宏观调控影响，我国民间借贷利率采取统一规范模式，即确定利率上限，而该利率上限不仅受正规金融机构贷款利率的影响，还受市场供求关系、经济发展状况、市场改革等诸多因素的影响，其对应的是债权人资金占用成本。

此外，保费与借款利息对应的权利义务内容不同，保证保险合同中投保人交纳保费，保险事故发生后，保险人依据保险合同约定承担保险赔偿责任；借款合同中贷款人向借款人交付借款，借款人到期还本付息。

综上，保险人依据保证保险合同收取的保费与借款合同中债权人收取的利息性质不同，保费费率不受借款利率上限规制。司法实践中，不能仅凭保险人与债权人存在一定的关联关系，就简单认定保费费率与利息利率之和不得超过国家规定的借款利率上限，而忽视保证保险合同效力的独立性及保费与利息的性质差异。保证保险合同中保险人向作为实际借款人的投保人行使代位求偿权的前提是保险事故发生、保险人向被保险人进行了理赔。故虽然保证保险合同与借款合同相互独立，但因其存在事实上的相互利益关联，保险人理赔数额的合法性取决于借款本息的合法性，在案件的审理过程中仍应当对借款合同项下名为咨询费、手续费、服务费等实为变相收取利息、增加借款成本的相关事实进行查明，一并受限于借贷利率上限。保险人在民间借贷利率上限范围之内进行的合法理赔数额才是作为投保人的借款人应当承担的损失金额，超出的部分保险人无权向借款人主张。

编写人：北京市朝阳区人民法院　刘茹　王雨晴

（四）责任保险合同纠纷

23

保险合同纠纷中通用词汇含义扩张性解释的路径

——某物流公司诉某财产保险某支公司责任保险合同案

【案件基本信息】

1. 裁判书字号

成渝金融法院（2023）渝87民终2383号民事判决书

2. 案由：责任保险合同纠纷

3. 当事人

原告（上诉人）：某物流公司

被告（被上诉人）：某财产保险某支公司

【基本案情】

某物流公司向某财产保险某支公司提交司乘人员雇主责任保险投保单一份，投保单号TZLH2022××××0910，为其所有的川ZD××××号车辆投保司乘人员雇主责任保险。其中，字体加黑加粗的投保人声明第一款约定："保险人已向本人详细介绍并提供了投保险种所适用的条款，并对其中免除保险人责任的条款……向本人作了明确说明，本人已充分理解并接受上述内容，同意以此作为订立保险合同的依据，本人自愿投保上述险种。"同时，某财产保险某支公司提交特别约定清单一份，其第一款约定："第一项本保单仅承保在保险期间内，司乘人员因驾驶本保险单载明的投保车辆过程中受到意外伤害，导致受伤、残疾或死亡、在 48 小时之内经抢救无效死亡，依法应当由被保险人承担的经济赔偿责任，保险人按照本保险合同约定负责赔偿，其他原因造成的损失均不属于本保单责任范围；第二项本保单承保车辆数 1 辆，承保座位数 1 个，承保车辆信息车牌号川 ZD××××，发动机号 76××××29，车架号 LRDS××××3691。”关于司乘人员雇主责任保险投保单、特别约定清单，某物流公司均加盖了印章。同日，双方签订《司乘人员雇主责任保险合同》一份，保险单号 PZLH2022××××0776，约定：某物流公司为其所有的川 ZD××××牵引车在某财产保险某支公司处投保司乘人员雇主责任保险，医疗费用责任保险金额 50000 元，保险期间自 2022 年 3 月 28 日起至 2023 年 3 月 27 日止。

2022 年 5 月 25 日，某物流公司聘请的驾驶员张某驾驶川 ZD××××牵引车到青神县某机械厂卸货时，不慎从货箱上摔下导致其左脚后跟受伤。事故发生后，某物流公司通知了保险公司，并向管理机关报案。同年 11 月 3 日，某物流公司与张某经多次协商达成赔偿协议。之后，某物流公司向某财产保险某支公司主张司乘人员雇主责任保险中医疗费限额赔付金额 50000 元被拒。

某物流公司向一审法院起诉请求依法判令某财产保险某支公司按照保险合同约定向其支付赔偿款 50000 元。

【案件焦点】

涉案保险合同特别约定条款“本保单仅承保在保险期间内，司乘人员因驾驶本保险单载明的投保车辆过程中受到意外伤害……”中“驾驶”的含义能否作扩张性解释。

【法院裁判要旨】

四川省眉山市彭山区人民法院经审理认为：本案的争议焦点为某物流公司的驾驶员张某在卸货过程中受伤是否属于保险责任的理赔范围。按照某物流公司与某财产保险某支公司双方在投保时的特别约定：保险期间内，司乘人员因驾驶本保险单载明的投保车辆过程中受到意外伤害，保险人负责赔偿，其他原因造成的损失均不属于本保单责任范围。对“驾驶”一词的通常理解，是指操纵车、船或飞机等使之行驶。而本案中，某物流公司聘请的驾驶员张某是在卸货过程中发生的受伤事故，并不是在保险约定的车辆行驶过程中受到的伤害。因此对某物流公司的诉请不予支持。

四川省眉山市彭山区人民法院依照《中华人民共和国保险法》第十三条，《中华人民共和国民事诉讼法》第六十七条，《最高人民法院关于适用〈中华人民共和国民事诉讼法〉的解释》第九十条之规定，判决如下：

驳回某物流公司的诉讼请求。

某物流公司不服一审判决，提出上诉。

成渝金融法院经审理认为：双方当事人对案涉保险合同约定中的“驾驶”存在不同的理解。从投保人投保，即订立合同的目的来看，某物流公司对驾驶进行广义理解是合理的。从合同体系来看，保险单约定的是“司乘人员因驾驶本保险单载明的投保车辆过程中受到意外伤害”，司乘人员除了驾驶员，还包括乘客，但乘客并没有驾驶，如果对“驾驶”作狭义解释，则保险人可以抗辩乘客没有“驾驶”车辆从而不承担责任，显然限缩了承保范围。因此，对“驾驶”一词作一般意义上的字面解释，不符合案涉保险合同的目的和保险单载明的险种所包含的内容。保险单是某财产保险某支公司出具的格式条款，若保险责任范围限定于狭义的“驾驶”，需进行明确说明。某财产保险某支公司无充分证据证明在订立保险合同时已遵循最大诚信原则进行提示和明确说明。故某财产保险某支公司应当依约向某物流公司赔付 50000 元。

成渝金融法院依照《中华人民共和国保险法》第十七条、《最高人民法院关于适用〈中华人民共和国保险法〉若干问题的解释（二）》第十一条之规定，判决如下：

一、撤销四川省眉山市彭山区人民法院一审民事判决；

二、某财产保险某支公司于本判决生效之日起十日内向某物流公司赔偿保险金 50000 元。

【法官后语】

保险行业蓬勃发展到今天，格式合同业已作为通常业态，投保人基本上没有同保险人讨价还价的可能。一旦双方当事人在履行合同过程中就某些条款或概念的理解发生分歧，就涉及对保险合同进行科学合理解释的问题。实践中，对保险合同的解释一般遵循意图解释原则、整体解释原则、依习惯解释原则、诚实信用的解释原则、有利于被保险人的解释原则等。

本案生效判决针对涉案保险合同特别约定条款中通用词汇“驾驶”的含义进行扩张性解释至涉案雇员操作特定车辆运输、装载、卸载货物的整个履行职务过程，其所遵循的是意图解释原则以及整体解释原则。

首先，所谓意图解释原则，其基础是当事人的意思自治，是指对保险合同条款进行解释时，如果仅按文字解释不能达到合理的要求或者会达到不符合逻辑的程度，或某些内容含义不明确，可以作多种解释，则要根据订约时的历史背景、客观情况等进行分析判断，以探寻当事人订约时的真实意图①。因此该原则又称目的解释原则。本案中，对“驾驶”一词含义的通常理解，是指操纵车、船或飞机等行驶。但是，某物流公司投保的司乘人员雇主责任保险目的为在聘用的雇员履职过程中发生事故后分摊自己作为雇主应承担的责任风险。从当事人投保的目的来看，物流公司作为特定行业，与一般的运输公司或客运公司经营范围显然不同，其雇佣司机履职的范围不仅包括驾驶车辆运输货物，而且包括装载或卸载货物。因此若仅按“驾驶”的通常含义予以解释，则不能达到投保人合理的要求。

其次，所谓整体解释原则，是指将表达当事人意思的各项合同条款、文件等作为一个完整的体系，根据各方面的关联性、争议的条款与当事人真实意思表示的关系、争议条款在意思表示中所处的地位等多方面因素，确定所争议条款的含义。因此，该原则又称体系解释原则。本案中，保险单约定的是“司乘人员因驾驶本保险单载明的投保车辆过程中受到意外伤害”，司乘人员除了驾驶员，显然还包括乘客，而乘客并没有驾驶，如果对“驾驶”作通常含义层面的理解，则保险人可以抗辩乘客没有“驾驶”车辆从而不承担赔偿责任，这显然在逻辑层面不能成立。结合保险条款上下文和案涉投保险种的特征，如果对

---

① 张世增：《如何正确理解和适用保险合同的解释原则》，载《河北法学》2003年第3期。

通用词汇“驾驶”不进行扩张性解释，断章取义，则会出现不合逻辑的情况，同样也不符合对争议文字“驾驶”进行目的解释的结果。

最后，如果保险责任范围限定于狭义的“驾驶”含义，属于对保险责任的限缩解释，则保险人必须履行明确说明义务。案涉保险合同的上一期保险单特别约定承保范围除驾驶，还有维护车辆继续运行（加油、加水、故障维修、换胎、搭篷布）的临时停放过程中发生的意外，而本案保险合同的承保范围则变更为驾驶本保险车辆。在同一投保人续保同一辆车的情形下，保险合同中承保范围条款缩小理赔范围，实质上属于减轻、免除保险人责任的格式条款。在保险人无充分证据证明其在订立保险合同时已遵循最大诚信原则进行了提示和明确说明的情况下，应承担赔偿责任。

综上所述，某物流公司雇佣的驾驶员张某驾驶约定车辆在卸货过程中发生的意外受伤事故，应属于涉案保险合同赔偿范围。

编写人：成渝金融法院　周志刚　刘德宝　凌小薇

24

多层保单嵌套语境下责任保险纠纷案件的逻辑厘定和裁判路径

——某物流上海分公司诉某保险公司航运保险事业营运中心责任保险合同案

【案件基本信息】

1. 裁判书字号

上海金融法院（2022）沪74民终597号民事判决书

2. 案由：责任保险合同纠纷

3. 当事人

原告（上诉人）：某物流上海分公司

被告（被上诉人）：某保险公司航运保险事业营运中心

【基本案情】

2017年12月，某外运总公司与某保险公司签订集中保险项目A包保险服务协议（总对总协议），约定被保险人是甲方、甲方在中国境内的下属单位和关联企业，保险起保日为2018年1月1日，保险期限为12个月。保费由某外运总公司统一支付。

某物流上海分公司是×A物流责任综合险保险单和×B物流责任综合险保险单的被保险人之一。×A保单对应基层保单选项1，载明“单次及累计赔偿限额5000000元，免赔额50000元/每次事故”，其中备注条款第十二条约定“道路运输外采运力承运货物，发生保险事故的，免赔在原先50000元和100000元之外，增加损失金额5%的免赔率，高者为准”；×B保单对应上层保单之首层，载明“单次及累计赔偿限额45000000元，免赔额5000000元/每次事故”。×A保单和×B保单均约定“保险人的赔偿以仲裁机构裁决的或法院判决的或经赔偿请求人、被保险人双方协商并经保险人认可的应由被保险人承担的赔偿责任为依据”“保险人承保本保险合同项下与被保险人有关的诉讼（仲裁）所产生的合理的法律费用和开支，包括但不限于……”

2017年6月15日，某物流上海分公司与某甲公司签订物流服务合同。2018年2月26日，某物流上海分公司接受某乙公司的委托负责运输一批货物，某物流上海分公司将该批货物交由A公司运输，后运输车辆发生火灾，致货物受损。某保险公司航运保险事业营运中心委托B公司进行公估，公估报告显示本次事故的损失金额为15538669.86元。某物流上海分公司与某乙公司依据公估报告的结论达成赔偿协议书，该赔偿协议书得到了某保险公司航运保险事业营运中心的确认，某物流上海分公司遂向某乙公司支付赔款15538669.86元。2018年4月24日，某物流上海分公司从某保险公司航运保险事业营运中心处获赔2000000元。后某物流上海分公司因运输合同纠纷，向上海市奉贤区人民法院起诉请求某甲公司等三家公司连带赔偿某物流上海分公司 15538669.86 元及利息损失，上海市奉贤区人民法院核定损失金额为 10264906 元，扣除某保险公司航运保险事业营运中心已经理赔的 2000000 元后，判令某甲公司赔偿 8264906 元。某物流上海分公司与某甲公司均提起上诉，上海市第一中级人民法院重新核定损失，改判某甲公司赔偿 7546486.79 元。

后某物流上海分公司向上海市虹口区人民法院提起诉讼，请求某保险公司航运保险事业营运中心赔偿某物流上海分公司损失 5992183.07 元（即 15538669.86 元-2000000 元-7546486.79 元）、前案诉讼费、律师费及相应利息。

【案件焦点】

1. 某保险公司航运保险事业营运中心是否应赔偿某物流上海分公司损失及利息；2. 某保险公司航运保险事业营运中心是否应赔偿某物流上海分公司对案外人某甲公司等起诉产生的律师费、诉讼费及相应利息。

【法院裁判要旨】

上海市虹口区人民法院经审理认为：上海市第一中级人民法院已经判令某甲公司向某物流上海分公司赔偿 7546486.79 元，某物流上海分公司的损失已全额获得补偿，再主张 5992183.07 元及利息没有事实和法律依据。另，由于某物流上海分公司与某乙公司签订的赔偿协议对第三方不具有约束力，按照相关法律规定，当该协议的利益损害第三方时，对第三方而言该协议是无效的。故一审法院对某物流上海分公司请求某保险公司航运保险事业营运中心赔偿损失 5992183.07 元及利息的诉请不予支持。

上海市虹口区人民法院依照《中华人民共和国民法典》第五百零九条第一款、第八百三十三条，《中华人民共和国保险法》第六十五条第四款之规定，判决如下：

一、某保险公司航运保险事业营运中心向某物流上海分公司支付律师费 100000 元；

二、驳回某物流上海分公司的其他诉讼请求。

某物流上海分公司不服一审判决，向上海金融法院提起上诉。

上海金融法院经审理认为：责任保险的本质是为被保险人可能对他人所负的法律责任提供保险保障，本案所涉保险事故系产生于物流责任险项下之保险责任，某物流上海分公司因本案事故就货损部分存在 5992183.07 元损失尚未获得赔偿，故就此尚未填平的部分损失行使保险求偿权的做法具有法律和事实依据。本案所涉责任保险合同法律关系与前案某物流上海分公司起诉某甲公司所涉运输合同法律关系分属不同法律关系，前案的货物损失金额认定依据、计算方法、最终金额不宜直接套用至本案。

关于免赔额如何确定，上海金融法院认为，某物流上海分公司对某乙公司的赔偿责任 15538669.86 元落入了×B 保单“人民币 500 万元之上 4500 万元以下”的赔偿限额区间之内，故应当适用×B 保单中 500 万元免赔额的约定，但该约定在适用×B 保单的赔偿限额金额较低情况下并不合理，不予采纳。上海金融法院最终采纳某保险公司航运保险事业营运中心主动选择的以损失金额 5%作为本案免赔额。

上海金融法院依照《中华人民共和国民事诉讼法》第一百七十七条第一款第二项、第一百八十二条之规定，判决如下：

一、维持上海市虹口区人民法院一审民事判决第一项；

二、撤销上海市虹口区人民法院一审民事判决第二项；

三、改判某保险公司航运保险事业营运中心赔偿某物流上海分公司保险代偿款 5215249.58 元［即 5992183.07 元-（15538669.86 元×5%）］；

四、某保险公司航运保险事业营运中心赔偿某物流上海分公司在前案中承担的诉讼费用 173000 元；

五、驳回某物流上海分公司其余诉讼请求；

六、驳回某物流上海分公司其余上诉请求。

【法官后语】

责任保险的相关争议牵涉多方主体，法律关系复杂，导致实际侵权责任和保险责任之间的事实认定出现重叠，法律适用容易产生混淆，案件中的各类赔偿责任交织，难以确定。此外，大型物流企业的实践需求和现代母子公司的治理架构又造就了责任保险的多层保单嵌套结构，多层保单如何适用直接关系赔偿限额和免赔额的确定，从而对保险人和被保险人的切身利益产生影响。由此，在本案多层保单嵌套语境下，厘清责任保险的赔付逻辑、确定多层保单的适用方式，对类案责任保险纠纷的司法裁判工作具有重要意义。

一、从一般到特殊：责任保险的“管”与“不管”

责任保险赔付的一般逻辑是，保险公司在保险事故发生后直接向被保险人支付保险金，然后向事故责任人代位求偿。但在特殊情况下，被保险人可能会直接请求事故责任人承担货损责任，这一货损责任之请求权基础与被保险人的赔偿责任请求权基础之间易产生混淆。虽然本案情形与责任保险代位求偿的一般逻辑有所区别，但是可以运用损失填平原则对本案司法裁量进行解释，以避免相关当事人受到不公对待。考虑到商业保险的经济补偿功能和防范道德风险的立法取向，应由负有赔偿责任的主体填补实际损失范围，这一范围以被保险人的实际损失为限，而不能使其获得额外的收益。

在责任保险合同纠纷中，无论是保险人承担保险责任之后向事故责任人代位求偿，还是被保险人直接向事故责任人求偿，司法裁量确定被保险人赔偿责任的裁判逻辑都是连贯而严密的。保险合同项下被保险人的赔偿责任是果，事故责任人的侵权行为是因，但在确定保险责任时两者之间并不存在直接联系，而保险责任范围的厘定与被保险人对案外权利人如货主造成的损害之间存在直接关联。简言之，保险人的赔偿责任以被保险人对案外人造成的损害为依据，通过判决、仲裁或当事人协商确定。

二、责任保险免赔额的确定

被保险人赔偿责任的确定其实是责任保险合同之外的事实认定问题，而免赔额的确定则直接涉及保险合同条款，从而关系到责任保险的多层保单嵌套结构。本案中，基层保单、首层保单、次层保单和顶层保单相互嵌套，争议也来自多层保单嵌套适用方式的约定不明，因此，需要运用保险合同的解释规则，厘清总对总协议和具体保单之间是等次适用还是递进适用。

从实体正义和程序正义两个角度考量，案涉保险合同均不能认定为格式条款。从协议关系的角度分析，案涉总对总协议是具有交易基础的双方为了节省单独缔约的磋商成本而选择的交易安排，但具体合同的订立时间更迟、相关条款更为细致、包含的意思表示较前者更“新”，因此，在保险合同解释时应在充分比较全部案涉合同后采用更贴近双方真实意思表示的文本，即具体合同。

关于保单应当等次适用还是递进适用，当事人自始至终都没有达成共识，在合同订立之初也没有对该问题进行磋商，可见当事人对这一问题并没有给予充分关注。递进适用在赔偿金额的认定上更灵活精细，等次适用则更简便效率，对两种方法的利益衡量存在公度性的难题，但或许可从反面比较。本案中，尽管当事人没有对保单选用方式进行安排，但具体保单针对免赔额作出了约定，采用递进适用的依次排序会直接否定具体合同中免赔额条款的效力，使双方遭到非其所愿的条款的拘束，从而产生极大的不利益，这明显违背了“意思自治”这一法律制度共识。因此，在保单选用上，简便的等次适用方法更优。鉴于庭审中某保险公司航运保险事业营运中心主动选择以损失金额5%作为本案免赔额，该主张符合各保单分层适用的逻辑体系，亦未违反各保险条款约定的文义，同时并未产生明显的不合理或不公平法律后果，故可予支持。

编写人：上海金融法院　周荃

25

无证驾驶机动车的法律解释路径及司法认定标准

——王某甲、王某乙诉某保险公司责任保险合同案

【案件基本信息】

1. 裁判书字号

北京金融法院（2022）京74民终1781号民事判决书

2. 案由：责任保险合同纠纷

3. 当事人

原告（被上诉人）：王某甲、王某乙

被告（上诉人）：某保险公司

【基本案情】

王某甲、王某乙系王某子女，2021年1月1日，王某退休后，公司为其在某保险公司处投保了意外伤害保险，保险期间为2021年1月1日至2022年1月1日。2021年12月4日，案外人王某A驾驶的小型轿车与王某驾驶的轻便型三轮摩托车（无号牌）相撞，致使王某受伤，两车损坏。后王某经治疗无效于2021年12月18日死亡。

事故发生后，公安机关交通管理部门对王某驾驶无号牌电动三轮车进行了鉴定，鉴定结论为，王某未取得机动车驾驶证驾驶机动车；王某驾驶未登记机动车上道路行驶。确认：王某A负事故的主要责任，王某负事故的次要责任。后对王某的死亡原因与交通事故的因果关系进行了两次鉴定。某司法鉴定所鉴定和某司法鉴定中心鉴定结论均为交通事故与王某死亡之间存在次要因果关系。

王某甲、王某乙以王某系交通事故意外身故为由向某保险公司提起保险理

赔，某保险公司以王某无证驾驶机动车，其自身疾病与交通事故死亡之间存在次要因果关系，不属于保险责任范围为由拒赔。

【案件焦点】

王某驾驶案涉车辆是否属于保险合同约定的“无证驾驶机动车”免赔事由。

【法院裁判要旨】

北京市西城区人民法院经审理认为：关于王某驾驶案涉车辆是否属于保险合同约定的“无证驾驶机动车”免赔事由。首先，案涉保险合同未对“机动车”一词进行定义，亦未对电动三轮车是否属于“机动车”进行约定，更未对驾驶电动三轮车需要何种驾驶证进行约定，故仅依据案涉保险合同的约定，难以直接得出王某在未取得机动车驾驶证的情形下驾驶案涉电动三轮车，属于免责条款中所涉及的“无合法有效驾驶证驾驶机动车”的结论。其次，虽然道路交通安全法对“机动车”进行了专业定义，但中华人民共和国公共安全行业标准《机动车类型术语和定义》（GA802—2014）在《中华人民共和国道路交通安全法》关于“机动车”定义的基础上又作出了若干排除性规定。因此，仅根据上述法律规定和行业标准，难以直接判断案涉电动三轮车是否属于机动车范畴。最后，在判断保险人能否根据免责条款的约定主张免赔时，应当考虑保险人对免责条款的说明义务能否达到该类保险的普通投保人所能理解的程度。本案中，虽然交通事故认定书将王某驾驶的电动三轮车认定为机动车，但事故发生时并无法律、法规或行政机关明确将其纳入机动车管理范围。实践中，交通管理部门在处理涉及电动车的交通事故中，对电动车的动力、可承载质量进行鉴定，是为了将其作为交通事故责任认定及确定赔偿比例的依据，并非为了对车辆属性进行准确定性。对于驾驶案涉电动三轮车是否需要取得机动车驾驶证及应取得何种类型的驾驶证，在案涉保险投保时亦无明确规定。因此，仅凭案涉保险合同中“无合法有效驾驶证驾驶机动车”的约定，难以使投保人认知无驾驶证驾驶案涉电动三轮车的情形符合该条约定。故在案涉保险合同未对“无合法有效驾驶证驾驶机动车”进行明确界定的情形下，对于王某的驾驶行为是否属于免责条款中“无合法有效驾驶证驾驶机动车”的情形，应当作出有利于被保险人的解释。

北京市西城区人民法院依据《中华人民共和国保险法》第十七条、第三十条，《最高人民法院关于适用〈中华人民共和国保险法〉若干问题的解释（二）》第十条，《中华人民共和国民事诉讼法》第四十条、第六十七条第一款之规定，判决如下：

被告某保险公司于本判决生效之日起七日内支付原告王某甲、王某乙保险理赔金 15 万元。

某保险公司不服一审判决，提出上诉。

北京金融法院经审理认为：一审法院认定本案所涉情形不属于保险合同中“无合法有效驾驶证驾驶机动车”的免赔事由范畴正确，予以维持。

北京金融法院依照《中华人民共和国民事诉讼法》第一百七十条第一款第一项之规定，作出如下判决：

驳回上诉，维持原判。

【法官后语】

超标电动车牵涉面广，涉及行业标准制定、产品性能质量、公安道路行政管理等多方社会问题，法院在审理此类案件时，应平衡考量各种因素，综合判断。

一、最大诚信原则的贯彻适用

最大诚信原则贯穿保险合同要约、订立等全过程。在要约阶段，保险人应对保险合同进行明确、具体、客观的介绍；在保险合同订立阶段，保险人应对保险合同条款进行充分翔实的解释，对保险合同的免责条款充分履行提示、说明义务，投保人亦应如实告知保险人提问的相关问题。

保险人如欲降低超标电动车导致的保险事故赔付风险及概率，应在保险合同中将常见的与机动车性能相同或相近的电瓶车的具体性状在保险合同中予以特定化、明确化，并将前述信息以合理的方式向投保人进行提示、说明。本案中，某保险公司并未将超标电动车可能引发的法律风险在保险合同中予以特定化。结合王某购买案涉车辆时，并未被告知案涉车辆性能与机动车性能相符；在使用案涉车辆过程中，亦未被交管部门告知驾驶案涉车辆应取得相应驾驶资质，应为案涉车辆办理相关行驶证等管理证件；保险公司亦无法为案涉车辆办理交强险等机动车强制保险。故投保人、被保险人均未能形成案涉车辆在性能上实为机动车的认识。交通事故发生后，公安交管部门鉴定案涉车辆已达到机动车辆的性能标准，该种后果并非投保人有意违反其如实告知义务，亦非投保人、被保险人的主观过错，更非投保人、被保险人的主观意愿，不存在可责难性。故在保险公司未将该特定化情形明确纳入保险合同，亦未对该特定化情形免除保险责任进行提示、说明的情形下，保险公司仅因案涉车辆被鉴定为机动车即不予赔付，有违保险合同最大诚信原则。

二、公安交管部门认定案涉车辆为机动车的性质

鉴定机构对案涉车辆鉴定为机动车的结论，及公安交管部门据此认定案涉车辆在性能上属于机动车的行政认定，不应作为人民法院审理本案纠纷事实认定的司法依据。虽然本案中，公安交管部门将王某驾驶的电动三轮车认定为摩托车，并据此作出交通事故认定书，但应明晰，前述认定仅是公安交管部门在道路交通事故责任认定时，为还原事故发生时案涉车辆动力、速度性能具有与机动车相同作用力的推定，进而在分摊事故责任比例时，分配王某具有与机动车车主相同的法律义务。该种推定是为了解决类似情形下责任划分及赔偿问题所作出的行政事实推断。严格来讲，前述推断并非公安交管部门所作出的行政行为，仅是行政机关为还原事故发生原因力的行政确认。人民法院在审理类似案件时，对公安交管部门据以认定的鉴定机构的鉴定结论，仅应作为还原事实的证据对待，不应直接采信适用。①

考虑到当前社会背景下，超标电动车无法办理与机动车相同的道路交通行政准入证件，亦无法购买机动车强制保险、第三者商业险等保险，故超标电动车不具备与机动车同等的法律地位。如在交通事故发生后，人民法院仅凭公安

① 肖天存：《无证驾驶超标电动车不构成保险免责事由》，载《人民司法·案例》2017年第29期。

交管部门出具的交通事故责任认定书，即将处于“劣势”地位的超标电动车等同于机动车，并要求其承担无法领取机动车驾驶证、行驶证的法律后果，且以此免除保险公司的赔付责任，明显不符合公平原则，显著减轻了保险公司的责任，加重了投保人、被保险人的义务。故人民法院在审理此类案件时，应避免直接将公安机关行政认定的鉴定结论机械地适用到司法认定中，以避免裁判偏颇。

三、对保险合同有争议时的法律解释路径与法律适用

《中华人民共和国保险法》第三十条规定：“采用保险人提供的格式条款订立的保险合同，保险人与投保人、被保险人或者受益人对合同条款有争议的，应当按照通常理解予以解释。对合同条款有两种以上解释的，人民法院或者仲裁机构应当作出有利于被保险人和受益人的解释。”即通常理解位于第一顺位，仅当合同条款存在两种解释时，才应作出有利于被保险人和受益人的解释。

人民法院在对“无证驾驶机动车”的概念及内涵进行解释时，应充分考量保险合同当事人所处的社会整体背景，当事人社会经验程度、认知理解能力，特定区域整体交易习惯等因素，以社会上普通理性人的认知标准，在遵循自由心证原则的前提下，构建“普通理性人”对超标电动车认知的主观理解，并据此作出相应的判断。

具体到本案，在对“无合法有效驾驶证驾驶机动车”进行解释时，首先应将合法有效驾驶证与机动车作为一个整体，进行文义解释。即“合法有效驾驶证驾驶机动车”是指所驾驶的机动车能够办理公安交管部门颁发的驾驶证。“无合法有效驾驶证驾驶机动车”是指驾驶人囿于年龄、视力、经验等客观条件限制，无法向公安交管部门申领办理驾驶证，或因其他主观原因，怠于办理驾驶证。在该种情形下，驾驶人仍冒着巨大风险，径行驾驶机动车上路，属于人为增加交通事故发生的风险及概率。保险公司仅对该种情形下发生的保险事故不承担给付保险金的责任。

在对机动车进行解释时，亦应严格将案涉车辆与机动车在车辆外观、动力方式、制动方式、管理审批程序等方面进行全方位的比对，只有案涉车辆与狭

义范畴上的机动车在性能标准接近的情况下，才能将案涉电动车在性能上认定为机动车。即在对“无合法有效驾驶证驾驶机动车”中的机动车进行解释时，应遵循较为严格的狭义理解。

前述解释的法理在于，法律对无证驾驶机动车作出了严格的负面评价，保险合同亦将该种情形作为免责情形。但应明确，前述的否定性评价及处理是对因自身原因无法或怠于申领证照的机动车车主所进行的强力规制，目的在于引导社会大众严格遵循公安交管部门的路政指引，通过设置行政制约条件，以“外力”倒逼驾驶人提升驾驶素质，进而保障公共交通安全。与前述不同的是，当下电动三轮车普遍存在某些性能超标的情况，具备机动车的某种属性。囿于多方行政管理的疏漏，超标电动三轮车虽被大量生产、制造、销售，但购买的车主无法为该种车辆申领机动车牌照，也无法办理机动车行驶证，亦无法进行相关准入性培训，参加驾驶证资格考试、领取机动车驾驶证。如在该种情形下，让因社会客观限制而无法申领合法有效驾驶证的电动车驾驶人，在保险责任承担方面等同于因自身原因不具备申领条件而无法办理驾驶证的驾驶人，这无异于诘难苛责。

因此，人民法院在审理涉及无证驾驶超标电动车引发的纠纷时，在对超标电动车是否属于机动车事实认定方面，当专业领域的客观认定结论迥异于普通大众的主观认知结论时，应避免机械适用公安交管部门和鉴定机构将超标电动车认定为机动车的鉴定结论，在审理此类案件时，应根据普通大众的主观认知标准，综合超标电动车的外观、性能以及能否办理驾驶证、行驶证等多方因素进行认定。

编写人：北京市西城区人民法院　刘茜倩　郭冬冬

26

保险公司未明确说明主险与附加险赔付范围的，应在主险和附加险范围内承担赔偿责任

——某物业公司诉某财产保险公司责任保险合同案

【案件基本信息】

1. 裁判书字号

北京金融法院（2023）京74民终221号民事判决书

2. 案由：责任保险合同纠纷

3. 当事人

原告（上诉人）：某物业公司

被告（上诉人）：某财产保险公司

【基本案情】

某物业公司于2019年10月8日向某财产保险公司投保了物业管理责任保险，被保险项目为北京市朝阳区某小区，保险期限自2019年10月11日0时起至2020年10月10日24时止。物业责任保险累计责任限额为100万元，每次事故赔偿限额50万元，其中每人赔偿限额10万元，财产损失每次事故免赔500元，人身事故零免赔。同时附加停车场责任保险，停车场责任每次事故免赔300元，整车盗抢免赔20%，每车赔偿限额10万元。

2020年6月10日9时15分左右，北京市朝阳区某小区14号楼东北侧大树发生倾倒事故，并砸中一辆停放在小区内的车牌为京C×××的小轿车以及路过的行人德某、王某、程某，造成一车辆损坏、三人受伤，行人推行的婴儿车损坏。

事故发生后，某物业公司对伤者实施救治，同时向某财产保险公司报案。某物业公司为伤者垫付了医疗费、护理费、残疾辅助器具费等费用，共计18047.99元。某财产保险公司对受损车辆进行定损，定损金额为214454.5元。2020年12月29日，某物业公司向北京某汽车销售有限公司支付了受损车辆的维修费用214454.5元。某财产保险公司于2021年2月5日向某物业公司赔付了车辆损失10万元及婴儿车赔偿款1600元。

【案件焦点】

某物业公司要求某财产保险公司在物业责任保险范围内赔偿其停车场中的车辆损失是否应予支持。

【法院裁判要旨】

北京市东城区人民法院经审理认为：某物业公司在某财产保险公司投保了物业管理责任保险及附加停车场责任险，双方之间形成责任保险合同关系。涉案事故发生在保险期间，某物业公司在承担了相应的赔偿责任后，有权要求某财产保险公司在保险责任限额内予以赔付。根据双方订立的保险单，物业责任保险累计责任限额为100万元，每次事故赔偿限额50万元，其中每人赔偿限额10万元，财产损失每次事故免赔500元，人身事故零免赔；停车场责任每次事故免赔300元，整车盗抢免赔20%，每车赔偿限额10万元。事故发生后，某财产保险公司已就京C×××车辆的维修费向某物业公司赔付了10万元，故对于该车辆的赔偿限额已用尽，某物业公司要求某财产保险公司赔偿剩余的维修费用，缺乏依据，一审法院不予支持。某物业公司要求某财产保险公司赔偿其垫付的医疗费、护理费、残疾辅助器具费等人身损害赔偿费用18047.99元，未超过保险限额，且不高于一审法院核定的金额，一审法院予以支持。

北京市东城区人民法院依照《中华人民共和国保险法》第二十三条第一款之规定，判决如下：

一、某财产保险公司于判决生效之日起三十日内向某物业公司支付赔偿款18047.99元；

二、驳回某物业公司的其他诉讼请求。

某物业公司不服一审判决，提出上诉。

北京金融法院经审理认为：《中华人民共和国保险法》第三十条规定，采用保险人提供的格式条款订立的保险合同，保险人与投保人、被保险人或者受益人对合同条款有争议的，应当按照通常理解予以解释。对合同条款有两种以上解释的，人民法院或者仲裁机构应当作出有利于被保险人和受益人的解释。根据《物业管理责任保险条款》约定的内容，只要在物业管理责任范围内因某物业公司的疏忽或过失发生意外事故造成的损失或者费用，某财产保险公司均应当予以赔付，该条款亦未明确排除由此造成的车辆损失不在物业管理责任保险赔付范围。在此情况下，某物业公司认为附加停车场责任险用尽限额后剩余部分仍可以适用物业管理责任险予以赔付的理解，更符合大众通常的理解，因此，应当就此作出有利于被保险人和受益人的解释，认定在附加停车场责任险之外仍可适用物业管理责任险。故而改判某财产保险公司就剩余维修费用进行赔付。

北京金融法院依照《中华人民共和国保险法》第三十条、《中华人民共和国民事诉讼法》第一百七十七条第一款第二项之规定，判决如下：

一、维持北京市东城区人民法院一审民事判决第一项；

二、撤销北京市东城区人民法院一审民事判决第二项；

三、某财产保险公司于本判决生效之日起十日内赔付某物业公司保险赔偿金 113954.5 元；

四、驳回某物业公司的其他上诉请求。

【法官后语】

在保险领域，主险与附加险的划分是保险合同设计的基础，也是保险公司提供风险保障的重要手段。主险作为能够独立承保的险种，通常具有广泛的保障范围和普遍的适用性；而附加险是对主险的补充和扩展，针对特定风险提供更为细致和专业的保障。在物业管理领域，物业公司为了应对日益复杂且多样化的风险，通常会选择购买物业管理责任险，并可能根据实际需要附加其他险种。然而，主险与附加险的关系并非简单的叠加，而是涉及保险合同的解释、投保人的权益保障以及保险公司的责任承担等多个方面。在实践中，随着保险市场的不断发展，主险与附加险之间的界限逐渐模糊，给保险合同的履行和理赔带来了诸多争议。

一、主险与附加险的定义及关系

(一) 主险与附加险的定义

主险，又称基本险，是指能够独立承保的险种，其保障范围和内容通常具有普遍性和基础性。主险是保险公司根据市场需求和风险评估结果设计推出的保险产品，其保障范围广泛，通常包括财产损失、人身伤害、责任风险等多个方面。同时，主险的保费也相对较低，是保险公司推出的最基础的保险产品。

附加险则是对主险的补充和扩展，保障范围相对较小，并且不能单独投保，必须依附于某一主险，为其提供额外的风险保障。附加险的设计和推出通常是基于特定场景或特定风险的需求，其风险特性与主险存在较大的差异，保费也相对较高。同时，附加险的投保、理赔以及免责事由等也往往与主险存在较大的不同。

(二) 主险与附加险的关系

主险与附加险的关系可以概括为两个方面：一是相互补充，二是相互独立。相互补充体现在附加险是对主险的补充和扩展，它针对的是主险未能覆盖的风险点或风险场景，从而为客户提供更为全面和细致的风险保障。相互独立则体现在附加险虽然依附于主险，但其投保、理赔以及免责事由等通常与主险存在较大的差异。这种差异性的存在，使附加险在保险合同中具有相对独立的地位和作用。

二、主险与附加险在物业管理责任险中的应用

(一) 物业管理责任险的概述

物业管理责任险是指物业公司因在物业管理活动中疏忽或过失造成他人财产损失或人身伤亡而依法应承担的赔偿责任。为了应对这种风险，物业公司通常会选择购买物业管理责任险，以便在风险发生时能够得到经济上的补偿，减

轻自身的负担。

（二）附加险在物业管理责任险中的应用

在物业管理责任险中，附加险的引入是为了满足物业公司对特定风险的保障需求。例如，停车场责任、游泳池责任、电梯责任等附加险都是针对物业管理中常见的风险点而设计的。这些附加险的引入，不仅丰富了保险产品的种类，也为物业公司提供了更加全面和细致的风险保障。然而，附加险的引入也带来了一些问题。由于附加险的风险特性与主险存在较大的差异，故而其投保、理赔以及免责事由等也往往与主险存在较大的不同。这就导致了部分保险公司在制定物业管理责任险条款时，选择将上述附加责任排除在外，以规避潜在的高风险。这种做法虽然在一定程度上保护了保险公司的利益，但可能损害了消费者的权益。

三、本案的法律问题分析

（一）保险公司的提示说明义务

根据《中华人民共和国保险法》的规定，保险公司在签订保险合同时应当履行提示、说明义务，确保投保人能够充分了解保险合同的条款内容、保障范围、免责事由以及理赔流程等信息。本案中，某财产保险公司在签订保险合同时未能明确告知投保人主险与附加险的赔付范围，属于未履行提示、说明义务的行为。这一行为不仅违反了《中华人民共和国保险法》的规定，也损害了投保人的知情权和选择权。

（二）保险合同的解释原则

在保险合同解释方面，我国法律采取的是“有利于被保险人和受益人”的解释原则。这一原则要求在保险合同条款存在争议时，应当从有利于被保险人和受益人的角度进行解释。本案中，某财产保险公司在签订保险合同时未能明确告知投保人主险与附加险的赔付范围，导致投保人对保险合同条款产生误解。根据“有利于被保险人和受益人”的解释原则，应当认定停车场责任属于主险的保障范围。

（三）保险公司的责任承担

本案中，某财产保险公司未履行提示、说明义务且未在主险条款中明确排除停车场责任，导致投保人对其保障范围产生误解。因此，在风险发生时，某财产保险公司不能以主险为由对停车责任造成的损失拒绝赔偿。

编写人：北京金融法院　李方　王力群

27

雇主责任险关于“超龄劳动者”上班途中发生事故的赔付责任认定

——某劳务服务公司诉某保险公司责任保险合同案

【案件基本信息】

1. 裁判书字号

上海金融法院（2023）沪 74 民终 203 号民事判决书

2. 案由：责任保险合同纠纷

3. 当事人

原告（上诉人）：某劳务服务公司

被告（被上诉人）：某保险公司

【基本案情】

2019 年 3 月 6 日，某劳务服务公司通过案外人某保险咨询服务公司为员工向某保险公司投保雇主责任保险（1999 年版），某劳务服务公司为被保险人，保险期间为 2019 年 3 月 7 日至 2020 年 3 月 6 日。保障内容包括法律费用责任限额 5 万元，每人伤亡责任限额 60 万元。保险条款约定，所聘用员工因自加伤害、违法行为而导致的伤残或死亡，保险人不承担保险责任。2019 年 9 月 30

日，某劳务服务公司将聘用雇员即案外人张某增加列入该保险雇员名单。张某入职时已超过法定退休年龄。

2019年10月6日7时许，案外人张某与另一员工王某甲在上班途中发生交通事故，二人均因抢救无效死亡。《交通事故认定书》认定，事故形成原因包括张某无驾驶资格驾驶未按规定审验的机动车，未让优先通行的一方先行。事故发生后，王某甲获得工伤事故认定，并获得相应赔偿。案外人张某家属要求某劳务服务公司赔偿，后双方就赔偿事宜达成协议，某劳务服务公司实际赔偿90万元。

某劳务服务公司与包括张某在内，孙甲等员工分别签订的劳动合同第十一条第二项均约定，员工在工作期间和上下班途中发生非本人主要及以上责任交通事故造成人员伤亡的（包括超过法定退休年龄的员工），某劳务服务公司负责赔偿。上述事故发生后，某保险公司拒不支付保险金。

【案件焦点】

1. 某劳务服务公司对张某的死亡是否应承担赔偿责任；2. 某劳务服务公司应承担的赔偿金额如何认定；3. 某保险公司是否可援引“违法行为所致的伤残或死亡”这一免责条款免除赔偿责任。

【法院裁判要旨】

上海市黄浦区人民法院经审理认为：首先，案外人张某入职某劳务服务公司时已超过法定退休年龄，不符合法律规定的劳动者的主体资格，故其与某劳务服务公司之间为劳务关系，其死亡也不应适用《工伤保险条例》的相关规定。其次，案外人张某从事的是卫生清扫工作，其在上班途中因交通事故死亡，其死亡与所从事的工作并无直接因果关系，而其上下班使用的交通工具并非由接受劳务方即某劳务服务公司提供，也无证据证明受到某劳务服务公司的授权或指示，无法得出劳务与损害之间存在因果关系，因此，某劳务服务公司不存在法定赔偿责任。某保险公司无须承担雇主责任险项下的理赔责任。

上海市黄浦区人民法院依照《中华人民共和国保险法》第十条、第六十五条第四款，《最高人民法院关于适用〈中华人民共和国民事诉讼法〉的解释》第九十条之规定，作出如下判决：

驳回某劳务服务公司的全部诉讼请求。

某劳务服务公司不服一审判决，提出上诉。

上海金融法院经审理认为：首先，某劳务服务公司对张某的死亡仅负有合同约定的赔偿责任。涉案保险合同约定，合同义务亦是被保险人赔偿责任的来源。张某系超过法定退休年龄的员工，对于其在上下班途中发生的交通事故，某劳务服务公司虽不负有法定赔偿责任，但根据其与员工签署的合同，其仍负有约定的赔偿义务。其次，明确赔偿标准应按照工伤标准计算。涉案劳动合同的相关方均表示，赔偿标准应按照工伤标准计算。且涉案保险合同约定的保险责任范围中，本就包括工伤赔偿标准的约定风险。工伤赔偿标准亦属于法律法规规定的经济赔偿责任计算依据。最后，认定保险公司不能依据“违法行为所致的伤残或死亡”这一免责条款进行免责。涉案系争免责条款则存在不同的解释。系争免责条款并未明确伤残或死亡的后果系全部、主要抑或部分由违法行为导致。在作有利于被保险人解释的情况下，因涉案事故并非张某一人违法行为导致，故本案事故不属于免责条款约定的免责情况。

上海金融法院依照《中华人民共和国民事诉讼法》第一百七十七条第一款第二项之规定，作出如下判决：

一、撤销上海市黄浦区人民法院一审民事判决；

二、某保险公司应于判决生效之日起十日内支付某劳务服务公司人民币 60 万元。

【法官后语】

随着我国社会老龄化程度加深，达到法定退休年龄的老年劳动者（以下简称超龄劳动者）与日俱增，其职业保障问题须引起重视。在雇主责任险中，保险人承担赔付义务的前提是雇主对雇员存在赔偿责任，而法律关于劳务关系与劳动关系的赔偿责任规定有所不同，由此导致雇主责任险项下关于“超龄劳动者”的赔付责任认定存在困难。

一、雇主对“超龄劳动者”的法定赔偿责任

（一）雇主与“超龄劳动者”之间的法律关系

实践中，对于“超龄劳动者”是否能与雇主成立劳动关系存在不同意见，如养老保险待遇挂钩说、法定年龄说等观点。承办人认为，从法律规定看，《中华人民共和国劳动合同法实施条例》明确规定劳动者达到法定退休年龄的，劳动合同终止。从实际情况看，超过法定退休年龄，社保经办机构无法为其开设社保账户、接受其社会保险的缴纳，如确立劳动关系，企业将独自承担劳动关系下的保障责任，会导致企业承担的用人成本过大。因此，当不存在诸如劳动者退休前即在该企业工作等特殊情形时，认定“超龄劳动者”与雇主构成劳务关系更为合理，本案即属此情形。

（二）劳务关系下上班途中受伤的责任认定

关于上下班途中受伤是否属于因劳务受伤的认定，实践中存在不同的观点，主要评判标准在于该阶段与工作的内在联系是否紧密，具体可从工作性质、工作时间、上下班是否属于工作的合理延伸以及通勤交通工具的提供者等方面进行综合考量。本案雇员张某的工作为保洁，其并非在接受雇主指示前往保洁地点时发生事故，其上下班途中不属于工作时间，且通勤的交通工具也非企业提供，不宜认定其系因劳务受到损害，故雇主不承担法定的侵权赔偿责任。

二、合同约定义务可作为雇主责任险的责任来源

其一，关于保险公司是否应赔付，根据涉案保险条款关于保险责任范围的约定，雇主对其雇员所应承担的法律责任，除法律规定，还可能源于合同约定。因此，在审理此类案件时，不能机械司法，径直依据相关法律规定对雇主责任进行判断，还应注意审查企业的用工合同。根据雇员入职时与雇主签订的合同，如果雇主基于企业特殊情况考量，在法律规定之外愿意承担赔偿责任的，且该责任的产生与工作具有较高的关联性，依然应认定其属于雇主责任险保险责任范围。雇主赔付后，保险人应承担相应的赔付责任。涉案雇主与雇员签订的用工合同约定了责任赔付条款，即某劳务服务公司对于上下班途中发生的交通事故应予赔付。该约定系源于用工地地处偏远，多数员工需要长途通勤，员工和

企业有保障上下班途中人员安全的现实需要，具有一定的合理性。基于此，本案保险公司应予以理赔。

其二，关于赔付标准的认定，对于合同中约定的赔偿标准，应尊重当事人的意思自治。涉案用工合同虽未明确约定具体的赔付标准，但工伤赔偿标准本就属于雇主责任险的一种赔付标准，并未超出合同订立时保险人的可预期风险，且亦属于法律法规规定的经济赔偿责任计算依据，因此，当用工合同双方当事人明确表示合同约定的赔付标准为工伤标准时，可予支持。但若双方对赔付标准未达成一致意见，且合同中亦未有明确约定时，则应适用侵权案件中的人伤赔偿标准。本案中，某劳务服务公司在合同中虽给予了工伤标准的较高赔付保障，但系合同双方的真实意思表示，且保险公司在某劳务服务公司投保时亦未对用工合同所涉相关赔付约定进行限制，故本案保险公司应根据工伤标准确定的雇主应承担的赔偿责任金额向某劳务服务公司进行理赔。

三、本案的意义与价值

本案的判决在现有雇主责任险框架下为当前“超龄劳动者”面临的保障不足的局面提供了新的解决思路，使承担“超龄劳动者”权益保障责任的企业可以通过雇主责任险有效分担用工风险。本案在判决后，通过系列审判延伸工作进行成果转化，如新闻报道宣传，向金融监管机关发送司法建议等，对推动保险公司明确雇主责任险保险产品定位、优化保险条款设计、开发多元保险产品等具有积极意义。

编写人：上海金融法院　吴剑峰　楼雨薇

28

雇主责任险中雇主对雇员履行安全保障义务的范围应结合雇员的实际工作内容予以界定

——青岛某工程公司诉某保险公司青岛分公司责任保险合同案

【案件基本信息】

1. 裁判书字号

山东省青岛市中级人民法院（2023）鲁02民终8185号民事判决书

2. 案由：责任保险合同纠纷

3. 当事人

原告（上诉人）：青岛某工程公司

被告（被上诉人）：某保险公司青岛分公司

【基本案情】

青岛某工程公司作为投保人和被保险人向某保险公司青岛分公司投保了雇主责任保险，约定每人意外死亡、伤残保额130万元。其中特别约定条款载明：承保作业高度三米以上算高空，高空作业必须采取安全防护措施，否则，不予理赔。特别约定清单后附有包括本案死者崔某在内的5名雇员的信息。

青岛某工程公司承接某高压线路改造工作，对于高空高压线路改造部分，该工程公司向电力管理部门申请带电作业车并配备专业操作人员进行操作，崔某系地面简单工作辅助人员。后崔某因擅自攀爬线杆触碰高压线而不慎触电死亡。案发时，崔某头戴安全帽，未穿戴绝缘防护服，未持有高空作业证。青岛某工程公司与崔某亲属签订赔偿协议，由青岛某工程公司承担死亡赔偿金、丧葬费等共计130万元。

青岛某工程公司起诉某保险公司青岛分公司，要求其按照保险合同约定给付保险赔偿金 130 万元。某保险公司青岛分公司辩称，保险单特别约定条款规定，高空作业时必须采取安全防护措施，否则，不予理赔，青岛某工程公司并未为崔某采取安全防护措施（穿戴防触电绝缘防护服等），故对于案涉保险事故，保险公司不应理赔。

【案件焦点】

案涉事故是否属于保险公司责任免除的范围。

【法院裁判要旨】

山东省平度市人民法院经审理认为：本案发生事故的施工行为属于特种作业和高空作业，青岛某工程公司雇用未取得特种作业资质的人员进行高空高压电力施工，且在带电作业车离开作业现场的情况下未采取安全防护措施导致该人员触电身亡，该情形属于保险单特别约定的责任免除的范围，保险人依法免除保险责任。

山东省平度市人民法院依照《中华人民共和国保险法》第十条、第十三条、第十七条、第六十五条，《最高人民法院关于适用〈中华人民共和国保险法〉若干问题的解释（二）》第十条、第十一条、第十三条，《中华人民共和国民事诉讼法》第六十七条第一款的规定，判决：

驳回青岛某工程公司的诉讼请求。

青岛某工程公司不服一审判决，提起上诉。

山东省青岛市中级人民法院经审理认为：根据查明的事实，青岛某工程公司承接某高压线路改造工作，因高压线路改造系高空特种作业，故青岛某工程公司向电力管理部门申请带电作业车并配备专业操作人员进行操作，即该业务的高空特种作业部分系由电力部门专业人员操作带电车进行，青岛某工程公司雇员崔某在该业务中的工作内容并非高空特种作业范围，而系地面简单辅助工作，其对雇员并不存在未按规定履行安全保障义务的情形。崔某超过公司安排的作业范围擅自攀爬高压线杆触碰高压线触电死亡，该事故并不属于某保险公司青岛分公司上述所称的责任免除情形。

二审法院在查明青岛某工程公司在本次事故中对崔某应承担的法律赔偿责任的基础上，判令某保险公司青岛分公司应向青岛某工程公司给付保险赔偿金640516.5元。

山东省青岛市中级人民法院依照《中华人民共和国民事诉讼法》第一百七十七条第一款第二项的规定，判决如下：

一、撤销山东省平度市人民法院一审民事判决；

二、某保险公司青岛分公司于本判决生效之日起十日内给付青岛某工程公司保险赔偿金640516.5元；

三、驳回青岛某工程公司的其他诉讼请求。

【法官后语】

雇主责任险是一种责任保险，其保险标的是被保险人（雇主）所雇佣的劳动者或雇员，在工作过程中从事与被保险人业务有关的工作而遭受伤残或死亡，被保险人按照法律规定应承担的经济赔偿责任。雇主为雇员投保雇主责任险，旨在应对因工作场所意外或职业疾病而导致的雇员伤亡索赔，以降低雇主因雇员伤亡而产生的赔付风险，这并不意味着雇主可以忽视自身应当注重的安全保障义务。实践中，保险合同一般会设置免责条款，对保险人与投保人、被保险人之间的权利义务关系作出调整，以实现对投保人利益的保护。但对于雇主是否已对雇员履行安全保障义务、保险事故是否属于保险合同约定的免责情形，投保双方常会发生分歧，也是该类案件常见的争议焦点。

免责条款涉及的是投保双方的根本利益，在当事人对条款的理解产生争议时，如何把握案件处理的价值方向以及利益衡量的取舍标准，影响着案件的最终走向和裁判结果。笔者认为，对于雇主责任保险合同中，雇主是否已对雇员履行安全保障义务的前提是确定雇主对雇员应履行安全保障义务的范围。该范围要根据雇员的实际工作内容予以界定，不能无限扩大雇主的责任，而应使免责条款的适用既能保护保险人的合法权益，又能满足投保人、被保险人的合理期待，从而实现保险法律关系的公平与正义。

雇主责任险作为一种责任保险，系将雇主对雇员的法定赔偿责任转移到保险公司，而保险合同约定免责条款的目的在于督促雇主严格遵守安全生产的法律法规，尽到自身必要且符合法律规定的注意义务，以降低事故发生的风险。故对雇主责任险中雇主未履行安全保障义务不予赔偿的免责条款的理解上，首先，应遵循一般免责条款的严格解释原则，从严限制其范围和效力，不得无限扩大其含义，以实现对弱势方投保人利益的保护和对强势方保险人利益的限制。其次，在事实查明阶段，应审查雇员的实际工作内容，并以此来界定雇主应履行的安全保障义务范围和确定雇主是否已履行了其法定的安全保障义务。最后，应考虑投保人、被保险人的过错程度，如果投保人、被保险人与保险事故的发生没有直接关系，或者只有轻微过失，而保险人却能完全免除赔偿责任，则不符合利益平衡原则。具体到本案，保险合同约定三米以上高空作业时必须采取安全防护措施，否则，不予理赔。对高压电高空作业人员而言，安全防护措施可理解为防坠落、防触电措施。而本案中的青岛某工程公司承接的高压线改造业务的高空特种作业部分，其已申请电力部门专业人员操作带电车进行，其雇员崔某在该业务中的工作内容系地面不触碰带电高压线的简单辅助工作，并非高空特种作业范围，在无相关法律规定青岛某工程公司应对崔某履行安全保障义务的情形下，要求青岛某工程公司为崔某穿戴绝缘服过于严苛。不根据雇员的实际工作内容来界定雇主应履行的安全保障义务范围，以“未采取安全防护措施一概不赔”来理解免责条款，不仅有违公平，也与投保人的合理期待相悖。本案中，青岛某工程公司对雇员并不存在未按规定履行安全保障义务的情形，崔某触电死亡仅是因其擅自攀爬触碰高压线，故本案不属于保险合同约定的免责情形。

编写人：山东省青岛市中级人民法院　张晓华　冷晓燕

29

以员工构成工伤时用人单位承担法定赔偿责任为保险范围的雇主责任险保险金的认定

——纺织公司诉保险公司责任保险合同案

【案件基本信息】

1. 裁判书字号

江苏省无锡市中级人民法院（2023）苏02民终2955号民事判决书

2. 案由：责任保险合同纠纷

3. 当事人

原告（上诉人）：纺织公司

被告（上诉人）：保险公司

【基本案情】

2020年4月，纺织公司向保险公司投保了雇主责任险，保险期间为2020年4月12日至2021年4月11日，纺织公司依约支付了保险费用。保险条款第三条约定："被保险人的雇员在雇佣期间因从事工作而遭受意外事故或患与工作有关的职业疾病所致的伤、残或死亡，可以被认定为工伤，依照中华人民共和国法律应由被保险人承担的经济赔偿责任，保险人按照本保险合同约定负责赔偿。"保单第十五条约定了门急诊及住院的限额，以及相关医疗费、误工费的免赔额。

2020年5月9日，保险公司签发批单一份，将纺织公司田某新增为投保人员，职业类别为三类。

2020年8月23日，田某在纺织公司工作期间摔伤，送医治疗产生医疗费

18557.81 元。2021 年 5 月 17 日，人力资源和社会保障局出具工伤认定书，认定田某为工伤。2021 年 12 月 27 日，劳动能力鉴定委员会出具劳动能力鉴定结论通知书，鉴定结论为田某致残程度为八级。

2020 年 9 月 15 日，江阴市某医院开具疾病诊断治疗意见书，治疗意见为田某需休息半年。

纺织公司与田某达成工伤调解协议书，约定双方劳动关系于 2022 年 4 月 26 日解除，纺织公司一次性支付田某工伤赔偿金和各项补偿金 12 万元。纺织公司于 2022 年 5 月 22 日向田某支付了 12 万元。

【案件焦点】

保险公司是否应当按照工伤保险待遇赔偿标准赔付纺织公司保险金。

【法院裁判要旨】

江苏省江阴市人民法院经审理认为：保险公司为纺织公司承保了雇主责任险并开具了保险单，保险合同依法成立，双方均应依约履行权利义务。田某系纺织公司投保工作人员，其在保险期间发生事故，保险公司应当依约承担赔付义务。保险人的保险责任为“依照中华人民共和国法律应由被保险人承担的经济赔偿责任”。纺织公司与田某签订的工伤调解协议书未经保险人同意，且保险人不予认可，因此应按照《江苏省实施〈工伤保险条例〉办法》的规定将纺织公司所应支付的各项工伤保险待遇费用作为保险公司所应赔付的保险金，保险公司应向纺织公司赔付的保险金为 103457.81 元。

江苏省江阴市人民法院依照《中华人民共和国民法典》第一百七十六条、第五百七十七条，《中华人民共和国保险法》第十三条、第十四条，《中华人民共和国民事诉讼法》第六十七条第一款之规定，判决如下：

一、保险公司应于判决发生法律效力之日起十日内支付纺织公司保险赔偿款 103457.81 元；

二、驳回纺织公司的其余诉讼请求。

保险公司、纺织公司均不服一审判决，提出上诉。

江苏省无锡市中级人民法院经审理认为：雇主责任险保险合同系双方真实意思表示，合法有效。纺织公司雇员发生工伤，属于保险合同所载明的保险事故情形，保险公司应当依约赔偿。但保险合同明确限定保险范围是纺织公司依法应当对雇员伤亡承担的经济赔偿责任，故保险公司所赔偿的保险金不能超出纺织公司应支付的工伤保险待遇范围。纺织公司所诉请的伤残赔偿金、医疗费、误工费符合保险合同约定的单项赔偿项目的计算方式，其中，医疗费扣除免赔额后低于按工伤保险待遇应赔付的医疗费，应予支持；伤残赔偿金、误工费与工伤保险待遇赔付项目不一致，无法直接比较诉请的单项金额是否低于工伤保险对应赔付项目，故应当根据总额进行比较。根据保险合同计算的赔偿金总额为 141240 元，而纺织公司扣除医疗费后所应承担的工伤保险待遇为 85000 元，保险合同所计算的赔偿金额超出保险合同约定的赔偿范围，故一审法院按照工伤保险待遇标准认定医疗费以外的赔偿金并无不当。但一审判决中忽视了保险合同对双方的约束力，当根据保险合同计算的各项赔偿金未超出限定赔偿范围时，应当尊重当事人的意思自治以确定赔偿金数额。一审判决所述理由不当，二审法院予以纠正。

江苏省无锡市中级人民法院依照《中华人民共和国民事诉讼法》第一百七十七条第一款第一项之规定，判决如下：

驳回上诉，维持原判。

【法官后语】

雇主责任险作为一种责任保险，是指在被保险人依法应对其雇员或雇员造成的第三人损害负民事赔偿责任时，保险人根据合同约定承担赔偿保险金责任的财产保险形式。本案涉及的是近年来用人单位为转移责任风险而广泛购买的雇主责任险，其以员工构成工伤时用人单位须承担的法定赔偿责任为保险范围（下文所称“雇主责任险”均特指该类保险），其投保人、被保险人和受益人通常均为用人单位。保险公司推出的雇主责任险与工伤保险的功能类似，其设计时多基于人身损害赔偿项目约定的赔付事项，但其保险范围又是员工构成工伤时用人单位应承担的工伤保险待遇，两者均为保险合同约定事项，但赔付项目差异较大，在确定保险赔偿金时易产生混淆。司法实践中，对于应按照保险合同约定还是工伤保险待遇计算保险金数额存在争议。本案涉及责任保险赔偿金应否以保险合同约定的赔偿项目赔付，是否以工伤保险待遇作为保险金赔偿限额，用人单位与劳动者达成和解并实际履行的赔偿金额能否在雇主责任险限额内全额赔付等雇主责任险的典型争议问题。

以员工构成工伤时用人单位须承担法定赔偿责任为保险范围的雇主责任险，应以工伤保险待遇作为赔偿限额。雇主责任险以被保险人所负民事赔偿责任为保险标的，属于财产保险。损失补偿原则作为财产保险的基本原则，是对未来可能发生损失的补偿，但被保险人或受益人从保险人处获得的赔偿不能超出其实际损失。[①] 就本案而言，劳动者田某从用人单位纺织公司所获得的赔偿，是劳动者基于工作期间遭受事故伤害而获得医疗救治和经济补偿的工伤赔偿；而用人单位作为被保险人从保险人处所获得的赔偿，是根据雇主责任保险合同约定所获得的赔偿，但应以用人单位所承担的工伤保险待遇支付责任为限额。案涉保险合同约定保险人的保险责任为"依法应由被保险人承担的经济赔偿责任"，故保险合同约定的"经济赔偿责任"即为纺织公司所应承担的工伤保险待遇支付责任，因此保险公司应在纺织公司上述责任范围内根据保险合同约定承担赔偿责任。

用人单位先行赔偿员工的，先行赔偿的金额不能直接约束保险公司。劳动者因工伤遭受损害，应根据法律法规的规定享受相应的工伤保险待遇。用人单位未参加工伤保险的，则由该用人单位按照工伤保险待遇项目和标准支付费用，故用人单位与劳动者达成工伤调解协议有其法律基础。但对雇主责任险而言，应根据保险合同约定确定保险金数额，保险公司并非用人单位与员工之间工伤保险待遇调解协议的主体，用人单位与员工之间的约定不能对抗保险公司。因此，如用人单位与劳动者所达成调解协议的赔偿金额高于雇主责任保险合同所约定的赔偿标准，则保险人应按合同约定给付保险金。但需强调的是，根据财产保险损失补偿原则，被保险人不能通过保险赔偿获得超出其实际损失的利益，

---

① 任自力：《保险损失补偿原则适用范围思考》，载《中国法学》2019 年第 5 期。

故如调解赔偿金额低于雇主责任保险合同所约定的赔偿标准，则保险人应按调解赔偿金额进行赔付。此外，若用人单位同时参加工伤保险，则其不得向保险公司主张赔付工伤保险基金已支付部分，这也与财产保险所遵循的损失补偿原则相契合。本案中，劳动者田某向用人单位纺织公司主张工伤赔偿，双方结合医疗及伤残情况达成工伤调解合乎情理，但该调解金额超出用人单位保险待遇支付范围，且未经保险公司确认，故人民法院仍应按照案涉雇主责任保险合同约定确定保险金数额。

雇主责任险约定以人身损害赔偿项目为赔付项目的，应按照合同约定计算各项赔付金额，但赔偿总额不得超过用人单位应支付的工伤保险待遇。关于雇主责任险赔偿金额的确定，应以用人单位所应承担的工伤保险待遇支付责任为上限，根据保险合同约定的赔偿项目、赔偿比例、免赔额等进行赔付。若所约定的各项赔付项目保险金总额低于工伤保险待遇标准，则应尊重合同双方意思自治，以合同约定的该保险金数额作为保险人赔偿金额；若所约定的各项赔付项目保险金总额高于用人单位应支付的工伤保险待遇标准，则应将合同所约定的限制赔偿范围条款（如依法应由被保险人承担的经济赔偿责任）作为赔偿上限，即将工伤保险待遇数额确定为赔偿金额。本案中，劳动者田某的医疗费扣除免赔额后低于按照工伤保险待遇应赔付的医疗费，故该费用应由保险公司赔偿。但保险合同约定的伤残赔偿金、误工费因与工伤保险待遇赔付项目不一致，无法逐项比对，故应以合同约定的赔偿金总额与用人单位所应支付的工伤保险待遇总额进行比较。根据保险合同的约定，保险公司应当支付的伤残赔偿金、误工费合计为141240元，该数额远超纺织公司扣除医疗费后应当承担的工伤保险待遇85000元，故保险公司应在纺织公司所应承担的工伤保险待遇限额内赔付保险金。

编写人：江苏省无锡市中级人民法院　李佳　宋婉龄

二、人身保险合同纠纷

（一）意外伤害保险合同纠纷

30

安全生产责任保险理赔范围的合理界定

——江西某工程公司诉某保险公司大余支公司、某保险公司赣州中心支公司保险案

【案件基本信息】

1. 裁判书字号

江西省赣州市中级人民法院（2023）赣 07 民终 1036 号民事判决书

2. 案由：保险纠纷

3. 当事人

原告（上诉人）：江西某工程公司

被告（被上诉人）：某保险公司大余支公司、某保险公司赣州中心支公司

【基本案情】

江西某工程公司在某保险公司大余支公司处投保了非煤矿山企业安全生产责任保险，被保险人为江西某工程公司，投保工作人员数量为 84 人，保险期间

为2022年6月30日至2023年6月29日，受害人王某甲是被投保的工作人员之一。2022年7月29日，王某甲在江西某工程公司漂塘钨矿坑口分层作业点作业时突发疾病死亡，江西某工程公司向某保险公司大余支公司、某保险公司赣州中心支公司主张赔偿，遭拒赔后诉至法院。被告某保险公司大余支公司是被告某保险公司赣州市中心支公司的下级分公司。

【案件焦点】

1. 矿下作业的工人因自身突发疾病后死亡的，是否属于安全生产责任保险的理赔范围；2. 工人所在的生产经营单位主张承保该保险的保险公司进行赔付能否得到支持。

【法院裁判要旨】

江西省大余县人民法院经审理认为：江西某工程公司与某保险公司大余支公司签订的保险合同，合法有效，对双方当事人均具有约束力。依照《中华人民共和国安全生产法》第五十一条“生产经营单位必须依法参加工伤保险，为从业人员缴纳保险费。国家鼓励生产经营单位投保安全生产责任保险；属于国家规定的高危行业、领域的生产经营单位，应当投保安全生产责任保险。具体范围和实施办法由国务院应急管理部门会同国务院财政部门、国务院保险监督管理机构和相关行业主管部门制定”的规定，属于国家规定的高危行业、领域的生产经营单位，应当投保安全生产责任保险，该项保险属于强制性保险。江西某工程公司作为一家专业从事矿山工程、房屋建筑工程等的工程企业，属于国家规定的高危行业、领域的生产经营单位，应当投保安全生产责任保险，同时，必须依法给受害人王某甲投保工伤保险。参照《安全生产责任保险实施办法》第一条“为了规范安全生产责任保险工作，强化事故预防，切实保障投保的生产经营单位及有关人员的合法权益，根据相关法律法规和规定，制定本办法”的规定，生产经营单位应当加强安全生产管理，建立、健全安全生产责任制和安全生产规章制度，改善安全生产条件，确保安全生产。江西某工程公司是一家承接矿山工程的专业企业，依法应当具备国家标准或者行业标准规定的安全生产条件。参照该实施办法第二条“本办法所称安全生产责任保险，是指保险机构对投保的生产经营单位发生的生产安全事故造成的人员伤亡和有关经济损失等予以赔偿，并且为投保的生产经营单位提供生产安全事故预防服务的商业保险”的规定，以及本案中《某保险公司安全生产责任保险（B）条款》第三条“凡在中华人民共和国境内依法成立，并取得相关领域生产/经营许可证，依法从事生产、经营的企事业单位等，均可作为本保险合同的被保险人”和第六条“在保险期间内，被保险人在保险单载明的场所内从事生产、经营等活动的过程中，因发生生产安全事故，导致从业人员人身伤亡，依照中华人民共和国法律应由被保险人承担的经济赔偿责任，保险人按照本保险合同的约定负责赔偿”的内容，可见安全生产责任保险是指生产经营单位发生生产安全事故，导致从业人员人身伤亡，为投保的生产经营单位提供生产安全事故预防服务的商业保险，旨在减轻企业安全生产责任事故损失的一个险种。因为 2022 年 7 月 29 日晚上，受害人王某甲在矿下作业时，突发疾病死亡，所以，王某甲的意外死亡，并不是江西某工程公司未履行安全生产管理职责造成的。该工程公司也自述王某甲是因自身疾病死亡，其无证据佐证王某甲的死亡与安全生产责任事故存在关联性，故王某甲的死亡与江西某工程公司的安全生产管理不存在因果关系。江西某工程公司提出的保险理赔不属于某保险公司大余支公司承保的安全生产责任保险理赔范围。

关于江西某工程公司主张某保险公司大余支公司未对条款尽到提示义务的问题。依照《最高人民法院关于适用〈中华人民共和国保险法〉若干问题的解释（二）》第十一条的规定：“保险合同订立时，保险人在投保单或者保险单等其他保险凭证上，对保险合同中免除保险人责任的条款，以足以引起投保人注意的文字、字体、符号或者其他明显标志作出提示的，人民法院应当认定其履行了保险法第十七条第二款规定的提示义务。保险人对保险合同中有关免除保险人责任条款的概念、内容及其法律后果以书面或者口头形式向投保人作出常人能够理解的解释说明的，人民法院应当认定保险人履行了保险法第十七条第二款规定的明确说明义务。”案涉安全生产责任保险属于强制性保险，江西某工程公司作为一家专业从事矿山工程、房屋建筑工程等工程企业的常见保险投保人，拥有相关保险专业知识人员，理应对相关法律规范、保险条款进行了解学习。本案中，某保险公司大余支公司的负责人罗某通过微信将《非煤矿安全生产责任保险投保单》发送给江西某工程公司的现场施工管理负责人刘某，刘某又发送给江西某工程公司，江西某工程公司将该投保单盖好章后又寄给了刘某，刘某再委托他人将该盖好章的投保单送至某保险公司大余支公司。江西某工程公司已在投保单上盖章，该投保单上虽然没有免责条款的具体内容，但案涉投保单上的特别约定条款已经用加粗字体标明“发生保险事时，需提供县级及以上安全生产监督管理部门出具的事故证明或事故鉴定书、赔偿责任认定文件”的内容，某保险公司大余支公司已用足以引起江西某工程公司注意的文字、字体、符号或者其他明显标志作出提示、明确说明，故应当认定其已尽提示、明确说明义务。综上所述，江西某工程公司要求某保险公司大余支公司、某保险公司赣州中心支公司承担安全生产责任保险赔偿责任，缺乏事实和法律依据。

江西省大余县人民法院依照《中华人民共和国民法典》第四百六十五条、第五百零九条，《中华人民共和国保险法》第十条、第十三条、第十四条、第二十三条、第二十四条，《中华人民共和国安全生产法》第五十一条，《最高人民法院关于适用〈中华人民共和国保险法〉若干问题的解释（二）》第十一条、第十三条，《中华人民共和国民事诉讼法》第六十七条，以及《安全生产责任保险实施办法》第一条、第二条之规定，判决如下：

驳回原告江西某工程公司的全部诉讼请求。

江西某工程公司不服一审判决，提起上诉。

江西省赣州市中级人民法院经审理认为：根据《某保险公司安全生产责任保险（B）条款》的约定，发生生产安全事故，某保险公司大余支公司、某保险公司赣州中心支公司应承担赔付责任。本案受害人王某甲系矿下作业时突发疾病死亡，该事故并非安全生产责任事故，在案证据不能证明王某甲意外死亡与安全生产责任事故存在关联性，故本案不属于某保险公司大余支公司、某保险公司赣州中心支公司的安全生产责任保险的理赔范围。江西某工程公司主张某保险公司大余支公司存在两种保险条款，但从江西某工程公司盖章确认投保的投保单上看，本案投保适用的是《某保险公司安全生产责任保险（B）条款》，江西某工程公司主张按其他保险条款要求被上诉人承担理赔责任，依据不足，不予支持。此外，某保险公司大余支公司、某保险公司赣州中心支公司称本案投保单、保险条款已通过线下方式送达，但江西某工程公司称其并未收到《某保险公司安全生产责任保险（B）条款》，二者说法存在矛盾。从投保单上看，江西某工程公司已经盖章确认“本人所填写的投保单已附《安全生产责任保险条款》……”以及某保险公司大余支公司已尽提示、明确说明义务的情况，结合微信聊天记录等，一审认定某保险公司大余支公司已尽到相关条款的提示和说明义务并无不妥，予以维持。综上，本案受害人王某甲意外死亡事故不属于某保险公司大余支公司、某保险公司赣州中心支公司保险理赔范围，一审驳回江西某工程公司的诉讼请求并无不当。

综上所述，上诉人江西某工程公司的上诉理由均不能成立，故对其上诉请求不予支持。一审判决认定事实清楚，适用法律正确，处理结果并无不当，应予维持。

江西省赣州市中级人民法院依照《中华人民共和国民事诉讼法》第一百七十七条第一款第一项的规定，判决如下：

驳回上诉，维持原判。

【法官后语】

近年来，国家层面对于安全生产保障的力度不断加大，《中华人民共和国安全生产法》（2021年修正）第五十一条第二款中规定，属于国家规定的高危行业、领域的生产经营单位，应当投保安全生产责任保险。在安全生产责任保险部分强制普及下，该类保险理赔引发的纠纷渐增进入法院诉讼中，对于安全生产责任保险的理赔范围的合理认定是本案中值得研究探讨的重点问题。本案争议的核心在于，受害人王某甲在矿下作业因自身疾病突发死亡是否属于安全生产责任保险理赔范围。如何处理此类案件，司法实践中，应当对保险条款效力分析、生产安全事故的性质界定、保险责任范围的理解等进行全方位分析。

一、安全生产责任保险的概念

2017年，原国家安全监管总局、原保监会、财政部印发了《安全生产责任保险实施办法》，该实施办法第二条规定，本办法所称安全生产责任保险，是指保险机构对投保的生产经营单位发生的生产安全事故造成的人员伤亡和有关经济损失等予以赔偿，并且为投保的生产经营单位提供生产安全事故预防服务的商业保险。2014年修正的《中华人民共和国安全生产法》第四十八条增加了第二款“国家鼓励生产经营单位投保安全生产责任保险”的规定，2021年修正的《中华人民共和国安全生产法》第五十一条第二款已被修改为“国家鼓励生产经营单位投保安全生产责任保险；属于国家规定的高危行业、领域的生产经营单位，应当投保安全生产责任保险。具体范围和实施办法由国务院应急管理部门会同国务院财政部门、国务院保险监督管理机构和相关行业主管部门制定”。根据前述《中华人民共和国安全生产法》《安全生产责任保险实施办法》，可知安全生产责任保险存在以下四个特征：

1. 一定的局限性。正因工伤保险存在覆盖面窄、赔付额较低、事故预防作用不突出等缺陷，故安全生产责任保险应运而生，但其赔付范围限于投保的生产经营单位发生的生产安全事故造成的人员伤亡、经济损失等，即赔付范围仅限于生产安全事故。

2. 有限的强制性。国家鼓励但不强制生产经营单位投保安全生产责任保险，但是，对于高危行业领域的生产经营单位，投保安全生产责任保险已经成为一种法定义务，即必须投保，如果违反规定，将承担法律责任。

3. 事故的预防性。除了可以分散企业风险，安全生产责任外保险公司还可以通过差别、浮动费率机制、免责条款的设置、明确被保险人的义务等措施更充分地发挥保险社会管理的职能，能在客观上促进投保的生产经营企业加强平时的安全生产工作。

4. 商业性兼福利性。安全生产责任保险都由保险公司按照准商业化原则经营，有一定的利润空间，但其保额由政府限定下限，费率由银保监会等共同确定。福利性体现为其遵循“无过错责任”原则，即不论受害人对事故发生是否负有责任，都应获得赔偿。

二、安全生产责任保险条款的效力分析

依法成立的合同，自成立时生效，但是法律另有规定或当事人另有约定的除外。保险合同是承保人一方与投保人一方约定保险权利义务关系的一种合同，并且合同往往存在众多格式条款。界定保险公司应否承担保险责任首先必须对相关保险条款的法律效力进行分析。认定保险条款的效力问题时，应当注意以下四点：(1) 保险条款是否送达或交付投保人。保险合同订立过程中，投保人需知晓保险合同或条款是否存在，投保过程中，保险公司应该将保险条款交付或送达投保人。(2) 某一条款是否属于免责条款。免责条款是当事人双方在合同中事先约定，旨在限制或免除双方当事人未来责任的条款。保险合同免责条款的主要特征在于减轻或免除保险人的赔偿责任、加重投保人的赔偿责任。(3) 属于免责条款的，保险人应履行提示或明确说明义务。根据《中华人民共和国保险法》(2015年修正) 第十七条第二款的规定，保险人应当就投保人约定的免责条款进行提示及明确说明，若保险人未提供证据或证据不足以证明保险人履行了提示及明确说明义务，则约定的某免责条款无效，保险人应承担赔付责任。(4) 保险人履行提示及明确说明义务的方式。保险人履行提示及明确说明义务的方式主要分为书面和口头两种形式，其中口头形式顾名思义是由保险人就免责条款的内容向投保人进行解释说明，可以采取对说明过程进行录音、录像及制作谈话记录等方法予以证明。而书面形式则是以书面的形式对免责条款进行提示、解释和说明，这种方式在司法实践中主要表现为单独成段、文字字体加黑加粗加大突出显示、明确“免责责任”字样等，一般采取签署“权利义务提示书”或者在保险单投保人“声明栏”处签字的方法予以证明。

具体到本案，案涉《某保险公司安全生产责任保险 (B) 条款》第三条约定，“凡在中华人民共和国境内依法成立，并取得相关领域生产/经营许可证，依法从事生产、经营的企事业单位等，均可作为本保险合同的被保险人”；第六条约定：“在保险期间内，被保险人在保险单载明的场所内从事生产、经营等活动的过程中，因发生生产安全事故，导致从业人员人身伤亡，依照中华人民共和国法律应由被保险人承担的经济赔偿责任，保险人按照本保险合同的约定负责赔偿。”此外，《非煤矿安全生产责任保险投保单》载明：“特别约定：本保险单适用以下条款——《某保险公司安全生产责任保险（B）条款》《安全生产责任保险（B）附加医疗费用责任保险条款》《责任保险附加精神损害赔偿责任保险条款》。1. 发生保险事故时，需提供县级及以上安全生产监督管理部门出具的事故证明或事故鉴定书、赔偿责任认定文件……”笔者认为，以上条款均有效，依法对投保人、承保人发生法律效力，理由如下：

第一，保险条款已经交付投保人。从投保过程看，某保险公司大余支公司负责人罗某通过微信将《非煤矿安全生产责任保险投保单》发送给江西某工程公司的现场施工管理负责人刘某，刘某又发送给江西某工程公司，江西某工程公司将该投保单盖好章后又寄给了刘某，刘某再委托他人将该盖好章的投保单送至被告某保险公司大余支公司，应视为保险人已完成保险条款的交付。

第二，前述《某保险公司安全生产责任保险（B）条款》第三条、第六条依法有效。第三条约定了被保险人的范围、第六条约定了本案安全生产责任保险的赔偿范围限于“被保险人在保险单载明的场所内从事生产、经营等活动的过程中，因发生生产安全事故，导致从业人员人身伤亡”，该两条款结合属于保险责任范围的条款，符合国家《中华人民共和国安全生产法》《安全生产责任保险实施办法》的立法宗旨和相关规定，且保险公司对该第三条、第六条的约定已经作了加粗加黑提醒，应视为保险公司尽到了提示义务，限于“生产安全事故”的赔偿范围条款依法生效。

第三，“发生保险事故时，需提供县级及以上安全生产监督管理部门出具的事故证明或事故鉴定书、赔偿责任认定文件”的约定有效。根据《最高人民法院关于适用〈中华人民共和国保险法〉若干问题的解释（二）》第十一条的规定：“保险合同订立时，保险人在投保单或者保险单等其他保险凭证上，对保险合同中免除保险人责任的条款，以足以引起投保人注意的文字、字体、符号或者其他明显标志作出提示的，人民法院应当认定其履行了保险法第十七条第二款规定的提示义务。保险人对保险合同中有关免除保险人责任条款的概念、内容及其法律后果以书面或者口头形式向投保人作出常人能够理解的解释说明的，人民法院应当认定保险人履行了保险法第十七条第二款规定的明确说明义务。”本案中，“发生保险事故时，需提供县级及以上安全生产监督管理部门出具的事故证明或事故鉴定书、赔偿责任认定文件”的约定虽然明确了免除责任的事项，但该约定实质上加重了投保人的义务、免除了保险公司的赔偿责任，保险公司应履行提示及明确说明义务。首先，该特别约定条款已经用加粗字体标明；其次，江西某工程公司已在投保单上盖章确认、在投保人声明处签字确认；最后，江西某工程公司作为一家专业从事矿山工程、房屋建筑工程等的工程企业，拥有相关保险专业知识人员，案涉安全生产责任保险属于强制性保险，理应对相关法律规范、保险条款进行了解学习。综上，结合投保人盖章确认的事实和投保过程中的微信聊天记录，应视为保险公司已尽提示、明确说明义务。但需注意的是，如果符合生产安全事故特征的小规模事故，因客观因素或不可归责于投保人一方的原因无法取得县级及以上安全生产监督管理部门出具的相关证明或文件的，则人民法院必须秉持公平原则，结合保险公司提示、说明方式、保险费用、事故大小、伤亡情况等情况，综合认定如“发生保险事故时，需提供县级及以上安全生产监督管理部门出具的事故证明或事故鉴定书、赔偿责任认定文件”等约定条款的法律效力。

三、生产安全事故的认定与辨析

案涉《某保险公司安全生产责任保险（B）条款》第六条“在保险期间内，被保险人在保险单载明的场所内从事生产、经营等活动的过程中，因发生生产安全事故，导致从业人员人身伤亡，依照中华人民共和国法律应由被保险人承担的经济赔偿责任，保险人按照本保险合同的约定负责赔偿”明确约定了赔偿范围限于“生产安全事故”，那么司法实践中，如何认定、辨析某一事故是否属于“生产安全事故”成为关键。

根据《安全生产责任保险实施办法》第二条之规定，安全生产责任保险仅限于赔偿生产经营单位发生的生产安全事故造成的人员伤亡、经济损失等。依照国务院《生产安全事故报告和调查处理条例》第二条的规定，生产安全事故指的是生产经营活动中发生的造成人身伤亡或者直接经济损失的事故。笔者认为，生产安全事故的认定主要从三个方面进行考量：(1) 事故来源是生产经营活动。根据《中华人民共和国安全生产法》《生产安全事故报告和调查处理条例》的规定，生产经营活动的范围应既包括合法的生产经营活动，也包括违法违规的生产经营活动。(2) 事故主体是生产经营单位。根据《中华人民共和国安全生产法》的规定，生产经营单位是指从事生产活动或者经营活动的基本单元，既包括企业法人，也包括不具有企业法人资格的经营单位、个人合伙组织、个体工商户和自然人等其他生产经营主体。(3) 事故发生存在人为过错。过错追责原则是现代法治精神的基石，一般只有存在过错，才能被追责。只有在安全生产的负责人存在过错时才会被认定为生产安全事故。而侵权责任法上的过错，包含故意和过失，此处的过失一般是指疏忽大意或者过于自信的过失。

生产安全事故与自然灾害等意外事件的区分。一般来说，如果属于不能预见或者不可抗拒的自然灾害（包括洪水、泥石流、雷击、地震、雪崩、台风、海啸和龙卷风等）直接造成的事故，属于自然事故。如果属于能够预见或者能够防范可能发生的自然灾害的情况下，因生产经营单位防范救援措施不力，由自然灾害引发造成人身伤亡或者直接经济损失的事故，那么属于生产安全事故。

具体到本案，受害人王某甲在矿下作业时因自身突发疾病死亡，该“事故”是否属于生产安全事故，应该根据前文所述要素进行分析、认定。首先，该事故发生在王某甲从事矿下作业过程中，属于江西某工程公司的生产经营活动发生的造成人员伤亡的“事故”。其次，经事故调查发现，该“事故”发生的唯一原因是王某甲自身突发疾病，虽然是在从事劳作过程中突发疾病，但王某甲的死亡结果并非生产经营活动导致，而是自身疾病。再次，生产经营单位或其相关责任人员不存在过错行为，王某甲作业时，江西某工程公司的相关工作人员履行了相应的安全生产监督、管理职责，公司落实了企业主体责任，严格执行了各项安全措施和制度，同时也没有证据可以证明王某甲的死亡结果与公司相关责任人员的监管行为存在因果关系。最后，受害人王某甲突发疾病死亡事件，虽然发生在江西某工程公司组织工人作业过程中，但该事件属于不可预料及无法控制的意外情况，此时应参考自然灾害所造成的事故的认定方法，结合事故起因，认定该事故不属于生产安全事故。

四、本案中王某甲死亡“事故”的定性

基于前文论述，安全生产责任保险的理赔范围如何认定，应从保险条款是否有效、某一事故是否符合生产安全事故的特征、免于赔付是否违背公平原则等路径一并分析。本案中，某保险公司大余支公司尽到了相关保险赔偿范围条款的提示说明义务，但工人王某甲作业过程中因自身突发疾病而死亡的事故，属于不可预料及无法控制的意外情况，也没有证据证明王某甲死亡与生产经营活动存在因果关系，不符合生产安全事故的构成条件，不应认定为生产安全事故，在安全生产责任保险条款有效的前提下，某保险公司大余支公司等不应承担赔偿责任。

此外，需要注意的是，构成工伤或投保了意外伤害保险等的，可以依据工伤保险、意外伤害保险等制度对受害人予以救济。本案中，受害人王某甲是在从事江西某工程公司安排的工作任务过程中发生事故的，符合《工伤保险条例》《江西省实施〈工伤保险条例〉办法》中关于职工遭受“工伤”的情形。事实上，江西某工程公司作为高危行业的生产经营单位，根据《中华人民共和国安全生产法》第五十一条之规定，其必须为受害人王某甲投保安全生产责任保险，并为职工依法缴纳工伤保险。江西某工程公司未依法给受害人王某甲缴纳工伤保险，其按工伤保险待遇赔偿受害人王某甲家属的121万元，应由其自行负担。

编写人：江西省赣州市中级人民法院　刘坚莹

31

被保险人猝死而又死因不明时保险责任的认定与分配

——陈某甲、吴某甲诉某保险公司保险合同案

【案件基本信息】

1. 裁判书字号

广东省深圳市福田区人民法院（2022）粤 0304 民初 20448 号民事判决书

2. 案由：保险合同纠纷

3. 当事人

原告：陈某甲、吴某甲

被告：某保险公司

【基本案情】

陈某甲与吴某甲两原告系被保险人陈某的父母，即被保险人陈某的法定第一顺位继承人。被保险人陈某于 2019 年 6 月 29 日作为投保人向某保险公司投保，投保险种包含：招商信诺身故及残疾意外伤害保险，保险期限为一年，交费方式年交，基本保险金额 30 万元，当期保费 630 元，身故受益人法定。《招商信诺身故及残疾意外伤害保险条款》第 8 条“保险责任”约定：“在主合同的有效期间内，我方承担以下保险责任：一、意外身故保险金：在主合同有效期间内，被保险人由于意外事故（见 29.5）而受到意外伤害（见 29.6），并且在该意外事故发生之日起 180 日内因该意外伤害身故，我方将按照主合同的基本保险金额向受益人（见 29.7）给付意外身故保险金……”第 9 条“责任免除”约定：“下列情形之一导致被保险人身故或残疾，我方将不承担给付保险金的责任……六、猝死；医疗事故（见 29.15）或整容手术……”该责任免除

条款已进行了字体加粗加黑处理。《招商信诺身故及残疾意外伤害保险条款》释义部分第 29.5 条对“意外事故”的定义为：指外来的、突发的、不可预见的、非本意的和非疾病的导致被保险人身体受到伤害或财产遭受损失的客观事件。第 29.6 条对“意外伤害”的定义为：指意外事故对被保险人身体的任何部位所造成的伤害，这些伤害是在主合同有效期间由于外部性的、猛烈的和显而易见的因素所造成的，而且其发生既不是疾病（包括潜在的疾病和机能障碍）所导致，也不是出于当事人的本意。

2021 年 9 月 7 日，因联系不到被保险人陈某，原告陈某甲向派出所报警。后被保险人陈某被发现在某山路段距××路 380 米山顶岩石下死亡。公安司法鉴定中心于 2021 年 9 月 13 日出具《居民死亡医学证明（推断）书》，载明如下内容：死者姓名陈某，年龄 33 岁，死亡时间/发现死亡时间 2021 年 9 月 11 日 17 时 0 分 43 秒，死亡原因：猝死。被保险人陈某的遗体于 2021 年 9 月 14 日被火化。

2021 年 12 月 1 日，陈某甲、吴某甲向某保险公司提交理赔申请表。某保险公司于 2021 年 12 月 20 日作出理赔结果通知书，载明：被保险人陈某，理赔编号 862××73，被保险人本次理赔事项为“猝死”，属于保险合同责任免除“六”的约定事项，非常遗憾地通知您本次理赔属于保险合同责任免除事项，无法给付保险金，请您谅解。

某保险公司提交的销售录音及文字整理稿显示，其客服人员有提示投保人陈某需要阅读保险合同条款尤其是责任免除条款，如被保险人猝死等不在保障范围内。

【案件焦点】

某保险公司应否承担赔付责任。

【法院裁判要旨】

广东省深圳市福田区人民法院经审理认为：本案的争议焦点是被保险人陈某的死亡是否属于被告的保险责任范围及免责条款的效力问题。公安司法鉴定中心出具《居民死亡医学证明（推断）书》，推断被保险人陈某的死亡原因为猝死。原中国保监会于 2004 年 5 月 14 日下发的《人身保险条款存在问题示例》第二十四条载明："对'意外伤害'的释义为'指遭受外来的、非本意的、突然（突发）的、非疾病的使身体受到伤害的客观条件'，未将被保险人因'非病理性猝死'包括在内，而除外责任也不包括该项内容。被保险人发生非病理性猝死后，保险公司往往拒赔，从而引发纠纷。"该项通知表明，非病理性的猝死应当包含在意外伤害死亡的范畴内。本案中，被告的合同免责条款将"猝死"列为免责情形但未对该"猝死"进行概念释义，不能证明其已履行了《中华人民共和国保险法》第十七条规定的明确说明义务，且该内容属于《中华人民共和国保险法》第十九条规定的免除保险人依法应承担的义务的情形，该免责条款不发生法律效力，被告不能据此条款对原告拒赔。猝死为医学上的专业术语，其只是一种死亡的表现形式，如被保险人的死亡原因为非病理性猝死，则应当属于被告的保险责任范围。本案中，被保险人被发现时已死亡，两原告由于未与被保险人同住而不知晓其投保情况，在向被告报案之前即已火化被保险人的遗体，现已无法查明被保险人真正的死亡原因，但原告并非因故意或重大过失而导致上述结果。由于猝死本身可以是非病理性猝死，现已无法查明本案被保险人是何种猝死，且该无法查明的责任不在于两原告，故法院依据《最高人民法院关于适用〈中华人民共和国保险法〉若干问题的解释（三）》第二十五条"被保险人的损失系由承保事故或者非承保事故、免责事由造成难以确定，当事人请求保险人给付保险金的，人民法院可以按照相应比例予以支持"的规定，酌情按照保险金的一半即 150000 元支持原告的诉讼请求，对于原告超出上述标准的诉讼请求，法院不予支持。

综上，原告的诉讼请求，部分有事实和法律依据，法院予以部分支持。

广东省深圳市福田区人民法院依据《中华人民共和国保险法》第十七条、第十九条，《最高人民法院关于适用〈中华人民共和国保险法〉若干问题的解释（三）》第二十五条，《中华人民共和国民事诉讼法》第六十七条、第一百四十五条之规定，判决如下：

一、被告某保险公司应于本判决发生法律效力之日起十日内向原告陈某甲、吴某甲支付保险金 150000 元；

二、驳回原告陈某甲、吴某甲的其他诉讼请求。

一审宣判后，双方当事人均未提出上诉，该判决已生效。

【法官后语】

保险是社会转移及分散风险的重要方式，投保人投保意在事故发生后可通过保险赔付弥补损失，尤其是以死亡为给付条件的意外伤害保险。近因原则是保险法的基本原则，其指只有在导致保险事故的近因属于保险责任范围内时，保险人才应承担保险责任。现行《中华人民共和国保险法》虽未直接规定近因原则，但在司法实践中，近因原则已成为判断保险人应否承担保险责任的一个重要标准。根据近因原则，保险人承担赔偿责任的范围应限于以承保风险为近因造成的损失。但是，在被保险人猝死后种种原因导致死因无法查明时，由于既无法判定引发损害的原因，更无从判断原因是否为可保风险，因此保险责任的认定呈现出相当混乱模糊的局面。

一、猝死并不必然被排除在意外伤害死亡之外

（一）意外伤害

意外伤害保险，是指保险人于被保险人遭受意外伤害及其所致残疾或者死亡时，承担给付保险金额的保险。意外伤害指的是被保险人遭受的外来的、突发的、非本意的，且非疾病的使身体受到伤害的客观事件。从构成要件上看，意外伤害一般包括三个要素，即伤害存在的“外来性”“突发性”“非本意性”：“外来性”是指引起意外伤害事故的原因必须存在于被保险人之外，而非内在身体过程所引发的，强调引发损害的原因并非内在的身体因素，排除了自身疾病所致的损害，从而与健康保险相区分；“突发性”是指伤害是由不可预料的突发事故所引起的，包括“时间上的短暂性”以及“不可预料性”两个方面，以与缓慢形成的职业病等相区分；“非本意性”是指意外事故的发生及其损害结果，并非出自被保险人本意，以与被保险人自伤等事件相区分。

（二）猝死与意外伤害死亡

“猝死”在保险合同中一般界定为表面健康的人因潜在疾病、机能障碍或其他原因在出现症状后24小时内发生的非暴力性突然死亡。意外伤害保险合同通常都会将“猝死”列为免责条款，但“猝死”并不当然被排除在意外伤害致死之外，因为“猝死”只是死亡的一种表现形式，而不是死亡的真正原因。《人身保险条款存在问题示例》第二十四条载明：“对‘意外伤害’的释义为‘指遭受外来的、非本意的、突然（突发）的、非疾病的使身体受到伤害的客观条件’，未将被保险人因‘非病理性猝死’包括在内，而除外责任也不包括该项内容。被保险人发生非病理性猝死后，保险公司往往拒赔，从而引发纠纷。”该项通知表明，猝死既包括病理性猝死，也包括非病理性的猝死；病理性猝死不属于意外伤害死亡的范畴，而非病理性的猝死属于意外伤害死亡的范畴。

由于猝死的认定需要极强的专业医学知识，而法官往往不具备相应的专业知识和技能，因而法官对该类案件事实的认定需要借助于医疗单位的诊断或公安部门的鉴定。

二、猝死死因不明

被保险人的死因与保险人是否承担保险责任相关，故应在意外伤害保险中适用近因原则，判明被保险人的真实死因。被保险人猝死并不意味着死因不明，在可以确定死因时，裁判需要进一步判断死因是否属于非病理性猝死，如是，则在承保范围内；在已经无法通过尸检或者其他手段明确被保险人猝死缘于病理还是非病理原因之时，被保险人猝死案件只能定性为死因不明，运用死因不明时的保险责任认定规则作出裁判。

死因不明可分为“事实因果不明”和“法律因果不明”两种情况。基于“事实问题”和“法律问题”的二元区分，法律因果不明时法官应依其本身的法律认知并结合法律规定来裁定，在事实因果不明时法官需依据当事人的主张与举证而作判断。因此，在法律因果关系不明而事实因果关系明确的案件中，法院先通过事实因果关系认定规则筛选出“条件”，根据在案证据判断各个条件对于损害的作用力的比例，再判断各个条件是否符合意外伤害“外来性”“非本意性”“突发性”的特征，按照符合该特征的条件对应的比例，根据《最高人民法院关于适用〈中华人民共和国保险法〉若干问题的解释（三）》第二十五条判决比例给付保险金。在事实因果关系不明的猝死案件中，由于通过尸检手段基本可以确定具有事实因果关系的死因，因猝死无法查明死因的，往往因各种原因客观尸检不能。此时，只通过过往病史或死亡证明中“排除他杀”等间接证据判断，往往无法进行因果关系和意外伤害的认定。

三、猝死不赔条款

实务中，保险公司为提高理赔效率，以及缩小自身保险责任范围，一般会在意外伤害保险合同的格式条款中设定“猝死不赔”的免责条款。《中华人民共和国保险法》第十九条规定的格式条款无效事由有二：一是免除保险人依法应承担的义务或者加重投保人、被保险人责任的；二是排除投保人、被保险人或者受益人依法享有的权利的。而“猝死不赔”条款显然属于此类，而不属于对承保范围限定此类意思自治的范畴。因为“猝死不赔”排除了非病理性的猝死，明显免除了保险人依法应承担的义务。与此同时，保险人还应当根据《中华人民共和国保险法》第十七条第二款的规定，在订立合同时应当在投保单、保险单或者其他保险凭证上作出足以引起投保人注意的提示，并对该条款的内容以书面或者口头形式向投保人作出明确说明。保险人在履行提示义务时，要达到足以引起投保人注意的程度，在履行明确说明义务时，要达到常人能够理解的程度。本案中，被告的合同免责条款将“猝死”列为免责情形但未对该“猝死”进行概念释义，更未对猝死包括病理性猝死与非病理性猝死予以说明，不能证明其已履行了《中华人民共和国保险法》第十七条规定的明确说明义务，且该内容属于《中华人民共和国保险法》第十九条规定的免除保险人依法应承担的义务的情形，故该免责条款不发生法律效力，被告不能据此条款对原告拒赔。

四、猝死死因不明之举证责任分配

客观事实不依赖人们的认识而发生变化，然而客观事实未必能通过举证得以完整呈现，因而法官只能依据法律程序被合法证据证明了的案件事实予以裁判。此种无奈缘于人类认识的局限性以及证据的有限性，同时这也是证明责任存在的前提。意外伤害保险的事实因果关系不明，实体法规则无法解决此类问题，只能求助于民事诉讼的举证责任分配规则。

根据《中华人民共和国民事诉讼法》第六十七条第一款“当事人对自己提出的主张，有责任提供证据”的规定，可知“谁主张，谁举证”是民事诉讼的基本举证规则。在保险合同索赔诉讼中，原告一般为普通民众，缺乏专业保险技能与法律素养，《中华人民共和国保险法》第二十一条、第二十二条规定，投保人、被保险人或者受益人知道保险事故发生后，应当及时通知保险人……向保险人提供其所能提供的与确认保险事故的性质、原因、损失程度等有关的证明和资料；故意或者因重大过失未及时通知，致使保险事故的性质、原因、损失程度等难以确定的，保险人对无法确定的部分，不承担赔偿或者给付保险金的责任。根据该规定，受益人（索赔人）属于普通群体，对保险理赔程序不具有专业了解能力，不能苛求，其只需及时报案，对保险公司发起保险索赔程序，后续程序则由保险公司主导。但是这里的“及时”并无明确规定，需要法官根据具体情况予以裁量。一般来讲，在意外伤害保险被保险人死亡的案件中，如果受益人（索赔人）在遗体火化后通知保险人，致使尸检客观不能，则应当被认定为“通知不及时”，并根据《中华人民共和国保险法》第二十一条的规定，自行对死因无法查明承担不利后果，不得请求保险金的给付。但是，如果受益人（索赔人）对于遗体的火化并无故意或者重大过失，则不能归责于受益人（索赔人）。

根据《中华人民共和国保险法》第二十三条的规定，保险人收到被保险人或者受益人的赔偿或者给付保险金的请求后，应当及时作出核定……确定保险事故的性质、原因、损失程度等情况。在猝死的意外伤害死亡案件中，保险人需依赖尸检结果确定猝死的原因。保险人具有保险专业知识技能，其更熟悉保险理赔程序及证据固定方法，也更清楚死因不明所产生的风险，因而应当承担及时告知索赔人尸检的义务。告知内容应当明确具体且附对拒绝尸检的不利后果的说明，要求索赔人同意尸检并协助其完成尸检。这里的“及时”应当限定在遗体火化之前。

本案中，一方面，被保险人被发现时已死亡，两原告由于未与被保险人同住而不知晓其投保情况，在向被告报案之前即已火化被保险人的遗体，导致无法查明被保险人真正的死亡原因，但考虑到两原告并非故意或重大过失而导致上述结果，不宜归责于两原告主观过错。另一方面，由于遗体火化发生在保险公司收到报案之前，保险公司对遗体火化及因此造成的死因无法查明没有过错，不应因此承担责任。在当事人双方对被保险人猝死而又死因不明都没有过错的情形下，法院只能根据《最高人民法院关于适用〈中华人民共和国保险法〉若干问题的解释（三）》第二十五条的规定判决按比例给付保险金。

编写人：广东省深圳市福田区人民法院　李轶男

32

被保险人死因不明的举证责任分配及保险责任承担的司法认定标准

——张某诉某保险公司聊城中心支公司人身保险合同案

【案件基本信息】

1. 裁判书字号

山东省阳谷县人民法院（2022）鲁 1521 民初 310 号民事判决书

2. 案由：人身保险合同纠纷

3. 当事人

原告：张某

被告：某保险公司聊城中心支公司

【基本案情】

张某与位某系夫妻关系。2018 年 2 月 2 日，张某作为投保人，位某作为被保险人，在某保险公司聊城中心支公司处投保××生命安行无忧两全保险（2017 版）一份，保险期间为 2018 年 2 月 3 日至 2038 年 2 月 2 日，每期保险费 3370 元，基本保险金额 100000 元，受益人为张某。2018 年 2 月 13 日，张某收到某保险公司聊城中心支公司的保险合同。该份保险适用条款对意外身故或全残保险金给付、非意外身故或全残保险金给付、保险金的申请、意外伤害的释义等情形分别进行了约定。2021 年 7 月 12 日，位某在家中摔倒，其 3 岁孙女哭喊叫人，引起邻居注意，邻居遂拨打 120 求救。县人民医院 2021 年 7 月 12 日的急救站院前急救病历显示，位某体检头颈部：枕部血肿，颈动脉搏动未触及；胸部：胸廓无起伏；心：无心搏跳动；肺：呼吸音消失。病情告知：到达现场时患者呼吸心跳停止，立即给予心肺复苏抢救，心电图呈直线，经全力抢救，患者生命体征无恢复，向家属交代病情，家属同意放弃抢救。病历上有医生谷某和丁某的签名。2021 年 7 月 19 日县人民医院出具的《居民死亡医学证明（推断）书》显示，死亡地点：家中，死亡原因：颅脑损伤。2022 年 3 月 1 日，阳谷县人民法院对出诊医生丁某进行了调查，其称“死亡原因中的颅脑损伤是我根据当时出诊的情况推断的，因出诊时发现患者枕部血肿”。

另查明，位某死亡后，其遗体于 2021 年 7 月 13 日火化。张某于 2021 年 8 月 9 日向某保险公司聊城中心支公司报案并申请保险理赔。次日，该保险公司向张某出具《理赔决定通知书》，按照非意外身故保险责任给付张某保险金 18877.58 元。张某对此有异议，认为位某属于意外身故，保险公司应按照意外伤害给付意外身故保险金。

【案件焦点】

1. 人身保险合同纠纷中被保险人死因不明的举证责任分配；2. 保险责任承担的正确认定。

【法院裁判要旨】

山东省阳谷县人民法院经审理认为：张某作为投保人和受益人，位某作为被保险人，某保险公司聊城中心支公司作为保险人，签订的人身保险合同成立并有效。位某身故发生在保险期间内。关于某保险公司聊城中心支公司应否按照张某的主张给付意外身故保险金，法院认为，按照案涉险种的释义，意外伤害事故指遭受外来的、突发的、非本意的、非疾病的使身体受到伤害的客观事件。本案中，双方当事人对位某是否属于意外身故由谁负举证责任出现分歧。根据《中华人民共和国保险法》第二十二条第一款的规定，保险事故发生后，按照保险合同请求保险人赔偿或者给付保险金时，投保人、被保险人或者受益人应当向保险人提供其所能提供的与确认保险事故的性质、原因、损失程度等有关的证明和资料。受益人的举证责任为“其所能提供的与确认保险事故的性质、原因、损失程度等有关的证明和资料”。本案中，原告已经提供了其所能提供的相关证据，完成了法律要求的初步举证责任。但某保险公司聊城中心支公司出具《理赔决定通知书》，按照非意外身故保险责任给付张某保险金 18877.58 元，其应当对被保险人案涉事故不属于“意外伤害”承担举证责任。因张某在位某身故后未按保险合同约定及时向某保险公司聊城中心支公司报案索赔，且报案时位某的遗体已经火化，致使位某的具体死亡原因无法查清，违反了《中华人民共和国保险法》第二十一条关于“投保人、被保险人或者受益人知道保险事故发生后，应当及时通知保险人”的规定，故张某对此存在过错。综上，本案中，位某身故是否系意外伤害造成，难以确定。根据《最高人民法院关于适用〈中华人民共和国保险法〉若干问题的解释（三）》第二十五条的规定，被保险人的损失系由承保事故或者非承保事故、免责事由造成难以确定，当事人请求保险人给付保险金的，人民法院可以按照相应比例予以支持。根据张某和某保险公司聊城中心支公司双方提交的证据、庭审中的质证意见以及法院调查情况，法院酌情裁定某保险公司聊城中心支公司按照 70%的比例给付张某保险金 70000 元。某保险公司聊城中心支公司已按非意外身故给付的保险金 18877.58 元，应予扣除。

山东省阳谷县人民法院依照《中华人民共和国保险法》第二条、第二十一条、第二十二条，《最高人民法院关于适用〈中华人民共和国保险法〉若干问题的解释（三）》第二十五条的规定，判决如下：

某保险公司聊城中心支公司于本判决生效之日起十日内给付张某保险金51122.42元。

宣判后，双方当事人均未上诉，一审判决已经生效。

【法官后语】

本案主要涉及如何根据双方的举证情况对被保险人死亡是否属于意外事故、保险责任如何承担进行正确认定的问题。

随着经济社会的快速发展，人们的生活水平迅速提高，风险意识逐渐增强，为自己或家人购买一份人身保险也越来越普遍。意外伤害保险是人身保险中较为常见的一种，其所承保的是“意外事故所导致的伤残以及死亡”。而《中华人民共和国保险法》对“意外伤害”未作界定，各保险公司的保险条款通常将意外伤害定义为遭受外来的、突发的、非本意的、非疾病的使身体受到伤害的客观事件。实践中，因投保人或保险金请求权人所具备的法律知识、专业素质等因素与保险事故本身的复杂性不相适应，导致与其有关的诉讼案件也越来越多，故需要承办法官从举证责任分配、证据的分析认定、日常生活经验等多角度进行内心确信，进而依据相关法律规定认定事实，作出最终裁判。就本案体现的典型性问题来看，应当根据以下审判思路予以正确把握。

一、双方当事人对达成人身意外伤害保险合同的事实无异议，但对被保险人死亡是否属于意外事故存在分歧

意外伤害保险合同纠纷的争议焦点，往往是死者的死因是否符合意外伤害的赔偿条件。尤其在被保险人死亡，且无法尸检的情形下，对被保险人是否死于意外极难认定。对于死因不明的案件，法院如何作出判决需要合理地运用举证责任的分配。意外伤害保险合同纠纷属于一般举证责任，即“谁主张，谁举证”。首先，由索赔方就事故的发生具有突然性、外在性及事故与损害后果之间存在因果关系承担举证责任。根据《中华人民共和国保险法》第二十二条第

一款“保险事故发生后，按照保险合同请求保险人赔偿或者给付保险金时，投保人、被保险人或者受益人应当向保险人提供其所能提供的与确认保险事故的性质、原因、损失程度等有关的证明和资料”的规定可以看出，该举证责任并不是绝对严苛的，而是有限的，限于其“所能提供的”范围。当受益人穷其所能提供有关的证明和资料时，可认定其已完成了法律要求的初步举证责任，履行了法定和约定的义务。此时，保险人应当对其拒绝给付保险金说明理由并举证证明，反之，则应承担举证不能的法律后果。但是，如果因索赔方自身因素，甚至索赔方阻碍查明事故原因的，则应相应减免保险人的保险金给付责任。本案中，张某已经提供了其所能提供的相关证据，完成了初步的举证责任。虽然县人民医院出具的急救病历记载“位某体检头颈部：枕部血肿，颈动脉搏动未触及……”《居民死亡医学证明（推断）书》显示“死亡地点：家中，死亡原因：颅脑损伤”以及出诊医生称“死亡原因中的颅脑损伤是我根据当时出诊的情况推断的，因出诊时发现患者枕部血肿”，但是医院并没有确认死者死亡的具体原因，对于死亡发生的具体原因，依据现有证据，既不能否认死者死亡的突发性和非本意性，亦不能否认死者死亡存在外来性、非疾病性的可能。因张某在位某身故后未按保险合同约定及时报案索赔，且报案时位某的遗体已被火化，致使位某的具体死亡原因无法查清，违反了《中华人民共和国保险法》第二十一条中关于“投保人、被保险人或者受益人知道保险事故发生后，应当及时通知保险人”的规定，故张某对此存在过错，应当相应地减免保险人的保险金给付责任。其次，由保险人就诸如事故属于除外责任、不属于意外事故或事故与损害后果之间不存在因果关系等妨碍该权利的事实负举证责任。因该类事实大都属于消极事实，往往举证困难，而保险人的举证能力明显高于索赔方，故适当加重保险人的举证负担，有利于发挥保险制度分散、转移风险的功能。本案中，某保险公司聊城中心支公司出具《理赔决定通知书》，按照非意外身故保险责任给付张某保险金18877.58元，但其未提交被保险人死亡不属于“意外伤害”的相关证据，不能证明被保险人死亡属于非意外身故，因此应承担举证不能的法律后果。最后，由法院根据双方当事人提交的证据及证据的来源、形式、证明力大小、日常经验法则等多方面因素，对被保险人死亡是否系意外伤害造成进行综合认定。综上，被保险人位某死亡是意外伤害还是免责事由造成，难以确定。

二、当被保险人死因不明时，保险人应否给付保险金及如何给付

《最高人民法院关于适用〈中华人民共和国保险法〉若干问题的解释（三）》第二十五条规定，被保险人的损失系由承保事故或者非承保事故、免责事由造成难以确定，当事人请求保险人给付保险金的，人民法院可以按照相应比例予以支持。需要注意的是，本条应以损失发生的原因存在争议且争议的原因存在承保事故与非承保事故或者承保事故与免责事由之争为适用条件，故并不免除受益人对保险事故发生以及保险人对免责事由存在的举证责任。本案中，对于损失的发生双方当事人均无异议，但对于导致损失的事故究竟是承保事故还是非承保事故、是承保事故还是免责事由无法确认，故法院依法行使自由裁量权，根据双方提交的证据、庭审中的质证意见以及法院调查情况，酌情认定保险公司按照70%的比例给付保险金。宣判后，双方均未提起上诉。

综上，根据举证责任分配基本原理，被保险人或者受益人向保险公司申请理赔，须就权利产生的要件事实即意外伤害的存在、伤残或死亡等损害后果以及意外伤害与损害后果之间存在因果关系承担举证责任。保险人根据免责条款拒赔的，需要对免责事由的存在承担举证责任。在司法实践中，大多数的人身保险纠纷案件的当事人对于损失的发生可能没有异议，但对于导致损失的事故究竟是承保事故还是非承保事故、是承保事故还是免责事由无法确认，最为典型的即为本案中，位某死亡是事实，但对于其死亡是自身疾病发作致死亡后摔倒，还是摔倒导致其疾病发作最终死亡无法判断，此时可以将损失在承保事故或者非承保事故、免责事由之间分摊，按照承保风险占事故原因的比例程度判决保险人按照比例承担责任。本案通过合理分配举证责任、综合运用证据规则认定确认案件事实，通过适用《最高人民法院关于适用〈中华人民共和国保险法〉若干问题的解释（三）》第二十五条的规定，最终酌情认定保险公司按照

70%的比例给付保险金，既充分保障了双方当事人的诉讼权利，又发挥了保险制度分散风险、补偿损失的功能。

编写人：山东省阳谷县人民法院　袁立根

33

电子投保中保险人主动履行免责条款提示义务的认定

——林甲、王甲诉某保险公司人身保险合同案

【案件基本信息】

1. 裁判书字号

福建省泉州市中级人民法院（2023）闽 05 民终 1838 号民事判决书

2. 案由：人身保险合同纠纷

3. 当事人

原告（上诉人）：林甲、王甲

被告（被上诉人）：某保险公司

【基本案情】

林甲与王甲系夫妻关系。林乙系林甲与王甲的儿子。闽 C××S 号某品牌轿车的所有人为林甲，林乙作为闽 C××S 号某品牌轿车的投保人，其于 2021 年 4 月 27 日就该车采用电子签名投保方式向某保险公司进行投保：交强险、商业险、驾乘人员意外伤害保险，保险期限为 2021 年 5 月 24 日 0 时至 2022 年 5 月 23 日 24 时，机动车车辆损失险 518276.60 元、机动车车上人员（驾驶人）责任险 10000 元、驾乘人员意外伤害险 100000 元。投保人“林乙”在投保单及免责事项告知书（内容：尊敬的客户，为了充分保障您的权益，请您签名确认以下内容，以表明您已经了解投保内容，并自愿投保：本人确认收到条款及《机

动车商业保险免责事项说明书》，保险人已明确说明免除保险人责任条款的内容及法律后果）上投保人处电子签名。投保人“林乙”于2021年4月27日至28日通过其手机号及微信注册号分别支付投保费9937.36元及驾乘人员意外伤害保险保险费200元，并在车险“投保人缴费实名认证”客户授权声明书上客户签字处电子签名。

2021年12月6日3时10分许，林乙驾驶闽C××S号某品牌轿车从安溪县城往西坪镇方向行驶，途经358国道129千米+270米时，车辆碰撞路外行道树，造成林乙当场死亡及车辆损坏的交通事故。

2021年12月16日，交通警察大队委托司法鉴定中心对闽C××S号某品牌轿车事故时灯光、转向及行车制动系统的安全状态痕迹进行鉴定。鉴定意见：(1) 闽C××S号某品牌轿车事故时前照灯处于工作状态，安全状态符合要求；(2) 闽C××S号某品牌轿车转向安全状态符合要求；(3) 闽C××S号某品牌轿车行驶制动静态安全状态符合要求。

2021年12月23日，交通警察大队作出交通事故认定书，事故形成原因分析：林乙醉酒驾驶机动车至肇事路段超过限速标志标明的最高时速行驶的行为违反了《中华人民共和国道路交通安全法》第二十二条第二款、第四十二条第一款的规定，林乙负事故的全部责任。

2021年12月28日，林甲、王甲向某保险公司申请理赔，2022年2月9日，某保险公司向被保险人“林乙”作出《机动车保险拒赔通知书》，林甲于2022年2月10日收到该通知书。林甲、王甲于2022年2月9日向法院提起诉讼。

2022年3月15日，法院依法委托某保险公估公司对闽C××S号某品牌轿车因本案事故受损而产生的维修费用进行价格评估。2022年6月6日，某保险公估公司作出《公估报告书》，公估意见：委托公估的闽C××S号牌车辆因事故造成的车辆损坏按修复处理，其中配件材料费378200元，更换的旧配件残值2000元，维修工时费27900元，车辆修复总费用为人民币408100元。林甲和王甲支付了鉴定费8500元。

2022年7月8日，林甲、王甲的特别授权委托诉讼代理人对某保险公司提供的投保单和免责事项告知书上投保人处“林乙”的签名提出异议并申请笔迹鉴定，经法院依法委托A司法鉴定所对投保单和免责事项告知书上投保人“林乙”的笔迹签章进行鉴定。2022年9月6日，A司法鉴定所作出退鉴函，复函如下：因不能提供确切和较充分的笔迹样本，无法满足鉴定所需的条件，故对该起鉴定进行退鉴处理。

2022年10月20日，某保险公司委托某数字认证公司，对“林乙”在闽C××S号采用电子投保时的电子签名进行验证。2022年10月21日，某数字认证公司作出《电子签名验证报告》，验证结论：交验资料中的第一个、第二个、第三个、第四个各电子签名采用数字签名技术，通过数字签名验证，电子签名的系统时间为2021年4月27日15时10分46秒，该电子签名对应的摘要值校验比对一致，证明校验资料自电子签名时起至今未发生任何改动。

【案件焦点】

1. 某保险公司在投保过程中是否向投保人进行告知；2. 投保人的电子签名是否为投保人本人所签。

【法院裁判要旨】

福建省安溪县人民法院经审理认为：本案中，闽C××S号某品牌轿车所有人为林甲，“林乙”为闽C××S号某品牌轿车的投保人，“林乙”于2021年4月27日就该车采用电子签名投保方式向某保险公司进行投保，并在投保单和车险“投保人缴费实名认证”客户授权声明书上客户签字处及免责事项告知书上投保人处电子签名确认。就投保人“林乙”的电子签名问题，经法院释明，某保险公司委托某数字认证公司对投保人“林乙”的电子签名进行验证，验证结论：该电子签名对应的摘要值校验比对一致，证明校验资料自电子签名时起至今未发生任何改动。根据《中华人民共和国电子签名法》第十三条“电子签名同时符合下列条件的，视为可靠的电子签名：（一）电子签名制作数据用于电子签名时，属于电子签名人专有；（二）签署时电子签名制作数据仅由电子签名人控制；（三）签署后对电子签名的任何改动能够被发现；（四）签署后对数据电文内容和形式的任何改动能够被发现。当事人也可以选择使用符合其约定的可靠条件的电子签名”的规定，法院对投保人“林乙”在投保单和车险“投保人缴费实名认证”客户授权声明书上客户签字处及免责事项告知书上投保人处电子签名的真实性，予以确认。某保险公司辩解，其对投保人“林乙”在投保中已履行尽到明确告知免责事项义务的意见，予以采纳。虽然涉案交通事故发生在保险期间内，但根据《中国保险行业协会机动车商业保险示范条款》第九条“在上述保险责任范围内，下列情况下，不论任何原因造成被保险机动车的任何损失和费用，保险人均不负赔偿：（一）事故发生后，被保险人或驾驶人故意破坏，伪造现场，毁灭证据；（二）驾驶人有下列情形之一者：1. 交通肇事逃逸；2. 饮酒、吸食或注射毒品、服用国家管制的精神药品或者麻醉药品；3. 无证驾驶，驾驶证被依法扣留、暂扣、吊销、注销期间；4. 驾驶与驾驶证载明的准驾车型不相符的机动车……”的规定，本案中，根据投保人“林乙”与保险人某保险公司签订的《机动车商业保险/机动车交通事故责任强制保险投保单》《车险“投保人缴费实名认证”客户授权声明书》《免责事项告知书》的约定，法院综合上述认定的事实，可以认定某保险公司对投保人“林乙”已履行了提示和明确告知免责事项的义务，其对“林乙”造成的交通事故而产生的损失不应承担保险责任。故林甲、王甲的诉讼请求，于法无据，不予支持。某保险公司的辩解，于法有据，予以采纳。

福建省安溪县人民法院依照《中华人民共和国保险法》第十条、第十七条，《中华人民共和国电子签名法》第十三条的规定，作出如下判决：

驳回林甲、王甲的全部诉讼请求。

林甲、王甲不服一审判决，提起上诉。

福建省泉州市中级人民法院同意一审法院裁判意见，判决：

驳回上诉，维持原判。

【法官后语】

电子投保作为新型投保方式，系保险公司在线操作，根据投保人预留的手机号，向投保人发送包含链接的短信，其中保险信息、保险条款、免责事项说明等均以链接形式体现，由投保人自行在线阅读，进行电子签名及实名制缴费。

电子投保与传统面对面纸质投保的形式明显不同，具有虚拟性，其在适用过程中虽可方便当事人、提高保险人的承保效率，但也出现了新的问题，比较突出的有，如何确定提示和说明的对象、如何界定投保人尽到提示或说明义务及保险公司承担何种举证责任等，这两个问题在实践中切实关乎被保险人发生事故后，保险利益能否实现，笔者将结合本案，作如下分析：

一、如何界定保险公司尽到提示或说明义务

根据《中华人民共和国保险法》第十七条及《最高人民法院关于适用〈中华人民共和国保险法〉若干问题的解释（二）》第九条的规定，保险公司对保险合同中减轻或免除保险人责任的条款须尽到提示或说明义务，且提示义务及说明义务是独立的。关于提示义务，根据《最高人民法院关于适用〈中华人民共和国保险法〉若干问题的解释（二）》第十一条第一款的规定，保单中免责条款以黑体字、彩体字、斜体字、加底线等特殊字样或方式标示，即可确定保险公司已尽到提示义务。电子投保虽系全流程线上操作，但其电子保单和传统纸质保单具有同等法律效力，对于提示义务审查，亦应参照上述规定。关于说明义务，根据《最高人民法院关于适用〈中华人民共和国保险法〉若干问题的解释（二）》第十一条第二款及第十二条的规定，电子投保系投保人在线进行，其不同于传统纸质投保过程中保险代理人向投保人进行面对面说明或者纸质说明，保险公司需要通过网页、音频、视频等方式对免除或减轻责任的条款向投保人作出常人能够理解的解释说明。根据《最高人民法院关于适用〈中华人民共和国保险法〉若干问题的解释（二）》第十条的规定，法律、行政法规的禁止性规定系常人所知晓的内容，如醉酒驾驶等，保险公司将上述禁止性规定设为免责条款的，仅须尽到提示义务即可，无须向投保人另行说明。但对于其他免责条款，保险公司须尽到提示和说明义务，缺一不可。

二、诉讼中，关于提示或说明义务举证责任如何分配

提示和说明义务是保险公司主动履行的义务，投保人主张保险公司未将免

责条款进行提示或明确说明的，保险公司须对此承担相应的举证责任。电子投保作为新型的投保方式，保险公司无法留存投保单、保险单等纸质保险凭证，而仅留存网页等电子数据作为保险凭证。在提示义务举证方面，保险公司除了提供电子保单、保险条款，证明其对免责条款已采用加黑、加粗或者以其他方式作出标示，还须对投保流程承担举证责任，证明阅读保险条款链接的程序是无法跳跃的，即投保人在线阅读保险条款后方能进入下一流程，或者保险条款为强制阅读模式，投保人须主动点击，完成设定的阅读时长，等等。在说明义务举证方面，保险公司除了有投保人签字的投保人声明，亦须提交投保流程或者解说视频等电子证据证明投保人须强制阅读免责事项说明书、免责条款解说视频设有最低观看时长等，证实保险公司已向投保人作出常人能够理解的说明。

具体到本案，保险人应当就合同中的免责事项向投保人履行提示及明确告知的义务；被保险人则应在投保时履行如实告知，并配合保险人办理手续的义务。

第一，网络投保中，保险人提示及明确说明义务的履行标准在于主动以妥善的方式向投保人提供完整的保险条款，并使投保人知悉相关内容。中国人民财产保险公司设计的电子投保系统，根据演示视频，其流程共分为认证、浏览、电子签名、短信验证和支付五个环节。现林甲、王甲明确承认本案的保费系林乙本人的手机微信缴纳，这也意味着涉及投保其他环节的认证、浏览、电子签名和短信验证，必定是在缴费微信号绑定关联的手机上操作，否则不可能单独完成保费的缴纳。因此，可以认定本案系通过投保人林乙的手机微信扫码后完成了电子投保的一系列操作，退一步来讲，即便该过程并非林乙本人亲自操作的，也应视为林乙同意并授权委托他人用其手机代为操作，进而投保环节中的电子签名也应当认定就是林乙本人所签。

第二，本案讼争保险合同以互联网为载体而订立，保险条款、保单等合同资料均以网页这一数据电文的形式呈现，保险合同的订立流程和形式上与纸质保险存在显著差异，但保险人仍应秉持最大诚信原则，按照法律规定履行免责条款的明确提示义务。电子投保软件系保险人制作提供的，固然也应当承担其通过电子投保程序对投保人尽到免责条款提示和明确说明义务的举证责任。投保人“林乙”在投保单及免责事项告知书（内容：尊敬的客户，为了充分保障您的权益，请您签名确认以下内容，以表明您已经了解投保内容，并自愿投保：本人确认收到条款及《机动车商业保险免责事项说明书》，保险人已明确说明免除保险人责任条款的内容及法律后果）上投保人处电子签名。

第三，案涉电子保单表明，投保人已经操作完成了上述网络投保流程。保险人拒赔所依据的免责条款在保险条款中已用加黑字体显示，且投保过程中投保人勾选同意的“投保人声明”，表明投保人对包括免责条款在内的保险条款已了解并同意遵守，作为投保人也应信守约定，不能在纠纷发生时以其未知情作为抗辩理由。因此，可以认定保险人已在投保时就相关免责条款向投保人尽到了提示及明确说明义务，免责条款生效。

编写人：福建省安溪县人民法院　李裕鹏

34

互联网保险合同中免责条款的效力认定

——周某等诉某财产保险股份有限公司成都市某支公司意外伤害保险合同案

【案件基本信息】

1. 裁判书字号

成渝金融法院（2023）渝87民终4449号民事判决书

2. 案由：意外伤害保险合同纠纷

3. 当事人

原告（被上诉人）：周某、李某甲、姜某

被告（上诉人）：某财产保险股份有限公司成都市某支公司

第三人：罗某、文某

【基本案情】

2022年6月，文某作为投保人，通过网络电子系统为川A9××××小汽车向某财产保险股份有限公司成都市某支公司购买“××驾乘无忧三代升级款”保险，第三人罗某为被保险人，保险期限为一年，受益人法定。险种包含“××产险驾乘意外伤害保险”，意外伤害身故和残疾的保额为600000元。同年9月，张某违规驾驶重型载货车，车辆侧翻碾轧李某乙驾驶的川A9××××小汽车，致李某乙当场死亡。根据《道路交通事故认定书》及司法鉴定意见，张某承担事故的全部责任，李某乙不承担责任，李某乙驾驶的车辆不存在安全隐患。案涉保险条款记载了保险人不承担给付保险金责任的若干免责情形，其中包括发生保险事故时，保险单载明的机动车辆未按规定检验或者检验不合格的情形。电子投保单“投保人声明”处有“贵公司已向本投保人详细介绍了条款的内容，特别就保险条款中免除保险人责任的条款……作了明确说明”等内容，“投保人签字”处有“文某”字样，影像查询页面有一张“文某”的人像照片。

周某等三人作为李某乙的配偶和直系亲属，认为投保之后保险人没有将保险条款交给投保人，投保单上仅有签名，未记载免责事由，遂向法院提起诉讼，请求保险人支付意外伤害身故和残疾赔偿金600000元。某财产保险股份有限公司成都市某支公司以李某乙驾驶的川A9××××车辆未按规定进行安全技术检验为由，抗辩不承担给付保险金责任。

【案件焦点】

通过网络电子系统订立保险合同，保险人对投保人就免责条款的提示和明确说明义务如何履行；相关条款的效力如何参照“可回溯管理”要求予以认定。

【法院裁判要旨】

四川自由贸易试验区人民法院经审理认为：依照《中华人民共和国保险

法》第十七条第二款及《最高人民法院关于适用〈中华人民共和国保险法〉若干问题的解释（二）》第十三条第一款之规定，保险人对保险合同中免除保险人责任的条款除了作出足以引起投保人注意的提示，还应对该免责条款尽到明确说明义务，且对其履行了明确说明义务负举证责任，否则该免责条款对投保人不具有法律约束力。本案中，即便文某投保时其电子签名真实，但仅凭签名及文某人像截屏既不能证明保险人向文某出示了案涉保险条款（含免责条款）且文某系阅读了相关条款后签名，也不能证明保险人已就案涉免责条款履行了提示和明确说明义务，保险人不能据此免责。

四川自由贸易试验区人民法院依据《中华人民共和国保险法》第十二条、第十三条、第十七条、第二十二条，《最高人民法院关于适用〈中华人民共和国保险法〉若干问题的解释（二）》第十三条，《中华人民共和国民事诉讼法》第六十七条、第一百四十七条之规定，判决如下：

某财产保险股份有限公司成都市某支公司于本判决生效之日起十日内向周某等三人支付保险金 600000 元。

某财产保险股份有限公司成都市某支公司不服一审判决，提起上诉。

成渝金融法院经审理认为：本案中，保险人提交的投保视频及截图仅出现了“××驾乘无忧险”字样，未显示投保人点击进入了该险种的保险条款内容页面并进行阅读和明确知悉该保险条款的过程。仅凭投保单中“贵公司已向本投保人详细介绍了条款的内容，特别就保险条款中免除保险人责任的条款……作了明确说明”的内容以及签名，不足以证明保险人对免责条款履行了提示和明确说明义务。特别是对于免责条款，应当能够点击阅读具体内容，且阅读条款为投保人签名的必经程序。对于网络电子投保流程相关资料的记录和保存，保险人具有相应的技术优势和便利，监管部门也有“可回溯管理”的相关要求，应当承担更为充分的举证责任。但本案中保险人未举证证明，在投保人投保时，其已就案涉免责条款对投保人履行了提示和明确说明义务，故案涉免责条款不产生效力。

成渝金融法院依照《中华人民共和国民事诉讼法》第一百七十七条第一款

第一项的规定，判决如下：

驳回上诉，维持原判。

【法官后语】

在数字经济的大背景下，网络电子投保业务快速推广普及，在给社会公众带来便利的同时，也给消费者知情权、自主选择权、公平交易权等权利保护带来新的问题和挑战。本案系互联网保险纠纷中，因保险人未能提供可回溯的证据证明对免责条款进行了提示和明确说明，故法院认定相关免责条款不产生效力的案例。对于类似案件的审理具有参考意义。

首先，“概括确认”不足以证明保险人已经履行提示及明确说明义务。

网络电子投保中，保险人履行说明义务普遍采用“链接+概括确认”的方式，所谓概括确认，是指诸如“本人确认已收到保险条款，且保险人已就条款内容，特别是免除保险人责任的内容作了提示和明确说明”之类的投保人声明。具体而言，就是在销售页面以链接方式提供保险条款，并要求投保人勾选概括确认的选项以完成投保，但上述载有保险条款的链接需投保人主动点击查看，且链接点击与否并不影响下一步操作，整个销售页面未就免责条款内容设置单独页面展示，除非投保人自行点击并仔细阅读，否则其实际并未看到免责条款的内容。

保险人的说明义务分为一般说明义务和明确说明义务。《中华人民共和国保险法》第十七条第一款规定，保险人对格式条款的说明义务系一般说明义务，因保险人履行一般说明义务不需达到替代阅读的效果，故投保人自身负有阅读义务。此种情形下，保险人采用“链接”的方式提供保险条款，与传统投保方式交付保险条款给投保人的性质相同，故对履行一般说明义务而言，“链接+概括确认”的方式可视为保险人履行了一般说明义务。但对于免责条款，保险人须依照《中华人民共和国保险法》第十七条第二款的规定履行“提示+明确说明”义务，且明确说明义务属于积极义务，应主动说明。保险人的解释说明须达到投保人作为常人能够理解免责条款概念、内容及其法律后果的程度。据此，网络电子投保的保险人仅依靠“链接”方式，不符合明确说明义务的履行标准，即使有投保人的“概括确认”内容，因声明栏中没有免责条款的具体内容，销售过程亦无免责条款内容展示痕迹，故不能视为保险人履行了提示说明义务。

其次，在网络电子投保情形下，应当参照可回溯要求对免责条款的效力进行审查认定。

在保险条款交付方式和提示说明义务的履行方式上，网络电子投保或线上投保，与传统的线下投保存在较大差别。后者以投保单、保险单为基础，保险人的经办人员与投保人可就保险合同内容进行面对面交流，查看保险条款较线上投保相对容易和清晰，此时投保人对免责条款阅读知晓的声明，可作为保险人履行提示和明确说明义务的佐证。但网络电子方式投保，则不能仅凭投保人的“概括确认”声明，就认为保险人履行了提示和明确说明义务，进而认定免责条款有效。

原中国银保监会2020年出台《关于规范互联网保险销售行为可回溯管理的通知》(以下简称《可回溯管理通知》)，要求保险机构对在自营网络平台上销售保险产品，应当将投保人、被保险人在销售页面上的操作轨迹予以记录和保存，使其可供查验。审查此类案件，应注意把握以下三点：

第一，投保人签署已阅读免责条款的声明，不构成对保险人已履行提示和明确说明义务的确认。应当参照《可回溯管理通知》的规定，审查保险人是否将有关免除保险人责任的条款内容设置单独页面展示，并设置由投保人或被保险人自主确认已阅读的标识，再结合案件情况综合判断。第二，保险人仅提交纠纷发生后的在售网页截图证据或投保流程演示视频，未提交投保当时的可回溯视频或页面轨迹，不能推断投保人已经知晓免责条款，亦不能证明保险人尽到提示和说明义务。无法对应案涉投保人投保过程的截屏证据，不符合原始载体的证据形式，以及可回溯管理规定关于保存操作轨迹和解释说明过程的要求。投保流程的演示视频亦无法证明与案涉投保过程的同一性和关联性以及尽到明确说明义务。第三，保险人在投保人投保时应采用足以引起投保人注意的方式主动弹出或展示免责条款，而不是基于投保人请求被动展示。保险人采用前述

"链接+概括确认"方式，原则上不足以证明保险人对于免责条款已履行了提示和明确说明义务，但如果投保页面设计采用了足以引起投保人注意的文字，且能够达到强制投保人必须浏览责任免除条款、否则不能进行下步操作的，可以认为保险人已经履行了提示和明确说明义务。

编写人：成渝金融法院　周志刚　张玉婷

35

骑行共享单车发生交通事故后赔偿责任的认定

——仲某诉某保险公司浙江分公司、某软件公司意外伤害保险合同案

【案件基本信息】

1. 裁判书字号

山东省济宁市中级人民法院（2024）鲁08民终1823号民事判决书

2. 案由：意外伤害保险合同纠纷

3. 当事人

原告（被上诉人）：仲某

被告（上诉人）：某保险公司浙江分公司

被告（被上诉人）：某软件公司

【基本案情】

2022年1月26日，原告仲某驾驶共享二轮电动车与骑电动自行车的李某发生碰撞，致仲某、李某受伤以及车辆受损。经公安局交通警察支队某区勤务大队出具《道路交通事故认定书（简易程序）》认定，仲某负事故的全部责任，李某无责任。事故发生后，仲某到医院门诊检查并住院治疗八日，诊断为面部外伤、左颧骨上颌骨联合体骨折、左眶壁骨折等，共花费医疗费17775.57

元。李某受伤后到医院门诊检查治疗，共花费医疗费 1420.52 元。一审法院委托物证司法鉴定所对仲某伤残等级进行鉴定，结论为仲某左侧颧弓上颌骨联合体多发性骨折，致张口 I 受限，构成十级伤残。2022 年 2 月 15 日，经人民调解委员会主持调解，仲某与李某达成和解，仲某向李某一次性赔偿医疗费、误工费、车损等各项损失共 3000 元，已于和解当日履行完毕。另查明，某软件公司为仲某骑行的共享二轮电动车在某保险公司浙江分公司处投保共享电单车意外保险。仲某起诉某软件公司及某保险公司浙江分公司赔偿其医疗费、伤残赔偿金、误工费、护理费、伙食补助费、营养费、精神损失费、交通费、车损、鉴定费等暂定 113000 元。

【案件焦点】

1. 对仲某因发生交通事故所产生的损失，某软件公司及某保险公司浙江分公司应否承担赔偿责任；2. 若需承担赔偿责任，则赔偿责任的范围如何认定。

【法院裁判要旨】

山东省济宁市任城区人民法院经审理认为：仲某驾驶的共享二轮电动车由某软件公司在某保险公司浙江分公司处投保了××共享电单车意外保险，仲某作为被保险人，其驾驶投保车辆发生交通事故，保险人某保险公司浙江分公司应在保险责任范围内对仲某的合理损失承担赔偿责任。某软件公司系共享单车平台的运营者，非涉案单车的所有人与出租方，且原告未能提交证据证明某软件公司存在过错，故该公司不应承担赔偿责任。对于某保险公司浙江分公司应当承担的赔偿责任范围：（1）关于残疾赔偿金、护理费、交通费、鉴定费问题。经法院委托司法鉴定所，依据《人身保险伤残评定标准》（JR/T0083—2013）认定仲某左侧颧弓上颌骨联合体多发性骨折，致张口 I 受限，构成十级伤残。共享电单车意外保险保单中的特别约定内容，并未明确载明残疾赔偿金的计算方式，某保险公司浙江分公司要求采用其与某软件公司签订的《骑行用户意外伤害保险及电子商务经营者责任保险合作协议》以及《××非机动车驾驶人意外伤害保险条款》中约定的残疾赔偿金的计算方式，但未提供证据证明与投保人约定了采用上述协议或保险条款确定的计算方式，针对适用按比例赔付的约定亦未提交证据证明向投保人尽到了提示及说明义务，故对某保险公司浙江分公司主张的计算方式不予支持，仲某要求被告某保险公司浙江分公司赔偿残疾赔偿金 98100 元（49050 元/年×20 年×10%），应予支持。对于护理费、交通费，××共享电单车意外保险保单中的特别约定内容，仅载明了第三者责任保险免责事项中包含护理费、交通费等事项，未载明驾驶人意外伤害免责事项，因此，仲某要求某保险公司浙江分公司赔偿护理费、交通费，应予支持，法院确认原告护理费为 880 元（110 元/天×8 天）、交通费为 200 元。仲某自行委托的司法鉴定所对其伤残程度进行鉴定，鉴定程序不合法，仲某要求某保险公司浙江分公司承担鉴定费用，不予支持。因此，某保险公司浙江分公司应在意外伤害身故和残疾限额 10 万元内赔偿原告残疾赔偿金、护理费、交通费共计 99180 元。（2）仲某到医院门诊检查并住院治疗八日，共花费医疗费 17775.57 元，已超过意外伤害医疗限额，某保险公司浙江分公司应向仲某赔偿医疗费 10000 元。（3）2022 年 2 月 15 日，经人民调解委员会主持调解，仲某与李某达成和解，仲某向李某一次性赔偿医疗费、误工费、车损等各项损失 3000 元。共享电单车意外保险保单中的特别约定内容已载明财产损失属于第三者保险免责事项，因此，某保险公司浙江分公司仅在第三者医疗费用限额内承担医疗费用 1420.52 元。

山东省济宁市任城区人民法院依照《中华人民共和国保险法》第二条、第十二条、第十七条第二款，《中华人民共和国民事诉讼法》第六十七条之规定，判决如下：

一、某保险公司浙江分公司于本判决生效后十日内赔付仲某医疗费、残疾赔偿金、护理费、交通费、已垫付的三者医疗费等共计 110600.52 元；

二、驳回仲某的其他诉讼请求。

某保险公司浙江分公司不服一审判决，提出上诉。

山东省济宁市中级人民法院经审理认为：《中华人民共和国民法典》第四百九十六条第二款规定：“采用格式条款订立合同的，提供格式条款的一方应当遵循公平原则确定当事人之间的权利和义务，并采取合理的方式提示对方注意免除或者减轻其责任等与对方有重大利害关系的条款，按照对方的要求，对该条款予以说明。提供格式条款的一方未履行提示或者说明义务，致使对方没有注意或者理解与其有重大利害关系的条款的，对方可以主张该条款不成为合同的内容。”《最高人民法院关于适用〈中华人民共和国保险法〉若干问题的解释（二）》第九条第一款规定：“保险人提供的格式合同文本中的责任免除条款、免赔额、免赔率、比例赔付或者给付等免除或者减轻保险人责任的条款，可以认定为保险法第十七条第二款规定的‘免除保险人责任的条款’。”根据该条规定，案涉保险条款中约定按照被保险人的保险金额乘以该处伤残的等级所对应的保险金给付比例给付伤残保险金，属于上述规定的“比例赔付或者给付”的情形，应当认定为免除或者减轻保险人责任的条款。保险人应当依法对该合同条款进行提示和明确说明。某保险公司浙江分公司没有提交证据证明针对该比例赔付情形给投保人作出了提示说明，故其上诉主张按照比例赔付的理由，依法不能成立。

另外，某保险公司浙江分公司诉称护理费、交通费不属于合同约定的赔偿范围，但案涉保单的特别约定内容中，仅载明了第三者责任保险免责事项中包含护理费、交通费等，未明确载明护理费、交通费等属于驾驶人意外伤害免责事项，故某保险公司浙江分公司此项上诉请求，无事实和法律依据，依法不能成立。

山东省济宁市中级人民法院依照《中华人民共和国民事诉讼法》第一百七十七条第一款第一项的规定，判决如下：

驳回上诉，维持原判。

【法官后语】

本案主要涉及骑行共享单车发生交通事故后赔偿责任承担主体的认定问题。

近年来，共享单车作为一种新型的绿色环保共享经济方式被广泛运用，由共享单车造成的交通事故数量也逐渐增加，本案就是一起典型的共享单车骑行过程中发生交通事故致使双方受伤的案件，事故发生后，对骑行人所造成的损失由谁来赔偿是大众最关心的问题。这类案件涉及的责任主体通常有骑行者、保险公司、共享单车的所有人、出租方及运营者，而对交通事故所造成的损失具体由谁来承担责任，应根据车辆是否投保、交警部门责任认定、车辆自身是否存在质量问题等进行分析，以确定责任承担主体。在案件审理过程中常见的主体承担责任情形有以下三种。

一、保险公司承担责任的情形

一般而言，共享单车的所有人、出租方或运营者会为其提供的共享单车在保险公司处投保意外保险，使用者扫码使用共享单车发生交通事故时，首先由保险公司在保险责任范围内对使用者的合理损失承担赔偿责任。本案中，某保险公司浙江分公司应首先在保险赔偿范围内对仲某损失进行赔偿。

二、骑行者承担责任的情形

若骑行者在使用共享单车前，未对车况进行最基本的检查，坚持骑行存在明显故障的车辆，或者使用者存在不安全行驶、不遵守交通法规的行为，导致发生交通事故，其作为侵权人存在过错，则需要对损害后果承担相应的赔偿责任。本案中，根据交警部门的认定，仲某负事故全部责任，作为侵权人，对于保险公司赔偿范围以外的损失，如被撞人李某的误工费、车损等，则需由仲某自行承担。

三、共享单车的所有人、出租方及运营者承担责任的情形

因共享单车的所有人、出租方及运营者对交通事故的发生存在过错的情况下才承担赔偿责任，这就需要先明确其各自负有的管理义务，通常共享单车的所有人也是共享单车的出租方，以下便统称为共享单车公司，共享单车公司通过平台向用户提供车辆租赁服务，当用户扫码使用车辆时，便与共享单车公司签订了短期租赁服务合同，共享单车公司作为出租方，应当保证其提供的共享单车不存在质量缺陷和安全隐患，在运营过程中，亦负有对车辆进行日常维护、检修的责任，确保对外出租的共享单车在不影响骑行安全的前提下被扫码使用，同时共享单车公司及运营者还负有采用合理方式向用户提供关于租车注意事项和安全骑行的告知提醒义务。若骑行者在骑行过程中出现刹车失灵、车锁异常

关闭等质量问题导致发生交通事故，则对于车辆使用者的合理损失，无论是根据双方的租赁合同关系还是根据《中华人民共和国民法典》第一千一百六十五条关于侵权责任的规定，共享单车公司作为过错方均应承担赔偿责任，骑行者也可以根据《中华人民共和国民法典》第一千二百零二条关于产品责任的规定向共享单车生产者主张权利。若骑行者对交通事故的发生也存在一定过错，则此时就需要根据车辆骑行者与共享单车公司的过错程度分配责任。

共享单车运营者的管理义务还应包括采取必要的技术措施对不特定的使用对象进行资格审核，以确保使用对象具备使用共享单车参与道路交通活动的驾驶资格条件。近年来，未成年人骑行共享单车发生交通事故的案件频出，根据《中华人民共和国道路交通安全法实施条例》的规定，未满12周岁的未成年人不得骑自行车上路，未满16周岁的未成年人不得骑电动自行车上路，这就要求运营者在用户租车时应当对用户资格进行审查，例如用户注册账号时需进行实名登记，避免不符合年龄要求的未成年人骑行共享单车，从源头上杜绝隐患。针对未成年人骑行共享单车的问题，若共享单车的锁具设计未到达有效阻却不满12周岁的未成年人依通常方法使用车辆的合理标准，则可认定共享单车公司及运营者未尽合理限度的管理义务，对于未成年骑行共享单车遭受交通事故伤亡存在过错，应承担相应赔偿责任。例如，上海市一名11岁男童小高与三名年纪相仿的小伙伴一起玩耍时，四人未通过共享单车扫码开锁，而是通过手动测试轻易破解了单车的机械密码锁，在骑行过程中发生交通事故导致小高身亡。法院在审理中认为，共享单车公司及运营者未采取有效措施阻却不满12周岁的小高使用共享单车，对小高的死亡存在过错，应承担相应赔偿责任。[①] 若未满12周岁的未成年人使用家长手机扫码开锁后骑行共享单车发生交通事故，根据《中华人民共和国民法典》第二十六条和第一千一百八十九条的规定，父母作为法定监护人未履行好教育及保护义务，对于发生交通事故造成的损失，应当承担相应赔偿责任；共享单车公司及运营者不存在过错，不应承担赔偿责任。

---

① 《10岁男孩骑共享单车身亡，某共享单车出行平台一审被判赔6.7万余元》，载央视新闻微信公众号，2020年6月12日发布，2025年1月2日访问。

综上，审理此类案件时，应综合考虑骑行人、共享单车所有人、出租方及运营者所负义务以及对于交通事故的发生是否存在过错，是否对共享单车投保了意外保险等方面来认定承担赔偿责任的主体。本案承办法官在审理该案中，便是根据共享单车运营者对车辆投保的意外保险判令保险公司承担相应赔偿责任，同时根据《中华人民共和国民法典》的相关规定认定共享单车运营者对交通事故的发生不存在过错，不应承担赔偿责任，充分保障了各方当事人的合法权益。最后再次提醒大家，在享受共享单车带来便利的同时，应加强安全意识，出行时遵守交通规则，特别是家长要对未成年人加强安全教育，避免未满 12 周岁的未成年人骑车上路，从而确保自身和他人的安全。

编写人：山东省济宁市任城区人民法院　毛浩然

36

宣告死亡情形下意外伤害事故的认定

——许某等诉某保险公司人身保险合同案

【案件基本信息】

1. 裁判书字号

河南省洛阳市中级人民法院（2023）豫 03 民再 257 号民事判决书

2. 案由：人身保险合同纠纷

3. 当事人

原告（上诉人、再审申请人）：许某、苗甲、苗乙

被告（被上诉人、被申请人）：某保险公司

【基本案情】

苗甲系苗丙之父，许某系苗丙之妻，苗乙系苗丙之女。2016 年 9 月 7 日，

投保人某户外运动公司为被保险人苗丙在某保险公司投保了旅游人身意外伤害保险（保险金额 300000 元），保险期间 2016 年 9 月 8 日 0 时至 2016 年 9 月 29 日 0 时。该保单后附的《旅行人身意外伤害保险（2013 版）条款》第八条“保险责任”载明，“在本保险合同的保险期间内，被保险人在保单列明的承保区域内旅行期间遭受意外伤害，保险人按下列约定给付保险金。本保险合同所称意外伤害，指以外来的、突发的、非本意的和非疾病的客观事件为直接且单独的原因致使身体受到的伤害”。

2016 年 9 月 11 日，苗丙进入某景区游览，后疑进入保护区核心区（景区非开发区）失去消息。此后，苗丙确认失踪。2020 年 10 月 16 日，许某向河南省洛阳市老城区人民法院申请宣告苗丙死亡。2021 年 11 月 2 日，河南省洛阳市老城区人民法院作出民事判决宣告苗丙死亡。苗丙的家属因上述事实，向某保险公司提出索赔。2022 年 3 月 24 日，某保险公司出具《赔付意见函》，称无法正常赔付。许某、苗甲、苗乙因此提起本案诉讼，请求判令某保险公司向许某、苗甲、苗乙赔付保险金 300000 元、支付交通费 10000 元，并承担本案的诉讼费用。

【案件焦点】

案涉被保险人苗丙死亡的原因是否符合保险合同约定的保险人承担保险责任的条件，即苗丙的死亡是否属于“旅行期间遭受了意外伤害”。

【法院裁判要旨】

河南省洛阳市老城区人民法院经审理认为：案涉人身保险合同中，某保险公司承担保险责任的条件为，苗丙旅行期间遭受意外伤害。苗丙系因下落不明被宣告死亡，但许某、苗甲、苗乙提交的证据不足以证明苗丙系意外伤害导致下落不明，故其主张保险公司赔付保险金及交通费的诉讼请求，证据不足。

河南省洛阳市老城区人民法院依照《最高人民法院关于适用〈中华人民共和国民事诉讼法〉的解释》第九十条的规定，判决如下：

驳回许某、苗甲、苗乙的诉讼请求。

许某、苗甲、苗乙不服，提出上诉。

河南省洛阳市中级人民法院同意一审法院裁判意见，判决驳回上诉，维持原判。

许某、苗甲、苗乙不服，向河南省高级人民法院申请再审，河南省高级人民法院裁定指令河南省洛阳市中级人民法院再审。

河南省洛阳市中级人民法院经再审认为：（1）关于苗丙是否是在旅游期间失踪。根据本案证据材料，可以综合判定苗丙存在进入某景区旅游的事实。（2）关于苗丙的死亡是否属于意外事故。苗丙系因下落不明且符合宣告死亡条件的情况下被人民法院依法宣告死亡。宣告死亡是对自然人死亡在法律上的一种推定，该种推定会产生与生理死亡基本一致的法律效果。客观来讲，苗丙是否已经真的死亡，如果已经死亡，那么其是遭遇了外来的、突发的、非本意的和非疾病的客观事件，还是其他正常原因导致的死亡等，目前均无法查证。苗丙系因徒步旅游而下落不明，对于其下落不明的原因公安机关尚无法查清，此时，不管是让许某等人承担苗丙遭遇意外事故而死亡的举证责任，还是让某保险公司承担苗丙非意外事故而死亡的举证责任，都不符合实事求是的原则。由于苗丙的死亡是法律上的推定，因此苗丙到底是因意外事故还是其他非意外事故而死亡难以判定。《最高人民法院关于适用〈中华人民共和国保险法〉若干问题的解释（三）》第二十五条规定，被保险人的损失系由承保事故或者非承保事故、免责事由造成难以确定，当事人请求保险人给付保险金的，人民法院可以按照相应比例予以支持。因此，在苗丙的死亡原因无法查清时，也可以依照上述规定，酌定由保险人按照一定的比例支付保险金，综合本案实际情况，法院将某保险公司支付许某等人保险金的数额确定为总保险金额 300000 元的 50%，即 150000 元。

河南省洛阳市中级人民法院依照《中华人民共和国民事诉讼法》第二百一十八条、第一百七十七条第一款第二项之规定，经本院审判委员会讨论决定，判决如下：

一、撤销本院二审民事判决和河南省洛阳市老城区人民法院一审民事判决；

二、判令某保险公司在本判决生效之日起十日内支付许某、苗甲、苗乙保险金150000元；

三、驳回许某、苗甲、苗乙的其他诉讼请求。

【法官后语】

一、宣告死亡的法律后果

宣告死亡是人民法院依照法律规定的条件和程序，宣告下落不明的公民死亡的一种法律制度。宣告死亡制度的目的不在于保护死亡人的利益，而在于保护同其有利害关系的其他人的利益。宣告死亡与公民自然死亡产生基本相同的法律后果，如被宣告死亡人的民事权利能力终结、婚姻关系消灭、继承开始等。但死亡宣告判决只具有确认失踪人死亡，而非确定失踪人到底是自然死亡还是因意外事故死亡的功能。

二、保险法上的意外伤害事故

意外伤害保险也称伤害保险，是指被保险人在保险期间内因遭受意外事故而使身体受到伤害，或者因此致残、致死之时，保险人依照合同约定给付保险金的人身保险。① 在“风险社会”的大背景之下，人类所面临的外部风险日益多样、复杂和剧烈，意外伤害保险的存在和发展极大地满足了人们应对不测之外部风险的需要。《中华人民共和国保险法》（以下简称《保险法》）第九十五条也明确了意外伤害保险是我国人身保险的三大主要险种之一。不过，《保险法》并没有进一步对意外伤害保险作出具体规范，特别是没有对意外伤害事故的判断提供可操作性的标准。而在实务中，有关意外伤害保险的案件数量较多，且大多为是否构成意外伤害事故的纠纷。《保险法》对意外伤害事故的构成要素虽无明确规定，但实践中意外伤害事故的判断要素有三项：外来性、突发性和非自愿性。

三、意外伤害事故中举证责任的分配

（一）举证责任分配的一般规则

意外伤害事故举证责任的分配是意外伤害保险纠纷中的重要问题。按照举证责任分配的一般规则，意外伤害保险承保的对象是“意外伤害事故”所导致

① 温世扬主编：《保险法》，法律出版社2016年版，第220页。

的被保险人伤残、死亡，受益人如能证明意外伤害事故的存在以及意外伤害事故与伤害后果之间的因果关系，就可以向保险人请求保险金的赔付。因此，意外伤害事故的存在以及事故与损害之间的因果关系，是受益人权利发生的要件事实，一般应由作为原告的受益人承担举证责任。如前所述，意外伤害事故的判断要素为外来性、突发性和非自愿性，前两项要素应由受益人来举证证明，争议不大。但是关于非自愿性应由受益人还是保险人来证明，则存在不少争议。笔者认为，非自愿性应由保险人承担举证责任。

（二）举证责任的减轻：举证困难之应对

意外伤害保险的受益人基本上都是普通的保险消费者，其举证能力有限，且在受益人和被保险人不是同一人的情形下，事故发生时受益人很可能不在现场，既不清楚具体情形也无法保留相关证据。如果不区分情形一概要求受益人举证证明要达到法院能够形成合理确认的程度，那么意外伤害保险移转人身意外风险的制度目的将遭到极大减损。受益人的举证责任应当适当减轻。关于如何减轻举证责任，笔者认为，受益人只需负较低程度的证明责任即可，其仅需证明被保险人无导致其死亡、伤残的病史且于其死亡、伤残当时确有发生意外伤害致死或致残之可能性的客观环境或条件，即应认为其已尽其举证责任。

与此相应的是，保险人同样存在举证困难的情形。保险人想要成功举证证明被保险人故意促成保险事故发生，往往仍需被保险人财产和投保信息之外的其他资讯，但这些资讯通常难以为保险人所获得。为纾解保险人的举证困难，不应减轻其证明程度要求，否则可能对被保险人、受益人不利，而是应当赋予被保险人、受益人等利害相关人一定的说明、协助义务，从而间接减轻保险人的举证责任。

四、《最高人民法院关于适用〈中华人民共和国保险法〉若干问题的解释（三）》第二十五条的适用

近因原则为保险法的四大基本原则之一。在保险理赔实践中，也应该遵循近因原则，即只有“近因”为承保事故的，保险责任才可能成立。近因原则一直未在我国保险法中予以明确规定，但在保险司法实践中一直得到遵守和认同。

在理赔实践中，单一原因和损害结果之间的判断较为容易。如果该原因为承保事故，则保险责任成立；反之，则不成立。但如果一个损害结果的出现，是由多个原因造成的，每个原因均有可能导致损害结果的发生，则在该种多因一果的情形下，可依据《最高人民法院关于适用〈中华人民共和国保险法〉若干问题的解释（三）》第二十五条认定保险责任承担。从第二十五条规定内容来看，当损害结果系由承保事故或者非承保事故、免责事由造成难以确定时，人民法院应当根据三种情形各自原因力的大小认定保险人应当承担全部、部分或不承担责任。

本案中，被保险人在旅行中因下落不明被宣告死亡，其下落不明的原因公安机关尚无法查清，此时，不论是让受益人承担被保险人遭受意外事故而死亡的举证责任，还是让保险人承担被保险人非意外事故而死亡的举证责任，都不符合实事求是的原则。故此，在对损失原因难以确定的情形下，适用《最高人民法院关于适用〈中华人民共和国保险法〉若干问题的解释（三）》第二十五条，对受益人的诉求予以部分支持。

编写人：河南省洛阳市中级人民法院　毛迎春　王玉珂

37

被保险人心跳呼吸骤停致死，是否属于“点滴保”意外伤害保险中的意外伤害

——高某甲等诉某保险公司意外伤害保险合同案

【案件基本信息】

1. 裁判书字号

湖南省衡阳市中级人民法院（2023）湘 04 民终 1725 号民事判决书

2. 案由：意外伤害保险合同纠纷

3. 当事人

原告（被上诉人）：高某甲、高某乙、高丙

被告（上诉人）：某保险公司

【基本案情】

高某丁系某打车平台车主，其通过该打车平台向某保险公司投保了“点滴保·综合意外保障”保险。某保险公司自动扣划高某丁某打车平台账户中的资金收取保险费，并按照某打车平台接单数量生成一份保单，保期均为一年。该“点滴保·综合意外保障”页面截图显示：投保人、被保人姓名均为高某丁，保险费用为1元起/天，等待期无，投保年龄为出生28天至60周岁，相关协议为《保险条款》《投保须知》《责任免除》《重要告知》。截至2023年1月4日，高某丁投保的有效保单为278份，累计有效保额为957726元。2022年12月23日至2023年1月4日，高某丁在某打车平台正常出车。

高某丁于2023年1月5日清晨突感不适，同住家属高丙遂拨打了120急救电话。救护车到达现场后发现高某丁已无生命体征。医院出具的《居民死亡医学证明（推断）书》载明“死者姓名：高某丁，年龄：44岁，死亡原因：呼吸心跳骤停，死亡地点：家中”等内容。高某丁遗体于同日火化。高某甲、高某乙、高丙于2023年1月10日向某保险公司申请理赔，某保险公司认为高某丁系猝死，根据《某保险公司意外伤害保险条款》第2.2条责任免除条款之规定，被保险人因疾病（包括但不限于高原反应、中暑、猝死）等原因而身故或残疾的，保险人不承担给付保险金责任，某保险公司拒绝承担保险责任。因协商未果，高某甲、高某乙、高丙遂诉至法院。

另查明，高某丁与曾某某于2022年3月21日办理了离婚手续。高某丁未指定保险受益人，故其法定继承人为父亲高某甲、母亲高某乙、女儿高丙。

【案件焦点】

高某丁的死亡是否属于“点滴保”意外伤害保险合同的理赔范围。

【法院裁判要旨】

湖南省衡阳市雁峰区人民法院经审理认为：高某丁向某保险公司投保“点滴保 · 综合意外保障”保险产品，某保险公司每日按照某打车平台接单数量在高某丁的账户扣划保险费，双方成立保险合同关系。根据《中华人民共和国保险法》第十七条之规定，订立保险合同，采用保险人提供的格式条款……保险人应当向投保人说明合同的内容。对于保险合同中免除保险人责任的条款，保险人在订立合同时应当在投保单、保险单或者其他保险凭证上作出足以引起投保人注意的提示，并对该条款的内容以书面或者口头形式向投保人作出明确说明；未作提示或者明确说明的，该条款不产生效力。本案中，高某丁系使用个人手机通过某打车平台投保“点滴保 · 综合意外保障”保险，某保险公司未提供证据证实其对保险合同中免除保险人责任的条款履行了提示和说明义务，故保险合同中的免责条款不发生效力。本案诉争的保险为“点滴保 · 综合意外保障”保险，双方对“意外”的理解出现了争议。某保险公司认为，保险条款中的“意外”应指意外伤害，本案证据不足以证明高某丁死于意外，不符合意外险的赔偿责任范围；原告认为，高某丁的死亡系突发的、非本意性、非疾病所致，符合普通人理解的“意外”，符合意外险的赔偿责任范围。根据《中华人民共和国保险法》第三十条之规定，采用保险人提供的格式条款订立的保险合同，保险人与投保人、被保险人或者受益人对合同条款有争议的，应当按照通常理解予以解释。对合同条款有两种以上解释的，人民法院或者仲裁机构应当作出有利于被保险人和受益人的解释。因此，对“意外”的理解应作出有利于被保险人和受益人的解释，法院据此认定高某丁的意外死亡符合案涉保险的赔偿责任范围。高某丁生前处于离异状态，与年迈的父母、刚成年的女儿同住。高某甲、高某乙、高丙作为第一顺序法定继承人主张权利，于法有据，法院予以支持。

湖南省衡阳市雁峰区人民法院依照《中华人民共和国保险法》第十条、第十四条、第十七条、第三十条，《中华人民共和国民事诉讼法》第六十七条第一款之规定，判决如下：

被告某保险公司于本判决生效之日起五日内向原告高某甲、高某乙、高丙支付保险金957726元。

某保险公司不服一审判决，提出上诉。

湖南省衡阳市中级人民法院同意一审法院裁判意见，判决驳回上诉、维持原判。

【法官后语】

本案是一起投保人和被保险人为某打车平台司机的“点滴保”意外伤害保险合同纠纷，争议焦点在于被保险人心跳呼吸骤停致死，是否属于“点滴保”意外伤害保险中的意外伤害，能否获得保险赔偿。

对于何谓“意外”，《中华人民共和国保险法》未作明确限定，实务中多是通过保险条款来加以界定。如大多数意外伤害保险合同中均明确约定，意外伤害是指外来的、突发的、非本意的、非疾病的客观事件直接使身体受到伤害的客观事实。但是这一关于意外伤害的定义，并不能消除保险理赔实践中关于“意外”的争议。实践中，被保险人死亡，医院出具的死亡证明书中载明其死亡原因为心跳呼吸骤停，被保险人的继承人要求保险公司承担保险责任，而保险公司往往会以被保险人的死亡并非意外伤害而拒绝理赔。

对心跳呼吸骤停致死是否属于意外伤害的认识、举证责任分配、处理结果，司法实践中存在不同看法。主要有两种意见：一是认为心跳呼吸骤停致死，排除了是外力作用而致死的情形，不属于意外伤害。索赔方应提供充分的证据证明被保险人的死亡属于保险事故，即证明被保险人的死亡系外力所致。若索赔方不能尽到举证责任，则法院认定被保险人的死亡不是意外伤害所致，不属于涉案保险合同约定的责任范围，进而驳回索赔方的诉讼请求。二是认为心跳呼吸骤停可分原发、继发两类，原发是指由心、肺器官本身患有疾病所致；继发是指受外力影响导致心跳、呼吸骤停。如果医院出具的死亡证明书中载明死亡原因系心跳呼吸骤停，但并未确认系因自身潜在的自然疾病引起，则不能排除系意外导致死亡。索赔方承担初步证明责任后，如果保险公司主张被保险人的死亡不是意外伤害所致，则应由保险公司承担举证责任，若保险公司未能尽到举证责任，则保险人应承担保险责任，进而支持索赔方的赔偿请求。

笔者赞同第二种意见，本案的处理亦是采用第二种处理意见。理由如下：

1. 关于意外伤害险中“意外”的认定。实践中主要是从外来性、突发性、非自愿性三个方面来判断。外来性，是指意外事故的原因必须存在于被保险人之外，而非内在于身体过程。外来性要素的要求排除了自身疾病等内在原因导致健康受损的情形，内在地包含了非疾病性这一要素。但是要注意外来性不等同于外伤性。突发性，是指事故快速发生且出乎被保险人所预期及所能预见范围，其重在强调事故的不能预料、不能控制。非自愿性，是指损害的发生并非基于被保险人的故意。投保人故意引发的风险事故或扩大损害后果均为道德风险，保险人不予赔偿。本案中，被保险人的心跳呼吸骤停系突然发生，不能预料、无法控制。在案证据亦无法证明心跳呼吸骤停系被保险人的自身疾病所致。因此被保险人心跳呼吸骤停符合意外伤害的外来性、突发性、非自愿性三个要素。

2. 关于涉案保险事故举证责任的分配。《中华人民共和国保险法》第二十二条第一款规定：“保险事故发生后，按照保险合同请求保险人赔偿或者给付保险金时，投保人、被保险人或者受益人应当向保险人提供其所能提供的与确认保险事故的性质、原因、损失程度等有关的证明和资料。”可见，《中华人民共和国保险法》对投保人、被保险人或者受益人承担的举证责任要求仅是“所能提供的”，并非绝对的证明责任。在保险法律关系中，索赔方相对于保险人处于明显的弱势地位，其举证能力和保险人相比也存在明显差距。索赔方提供了其客观上能够提供的材料，完成了力所能及的初步的证明义务后，若保险人主张免除保险责任，则其应当对投保人、被保险人或者受益人的保险赔偿请求权受到妨碍的事实承担证明责任，即举证责任转移至保险人一方。这也符合举证责任分配的公平原则。本案中，被保险人系网约车司机，索赔方提交了其所能提供的保单、死亡医学证明书等与确认保险事故的性质、原因、损失程度等有关的证明和资料，其已经尽到初步证明责任。保险公司主张被保险人系猝死，并拒绝理赔，其应对被保险人的死因不属于“意外伤害”负有举证责任。关于猝死，《法医学辞典》[①]《协和医学词典》[②] 均认为猝死系因病死亡。本案中，保险公司并未能提供足够、有效的证据对被保险人系疾病导致的心跳呼吸骤停予以举证证明，因此法院对保险公司的主张不予支持。

3. 关于保险条款的争议处理。当保险当事人因对保险合同的用语理解不同而发生争议时，可以采用文义解释、意图解释、有利于被保险人和受益人的解释、专业解释、补充解释等解释原则，对保险合同的内容或文字的含义予以确定或说明。《中华人民共和国保险法》第三十条明确规定了有利于被保险人和受益人的解释原则。由于采用保险人提供的格式条款订立的保险合同是格式合同，投保人只能对已经拟定好的条款作出接受或者不接受的意思表示，加之保险合同所使用的保险术语、法律术语或者其他专业术语并不是一般人能够完全理解的，因此为了避免保险人利用其有利地位侵害投保人的利益，保险法规定了适用这一原则来解决保险合同当事人之间的争议。本案中的索赔方与保险人对意外伤害保险合同中意外的理解不同发生了争议。法院根据《中华人民共和国保险法》第三十条有利于被保险人和受益人的解释原则，对“意外”的理解作出了有利于被保险人和受益人的解释，即认定被保险人的死亡系突发的、非本意性、非疾病所致，符合普通人理解的“意外”，属于案涉保险的赔偿责任范围。

编写人：湖南省衡阳市中级人民法院　王娟

---

① 官大威主编：《法医学辞典》，化学工业出版社2009年版，第54页。《法医学辞典》对猝死的解释：外表似乎健康的人因内在的病变而发生急速的、意外的死亡。

② 罗慰慈主编：《协和医学词典》，北京医科大学、中国协和医科大学联合出版社1998年版，第92页。《协和医学词典》对猝死的解释：非暴力、突然的病理性死亡。

38

不能以施工人员未被认定为工伤而排除其建筑工程团体意外伤害险被保险人地位

——冉甲诉某保险公司保险合同案

【案件基本信息】

1. 裁判书字号

重庆市第四中级人民法院（2022）渝04民终1214号民事判决书

2. 案由：保险合同纠纷

3. 当事人

原告（上诉人）：冉甲

被告（被上诉人）：某保险公司

【基本案情】

某建设（集团）公司系“××项目二期”工程的总承包方，其于2021年1月13日就该工程向被告某保险公司投保了建筑工程团体意外伤害险。某建设（集团）公司投保的保险单载明的被保险人名称为各承包商及其分包商在建筑工程施工现场从事管理和作业，并与施工企业建立各类劳动关系的人员，以及经保险人同意并在保险单中载明的其他人员，扩展条款约定被保险人在保险期间不固定，以出险时存在事实上的劳务关系为原则，施工人员发生意外事故进行赔偿时，可提供劳动合同或提供与投保单位及同投保单位在本项目有合约或管理关系的单位工资发生证明或派工记录、打卡记录等作为劳资证明文件；意外伤害身故和残疾保险金额为600000元/人，意外伤害医疗保险金额为30000元/人，十级伤残的残疾保险金给付比例为10%，医疗费用每次事故绝对免赔

100 元，剩余部分 100%赔付。

某建设（集团）公司将涉案工程中的土建工程劳务分包给某建筑劳务公司，某建筑劳务公司又将该项目工程 1—5 号楼及相邻车库、裙房工程的模板分项工程劳务分包给自然人王甲。冉甲系木工，受王甲的雇请在涉案工地工作。2021 年 7 月 24 日 6 时 30 分许，冉甲在该项目工地 3 号楼 3 楼前往负层捆绑铝模材料的过程中不慎崴伤左脚，2021 年 9 月 29 日，人力资源和社会保障局作出 171 号认定工伤决定书，认定原告受到的伤害属于工伤；2021 年 12 月 24 日，劳动能力等级鉴定委员会作出鉴定结论书，认定冉甲伤残十级，无生活自理障碍。冉甲于 2022 年 1 月 11 日向某保险公司申请理赔，该分公司于 2022 年 3 月 29 日作出《拒赔通知书》，以冉甲由违法分包人王甲雇请，不属于被告某保险公司的保险责任范围为由，拒绝向冉甲进行赔偿，冉甲据此提起诉讼。

【案件焦点】

实际施工人是否属于建筑工程团体意外伤害险的被保险人的认定。

【法院裁判要旨】

重庆市石柱土家族自治县人民法院经审理认为：某建设（集团）公司投保的建筑工程团体意外伤害险的保险单载明的被保险人名称为各承包商及其分包商在建筑工程施工现场从事管理和作业，并与施工企业建立各类劳动关系的人员……该约定系关于保险范围的约定，合法有效，对保险合同各方当事人均具有约束力。根据该约定，冉甲成为涉案保险被保险人的前提条件是与某建设（集团）公司及其分包商建立了合法劳动关系或劳务关系。根据认定工伤决定书查明的事实可知，某建筑劳务公司作为分包商将工程违法分包给不具备建工主体资格的自然人王甲，冉甲受王甲的雇请在涉案工地工作，其与某建筑劳务公司不存在管理与被管理的关系，双方之间不构成形式上或者实质上的劳动关系或劳务关系。据此，冉甲既没有提供充分有效的证据证明与某建设（集团）公司及其分包商建立了合法劳动关系或劳务关系，也没有提供足以推翻认定工伤决定书的证据，故不能认定原告冉甲是本案保险的被保险人，冉甲不享有保险金请求权。

重庆市石柱土家族自治县人民法院根据《中华人民共和国保险法》第十条，《中华人民共和国民事诉讼法》第六十七条第一款、第一百四十七条，《最高人民法院关于适用〈中华人民共和国民事诉讼法〉的解释》第九十条的规定，判决如下：

驳回冉甲的诉讼请求。

冉甲不服一审判决，提起上诉。

重庆市第四中级人民法院经审理认为：不能以工伤保险认定就简单地排除冉甲属于涉案保险合同的被保险人，因双方对保险合同中被保险人的范围理解不一致，冉甲认为，涉案合同中载明的劳动或劳务关系并非劳动法上的劳动或劳务关系，而是指实际施工事实、事实用工关系，且保险公司明知该类情形大量存在但未作任何提示，故不应排除。某保险公司则认为，此处的劳动和劳务关系就是劳动法上的关系，且保险公司不保护法律禁止的违法分包行为。应当结合保险种类、通常理解对保险条款进行解释，根据冉甲提出的与相关企业存在一定关联性的证据，认定冉甲与某建筑劳务公司之间的关系包含在“各类劳动或事实上的劳务关系”之中，据此，改判支持冉甲的诉讼请求。

重庆市第四中级人民法院依照《中华人民共和国保险法》第十条、第十二条、第三十条，《中华人民共和国民事诉讼法》第六十七条第一款、第一百七十七条第一款第二项的规定，判决如下：

一、撤销重庆市石柱土家族自治县人民法院一审民事判决；

二、某保险公司在本判决生效之日起 30 日内向冉甲支付意外伤害残疾保险金 60000 元及意外伤害医疗保险金 9553.14 元。

三、驳回冉甲的其他诉讼请求。

【法官后语】

本案中，有两个关键事实：一是保险合同约定的被保险人为“各类劳动关系或事实上的劳务关系”；二是冉甲与某建筑劳务公司不存在典型的劳动法意义上的劳动关系。同时，根据相关事实可以确定，冉甲在一定程度上受某建筑劳务公司制度的管理，比如他在施工过程中必须遵守公司的相关规定，另外某建筑劳务公司向其发放过1—2次劳动报酬。也即，在本案中，根据工伤认定，冉甲并未直接与某建筑劳务公司建立劳动关系，但是对于能否就此认定其不属于保险合同约定的“各类劳动关系或事实上的劳务关系”，该条款是否需要进一步解释。

一、保险合同条款解释的基本路径

根据《中华人民共和国民法典》第四百六十六条第一款之规定，当事人对合同条款的理解有争议的，应当依据本法第一百四十二条第一款的规定，确定争议条款的含义。《中华人民共和国民法典》第一百四十二条第一款规定，有相对人的意思表示的解释，应当按照所使用的词句，结合相关条款、行为的性质和目的、习惯以及诚信原则，确定意思表示的含义。

合同解释方法规范，解释结论才能统一。“如果在解释方法的问题上达成基本一致，那么这种一致很明显将使检验、监督以及关于法律适用结果的讨论更加容易。”①因此，首先，应以文义解释确定文义的核心属性；其次，通过体系解释进一步明确模糊文义的法律意义；最后，运用目的解释进行审查。按照《中华人民共和国民法典》第一百四十二条的规定，对合同条款的解释主要是：所使用的词句，结合相关条款、行为的性质和目的，习惯以及诚信原则。归纳起来，一是文义解释，二是目的解释，三是原则解释。同时，需要注意的是，保险合同条款解释具有特殊性，因为该合同通常是格式合同，根据《中华人民共和国民法典》第四百九十八条之规定，对格式条款的理解发生争议的，应当按照通常理解予以解释。对格式条款有两种以上解释的，应当作出不利于提供格式条款一方的解释。《中华人民共和国保险法》第三十条规定，采用保险人提供的格式条款订立的保险合同，保险人与投保人、被保险人或者受益人对合同条款有争议的，应当按照通常理解予以解释。对合同条款有两种以上解释的，人民法院或者仲裁机构应当作出有利于被保险人和受益人的解释，本文将此称

① ［德］伯恩·魏德士：《法理学》，丁小春、吴越译，法律出版社2003年版，第314页。

为有利解释原则。

因法律规定“作出有利于被保险人和受益人的解释”，故保险合同的解释具有特殊性。同时从语言的自有属性来看，任何语言表述均可得到多重解释，如果仅仅根据“作出有利于被保险人和受益人的解释”，那么对保险人是不公平的。若在文义上不存在一般人认为的模糊性，则不应当继续解释。如《最高人民法院关于适用〈中华人民共和国保险法〉若干问题的解释（二）》（2020年修正）第十七条规定，保险人在其提供的保险合同格式条款中对非保险术语所作的解释符合专业意义，或者虽不符合专业意义，但有利于投保人、被保险人或者受益人的，人民法院应予认可。也即，如果该术语是一个规范性术语，则应当根据该术语内涵作出解释。因此，对保险合同条款的解释路径应当是：其一，文义是否具有可解释性，法律应当尊重专业术语、约定俗成的语言表达以及普遍性认知，解释的结果不能超越文义的基本含义；其二，如果文义存在模糊性，则比较解释的理论基础是否具有利益位阶；其三，如果两种解释的目的难以比较，则运用保险合同中的有利解释原则确定文义。

二、“各类劳动关系或事实上的劳务关系”的解释前提

依循以上保险合同条款的解释路径，首先需要考察本案中的争议条款“各类劳动关系或事实上的劳务关系”是否存在语言的模糊性。在《中华人民共和国劳动法》《中华人民共和国劳动合同法》中并未对“劳动关系”或“劳务关系”作出直接定义，按照《中华人民共和国劳动合同法》第七条的规定，用人单位自用工之日起即与劳动者建立劳动关系。用人单位应当建立职工名册备查。按照通说，劳动关系是个人通过接受用人单位的管理、指示、安排进行劳动，并获得报酬的社会关系。“认定劳动关系时，用工事实是劳动关系的实质要件，它决定着劳动关系的本质，也决定了形式标志，决定了何种现象和事实可以成为认定劳动关系的形式标志。”[①] 从具体的判断标准来看，主要基于人身从属性以及财产从属性，人身从属性表现在：（1）受用人单位规章制度的约束；（2）服

① 最高人民法院民事审判第一庭编著：《最高人民法院新劳动争议司法解释（一）理解与适用》，人民法院出版社2021年版，第35页。

从用人单位的指挥管理；(3) 接受用人单位的检查考核；(4) 用人单位有权决定奖惩。财产从属性表现在：(1) 生产组织体系属于雇主所有；(2) 生产工具或器械属于雇主所有；(3) 原料由雇主供应；(4) 责任与危险由雇主承担。[①] 但是，在具体实践中，关于如何判断劳动关系，还存在不同意见，如“双重劳动关系”“新业态用工模式下的事实劳动关系”“事实劳动关系”“退休人员劳动关系”等。

劳务关系是指提供劳务一方为接受劳务一方提供劳务服务，由接受劳务一方按照约定支付报酬而建立的一种民事权利义务关系。劳务关系不同于劳动关系，主要表现在：(1) 调整法律不同；(2) 主体不同；(3) 劳务关系双方不存在隶属关系，劳动关系中的用人单位与员工之间存在隶属关系；(4) 接受劳务一方可以不承担提供劳务一方的社会保险，劳动关系中的用人单位必须按照相关规定为职工购买社会保险；(5) 接受劳务的一方有权中断劳务关系，用人单位对职员违反用人单位劳动纪律和规章制度等行为，有权依法进行处理；(6) 劳务关系中，报酬完全由双方当事人协商确定，劳动关系中，用人单位对职工有工资、奖金等方面的分配权利。不过，如何界定个人之间形成的劳务关系，还需要根据具体情况来判断。

“各类劳动关系或事实上的劳务关系”并非一个规范性概念，从冉甲与某保险公司各自的观点来看，冉甲举证某建设（集团）公司给其发放过工资、其必须遵守某建筑劳务公司的规章制度，以此证明其与某建筑劳务公司或某建设（集团）公司具有一定的从属性关系，因而属于合同约定中的“各类劳动关系或事实上的劳务关系”。某保险公司则认为，该从属性并未达到“各类劳动关系或事实上的劳务关系”的程度，比如冉甲未直接被某建筑劳务公司聘请，某建筑劳务公司并不直接对其进行指派。以上说明的是，“劳动关系”“劳务关系”这一组概念在司法实践中尚不能证明内涵与外延是明确的，笔者认为，在当前阶段，我们归纳出的“劳动关系”“劳务关系”只能认为是“典型的劳动

① 最高人民法院中国应用法学研究所编：《人民法院案例选》（总第 153 辑），人民法院出版社 2021 年版，第 84 页。

或劳务关系”，而本案中“各类劳动关系或事实上的劳务关系”的意义到底为何，更难以确定。因此，对于该争议条款，一定存在语言上的模糊性，具有解释的必要。

三、“各类劳动关系或事实上的劳务关系”的解释路径

争议双方对“各类劳动关系或事实上的劳务关系”作出了各自的理解，冉甲认为：涉案合同中载明的劳动关系或劳务关系并非劳动法上的劳动关系或劳务关系，而是指实际施工事实、事实用工关系，且保险公司明知该情形大量存在，却不作任何提示，故不应排除。某保险公司则认为，此处的劳动和劳务关系就是劳动法上的关系，且保险公司不保护法律禁止的违法分包行为。根据保险合同条款的解释路径，以上解释主要采用了文义解释以及违反性解释。冉甲首先从文义上认为此处的“各类劳动关系或事实上的劳务关系”不是指严格或典型意义上的劳动或劳务关系，另外，冉甲还认为如果采用典型意义上的解释，则保险公司违背了诚实信用原则。保险公司以典型意义的文义解释为准，且认为如果支持保险利益，则违反了法律的禁止性规定。

无论是保险公司还是冉甲，运用违反性规则支持自己主张的理由均是不充分的。因为，在本案中，保险公司是否违背诚实信用原则无法确定，也没有更多证据表明保险公司故意将冉甲可能作为被保险人的身份排除在外。保险公司所提出的不保护法律禁止的违法分包行为，应当说作为民事合同行为，关键还在于在保险合同是否对此进行了约定，而违法分包属于公法调整范畴，与保险公司之间的私法关系具有显著区别，也即保险公司不能以此作为严格解释的理由。双方在文义上对“各类劳动关系或事实上的劳务关系”之解释，笔者认为只是平意解释，缺乏理论基础的支撑，在争议双方未能提供明确的解释方法之下，裁判者必须作出解释，且不能仅仅根据有利原则直接采纳被保险人的解释。

从建筑工程团体意外伤害险出发理解，该险种就是为了保障建筑工程具体施工人的合法权益，2015 年 1 月 29 日《中国保监会关于促进团体保险健康发展有关问题的通知》第三条第一款第二项明确，“投保时因客观原因无法确定被保险人，或承保后被保险人变动频繁，但是可以通过客观条件明确区分被保

险人的团体保险，如建筑工程意外险、乘客意外伤害保险和游客意外伤害保险等”，投保人并无应提供被保险人名单的要求。按照通常理解，建筑工程团体意外伤害险的被保险人就是从事该建筑工程的具体施工人员，冉甲作为涉案工程的具体施工人员，认为自己与某建筑劳务公司属于“各类劳动关系”对冉甲而言，是极为正常的理解方式。但是如果保险合同约定被保险人是“劳动关系或劳务关系”，那么即使建筑工程团体意外伤害险立法目的在于保护参与建筑施工的具体人员，也无法将冉甲纳入该范围之中。如果具体条款是“劳动关系或劳务关系”，那么合同相对方是否会提出异议进行磋商，笔者认为，至少存在该种可能性。

另外，从本质上讲，冉甲与某建筑劳务公司不是典型的劳动关系或劳务关系，但是某建筑劳务公司给冉甲发放过部分工资，以及冉甲必须遵守某建筑劳务公司关于建筑施工中的制度规定。在劳动关系与劳务关系的判断中，存在中间模糊地带，比如在该情形下，我们可以将冉甲与某建筑劳务公司的关系界定为较弱的劳动关系，保险合同约定中的“各类劳动关系或事实上的劳务关系”是否包括此类情况是不明了的。另外，冉甲与某建筑劳务公司之间的关系应当是典型的法律拟制的劳动关系，所谓的“拟制劳动关系”本质上是一种事实劳动关系。之所以称为“拟制劳动关系”，是因为当前民事法学过于拘泥于“劳动关系和劳务关系”的区别，将一些本该属于事实劳动关系的情形（如转包关系和挂靠关系）归类为劳务关系，导致一些本来应由劳动法规范的法律关系推到一般民事关系中处理。[①] 那么，法律拟制的劳动关系是否属于合同约定中的“各类劳动关系或事实上的劳务关系”？从“各类劳动关系”的文义理解来看，其并未超出文义射程，“各类劳动关系”包含拟制的劳动关系与实定的劳动关系，这一论断也具有相当合理性。

综上，在对保险合同条款进行解释时，需要遵循文义解释、目的解释、违反性判断的方法，当双方对“各种劳动关系或事实上的劳务关系”的理解存在争议时，应结合建筑工程团体意外伤害险的保险目的、格式条款的

① 载《民事法律文件解读》，人民法院出版社 2014 年版，第 7 页。

一般义务等对该条款作出通常解释，一般应将实际施工人员纳入被保险人范围。

编写人：重庆市第四中级人民法院　李皓轩

39

保险人提示说明义务范围不应局限于免责条款

——汪某诉某人寿保险公司北京分公司意外伤害保险合同案

【案件基本信息】

1. 裁判书字号

北京金融法院（2023）京 74 民终 1779 号民事判决书

2. 案由：意外伤害保险合同纠纷

3. 当事人

原告（被上诉人）：汪某

被告（上诉人）：某人寿保险公司北京分公司

【基本案情】

2018 年 9 月 10 日，汪某通过电话途径投保了某生命综合交通意外伤害保险。《某生命综合交通意外伤害保险（2013 版）条款》第二章第五条“保障项目”就私家车人身意外保障事项，即被保险人以乘客身份乘坐或为驾驶员驾驶私家车时遭受意外伤害事故的情形进行了约定。第六条“保险责任”脚注就私家车人身意外保障中的私家车作出了释义，私家车指私人生活用车，即个人或家庭所有并用于非经营的小型、微型载客汽车，应同时具备以下三个条件：(1) 车辆所有权为个人或家庭所有，以任何法人、其他组织名义购买的车辆均不在本范围内；(2) 车辆用途为无盈利的、非经营的、方便日常生活的代步工具；（3）车型仅限于《机动车驾驶证申领和使用规定》附件一《准驾车型及代号》中“准驾车型”为“小型汽车”代号为“C1”中的“小型、微型载客汽车”。

保险期间，汪某驾驶摩托车失误，撞到路边水泥柱导致伤残，经鉴定其伤残程度属于五级。2021年11月11日，汪某向某人寿保险公司北京分公司提交人身保险理赔申请单一份，就其在上述事故中遭受的意外伤害申请理赔。某人寿保险公司北京分公司认为本次意外事故中所驾驶的普通二轮摩托车不属于保险条款约定的私家车，不同意理赔。

【案件焦点】

针对“二轮摩托车不属于案涉保险合同约定的私家车范畴，不属于保险范围”，保险人应否履行提示说明义务。

【法院裁判要旨】

北京市海淀区人民法院经审理认为：本案中，诉争保险合同系采用格式条款订立，某人寿保险公司北京分公司作为格式条款的提供方，其提交的条款文本对有关“私家车”释义条款的内容并未采取较大字号、特殊字体、加黑加粗等方式使投保人能够轻松识别；在委托第三方通过电话方式与汪某订立合同的过程中，第三方销售人员亦未向汪某提供格式条款并对条款中有关“私家车”的概念及登记权属、车辆用途、车辆型号限制等可能影响投保人合同目的实现的重要事项向其进行说明；在合同订立后，某人寿保险公司北京分公司亦未及时向汪某送达保险单、保险条款等保险凭证并进一步对格式条款进行说明，确保汪某理解和接受保险责任的内涵与外延。从上述情形看，某人寿保险公司北京分公司就争议“私家车”释义条款显然未妥善履行提示和说明义务。根据《中华人民共和国民法典》第四百九十六条第二款的规定，对于与对方有重大利害关系的格式条款，保险人未履行提示和说明义务的，投保人作为合同相对方，可以主张该条款不成为合同内容。保险人通过脚注对“私家车”的概念进行解释，作为确定保险权利义务的重要依据，直接关系到保险人合同义务的承担及投保人合同目的的实现，与投保人及被保险人均有重大利害关系。现某人寿保险公司北京分公司作为格式条款的提供人，未就该条款向汪某履行提示和说明义务，汪某关于该条款不成为合同内容的相应诉讼主张，于法有据。

北京市海淀区人民法院依据《中华人民共和国民法典》第四百九十六条，《中华人民共和国保险法》第十三条、第十四条、第十七条，《最高人民法院关于适用〈中华人民共和国民法典〉时间效力的若干规定》第九条，《最高人民法院关于适用〈中华人民共和国保险法〉若干问题的解释（二）》第十一条、第十二条、第十三条，《中华人民共和国民事诉讼法》第六十七条第一款，《最高人民法院关于适用〈中华人民共和国民事诉讼法〉的解释》第九十条之规定，判决如下：

某人寿保险公司北京分公司于判决生效之日起十日内给付汪某私家车意外伤残保险金 180000 元。

某人寿保险公司北京分公司不服一审判决，提出上诉。

北京金融法院经审理认为：关于提示和说明义务的履行问题，根据《中华人民共和国保险法》第十七条的规定：订立保险合同，采用保险人提供的格式条款的，保险人向投保人提供的投保单应当附格式条款，保险人应当向投保人说明合同的内容。《银行保险机构消费者权益保护管理办法》第二十一条规定："银行保险机构应当保障消费者的知情权，使用通俗易懂的语言和有利于消费者接收、理解的方式进行产品和服务信息披露。对产品和服务信息的专业术语进行解释说明，及时、真实、准确揭示风险。"《人身保险产品信息披露管理办法》第十三条规定："订立保险合同，采用保险公司提供的格式条款的，保险公司向投保人提供的投保单应当附格式条款及条款查询方式，保险公司应当通过适当方式向投保人说明保险合同的内容，并重点提示格式条款中与投保人有重大利害关系的条款。"本案中，汪某通过电话途径投保某生命综合交通意外伤害保险，从保险名称本身看，综合交通意外伤害保险应涵盖交通意外伤害，应包括摩托车作为交通工具的情况。根据上述《银行保险机构消费者权益保护管理办法》第二十一条与《人身保险产品信息披露管理办法》第十三条的规定，某人寿保险公司北京分公司应当保障消费者的知情权，将保险合同的内容告知汪某。同时，某人寿保险公司北京分公司作为格式条款的提供方，有义务对合同中的格式条款进行具体说明。但在委托第三方通过电话方式与汪某订立合同的过程中，第三方销售人员亦未向汪某提供格式条款并对条款中有关“私家车”的概念及登记权属、车辆用途、车辆型号限制等可能影响投保人合同目的的实现的重要事项向其进行说明。某人寿保险公司北京分公司在二审期间提交的邮寄证据并未显示相关送达地址系汪某所预留，亦未提供证据证明汪某本人签收了相关邮件。故一审法院依法认定某人寿保险公司北京分公司就争议“私家车”释义条款显然未妥善履行说明义务，并无不当，法院予以支持。根据《中华人民共和国民法典》第四百九十六条第二款的规定，对于与对方有重大利害关系的格式条款，保险人未履行提示和说明义务的，投保人作为合同相对方，可以主张该条款不成为合同内容。本案中，“私家车”的范畴直接关系到保险人合同义务的承担及投保人合同目的的实现，与投保人及被保险人均有重大利害关系。现某人寿保险公司北京分公司作为格式条款的提供人，未就该条款向汪某履行提示和说明义务，汪某关于该条款不成为合同内容的相应诉讼主张，于法有据。

北京金融法院依照《中华人民共和国民事诉讼法》第一百七十七条第一款第一项之规定，作出如下判决：

驳回上诉，维持原判。

【法官后语】

保险合同是典型的格式条款合同，为了保护合同相对人的合法利益，促进保险市场健康平稳发展，《中华人民共和国保险法》第十七条规定了保险人对格式条款的提示说明义务。《中华人民共和国民法典》第四百九十六条对格式条款进一步规制，规定格式条款提供方履行主动提示和被动说明义务的条款范围是“免除或者减轻其责任等与对方有重大利害关系的条款”，借鉴了《中华人民共和国消费者权益保护法》第二十六条第一款的规定，《中华人民共和国消费者权益保护法》是特别法，体现了对消费者即相对弱势群体的保护。

实践中，产生争议的核心问题经常会演变为：如何确定“与对方有重大利害关系的条款”范围。《中华人民共和国民法典》第四百七十条规定了合同一般包括的条款，一般认为，该条列举的标的、数量、质量、价款或者报酬、履行期限、地点和方式、违约责任、解决争议的方法等条款均属于与对方有重大利害关系的条款。具体到保险合同而言，保险金额、保险期间、保险事故通知、保险金的申请和支付、保险责任与解除合同的约定等，都可能成为“与对方有重大利害关系的条款”。

当然，若一味强调保险人的提示说明义务，无限扩大解释“与对方有重大利害关系的条款”，将会对保险人提出过高的要求，不能很好地均衡保险人和投保人之间的利益。这将会导致保险人的败诉风险升高。保险人出于营利目的，加之以保险人承担责任为目标的裁判导向，保险人则趋于不履行义务而选择承担败诉的代价，较高的义务要求并不会促使其积极地履行义务，反而会使其规避该义务，提示与说明义务的履行不免流于形式。所以平衡好保险人与投保人之间的利益、找到平衡点至关重要。

从理论分析角度看，维尔伯格的动态系统论①可以综合平衡各方利益，协调好保险人与投保人之间的权利、义务和利益，保证保险行业能正常运行。根据动态系统论的理念指导，法律制度构建的相关决定因素应在明确具体的价值判断基础之上确定，裁判者的判断也应在考量各个因素权重及其相互作用的基础上作出。动态系统论作为一种方法论，讲究的是以多元理念、结合数个因子，对法律制度的目的和价值加以阐释，从而得出最为妥当的问题解决方案。

在保险人提示说明义务履行过程中，可根据案情分解为多个要素。各个要素并非孤立存在，而是存在交互性与互补性，对一方利益的过度保护会更多地限制他方的行为自由。因此，需要对订立保险合同条款的生效基础进行分析并

---

① 维尔伯格在比较法的基础上提出了动态系统论的思想，其基本观点是：调整特定领域法律关系的法律规范包含诸多构成因素，但在具体的法律关系中，相应规范所需因素的数量和强度有所不同。参见王利明：《民法典人格权编中动态系统论的采纳与运用》，载《法学家》2020年第4期。

完善相关规则，以恢复缔约各方的利益平衡，体现法律对公平价值的维护。相较于立法上对影响利益分配各相关因素的列举，强调司法过程中裁判者对各种冲突利益的动态平衡才是动态系统论真正的精髓。因此在个案裁判过程中，要具体分析特定保险条款对各方当事人的影响、保险合同双方的信息差、保险条款的专业程度等多元要素，综合判断该条款是否足以影响投保人作出决策、投保人实现投保目的，进而判断该条款是否与投保人有重大利害关系。

从各国（地区）立法看，保险人的说明范围并没有仅限于格式条款内容甚至于免责条款，对于保险产品的其他重要事项，特别是对于合同缔结有重要影响的事项，一般都要求进行披露或说明。日本法上对保险人说明义务方面的规制皆采用“重要事项”标准，这从《消费者契约法》《金融商品销售法》及《保险业法》中可见一斑。何为重要事项？日本《消费者契约法》第4条第4项将其定义为“影响一般消费者做出是否缔约的决定”的事项。《保险业法》第100条第2项将其定义为“与业务有关的重要事项”。[①]《欧洲保险合同法原则（PEICL）》第2：201条规定，保险人应以书面方式向投保人提供交易的重要信息，包括合同的一般交易条件，合同提供的保障、解除权等，范围远不止于免除保险人责任条款。[②]《德国保险合同法》规定保险人的信息提供义务的范围包括：保险合同的细节信息，特别是有关保险人、保险合同的基本条款以及投保人的解除权等；人身保险的相关信息，特别是被保险人可以期待的利益，上述利益的确定和计算模型，获取保险的相关成本以及其他费用；健康保险的相关信息，特别是有关保费的支付形式以及获取和分散成本等。[③]

《中华人民共和国保险法》规定了保险人对免除其责任的条款予以“明确说明”的义务，这显然体现了免责条款对投保人或被保险人缔约判断的重要性。但仅以“免除保险人责任”作为履行明确说明义务的范围划分标准，会忽

---

① 于海纯、吴民许：《日本法上保险人说明义务制度及其启示》，载《保险研究》2009年第8期。

② 钱思雯：《保险人说明义务之解构与体系化回归》，载《保险研究》2017年第9期。

③ 于海纯、吴民许：《日本法上保险人说明义务制度及其启示》，载《保险研究》2009年第8期。

略一些对保险人或投保人利益有实质性影响的事项，例如现金价值条款、赔付比例条款等。如本案中由于投保人常用交通工具为二轮摩托车，对私家车的解释、内涵等内容，直接影响投保人是否购买案涉保险产品。对“私家车”概念的解释条款虽不属于免责条款，但属于与投保人“有重大利害关系的条款”，故保险公司应对其进行提示说明。

金融审判应当站稳人民立场，以保护金融消费者和中小投资者合法权益为己任，让人民群众能够公平享受金融服务，切实守护好人民群众的“钱袋子”。如此才能实现实质公平，以及真正的平等保护。

编写人：北京金融法院　张琳琳　林文彪

40

互联网保险人提示与明确说明义务的司法认定逻辑及医疗费用保险中损失补偿原则的适用判断标准

——曾某诉某财产保险股份有限公司深圳分公司保险案

【案件基本信息】

1. 裁判书字号

广东省惠州市惠东县人民法院（2023）粤 1323 民初 7846 号民事判决书

2. 案由：保险纠纷

3. 当事人

原告：曾某

被告：某财产保险股份有限公司深圳分公司

【基本案情】

经案外人深圳市某公司申请，某财产保险股份有限公司为其开通了网上自助服务系统，投保人可通过该系统操作自助投保。投保操作界面在不同步骤中以黑色加粗字体、设置橙色字体超链接格式、弹窗等形式就保险条款、特别约定及保险人免除责任条款等内容向投保人进行提示和说明。

2023年2月11日，案外人深圳市某公司（投保人）在被告某财产保险股份有限公司深圳分公司（保险人）处签订电子保单，为原告曾某（被保险人）购买了团体意外险，保险期间为2023年2月7日0时至7月8日24时，险种为：附加意外伤害团体医疗保险（P0512），保额为每份50000元；附加意外伤害住院现金补贴团体医疗保险（P0610），保额为100元。其中，《附加意外伤害团体医疗保险条款》第四条第三款以黑色加粗字体约定："本公司在本附加合同保险责任范围内给付保险金，但若被保险人已从其他途径（包括但不限于基本医疗保险、公费医疗、工作单位、侵权人或侵权责任承担方、本公司在内的任何保险机构）获得补偿，则对于与当地基本医疗保险支付范围相符的合理医疗费用，本公司在扣除其他途径已获得的补偿后，对于剩余部分费用根据本附加合同约定在该被保险人的保险金额的限额内按照约定的免赔额和给付比例给付意外医疗保险金。"

2023年5月19日，原告曾某驾驶普通摩托车经过惠东县某路口时，与案外人沈某驾驶的小型客车发生碰撞，事故造成曾某受伤。经公安局交通警察大队做出的交通事故责任认定显示，案外人沈某负事故的全部责任，曾某无责任。事故发生后，被告某财产保险股份有限公司深圳分公司赔付原告曾某意外医疗责任险3171.46元、意外住院现金补贴责任险600元，共计赔付3771.46元。原告曾某称，事故医疗费已全部由肇事方及第三方赔偿完毕，自己未承担医疗费款项。

【案件焦点】

1. 某财产保险股份有限公司深圳分公司是否就保险合同的免责条款尽到合理的提示说明义务；2. 某财产保险股份有限公司深圳分公司是否须向原告曾某承担保险责任。

【法院裁判要旨】

广东省惠州市惠东县人民法院经审理认为：关于焦点一，根据《中华人民共和国保险法》第十七条第二款“对保险合同中免除保险人责任的条款，保险人在订立合同时应当在投保单、保险单或者其他保险凭证上作出足以引起投保人注意的提示，并对该条款的内容以书面或者口头形式向投保人作出明确说明；未作提示或者明确说明的，该条款不产生效力”及《最高人民法院关于适用〈中华人民共和国保险法〉若干问题的解释（二）》第十一条的规定，本案中，某财产保险股份有限公司深圳分公司在《附加意外伤害团体医疗保险条款》第四条第三款中以黑色加粗字体显示免除其保险责任的条款，且投保人在自助进行电子投保时，操作界面的投保须知、投保确认阶段以黑色加粗字体提醒投保人留意保险条款中对免责条款的约定。同时，在保障方案阶段，被告亦通过设置橙色字体超链接的方式提示投保人须点击查看案涉保险条款，否则无法进行下一步操作。综上，法院认为，保险人已就保险合同中的免责条款向投保人尽到提示说明义务。曾某诉称保险人未对其尽到提示说明义务。对此，《中华人民共和国保险法》第十七条明确规定，保险人提示和说明义务的对象是投保人，本案中的投保人为深圳市某公司，曾某在保险合同关系中为被保险人，并非保险人提示和说明义务的对象，因此原告诉称被告未向其尽到提示说明义务，于法无据，法院不予支持。

关于焦点二，曾某诉称医疗保险属于人身保险纠纷，不应适用损失补偿原则的规定。对此，法院认为，根据《健康保险管理办法》第五条的规定，医疗保险产品可分为费用补偿型和定额给付型两种，对费用补偿型的医疗保险产品而言，保险人仅对被保险人未受偿的部分进行赔付。同时，保险作为一种商事行为，应当尊重当事人意思自治的权利，在《中华人民共和国保险法》第四十六条并未禁止当事人对保险责任的范围作出约定，且保险人在就相关条款充分对投保人尽到说明义务的前提下，案涉《附加意外伤害团体医疗保险条款》第四条第三款的免责条款发生效力。在曾某的医疗费用已获得交通事故肇事方及第三方全额赔偿的情况下，保险人无须再对被保险人承担保险责任。

广东省惠州市惠东县人民法院依据《中华人民共和国保险法》第十七条第二款，《健康保险管理办法》第五条，《最高人民法院关于适用〈中华人民共和国保险法〉若干问题的解释（二）》第十一条，《中华人民共和国民事诉讼法》第六十七条第一款、第一百四十五条之规定，判决如下：

驳回原告曾某的全部诉讼请求。

判决作出后，双方当事人均未上诉，判决已生效。

【法官后语】

互联网保险指的是保险公司通过网络投保流程，为客户提供服务，利用互联网信息技术开发保险产品，开展保险经营活动。伴随着新兴技术的兴起，互联网保险也随之进入高速发展期，其新型投保方式实现了保单、保险合同无纸化，既节约了资源，同时也打破了传统保险业务的时空限制，极大地改革了保险业的传统业务模式。但是，互联网保险在为保险当事人提供便利的同时，并未降低保险人履行提示与明确说明义务的标准，互联网保险业务的特殊性，使保险人与投保人几乎不会“面对面”接触，在保险合同的订立流程和形式上，与柜面投保以及保险代理人上门销售等传统保险销售模式存在显著差异，如何认定互联网保险中保险人是否履行了提示义务与明确说明义务，是本案中值得研究探讨的重要问题。

一、互联网模式下保险人履行提示与明确说明义务之司法适用困境

（一）履行对象不明确

保险关系中一般存在四方主体，分别为保险人、投保人、被保险人以及受益人，实践中不乏投保人与被保险人、受益人主体分离的情形，发生纠纷时，被保险人及受益人往往会以保险人在订立合同时未向其履行提示与明确说明义务主张相关免责条款无效，进而要求保险人承担保险责任。此外，互联网模式下，投保人的身份往往也难以认定，当出现投保人授权他人代为投保的情况时，保险人的提示义务与明确说明义务应向代理人还是真正投保人履行亦存在争议。

（二）履行标准不统一

《最高人民法院关于适用〈中华人民共和国保险法〉若干问题的解释

(二)》第十二条规定，互联网模式下，保险人以网页、音频、视频等形式对免除保险人责任条款予以提示说明的，可以认定其履行了提示义务与明确说明义务。该规定确定了保险人提示与明确说明义务的形式标准，但是在认定履行标准时，容易根据该条规定将提示义务与明确说明义务标准放宽至形式化履行的程度，而忽略了审查保险人在以网页、音频、视频等形式所提示说明的内容是否被投保人所接收和理解。

二、互联网模式下保险人履行提示与明确说明义务之司法认定逻辑

(一) 明确履行对象

《中华人民共和国保险法》第十七条明确规定保险人明确说明义务的对象是投保人，且《中华人民共和国保险法》第二章“保险合同”部分亦明确区分了投保人与被保险人的概念，因此，当投保人与被保险人或受益人不一致时，被保险人或受益人主张保险人未向其履行提示或明确说明义务的，人民法院不予支持。

同时，如果存在代办投保的情况，则法院需区分代办人的身份进行认定。第一种情况是，如果代办人为保险代理人，考虑到其本质是保险人的代理人而非投保人的代理人，则法院审查的重点应当是互联网保险人是否通过线上线下的方式对真正投保人履行了提示与明确说明义务。第二种情况是，如果代办人与真正投保人有特殊社会交往关系，如亲属、朋友、同事等，则法院在进行认定时，可参照《最高人民法院关于适用〈中华人民共和国保险法〉若干问题的解释(二)》第三条第一款的规定，当真正投保人在相关保险票据上存在签名、盖章、捺印、交费行为时，可以视为真正投保人对代为投保效力的追认，此时真正投保人与代办人之间成立委托代理关系，互联网保险人向代办人履行提示与明确说明义务的效力及于真正投保人。若代办人就互联网保险的免责条款文字及内在含义向真正投保人转述表达时出现错误、遗漏或者根本未予转达的，真正投保人可以根据委托代理关系的权利义务要求代办人承担责任，但不应因此否认互联网保险人向代办人履行提示与明确说明义务的效力。

（二）统一履行标准

在形式标准的审查上，一是要审查投保人的主动性，即互联网保险人是否以积极主动的形式向投保人履行提示与说明义务。具体而言，法院应结合证据材料审查互联网保险人在投保过程中有无主动弹出保险免责条款的展示框以及确认框，以及有无在投保行为完成后主动尽快将保单、合同、回执等单据以电子数据的形式交付投保人与被保险人。二是要审查条款文字的显著性，即互联网保险人是否以显著的方式提示投保人留意关键条款文字，并充分运用互联网技术赋能提示与明确说明的力度。具体而言，法院应根据《最高人民法院关于适用〈中华人民共和国保险法〉若干问题的解释（二）》第十一条、《最高人民法院关于适用〈中华人民共和国民法典〉合同编通则若干问题的解释》第十条的规定，并结合个案中的证据材料审查互联网保险人有无通过采用差异化的文字、符号、字体、字号形式将相关的免责、减责条款展示给投保人，值得注意的是，法院应从理性投保人的阅读视角，审查保险人是否存在过多“特殊”标注导致投保人“眼花缭乱”，难以留意到相关条文显著性的情况。同时，互联网保险人有证据证明其通过音频、视频与投保人进行连线，就相关条款所处的界面和位置对投保人进行提示，并提供相应说明及答疑解惑的，可以作为其履行提示与明确说明义务行为的强化。

在实质标准的审查上，法院应当结合投保人的理解能力判断其对互联网保险合同条款文字的理解程度，以及互联网保险人是否对不同理解能力的投保人适用有所差异的提示与明确说明义务的履行标准。如若投保人具有较高保险金融的专业能力或职业背景，则可以采用宽松标准审查互联网保险人的义务履行行为，只要其在形式上履行了提示与明确说明义务标准即可；若投保人为普通理性消费者，则可以按照理性投保人的理解程度和能力标准，审查互联网保险人是否将免责条款中一般理解意义下的专业术语及表述向投保人履行提示与明确说明义务；若投保人在受教育程度、智力认知能力明显低于普通理性消费者的情况下，则需要采用严格的义务标准，审查互联网保险人是否进行比一般标准更为严苛的差别处理，并对投保人采取有针对性的说明措施对免责条款予以提示和明确说明。

此外，本案所涉及的医疗费用保险作为现代社会中尤为重要的一个险种，因其将支付就医过程中所产生的医疗费用风险转移到保险人身上而越来越多地被社会大众所选择。关于医疗费用保险能否适用损失补偿原则，无论是理论上还是实务中，都存在较大的认识差异。由于医疗费用保险一方面是以人的身体在医疗中的病理状态为保险标的，另一方面其设立的目的在于补偿被保险人的医疗费用支出损失而非补偿被保险人的生命或者身体，因此又具有可补偿性。综合上述两方面的特性，在现有《健康保险管理办法》现行有效且在其中第五条已明确区分定额给付型医疗费用保险与费用补偿型医疗费用保险的情况下，通过本案的审理进一步明确，若保险人已将医疗费用保险明确为费用补偿型，或者在赔付条款中存在类似“若被保险人已从其他途径获得补偿，则对于与当地基本医疗保险支付范围相符的合理医疗费用，本公司在扣除其他途径已获得的补偿后，对于剩余部分费用根据本附加合同约定在该被保险人的保险金额的限额内按照约定的免赔额和给付比例给付意外医疗保险金”的表述，且有证据证明保险人就上述表述向投保人履行了提示与明确说明义务，则应从尊重合同自由的角度出发，肯定上述约定的效力，允许费用补偿型医疗费用保险中损失补偿原则的约定适用。

编写人：广东省惠州市惠东县人民法院　马水木　蔡嘉威

（二）健康保险合同纠纷

41

保险理赔应符合疾病诊断的发展趋势

——李某甲诉某保险公司、某保险公司深圳分公司人身保险合同案

【案件基本信息】

1. 裁判书字号

北京市西城区人民法院（2022）京0102民初31581号民事判决书

2. 案由：人身保险合同纠纷

3. 当事人

原告：李某甲

被告：某保险公司、某保险公司深圳分公司

【基本案情】

2019年7月，李某甲投保被告的重大疾病保险，被保险人为李某甲，保险金额30万元。保险合同约定，第2.3条保险责任：重大疾病保险金，即被保险人在等待期后经本公司认可的医院专科医生确诊初次发生本合同约定的重大疾病，本公司按重大疾病保险金额给付重大疾病保险金，同时本合同效力终止。第7.19条重大疾病：（1）恶性肿瘤。指恶性细胞不受控制的进行性增长和扩散，浸润和破坏周围正常组织，可以经血管、淋巴管和体腔扩散转移到身体其他部位的疾病。经病理学检查结果明确诊断，临床诊断属于世界卫生组织《疾病和有关健康问题的国际统计分类》（ICD-10）的恶性肿瘤范畴。下列疾病不

在恶性肿瘤保障范围内……（5）TNM 分期为 T1N0M0 期或更轻分期的前列腺癌等。

2022 年 5 月 11 日，李某甲至甲医院住院，主要诊断为：神经内分泌肿瘤（T1N0M0，I 期，G1）。超声胃镜检查报告显示：内镜所见胃窦体交界后壁见一 0-11c 病变，超声内镜扫描示相应部位见一低回声病变，累及黏膜层至黏膜下层。内镜提示：符合胃神经内分泌瘤改变，累及黏膜层至黏膜下层。2022 年 5 月 16 日，甲医院对李某甲实行内镜下胃黏膜下剥离术。李某甲于 2022 年 5 月 18 日出院。

李某甲申请理赔，被告于 2022 年 6 月 14 日作出《理赔决定通知书》，上载：您此次因神经内分泌肿瘤申请理赔，该疾病未达条款约定责任给付条件，本次不予赔付。

李某甲认为其所患疾病属于保险合同约定的重大疾病中的恶性肿瘤并提交了 WHO（2019）消化系统肿瘤分类，该分类显示神经内分泌肿瘤 G1 代码 8240/3，其中 3 代表恶性。被告主张应当依据保险合同约定的标准即 ICD-10 确定李某甲所患疾病是否属于恶性肿瘤，根据该标准的要求，神经内分泌肿瘤属于交界性肿瘤，不属于恶性肿瘤。李某甲主张 ICD-10 发布后多年没有修订，亦未对一些疾病进行细化分类，李某甲所患疾病应当以最新的 WHO（2019）消化系统肿瘤分类为准，属于恶性肿瘤。

【案件焦点】

李某甲所患神经内分泌肿瘤是否达到保险合同约定的重大疾病恶性肿瘤的赔付条件。

【法院裁判要旨】

北京市西城区人民法院经审理认为：

1. 关于疾病的医学发展，根据《中国抗癌协会神经内分泌肿瘤诊治指南 2022 年版》的记载，结合权威医院的科普文章以及 WHO（2019）消化系统肿瘤分类，神经内分泌肿瘤 G1 属于恶性肿瘤。因神经内分泌肿瘤的临床表现异质性的特点，故最初被作为疑难杂症或“类癌”病症处理，随着医学研究对此类病症的深入认识，神经内分泌肿瘤作为恶性肿瘤已经成为医学共识。李某甲的超声胃镜检查提示为：“符合胃神经内分泌瘤改变，累及黏膜层至黏膜下层。”可见李某甲所患疾病具有浸润和破坏周围正常组织的特点，属于恶性肿瘤。

2. 关于保险条款的解释，本案双方对神经内分泌肿瘤是否属于保险条款约定的重大疾病承保范围存在争议，故需要对承保范围条款进行合同解释。《中华人民共和国民法典》第一百四十二条第一款规定：“有相对人的意思表示的解释，应当按照所使用的词句，结合相关条款、行为的性质和目的、习惯以及诚信原则，确定意思表示的含义。”保险合同第 7. 19 条通过定义、分类、除外三方面确定恶性肿瘤的范围。对一项疾病性质的确定，最核心的为是否符合该类疾病的定义。分类是依据疾病的特征，按照一定规则将疾病分门别类并用编码的方法来表示的一种系统，不能以分类学上尚未包含某类疾病而否定该疾病的性质。李某甲所患疾病符合第 7. 19 条关于恶性肿瘤的定义，不能因保险合同援引的 ICD-10 分类标准中未明确包含神经内分泌肿瘤而否定该疾病属于恶性肿瘤。第 7. 19 条还通过列举的方式约定了不属于恶性肿瘤的除外范围，该除外范围并不包含神经内分泌肿瘤。故李某甲所患疾病属于保险范围，保险公司应当予以赔付。

3. 关于监管规定，《健康保险管理办法》第二十三条规定：“保险公司在健康保险产品条款中约定的疾病诊断标准应当符合通行的医学诊断标准，并考虑到医疗技术条件发展的趋势。健康保险合同生效后，被保险人根据通行的医学诊断标准被确诊疾病的，保险公司不得以该诊断标准与保险合同约定不符为理由拒绝给付保险金。”人类对疾病的研究和认识不断向前发展，从前不明原因的症状将逐渐获得明确的认知及定性，保险合同的保障范围亦应当符合疾病认知的发展。世界卫生组织已经在“WHO（2019）消化系统肿瘤分类”中将神经内分泌肿瘤确认为恶性肿瘤，该项分类标准亦属世界卫生组织的权威标准，且被我国医学借鉴和采用，保险公司理赔的疾病范围，应当符合疾病分类的最新标准。

北京市西城区人民法院依照《中华人民共和国民法典》第一百四十二条第一款、第四百六十六条,《中华人民共和国保险法》第十条,《中华人民共和国民事诉讼法》第六十七条第一款之规定,判决如下:

本判决生效之日起七日内,被告某保险公司、某保险公司深圳分公司共同给付原告李某甲保险金30万元。

宣判后,双方当事人均未上诉,一审判决已经生效。

【法官后语】

一、重疾险的理赔范围应当随着医学的进步而发展

人身保险是以人的寿命和身体为保险标的的保险。其中,重疾险是被保险人在保险期间内经医院确诊初次发生保险合同所定义的重大疾病,保险人将给付重大疾病保险金的合同。在此类保险中,保险公司会预先在保险合同中对承保的疾病范围作出明确约定。在申请理赔时,被保险人所患疾病的种类、疾病的严重程度是保险公司审查的重点内容,以判断是否属于保险合同约定的承保范围,进而确定是否进行赔偿。在对疾病进行判断时,需要依据通行的医学诊断标准。通行的医学诊断标准是医学界在长期实践过程中形成的对于疾病的定义、分类、诊断和治疗方法的规范,其经过长期的科学论证,具有权威性和科学性。重疾险最常引用的通行医学标准是世界卫生组织(WHO)发布的《疾病和有关健康问题的国际统计分类》第十次修订版(ICD-10)。该标准发布于1994年,2010年WHO对其进行了最新修订。ICD-10综合考虑疾病的名称、病因、症状、体征等因素,将疾病进行科学的分类和编码,医院在诊断疾病时除在病历中写明疾病的名称外还会载明ICD-10的疾病编码,理赔时,保险公司会参考该编码以判断能否进行理赔。

ICD-10发布至今已有十余年,随着医学研究的发展进步,对许多疾病的认知也在不断发展变化,某些疾病的ICD-10分类可能被新的医学通行标准所取代。在此情况下,保险合同约定的承保范围及疾病判断标准也应当符合对该疾病的最新认知和分类标准,符合普通民众的通常理解以及被保险人的合理期待。

本案中,因被保险人所患的“神经内分泌肿瘤”疾病具有临床表现异质性

的特点，最初被作为疑难杂症或“类癌”病症处理，但根据最新权威医学文献、权威医院的科普文章以及WHO（2019）消化系统肿瘤分类，“神经内分泌肿瘤”作为恶性肿瘤已经成为医学共识。在这种情况下，该疾病应认为属于保险合同中约定的重疾范围。

二、对于保险条款的解释应采用文义、目的和疑义利益解释原则综合认定条款内容

对于疾病是否属于保险合同承保范围的问题，需要对保险合同中的承保范围条款进行解释，并适用《中华人民共和国民法典》合同解释条款。《中华人民共和国民法典》中确定了对于争议条款的解释，应当按照所使用的词句，结合相关条款、行为的性质和目的、习惯以及诚信原则，确定意思表示的含义。

本案适用《中华人民共和国民法典》中合同解释的规则即可确定案涉疾病属于恶性肿瘤。案涉《保险合同》通过定义、分类、除外三方面确定了恶性肿瘤的范围。案涉被保险人所患疾病符合《保险合同》中关于恶性肿瘤的定义，不能因保险合同援引的ICD-10分类标准中未明确包含神经内分泌肿瘤而否定该疾病属于恶性肿瘤。因此，结合案涉《保险合同》所使用的词句，通过文义解释和目的解释，可确定其意思表示的含义，即案涉疾病应属于恶性肿瘤，符合《保险合同》重大疾病的承保范围。

此外，《最高人民法院关于〈中华人民共和国保险法〉若干问题的解释（二）》第十七条中规定，对于保险合同格式条款中的非保险术语应作出有利于投保人的解释。对于医学专业术语，因其本身具有较高的技术性，对普通民众而言，其理解难度较大，在这种情形下，当普通投保人对于专业术语有着不同理解时，应适用疑义利益解释原则，以保护处于弱势地位的投保人利益。

三、保险合同的履行应当体现保险制度的价值功能。

保险制度具有经济补偿的功能，保险的本质是转移风险，目的在于补偿被保险人受到的实际经济损失。重大疾病保险合同的目的在于当被保险人患有重大疾病时，能够获得及时、足额的经济补偿，转移特定的风险，减轻因重大疾病带来的经济压力。保险公司在保险条款的解读与理赔核定过程中，应当遵循

上述价值功能，不应对条款作僵化的理解。相较于保险人，投保人或被保险人往往处于弱势地位，双方在交易条款协商能力、承担风险的能力以及诉讼能力等方面均存在较大差别，因此，应妥善平衡投保人、被保险人与保险人的利益，对投保人、被保险人的合法利益予以特殊保护。

编写人：北京市西城区人民法院　苏畅　马莹

42

电子投保形式下自动续保自动扣费生成保险合同的效力的认定

——韩某诉某保险公司、某经纪公司人身保险合同案

【案件基本信息】

1. 裁判书字号

北京金融法院（2023）京74民终2080号民事判决书

2. 案由：人身保险合同纠纷

3. 当事人

原告（被上诉人）：韩某

被告（上诉人）：某保险公司

被告：某经纪公司

【基本案情】

2020年7月7日，韩某通过某经纪公司开发的平台与某保险公司签订《保险合同》，投保人为韩某，被保险人为韩甲，保险期间为2020年7月8日至2021年7月7日，交费方式为一次性，保费574元。保险条款第4条约定：自投保人首次投保本合同的生效日起，或自非连续投保本合同的生效日起，每6

年为一个保证续保期间，最高可续保至100周岁。在保证续保期间内，投保人按该保证续保期初约定的费率表依被保险人年龄的变化而交纳相应的保险费；投保须知中，记载本公司将于续期保费应缴日前向投保人发出交费通知。一年期主险/一年期附加险是否自动申请续保：自动续保。

2021年7月8日，某保险公司向韩某发送短信“您投保的保险续保交费不成功，扣款失败原因‘账户余额不足’”。7月9日，某保险公司自动划扣韩某保险费624元。同日，某保险公司向韩某邮箱发送保险合同称：您购买的医疗保险已投保成功，保费金额624元，保险期间为2021年7月8日至2022年7月7日。相较于2020年的保险合同，该合同将保险金免赔额由1万元变更为9000元。

韩某向原中国银行保险监督管理委员会某监管局举报了某保险公司。某保监局于2022年12月7日向韩某回复《调查意见书》，主要内容为：该公司已向中国银保监会备案保险合同条款，其2021年5月1日后继续销售该产品的行为，违反了《中国银保监会办公厅关于规范短期健康保险业务有关问题的通知》（以下简称《通知》）第三条、第十三条的规定。

【案件焦点】

某保险公司自动划扣韩某保险费并自动生成续保的保险合同效力如何认定。

【法院裁判要旨】

北京市通州区人民法院经审理认为：银保监会办公厅《通知》第三条规定：“保险公司开发的短期健康保险产品中包含续保责任的，应当在保险条款中明确表述为‘不保证续保’条款……保险期间届满，投保人需要重新向保险公司申请投保本产品，并经保险人同意，交纳保险费，获得新的保险合同……”第十三条规定，“本通知印发前保险公司已经审批或备案的短期健康保险产品，不符合本通知要求的，应于2021年5月1日前停止销售”。涉案保险合同约定适用上述通知中的“自动续保”条款，某保险公司在2021年7月9日自动划扣韩某保险费并生成续保保险合同，违反了银保监会的相关规定。同时，某保险公司自动生成的续保保险合同关于保费、免赔额等重要条款均发生了变化，但其未告知韩某，亦未就相关内容与韩某达成合意，虽然投保平台及首份保险合同中约定了续保保费及免赔额的计算方式，但某保险公司并未就该条款内容向韩某进行提示，亦未显著标识，故自动续保的保险合同对于韩某并不发生法律效力。

北京市通州区人民法院依照《中华人民共和国民法典》第一百四十三条、第一百五十五条、第一百五十七条，《中华人民共和国保险法》第一百三十六条，《中华人民共和国民事诉讼法》第六十七条之规定，判决如下：

一、韩某与某保险公司签订的《保险合同》无效；

二、某保险公司于本判决生效之日起七日内退还韩某保险费 624 元，并支付资金占用期间的利息损失；

三、驳回韩某的其他诉讼请求。

某保险公司不服一审判决，提起上诉。

北京金融法院经审理认为：《中华人民共和国民法典》第四百九十六条第二款规定："采用格式条款订立合同的，提供格式条款的一方应当遵循公平原则确定当事人之间的权利和义务，并采取合理的方式提示对方注意免除或者减轻其责任等与对方有重大利害关系的条款，按照对方的要求，对该条款予以说明。提供格式条款的一方未履行提示或者说明义务，致使对方没有注意或者理解与其有重大利害关系的条款的，对方可以主张该条款不成为合同的内容。"《最高人民法院关于适用〈中华人民共和国民法典〉合同编通则若干问题的解释》第十条规定："提供格式条款的一方在合同订立时采用通常足以引起对方注意的文字、符号、字体等明显标识，提示对方注意免除或者减轻其责任、排除或者限制对方权利等与对方有重大利害关系的异常条款的，人民法院可以认定其已经履行民法典第四百九十六条第二款规定的提示义务。提供格式条款的一方按照对方的要求，就与对方有重大利害关系的异常条款的概念、内容及其法律后果以书面或者口头形式向对方作出通常能够理解的解释说明的，人民法院可以认定其已经履行民法典第四百九十六条第二款规定的说明义务。提供格式条款的一方对其已经尽到提示义务或者说明义务承担举证责任。对于通过互联网等信息网络订立的电子合同，提供格式条款的一方仅以采取了设置勾选、弹窗等方式为由主张其已经履行提示义务或者说明义务的，人民法院不予支持，但是其举证符合前两款规定的除外。”

具体到本案，第一，从某保险公司提交的《投保界面展示视频》《投保界面展示说明》两份证据看，某保险公司并未对自动续保协议采用通常足以引起对方注意的文字、符号、字体等明显标识，提示投保人注意。从笔录看，某保险公司将自动续保协议与其他协议放在一起，仅采取了设置勾选方式，并未引起投保人注意。第二，从自动扣费续保合同内容看，某保险公司自动生成的续保合同中第二年保费与上一年保费相比呈增加态势；从保费费率表看，保费随着时间的变化而变化，同时免赔额由上一年的1万元减少为9000元。但某保险公司并未提交相关证据证明对上述重要条款的变化已经履行提示或者说明义务。第三，在自动续保前，某保险公司虽以短信提醒韩某自动续保扣费，但提醒的时间为上一份保险合同到期日即2021年7月8日当天，并未在合理期间内给投保人预留续保与否的决策时间。第四，某保险公司并未提供便捷的随时退订方式和自动续订、自动续费取消途径。因此，依据《中华人民共和国民法典》第四百九十六条第二款的规定，应认定保险公司对于重大利害关系的格式条款未尽提示说明义务，而依据自动续保协议签订的《保险合同》应属无效，保险公司应退还保费及相应利息。

北京金融法院依照《中华人民共和国民事诉讼法》第一百七十七条第一款第一项的规定，判决如下：

驳回上诉，维持原判。

【法官后语】

随着电子信息技术的发展，消费者通过保险公司官方APP、第三方网络平台等电子方式投保已经成为购买各种险种的常用渠道，互联网为保险购买提供了便捷途径，但随着合同签订形式的变化，保险条款的提示、说明义务也随之形式化、格式化、流程化，司法实务中，关于电子保险合同履行纠纷层出不穷，因此如何在电子投保形式下认定合法适当履行提示说明义务成为司法实践中需要进一步探讨的问题。

一、电子投保形式下保险合同格式条款的认定规则

《中华人民共和国民法典》第四百九十六条定义格式条款为当事人为了重复使用而预先拟定，并在订立合同时未与对方协商的条款。在司法实践中，保险合同格式条款的争议主要集中在“免除保险人责任的条款”上，例如，免除赔偿责任的事项、保险费率的计算方式、赔偿责任限额等，但在互联网投保形式下，免除保险人责任的事项不仅见于保险条款中，还隐藏在投保过程中链接、弹窗等形式背后，需当事人进行特定操作才能获知具体内容。因此，对于采用电子方式投保的保险合同，投保过程中连接条款内容的操作形式不仅应属于格式条款的范畴，亦应对该投保形式进行提示说明。

二、保险公司关于格式条款的提示说明义务

《中华人民共和国保险法》第十七条规定，保险人对于“免除保险人责任的条款”具有提示说明义务；《中华人民共和国民法典》第四百九十六条第二款将提示说明范围限制为“提示对方注意免除或者减轻其责任等与对方有重大利害关系的条款”，即将范围扩大到减轻其责任等与对方有重大利害关系的条款；《最高人民法院关于适用〈中华人民共和国民法典〉合同编通则若干问题的解释》第十条规定，提供格式条款的一方采用足以引起对方注意的文字、符号、字体等明显标识，对于通过互联网等信息网络订立的电子合同，提供格式条款的一方仅以采取了设置勾选、弹窗等方式为由主张其已经履行提示义务或者说明义务的，人民法院不予支持，并且提供格式条款的一方对其已经尽到提示义务或者说明义务要承担举证责任。本案中，自动扣费、自动续保、保费计算、免赔额等内容均与投保人有重大利害关系，因此保险公司需举证证明尽到提示说明义务。某保险公司将上述协议内容以链接形式设置在投保平台中，并以投保人勾选的方式证明其尽到了提示说明义务，但事实上，很多投保平台的链接、弹窗并未强制投保人阅读全部信息，只需勾选便可进行投保，因此仅以投保人勾选并不能证明保险人尽到提示说明义务。笔者认为，判定保险人是否

履行了符合法律规定的提示说明义务，不应仅从针对性、标识性、主动性等方面进行判断，还要根据投保人是否真实有效了解条款的概念、内容、法律后果来断定该行为是否合法有效。

三、未履行提示说明义务的法律后果

《中华人民共和国民法典》第四百九十六条第二款中规定，“提供格式条款的一方未履行提示或者说明义务，致使对方没有注意或者理解与其有重大利害关系的条款的，对方可以主张该条款不成为合同的内容”。该条的法律后果是如果发生纠纷，提供格式条款一方未举证证明尽到提示说明义务，则对方可以主张该条款并非合同内容。本案中，某保险公司提供的证据无法证明其对于保费、免赔额、自动扣费、自动续保等与投保人有重大利害关系的条款尽到提示说明义务，因此认定根据自动续保协议而续签的《保险合同》无效。

编写人：北京市通州区人民法院　李播

43

人身保险合同格式条款中责任范围与责任免除条款的界定

——袁某诉某保险公司人身保险合同案

【案件基本信息】

1. 裁判书字号

北京金融法院（2023）京74民终718号民事判决书

2. 案由：人身保险合同纠纷

3. 当事人

原告（上诉人）：袁某

被告（被上诉人）：某保险公司

【基本案情】

2021年至2023年，袁某在某保险公司处投保了某个人医疗保险并按期缴纳保费，重大疾病基本保险金额为100000元。2022年6月15日，袁某因进食后出现腹痛、腹胀等不适症状并伴有发热而就诊于某医院急诊科，行腹部CT提示为急性胰腺炎、腹腔包裹性积液。6月23日，医院为袁某进行了腹腔镜下胰腺病损切除术+腹腔镜下肠粘连松解术，确诊为急性出血坏死性胰腺炎。后袁某向某保险公司申请赔偿被拒，某保险公司拒赔的主要理由在于，袁某接受的治疗为腹腔镜下胰腺病损切除术+腹腔镜下肠粘连松解术，而依据保险条款的约定，因酗酒或饮酒过量所致的急性坏死性胰腺炎以及腹腔镜手术不在保障范围内。由此可见，保险条款对急性坏死性胰腺炎开腹手术的理赔条件进行了明确约定，其中腹腔镜手术不在保障范围内。而本案袁某进行的正是腹腔镜手术。同时，保险合同签订前及签订时，某保险公司已经尽到就相关保险条款的提示和告知义务，因此，保险合同及相关免责条款应作为处理双方保险合同纠纷的依据。

涉案保险合同条款第7.15.48条规定，急性坏死性胰腺炎开腹手术指由专科医生确诊为急性坏死性胰腺炎，并已经接受了开腹手术进行坏死组织清除、病灶切除或胰腺部分切除的治疗。因酗酒或饮酒过量所致的急性坏死性胰腺炎以及腹腔镜手术不在保障范围内。第7.16.85条规定，急性出血性坏死性胰腺炎开腹手术指由本公司认可的医院专科医生确诊为急性出血坏死性胰腺炎，并实际接受了外科开腹手术治疗，以进行坏死组织清除、坏死病灶切除或者胰腺切除。因酗酒所致的急性出血坏死性胰腺炎或者经腹腔镜手术进行的治疗不在保障范围内。

【案件焦点】

涉案保险合同中对于袁某所患疾病治疗方式的限制条款属于责任免除条款还是责任范围条款，袁某的索赔要求能否得到支持。

【法院裁判要旨】

北京市房山区人民法院经审理认为：袁某要求某保险公司承担保险赔偿责

任，理应提供证据证明其所患疾病属于保险合同约定的特定疾病。但是根据保险合同的记载，因酗酒所致的急性出血坏死性胰腺炎或者经腹腔镜手术进行的治疗不在保障范围内，而袁某所患急性出血坏死性胰腺炎正是经腹腔镜手术进行的治疗，不在保险合同保障范围内。因此对于袁某依据保险合同要求某保险公司承担赔偿责任的诉讼请求，法院不予支持。同时，腹腔镜手术不在保障范围内未在免责条款项下规定，且该条款未涉及免赔额、免赔率、比例赔付等免除或减轻保险人责任的内容，只是对理赔范围的否定性列举，故本条款不应当被认定为免责条款。

北京市房山区人民法院依照《中华人民共和国民法典》第一百四十三条、第五百零九条第一款，《最高人民法院关于适用〈中华人民共和国保险法〉若干问题的解释（二）》第九条第一款的规定，判决如下：

驳回袁某的全部诉讼请求。

袁某不服一审判决，提起上诉。

北京金融法院经审理认为：保险责任条款，是约定保险人将哪些危险纳入承保范围，以及将哪些损失纳入赔偿范围的条款。而所谓免责条款，是约定保险人对于已经被纳入承保范围的危险，因其具有某些特殊性而不予赔偿的条款，或者对于承保危险造成的某些特定损失不予赔偿的条款。涉案保险合同第7.15.48条中“因酗酒或饮酒过量所致的急性坏死性胰腺炎以及腹腔镜手术不在保障范围内”和第7.16.85条中“因酗酒所致的急性出血坏死性胰腺炎或者经腹腔镜手术进行的治疗不在保障范围内”系以黑体字加下划线标示的内容，该两条文位列第7条“名词释义”部分中。该条款的实质并非免除保险责任范围内的保险赔付义务，而是向相对人特别强调某些危险不属于保险人承保的范围，故该两条文应为保险责任范围的条款，而非免除保险人责任的条款，亦不属于说明生效规则的适用范围。

关于袁某主张该两条文系格式条款，故应作出不利于保险人一方的解释一节。对于格式条款的解释，以探究通常理解为首要。采用有利于被保险人和受益人的解释，以合同条款有两种以上解释为条件。对格式条款采取不利于其提供者的解释，是在合同条款的含义特别含混、穷尽其他方法依然不能获得有效解释的前提下不得不采取的救济措施，适用空间极为有限。本案中，对于“因酗酒所致的急性出血坏死性胰腺炎或者经腹腔镜手术进行的治疗”作出文义解释，即可以获得通常理解，不存在两种以上合理解释之间的歧义，《中华人民共和国保险法》有关“有利解释”的规定没有适用空间。因此袁某的上诉理由不能成立，对其上诉请求不予支持。

北京金融法院依照《中华人民共和国民事诉讼法》第一百七十七条第一款第一项的规定，判决如下：

驳回上诉，维持原判。

【法官后语】

在人身保险合同领域，由于保险利益与人身直接相关，涉及发生特定种类、范围的人身危险能否获得保险赔付，同时关系到保险合同格式条款的解释方法及其提示与说明义务的认定，因此对人身保险合同中格式条款的解读属于司法实践的难点问题。

责任范围条款，也被称为保险责任条款，在保险合同中通常以格式条款的方式出现，现行法律并未对其进行明确规定。在司法实践中，有生效裁判将其表述为关于保险人责任范围和大小的约定条款或主要约定保险人负责赔偿风险项目的条款。因此，从保险人的角度来看，其属于保险人需要承担保险责任的范围条款；从被保险人的角度来看，属于被保险人依据保险合同可以获得赔偿的界限条款。

责任免除条款，即免责条款，通常理解为在保险合同约定的保险责任范围内，减轻或免除既已约定的保险责任的条款，目的在于适当限制保险人的责任范围。保险人往往通过责任免除条款明确规定在哪种情况不承担保险责任，但是，从文义表述上往往难以与责任范围条款相区分。《最高人民法院关于适用〈中华人民共和国保险法〉若干问题的解释（二）》第九条规定：“保险人提供的格式合同文本中的责任免除条款、免赔额、免赔率、比例赔付或者给付等免除或者减轻保险人责任的条款，可以认定为保险法第十七条第二款规定的‘免除保险人责任的条款’。保险人因投保人、被保险人违反法定或者约定义务，享有解除合同权利的条款，不属于保险法第十七条第二款规定的‘免除保险人责任的条款’。”该条以列举的方式规定了责任免除条款的情形。

涉案保险合同属于人身保险中的健康保险合同，该合同内承担保险责任的特定危险指向的是某些疾病或伤残情形。在对该类合同格式条款进行解释时，应遵循合同的解释原则，包括整体解释原则、目的解释原则、诚实信用解释原则、交易习惯及惯例原则等。从实践角度出发，应从合同文本规定是否模糊不定、特定危险的性质是否足以导致保险责任免除、是否加重被保险人的义务等方面构建区分责任范围条款与责任免除条款的界限规则。

本案中，袁某与某保险公司所签订的保险条款中对所列明的疾病“急性出血性坏死性胰腺炎”及该疾病的诊疗方式“急性出血性坏死性胰腺炎开腹手术”的定义进行了规定：“急性出血性坏死性胰腺炎开腹手术指由本公司认可的医院专科医生确诊为急性出血坏死性胰腺炎，并实际接受了外科开腹手术治疗，以进行坏死组织清除、坏死病灶切除或者胰腺切除。因酗酒所致的急性出血坏死性胰腺炎或者经腹腔镜手术进行的治疗不在保障范围内。”其中，该条款对疾病发生的原因“酗酒”以及诊疗方法“腹腔镜手术”两个因素进行了特别规定。第一，从合同文本分析，在这两种情形下，急性出血性坏死性胰腺炎并非可以获得保险赔付的特定危险，此规定以列举的方式排除了保险人的保险责任，但并未排除其他情形下的急性出血性坏死性胰腺炎；第二，从被保险人应承担的义务分析，“腹腔镜手术”方式属于诊疗方式的一种，该规定并未刻意限制疾病的诊疗方式，也未恶意扩大被保险人的义务范围；第三，该条款不存在违反国家强制性规定或违背公序良俗的情况，也不存在法定无效事由，因此，应属于保险人对于特定危险不承担保险责任的限制性条款，并未免除保险人的保险责任，在上述两种情形外，被保险人可以获得相应的赔偿。因此，该条款应当属于责任限制条款，而并非责任免除条款。袁某属于接受了腹腔镜手术进行诊疗的情况，因此属于该条款的除外赔偿情形。

袁某主张应当对保险合同格式条款作出不利于保险人一方的解释，理由在于《中华人民共和国保险法》第三十条规定了对于被保险人和受益人的有利解释原则。然该原则只有在通常解释原则均无法解决争议的情况下才可作为一种辅助手段适用。这是由于对人身保险合同的解释亦应遵循合同法基本法理，并优先适用文义解释、目的解释、体系解释、习惯解释等合同解释方法，只有在穷尽通常解释后仍无法确定条款含义时，才可以适用该规则，滥用不利解释规则将导致合同缺乏公平合理性，即保险合同失去其订立的目的，保险人面临债务过重的风险。

编写人：北京市房山区人民法院　王竹萌

44

人身保险合同中投保人具有保险利益的审查与认定

——某财险公司诉上海某科技公司人身保险合同案

【案件基本信息】

1. 裁判书字号

上海市静安区人民法院（2022）沪 0106 民初 44825 号民事判决书

2. 案由：人身保险合同纠纷

3. 当事人

原告：某财险公司

被告：上海某科技公司

【基本案情】

自 2021 年 7 月起，某财险公司、上海某科技公司合作开展团体医药费用补偿保险业务。现有保单显示，上海某科技公司为投保人，某财险公司为保险人，被保险人均为自然人，适用条款为团体医药费用补偿保险（2020 版）。特别约定部分载明，保单无等待期，最多可逾期 8 日支付保费（自保单生效当日计算），逾期 8 日后仍未支付保费的，该次投保申请无效，保险人不承担任何责任。《团体医药费用补偿保险（2020 版）条款》载明，该合同的投保人应为具有完全民事行为能力的被保险人本人或对被保险人有保险利益的其他人或团体。保险责任为在保险期间内，被保险人因遭受意外伤害或罹患疾病，且经合同约定的医疗机构诊断后，在合同约定的医疗机构或指定的药店支出的约定范围内的合理且必需的医药费用，保险公司在合同约定的该被保险人的医药费用保险金额的限额内扣除约定的免赔额后，按约定的赔偿比例进行赔偿。

合同履行过程中，在上海某科技公司未足额支付保费时，被保险人就已出具理赔授权委托书给药店，并在委托书中注明委托该药店就特定保单号的保险合同的理赔事宜作为其代理公司，因药品费用是药店为其垫付/先行理赔，故其“同意”将理赔款汇至药店的指定账户。被保险人于该委托书上签名，并提交了其身份证复印件、处方。保险公司赔款后，药店向其开具了增值税专用发票。

2023 年 3 月 10 日，上海某科技公司向某财险公司出具函件，确认截至 2022 年 11 月，上海某科技公司应付未付保费合计 35343487.57 元，认可某财险公司已实际赔付。

2023 年 9 月 8 日，上海市第三中级人民法院作出民事裁定书，裁定受理债权人对上海某科技公司的破产清算申请，同月 13 日，该院出具决定书，指定上海某律师事务所担任上海某科技公司的管理人。

某财险公司另提出如下诉讼请求：确认某财险公司对上海某科技公司享有债权 35343487.57 元及利息损失。上海某科技公司对于投保事实及保单、己方发给某财险公司的函件中确认拖欠的保费金额予以认可，但对某财险公司主张的利息损失不予认可。

【案件焦点】

投保人上海某科技公司订立保险合同时是否具有保险利益。

【法院裁判要旨】

上海市静安区人民法院经审理认为：人身保险的投保人在保险合同订立时，对被保险人应当具有保险利益，投保人对被保险人不具有保险利益的，合同无效。案涉保险为以人的身体为保险标的的人身保险，然其投保人既非被保险人本人、近亲属，也非与其存在劳动关系的用人单位，但法院仍认为投保人对被保险人具有保险利益。理由如下：法律规定，被保险人同意投保人为其订立合同的，视为投保人对被保险人具有保险利益。从查明的事实来看，某财险公司、上海某科技公司目前均无法提供订立合同时被保险人同意投保人为其投保的直接意思表示。但从保单上对被保险人身份信息的记载，以及被保险人对药店理赔授权委托书中援引的保单编号、委托药店理赔，并提供身份证和处方复印件的行为，足以推定被保险人知晓且同意投保人为其订立案涉保险合同。故法院认为投保人对被保险人具有保险利益，保险合同有效。因双方人身保险合同关系合法有效，故投保人上海某科技公司应当按照约定交付保险费。现经双方确认，案涉保单项下，上海某科技公司欠付保险费共计 35343487.57 元。案涉保单自生效当日计算最多可逾期 8 日支付保费。某财险公司主张确认其按全国银行间同业拆借中心公布的 LPR 计算自起诉之日 2022 年 12 月 13 日起至实际履行之日止的利息损失。某财险公司主张的计算基数、起始时间、计算标准均有事实与法律依据，法院予以确认。但就计算截止时间，《中华人民共和国企业破产法》规定，附利息的债权自破产申请受理时停止计息。因法院于 2023 年 9 月 8 日裁定受理对上海某科技公司的破产清算申请，故本案债权利息应计算至 2023 年 9 月 7 日。

上海市静安区人民法院根据《中华人民共和国保险法》第十二条、第十四条、第三十一条，《中华人民共和国企业破产法》第四十六条第二款，《最高人民法院关于适用〈中华人民共和国保险法〉若干问题的解释（三）》第一条、第三条，《中华人民共和国民事诉讼法》第一百四十七条的规定，判决如下：

一、确认某财险公司对上海某科技公司享有保险费 35343487.57 元的债权；

二、确认某财险公司对上海某科技公司享有逾期支付保险费利息的债权，以保险费35343487.57元为基数，按全国银行间同业拆借中心公布的一年期贷款市场报价利率（LPR），自2022年12月13日计算至2023年9月7日。

宣判后，各方当事人均未上诉，一审判决已生效。

【法官后语】

投保人订立保险合同时是否具有保险利益，是本案中探讨研判的重点问题，审判中应如何把握相关标准，主要从以下三个方面进行分析：一是在人身保险合同中，投保人在“投保时”应当具有投保利益；二是被保险人“同意”的意思表示形成时间应严格限定于合同订立时，不可以事后追认的形式产生；三是当事人主张通过结合保险合同履行情况推断被保险人“同意”的，法院应审查后予以判定。

一、非“法定具有保险利益”的人员投保应当取得被保险人的“同意”

根据《中华人民共和国保险法》第三十一条第一款的规定，投保人应具有保险利益，即投保人为被保险人本人或与被保险人具有保险法规定的亲属或劳动关系，或投保人为被保险人投保经被保险人“同意”。保险利益的存在关系到保险合同的效力问题，而保险合同的效力则是整个保险行为的前提条件，因此保险利益的重要性不言而喻。而且在人身保险中，对保险利益的要求较之财产保险更加严格，对保险利益存在的时间节点要求也更早。对价值取向而言，人的生命健康利益永远要高于财产，在人身保险中必须严格确认人身保险利益的有效性，才能更好地保障生命健康权利。

在人身保险纠纷案件中，有关保险利益的有无和被保险人是否“同意”，法院应主动予以审查，即在当事人主张合同有效时，法院需要对存在保险利益、被保险人“同意”的事实进行双重审查。具体而言，在被保险人也是案件当事人的情形下，询问其是否于“投保时”“同意”他人投保，签名是否属实等；在被保险人不是案件当事人时，可以要求主张合同有效的当事人以及受益人提交被保险人“同意”的相关证据。

案涉保险为以人的身体为保险标的的人身保险，涉及保单68份、被保险人2651人，然合同的被保险人并非本案的当事人，其投保人既非被保险人本人、近亲属，也非与其存在劳动关系的用人单位，因此投保人、保险人能否完成相关具体投保情况的举证，以及对保险利益是否存在进行认定，成为处理本案纠纷的关键。而且，案涉保险利益应当在合同订立时即享有。

二、被保险人“同意”的意思表示形成时间应严格审查

《中华人民共和国保险法》第三十一条第二款规定，订立合同时，投保人对被保险人不具有保险利益的，合同无效。

值得考虑的是，该处的被保险人“同意”的时间点可否定为事后？对于案涉保险合同，保险人与投保人均无法提供订立合同时患者作为被保险人“同意”投保人为其投保的直接意思表示，患者本人的签名仅出现在其给药店的理赔授权委托书中，注明事项为，委托药店就特定保单号的保险合同的理赔事宜作为其代理公司，该组证据的认定对案件的审理走向至关重要。

出于对产生道德风险的事先防范，法律强制要求人身保险合同订立时应当存在保险利益，即被保险人有关保险利益的“同意”应限于“投保时”，事后“同意”是不允许的，尤其是事故发生后的“同意”和拟制“同意”应当被绝对禁止。如果准许“投保时”没有保险利益，而后于事故发生时取得保险利益即可，将会导致灾难性的后果，陷被保险人于危难之中。因此，就保险利益的存在时间点而言，法院在审查时必须以“投保时”为准，故此，对于当事人认为理赔授权委托书系被保险人的事后追认，法院不予采信。

三、法院穷尽证据可能后运用高度盖然性原则判断“同意”的时间节点

在审查内容上，本案采取了兼顾利益与同意主义的审查原则。根据法律规定，人身保险的保险利益范围不仅包括基于身份关系所产生的血亲与姻亲关系，同时也包括诸如劳动关系的利益关系，对于缺乏这一类关系的主体之间，则加入了被保险人“同意”的介入意思表示，从而弥合了保险利益要素。这一规定也使审查范围更加具体，在充分保障保险合同各方主体权益的同时，能够应对各种复杂的社会关系影响。

本案中，由于上海某科技公司是短期健康险的平台，某财险公司过度依赖该平台，将原始投保资料、索赔资料的电子数据都留存在平台外租的第三方服

务器中，己方仅持有保单。上海某科技公司审理前期未到庭，后期又进入破产状态，而管理人无法掌握第三方服务器中的证据材料，故案涉当事人将面临举证不能的困境，从而给还原“投保时”的真实情况造成障碍。

法院穷尽证据可能后，运用高度盖然性原则判断出订立合同时投保人对被保险人具有保险利益。理由如下：从查明的事实来看，投保人、保险人目前均无法提供订立合同时被保险人“同意”投保人为其投保的直接意思表示。但保单上对被保险人身份信息的记载和被保险人对药店理赔授权委托书中援引的保单编号、委托药店理赔，以及提供身份证和处方复印件的行为，足以推定被保险人知晓且“同意”投保人为其订立案涉保险合同。故综合审查证据后，法院认为订立合同时被保险人“同意”投保人为其投保，投保人对被保险人具有保险利益，保险合同有效。

此外，在不考虑本案举证僵局的情况下，法院还可以通过审查投保材料、回访、交纳保险费、更新签名、签收纸质保单、保险理赔等环节的证据，以推断出被保险人订立合同时的意思表示。

编写人：上海市静安区人民法院　陆茵　吴寒

45

保险合同纠纷案件中“投保人未履行如实告知义务”的裁判进路

——喻某诉某健康保险股份有限公司人身保险合同案

【案件基本信息】

1. 裁判书字号

成渝金融法院（2024）渝 87 民终 1371 号民事判决书

2. 案由：人身保险合同纠纷

3. 当事人

原告：喻某

被告：某健康保险股份有限公司

【基本案情】

2021 年 2 月 6 日，喻某在某健康保险股份有限公司投保“人保健康先行保个人医疗保险（A 款）”。合同到期后，喻某在该公司继续投保了“人保健康悠享保医疗保险”“人保健康金福保质子重离子医疗保险”“人保健康金福至臻重大疾病保险”。2022 年 10 月，喻某参加单位组织的体检，经诊断为因右上原发性支气管肺癌浸润性腺癌 T1NOMOIA 期、右中下原发性支气管肺癌微浸润性癌 T1miNOMO。喻某于 2023 年 1 月 29 日至 2 月 3 日在甲医院住院治疗，共计产生费用 93349.31 元。嗣后，喻某向某健康保险股份有限公司申请理赔。该公司深圳分公司工作人员于 2023 年 3 月 1 日对喻某进行询问调查。喻某陈述其于 2017 年、2018 年在乙医院确诊抑郁症后住院，未规律服药控制。2019 年至 2021 年均定期体检，健康状况良好，无高血压、糖尿病、心脑血管疾病，无连续 30 日服药情况，平时无身体异常情况。2023 年 3 月 20 日，某健康保险股份有限公司深圳分公司向喻某出具《理赔决定通知书》，告知喻某违反了健康告知第二条的要求，根据《中华人民共和国保险法》第十六条的相关规定，本次理赔不予赔付，并解除保险合同，不退回保费。

【案件焦点】

如何认定投保人是否履行了如实告知义务。

【法院裁判要旨】

重庆市沙坪坝区人民法院经审理认为：投保人的如实告知义务范围仅限于保险人询问的范围与内容，且属投保人明知的事实，同时该询问应当具体、明确。案涉三份保险合同虽均约定了被保险人患有精神和行为障碍［以世界卫生组织颁布的《疾病和有关健康问题的国际统计分类》第十次修订版（ICD-10）为准］的，保险公司不承担给付保险金的责任，但合同中关于“精神和行为障碍”的指向模糊，未具体列举疾病名称或异常的情形，且投保人在投保时通常不会查阅上述国际统计分类标准，因此普通投保人对“精神和行为障碍”项下涵盖的具体疾病名称难以作出准确判断。在保险合同未对“精神和行为障碍”作出特别说明或专业解释的情况下，让投保人对“抑郁症”是否属于“精神和行为障碍”进行判断并承担相应后果，不合理且有失公平。喻某虽明知其曾患过抑郁症，但其在投保时认为病情已经得到控制，且保险事故发生后，某健康保险股份有限公司工作人员对其进行询问时，其亦如实告知曾经患有抑郁症，主观上不存在隐瞒的故意或过失，据此认定喻某不存在故意或因重大过失未履行如实告知义务。即使喻某存在重大过失，某健康保险股份有限公司也未就原告未如实告知事项（即曾患有抑郁症）与保险事故的发生（即罹患原发性支气管肺癌浸润性腺癌）之间的因果关系进行举证，无法证明喻某未履行该义务对保险事故的发生具有重大影响。

重庆市沙坪坝区人民法院依照《中华人民共和国保险法》第十六条第一款、第十七条、第二十二条，《最高人民法院关于适用〈中华人民共和国保险法〉若干问题的解释（三）》第十九条、第二十条，《中华人民共和国民事诉讼法》第六十七条，《最高人民法院关于适用〈中华人民共和国民事诉讼法〉的解释》第九十条之规定，判决如下：

一、确认被告某健康保险股份有限公司解除保险合同的行为无效，保险合同继续履行；

二、被告某健康保险股份有限公司于本判决发生法律效力之日起五日内赔付原告喻某保险金 64157.97 元；

三、驳回原告喻某的其他诉讼请求。

某健康保险股份有限公司不服一审判决，提起上诉。

成渝金融法院经审理认为：某健康保险股份有限公司在喻某投保时向其询问是否患有“精神疾病”，而喻某未告知其曾患抑郁症的事实，不构成对如实告知义务的违反，且案涉保险事故并非由“精神和行为障碍”引起。

成渝金融法院依照《中华人民共和国民事诉讼法》第一百七十七条第一款第一项之规定，判决如下：

驳回上诉，维持原判。

【法官后语】

保险合同是典型的射幸合同，基于人身保险合同保险标的的特殊性，订立保险合同必须以诚实信用为原则，如实告知义务则是基于诚实信用原则为投保人设定的法定义务。《中华人民共和国保险法》第十六条对投保人的如实告知义务进行了明确规定，投保人如在订立保险合同时故意或因重大过失未履行如实告知义务，足以影响保险人决定是否同意承保或者提高保险费率的，保险人有权解除合同。但审判实践中，对于保险人以投保人未履行如实告知义务为由、要求解除合同的案件，如何认定投保人是否履行了如实告知义务并没有统一的判断标准。

一、如实告知义务的范围和认定标准

《中华人民共和国保险法》第十六条规定了投保人如实告知义务的范围和内容，投保人的如实告知义务应以保险人询问事项，以及投保人明知为限，同时该询问应当具体、明确。因保险人询问的范围和内容是其判断承保风险的重要依据，故投保人应基于诚信原则对保险人的询问事项如实告知。如果投保人所告知事项与客观情况不符，那么能否直接认定投保人未履行如实告知义务？对此，《最高人民法院关于适用〈中华人民共和国保险法〉若干问题的解释（二）》第六条第一款明确了保险人有对保险条款内容和填写不实进行举证的义务。因保险人对投保人的告知行为有相应的指导和一定程度的审查义务，[①] 故，若保险人一方未尽到合理的解释、说明义务导致投保人告知不实，或者保险人一方在投保人告知过程中存在过失或明知不实而默认的情形，则应当推定

① 卞春元、陈晖：《对投保人履行如实告知义务的几点思考》，载《山东法官培训学院学报（山东审判）》2012 年第 1 期。

投保人已经履行了如实告知义务。

本案中，保险合同虽约定被保险人患有精神和行为障碍的，保险公司不承担给付保险金的责任，但合同中关于“精神和行为障碍”的指向模糊，且保险公司并未举证证明其对“精神和行为障碍”尽到了合理的解释说明义务，因此，喻某未告知其曾患抑郁症的事实，不构成对如实告知义务的违反。

二、投保人未履行如实告知义务的判断逻辑

人身保险的保险标的通常是被保险人的生命、健康，而保险人系基于投保人的陈述或己方调查等对保险标的作出判断，从而决定是否同意承保或者提高保险费率。若投保人在订立合同时对“足以影响保险人决定是否同意承保或者提高保险费率”的重要事实进行隐瞒，将极大地增加保险人的承保风险。《中华人民共和国保险法》第十六条第二款、第四款、第五款仅规定了投保人因故意或重大过失未履行如实告知义务的法律后果，未规定故意或重大过失的举证责任。根据保险合同的诚实信用原则，保险人是基于对投保人告知内容的信赖与之订立合同的，如果让其对投保人的主观心态来举证，显然是让保险人承担了额外的注意义务。[①] 因此，当保险人对合同中重要事实进行询问时，投保人对此予以隐瞒或未如实回答的，除有相反证据外，可推定其主观上存在故意。未告知事项是真实存在的且对保险事故的发生有因果关系[②]，按照一般理性投保人的认知会予告知的，则可认定其存在重大过失。

三、投保人未履行如实告知义务的法律后果

根据《中华人民共和国保险法》第十六条第二款、第四款、第五款的规定，投保人未履行如实告知义务的法律后果是保险人有权解除保险合同，并对合同解除前发生的保险事故不承担赔偿或者给付保险金的责任。而在审判实践中，对于保险人拒绝承担保险责任的，是否必须先解除合同，存在争议。第一

---

① 胡夏：《投保人不履行如实告知义务，保险人有权解除合同》，载《人民司法·案例》2008年第2期。

② 潘红艳：《〈保险法〉中投保人如实告知义务条文的结构性解读及完善》，载《法学杂志》2020年第2期。

种观点认为，保险公司可单独以投保人未履行如实告知义务为由拒绝承担保险责任，而不必以解除保险合同作为前置程序。第二种观点认为，保险公司因投保人未履行如实告知义务而拒绝承担保险责任的前提条件是保险合同已解除。笔者赞同第二种观点，因《中华人民共和国保险法》第十六条第四款、第五款规定，“保险人对于合同解除前发生的保险事故，不承担赔偿或者给付保险金的责任”，从文义理解的角度看，保险人拒赔的前提条件是已解除保险合同。另外，《最高人民法院关于适用〈中华人民共和国保险法〉若干问题的解释（二）》第八条亦采此观点。

在认定投保人是否履行如实告知义务的事项时，既应考量该事项是否足以影响保险人决定是否同意承保或者提高保险费率，也应考量投保人主观是故意还是重大过失或是一般过失，以及未告知事项与保险事故之间的因果关系。司法实践中，我们应从案件事实出发，综合考量如实告知义务的履行情况，在个案中实现最大诚信原则和公平原则。

编写人：重庆市沙坪坝区人民法院　王晓琴

46

保险合同复效期间投保人如实告知义务的履行问题

——程某诉保险公司人身保险合同案

【案件基本信息】

1. 裁判书字号

湖北省武汉市江岸区人民法院（2023）鄂0102民初18010号民事判决书

2. 案由：人身保险合同纠纷

3. 当事人

原告：程某

被告：保险公司

【基本案情】

2016年8月2日，投保人陈某以程某为被保险人向保险公司投保人身保险，主险为某终身寿险（基本保险金额为490000元）、附加险为某重疾险（基本保险金额为480000元）等。

《提前给付重大疾病保险（2015）》第1.1条保险责任“重大疾病保险金”约定，被保险人经医院确诊初次发生“重大疾病”，我们按照基本保险金额给付重大疾病保险金。我们给付重大疾病保险金后，本附加险合同终止，主险合同基本保险金额按给付的重大疾病保险金等额减少；主险合同约定的各项保险责任及保险单上载明的现金价值按减少后的基本保险金额确定。当主险合同基本保险金额减少至零时，主险合同终止。第3.3条“效力中止与恢复”约定，在本附加险合同效力中止期间，我们不承担保险责任。本附加险合同效力中止后2年内，您可以申请恢复合同效力。经您与我们协商并达成协议，自您补交保险费之日起，合同效力恢复。主险合同效力中止期间，本附加险合同不得单独申请复效。自本附加险合同效力中止之日起满2年您和我们未达成协议的，我们有权解除合同。我们解除合同的，向您退还合同效力中止时本附加险合同的现金价值。第7条“重大疾病释义”第1类为与恶性肿瘤相关的疾病。第9.6条约定适用主险合同条款包括保险事故通知、明确说明与如实告知、本公司合同解除权的限制、未还款项、合同内容变更、联系方式变更、争议处理。

陈某应于每年8月2日缴纳当年保险费，其实际于2017年8月7日、2018年9月20日、2019年9月23日、2020年9月21日缴纳了第2—5年的保险费，后未缴纳保险费，保险合同效力中止。

2022年5月9日，陈某、程某向保险公司申请复效。陈某在申请时的回答告知事项中对以下问题均作“否定”回答：“06. 原保单生效之日起至今是否去医院进行过门诊的检查、服药、手术或其他治疗？”“07. 原保单生效之日起至今是否曾有医学检查（包括健康体检）结果异常？”同日，保险公司同意对主险及部分附加险复效，同意复效的附加险中包括某重疾险，缴费时间为2022年

8月2日。2022年9月7日，陈某缴纳了2022年8月2日至2023年8月2日的保险费。

另查明，2022年5月7日，程某前往甲医院进行超声检查，报告单显示其甲状腺右侧叶低回声结节伴微小钙化斑（TI-RADS 4b类）。5月12日，程某前往乙医院进行超声检查，报告单显示其甲状腺右侧叶囊混合性病灶（TI-RADS 3类）。

5月23日，乙医院的穿刺、脱落细胞病理学检查报告单显示，程某右甲状腺滤泡上皮细胞、部分细胞分化尚好、部分细胞排列稍紧密，可见核内包涵体样物，多核巨细胞，建议进一步检查。

程某因患甲状腺恶性肿瘤于2022年11月21日至27日前往乙医院住院治疗，于11月23日行"腔镜下右侧甲状腺及峡部切除+中央区淋巴结清扫+喉返神经探查及监测+纳米碳淋巴结示踪及负显影术"，出院诊断为甲状腺恶性肿瘤。

11月28日，乙医院出具病理检查报告单，显示程某住院期间手术送检结果为（右侧）甲状腺乳头状癌（癌灶直径：0.4cm，数目：1个）。

12月28日，程某申请理赔，保险公司认为投保人在复效时未如实告知，严重影响其复效决定，故于2023年1月19日作出解除保险合同、不给付保险金、不予豁免保险费、退还保险费52508.13元的决定。

【案件焦点】

1. 人身保险合同复效期间投保人是否负有如实告知义务；2. 本案保险合同复效时投保人是否履行了如实告知义务；3. 人身保险合同复效对不可抗辩的适用是否产生影响。

【法院裁判要旨】

湖北省武汉市江岸区人民法院经审理认为：关于人身保险合同复效期间投保人是否负有如实告知义务的问题。《中华人民共和国保险法》第十六条第一款规定，订立保险合同，保险人就保险标的或者被保险人的有关情况提出询问的，投保人应当如实告知。由此可见，我国相关法律明确规定的投保人如实告知义务仅限于订立保险合同之时。但是，保险合同的中止和复效对保险人而言也隐藏着逆选择之风险，即如果投保人恶意拖欠保费致使合同中止，又于危险增加时请求合同复效，造成高于平均风险的群体以平均保费获得补偿，从而损害其他投保人利益。因此，《中华人民共和国保险法》第三十七条规定，申请保险合同复效并不必然导致复效的结果，《最高人民法院关于适用〈中华人民共和国保险法〉若干问题的解释（三）》第八条进一步明确，被保险人的危险程度在合同效力中止期间显著增加的，保险人可拒绝复效。而被保险人的危险程度是否显著增加，无法离开投保人对合同效力中止期间的如实告知义务，故法院认为，人身保险合同复效期间投保人负有如实告知义务。

关于本案保险合同复效时投保人是否履行了如实告知义务的问题。保险公司认为，被保险人程某于 2022 年 5 月 7 日前往医院行超声检查，报告单载明程某甲状腺右侧叶低回声结节伴微小钙化斑，因此，投保人在案涉保险合同复效时（2022 年 5 月 9 日）已明知程某存在医学检查且结果异常的情形，但仍在保险人的健康询问中作出否定回答，因投保人隐瞒了被保险人在中止期间内危险程度显著增加的事实，导致保险人无法行使拒绝恢复合同效力的权利，故保险公司有权解除合同并不承担保险责任。程某则认为，保险公司并未尽到询问义务，相关内容为概况性条款，程某受专业知识所限，不清楚应告知什么，仅是按保险公司的指示进行操作，因此程某并非因故意或重大过失而不告知。对此，法院认为，《最高人民法院关于适用〈中华人民共和国保险法〉若干问题的解释（二）》第五条规定，保险合同订立时，投保人明知的与保险标的或者被保险人有关的情况，属于保险法第十六条第一款规定的投保人“应当如实告知”的内容。由此可见，判断投保人是否履行了如实告知义务，既要审查被保险人客观上是否患有相关疾病，还应审查投保人对被保险人所患疾病是否主观上知晓。且判断投保人是否构成明知，并非当然源于故意，也可能属于重大过失，例如，投保人明知有医学结果异常，但由于不知道该事实的重要性，或虽知道该事实的重要性，但因重大过失而未告知。本案中，保险公司提出被保险人

“是否曾有医学检查（包括健康体检）结果异常”的询问明确、具体，并未超出普通人正常理解的范围。程某 5 月 7 日的超声结果显示其甲状腺右侧叶低回声结节伴微小钙化斑（TI-RADS 4b 类），因此，可以认定，陈某、程某在 5 月 9 日申请复效时对程某存在医学检查结果异常的情况是明知的，其对保险人“是否曾有医学检查（包括健康体检）结果异常”的提问作出否定回答，应被认定为违反了如实告知义务。

关于人身保险合同复效对不可抗辩的适用是否产生影响的问题。程某认为，案涉保险合同已履行 2 年以上，超过保险法规定的解除合同的最长除斥期间，保险人无权解除合同。对此，法院认为，为防止保险人滥用合同解除权，保护投保人、被保险人的利益，《中华人民共和国保险法》第十六条第三款规定了不可抗辩期间，即保险合同成立之日起超过 2 年的，保险人不得解除保险合同。从法律性质上分析，不可抗辩条款属于除斥期间的规定，经过一定时间，保险人基于最大诚信原则而享有的解除权或拒赔权消灭。不可抗辩期间在保险人和受益人之间作了适当的平衡，最终目的在于追求保险制度中对价平衡及诚实信用基本原则的实现。因此，对复效合同如实告知义务的抗辩，不能仅从法条的字面含义来理解，而应结合复效合同的性质进行判断，即保险合同原有内容的抗辩期应自保险合同成立之日起计算，新告知内容的抗辩期应自复效之日即 2022 年 5 月 9 日起计算。此外，自保险人知道有解除事由之日起，解除权超过三十日不行使而消灭。本案中，程某于 2022 年 12 月 28 日申请理赔，保险公司于 2023 年 1 月 19 日主张解除合同，其解除权系在知道解除事由之日起三十日内行使，故保险公司有权解除案涉保险合同，法院对程某要求保险公司给付保险金、继续履行合同的诉讼请求不予支持。

湖北省武汉市江岸区人民法院依照《中华人民共和国保险法》第五条、第十六条、第三十七条，《最高人民法院关于适用〈中华人民共和国保险法〉若干问题的解释（三）》第八条及《中华人民共和国民事诉讼法》第一百四十五条之规定，判决如下：

驳回原告程某的全部诉讼请求。

一审判决作出后，程某与保险公司均未提出上诉，现判决已生效。

【法官后语】

本案中，针对保险合同复效期间投保人如实告知义务的履行问题，有三个争议焦点：一是合同复效期间投保人应否履行如实告知义务；二是合同复效期间投保人应告知的内容如何确定；三是人身保险合同复效对不可抗辩的适用是否产生影响。

一、合同复效期间投保人应当履行如实告知义务

保险合同的复效，是指在导致保险合同效力中止的事由消除后，经过一定的程序，被中止的合同效力得以恢复。[①] 复效制度是保险法独有的一项重要制度，对于维持保险合同效力，以及保护投保人、被保险人、保险人权益具有重要的意义。基于人身保险合同的特殊性，对投保人来说，人身保险可被视为一种投资和储蓄的手段，因此，为避免强制储蓄的情形发生，保险法规定，保险费不得成为诉讼中可以主张的债权，是否继续缴纳保险费，由投保人自行决定。当然，根据对价平衡原则，保险公司也不必对未缴纳保险费的保险合同承担保险责任。但是，如果仅因投保人疏忽或暂时的经济困难迟延缴纳保险费，就此丧失保险金给付请求权，则对双方当事人都不利：对投保人而言，原保险合同已具有现金价值，且随着被保险人年龄的增长或健康状态的变化，再购买新的保险往往需要更高的保费或者无法再次购买新的保险产品；对保险人而言，其显然更希望原保险合同继续有效以获取经营收益。基于这两方面的考量，人身保险合同中的复效制度得以建立。

关于复效后保险合同的性质，存在三种不同观点。第一种观点为复效合同为当事人签订的新合同，因为保险人重新筛选了被保险人的风险，投保人对被保险人的情况又有了新的陈述，所以，复效后的保险合同应视为新的合同。第二种观点为复效合同是原合同的延续。第三种观点为复效合同是原合同与新合同的组合。笔者认为，复效制度的宗旨在于维持原合同的效力，若将复效后的

---

① 韩长印、韩永强编著：《保险法新论》，中国政法大学出版社2010年版，第119页。

合同视为一份新的合同，则将与复效制度的宗旨矛盾。相较而言，第二种观点及第三种观点与复效制度的宗旨相契合，考虑到组合说注意到原合同内容与复效后合同内容之间的差别，能较好地在保险人与被保险人之间达成利益平衡，故笔者认同该观点。

《中华人民共和国保险法》第十六条第一款规定，订立保险合同，保险人就保险标的或者被保险人的有关情况提出询问的，投保人应当如实告知。由此可见，我国保险法明确规定的投保人如实告知义务仅限于订立保险合同之时。因此，有观点认为，保险合同复效时投保人不应承担如实告知的义务。对此，笔者认为，保险合同的中止和复效对保险人而言隐藏着逆选择之风险，如果投保人恶意拖欠保费致使合同中止，又于危险增加时请求合同复效，造成高于平均风险的群体以平均保费获得补偿，则实质上损害了其他投保人的利益。因此，《中华人民共和国保险法》第三十七条规定，投保人申请保险合同复效并不必然导致保险合同成功复效的结果，《最高人民法院关于适用〈中华人民共和国保险法〉若干问题的解释（三）》第八条则进一步明确，被保险人的危险程度在合同效力中止期间显著增加的，保险人可拒绝复效。而被保险人的危险程度是否显著增加，离不开投保人在合同复效时的如实告知义务，故笔者认为，人身保险合同复效时投保人负有如实告知的义务。

二、保险合同复效期间投保人履行如实告知义务的内容应予以限缩

结合保险合同复效的性质，笔者认为，复效期间投保人如实告知义务的内容应予以限缩，即投保人无须就原合同订立时已经告知的内容再次告知，仅需对保险人复效时的询问内容进行告知，且内容系关于中止期间“危险程度显著增加的”，“足以影响保险人决定是否同意承保或者提高保险费率的”。具体到本案，程某5月7日的超声结果显示其甲状腺右侧叶低回声结节伴微小钙化斑（TI-RADS 4b类），因此，可以认定，陈某、程某在5月9日申请复效时对程某存在医学检查结果异常的情况是明知的，其对保险人“是否曾有医学检查（包括健康体检）结果异常”的提问作出否定回答，隐瞒了程某在中止期间内危险程度显著增加的事实，导致保险人无法行使拒绝恢复合同效力的权利，故

应被认定为违反了如实告知义务，保险公司有权解除合同并不承担保险责任。

三、保险合同复效时新告知内容的不可抗辩期间应从复效之日起计算

在保险合同复效的情况下，不可抗辩期间的起算日如何确定？有观点认为，不可抗辩期间应从合同订立时起算；也有观点认为，不可抗辩期间应从复效之日起算；还有观点认为，不可抗辩期间应当自保险合同效力恢复之日起算。笔者认为，从法律性质上分析，不可抗辩条款属于除斥期间的规定，经过一定时间，保险人基于最大诚信原则而享有的解除权消灭。不可抗辩期间在保险人和受益人之间作了适当的平衡，最终目的在于追求保险制度中对价平衡原则及诚实信用基本原则的实现。因此，对复效合同如实告知义务的抗辩，不能仅从法条的字面含义来理解，而应结合复效合同的性质进行判断，即保险合同原有内容的抗辩期间应自保险合同成立之日起计算，新告知内容的抗辩期间应自复效之日起计算。此外，解除权自保险人知道有解除事由之日起，超过三十日不行使而消灭。本案中，新告知内容的抗辩期间应自复效之日即2022年5月9日起计算，程某于2022年12月28日申请理赔，保险公司于2023年1月19日主张解除合同，其解除权系在知道解除事由之日起三十日内行使，故保险公司有权解除案涉保险合同。

编写人：湖北省武汉市江岸区人民法院　余敏　景洋

47

发现未告知的新事由可否拒赔、前七日后三十日应系合同范围条款还是免责条款

——曹某诉某财险公司健康保险合同案

【案件基本信息】

1. 裁判书字号

北京金融法院（2023）京 74 民终 964 号民事判决书

2. 案由：健康保险合同纠纷

3. 当事人

原告（被上诉人）：曹某

被告（上诉人）：某财险公司

【基本案情】

2020 年 12 月 7 日，曹某通过网络在某财险公司处续保个人住院综合医疗保险，某财险公司为曹某出具《个人住院综合医疗保险电子保单》。保险期间为 2020 年 12 月 8 日 0 时 0 分 0 秒至 2021 年 12 月 7 日 23 时 59 分 59 秒。

《个人住院综合医疗保险（2020 版 B 款）保险责任》第六条规定，在保险期间内，本保险合同的保险责任如下……（二）重大疾病医疗保险金：在保险期间内，被保险人因意外伤害或等待期后因意外伤害之外的其他因素，经医院专科医生初次确诊罹患本保险合同所约定的重大疾病（无论一种或者多种），并在医院接受治疗的，保险人首先按照前款约定给付一般医疗保险金，当累计给付金额达到一般医疗保险金的保险金额后，保险人依照下列约定给付保险金：1. 重大疾病住院医疗保险金　被保险人因罹患本保险合同所约定的重大疾病

（无论一种或多种），经医院专科医生诊断必须住院治疗，对其住院期间实际支出的合理且必要的重大疾病住院医疗费用，保险人在保险金额范围内，按照约定医院范围及对应的给付比例给付重大疾病住院医疗保险金……2. 重大疾病特殊门诊医疗保险金……3. 重大疾病门诊手术医疗保险金……4. 重大疾病住院前后门急诊医疗保险金　被保险人因本条（二）第 1 点“重大疾病住院医疗保险金”项下的保险事故经医院专科医生诊断必须住院治疗，对其在该次住院前七日内（含住院当日）以及出院后三十日内（含出院当日）进行治疗发生的合理且必要的重大疾病门急诊医疗费用［不包括本条（二）第 2 点“重大疾病特殊门诊医疗保险金”项下的重大疾病特殊门诊医疗费用］，保险人在保险金额范围内，按照约定医院范围及对应的给付比例给付重大疾病住院前后门急诊医疗保险金。

投保前，曹某存在Ⅱ级高血压并进行过子宫切除术，之后其确诊鼻咽癌并向保险公司理赔被拒。保险公司以曹某在投保前已经确诊良性肿瘤为由向曹某发出解除合同通知。

【案件焦点】

1. 某财险公司能否以新发现的事由主张拒赔；2. 前七日后三十日应系合同范围条款还是免责条款。

【法院裁判要旨】

北京市延庆区人民法院经审理认为：某财险公司以曹某未履行如实告知义务为由解除案涉保险合同，但并无证据证实曹某违反如实告知义务，且某财险公司未能证明其所述曹某先前病史对本次保险事故（“鼻咽癌”手术治疗）的发生有严重影响，故某财险公司不享有保险合同解除权，仍应赔付曹某因本次保险事故发生所形成的损失。由于本案系通过网络进行投保，投保程序虽显示有投保须知、免责条款，但投保人是否对其进行了阅读并不影响后续投保程序，在投保程序中也并未特别设置强制停留阅读的程序，确保投保人在合理时间内强制性阅读，理解保险人免责条款内容、相关概念及法律后果。故仅提示阅读及勾选流程并不足以证明某财险公司已向投保人就保险合同中的免责条款进行了明确具体的说明，关于住院前7日及出院后30日内门诊费用的条款系免责条款对投保人不产生效力。

北京市延庆区人民法院依照《中华人民共和国民法典》第五百零九条，《中华人民共和国保险法》第十条、第十三条、第十六条、第十七条，《最高人民法院关于适用〈中华人民共和国保险法〉若干问题的解释（二）》第六条、第十二条以及《中华人民共和国民事诉讼法》第六十七条之规定，判决如下：

一、某财险公司于本判决生效后七日内给付曹某保险金109375.75元；

二、驳回曹某的其他诉讼请求。

某财险公司不服一审判决，提起上诉。

北京金融法院经审理认为：在曹某投保时其并未确诊良性肿瘤，庭审中保险公司以Ⅱ级高血压及行过子宫切除术为由认为其不应赔付，但保险公司该新发现的事由已经超过保险合同成立后两年，保险公司的合同解除权已经消灭，在未行使合同解除权时，其主张拒赔亦不能支持。本案系个人住院综合医疗保险，住院前七日、出院后三十日门急诊费用不予赔付的规定系保险范围条款，而非免责条款，保险公司不需予以特殊提示说明，故就符合保险范围内的保险金判决保险公司予以赔付。

北京金融法院依照《中华人民共和国民事诉讼法》第一百七十七条第一款第二项的规定，判决如下：

一、撤销北京市延庆区人民法院一审民事判决；

二、某财险公司于本判决生效后七日内给付曹某保险金103231.91元；

三、驳回曹某的其他诉讼请求。

【法官后语】

一、关于投保人如实告知义务的反思

投保人的如实告知义务是保险法的基石，系诚实信用原则在《中华人民共和国保险法》中的具体体现，从1995年《中华人民共和国保险法》开始，历经数次修订，直到2015年《中华人民共和国保险法》，均包括如实告知义务的内容规定。国际上关于如实告知义务的履行方式有两种立法模式，分别是无限告知主义和询问告知主义。无限告知主义要求投保人（包括被保险人）告知的事项不以询问为限，只要是与保险标的或被保险人有关的任何重要事实，投保人都有义务告知保险人，该告知方式对投保人的要求较为严格，有悖于民法中的公平原则，故目前为大多数国家所采用的是询问告知主义模式。询问告知（即投保人的告知）范围仅限于保险人询问的问题，对于保险人没有询问的事项无须告知。我国保险法采取的也是询问告知主义模式，该模式有利于维护投保人的利益，防止保险人动辄以投保人未履行告知义务为由主张合同无效或拒绝承担赔偿责任。投保人告知的应当是足以影响保险人决定是否同意承保或者提高保险费率的事实，该项规定表明告知义务的内容应是"重要事项"而不是有关保险标的的所有事项。

实践中，被保险人在理赔时，保险公司会调查被保险人的病历本、病程记录、住院病志、入出院记录等相关材料，以进一步核查被保险人在保险合同订立前是否已经患有相关疾病、是否未在投保时向保险公司如实告知，进而主张合同解除、拒绝赔付。但同时《中华人民共和国保险法》在2009年修订时也借鉴了其他国家保险法中关于解除权除斥期间的规定，即规定了自保险合同成立以来两年的最长期间，以约束怠于行使权利的保险人。

本案较为特殊，保险公司据以解除保险合同的事由并不成立，而在诉讼中以投保人另有其他事项未如实告知为由主张拒绝赔付，但《中华人民共和国保险法》第十六条第四款、第五款关于保险人拒赔权的规定，与该条第二款关于保险人合同解除权的规定之间有内在逻辑联系，保险人行使保险拒赔权的前提是保险人行使合同解除权，在投保人因重大过失未履行如实告知义务对保险事故的发生有严重影响的情形下，保险人应先行使合同解除权，在此基础上方可以拒绝赔付，此举系为了限制保险人解除合同的权利，更在于制约保险人任意以投保人违反如实告知义务为由拒绝赔偿，或者滥用合同解除权，因此当保险公司丧失合同解除权后，不得再依据《中华人民共和国保险法》第十六条第四款、第五款的规定直接拒绝赔付。故本案保险人应该依法承担保险赔偿责任。

二、关于保险范围与免责条款的重视

对于保险合同中免除保险人责任的条款，保险人在订立合同时应当在投保单、保险单或者其他保险凭证上作出足以引起投保人注意的提示，并对该条款的内容以书面或者口头形式向投保人作出明确说明；未作提示或者明确说明的，该条款不产生效力。因此《中华人民共和国保险法》区分了保险合同一般条款以及免除责任条款，对保险人承担的说明义务分别进行规定，即对于一般条款，保险人承担说明义务；对于免除责任条款，保险人要承担更高的说明义务，须达到明确说明的标准。

由于保险合同专业性较强，而且基本上系格式条款，因此投保人对于保险合同条款内容的理解可能存在偏差、误解，导致被保险人、受益人在保险事故发生后得不到预期的保险保障。基于公平原则和最大诚信原则，拥有专业技术优势的保险人应当对涉及对方当事人重大利益的条款进行说明，以使最终成立的保险合同建立在双方充分理解合同条款含义的基础之上。根据保险业的惯例，保险合同中一般都有在特定情况下免除保险人责任的条款。在不违反公平原则的前提下，是为法律所允许的。但需要说明的是，免除保险人责任条款的界定应该符合保险原理，要求保险人承担过重的说明义务会增加其运营成本，可能不利于督促、激励其履行明确说明义务，也就违背了设置保险人明确说明义务制度的初衷。

对保险人提示说明义务的限定亦应在综合考量最大诚信原则的基础上，鉴于信息不对称的前提，尽量实现保险合同的合意，并不是所有与保险责任相关的条款均是免除保险人责任的条款。所谓免责，应当以当事人应承担责任为前提，如保险人无须承担保险责任，则不存在免除一说，故保险人提供的格式条款中用于确定保险责任范围的条款不宜被认定为免除保险人责任的条款。

本案中，曹某投保的系个人住院综合医疗保险，该保险条款包括保险责任章节及责任免除章节，保险责任章节中指明本案保险合同的保险责任包括一般医疗保险金与重大疾病医疗保险金，重大疾病医疗保险金项下包括重大疾病住院医疗保险金、重大疾病特殊门诊医疗保险金、重大疾病门诊手术医疗保险金、重大疾病住院前后门急诊医疗保险金四项。有关住院前七日、出院后三十日的条款系在保险责任章节中重大疾病住院前后门急诊医疗保险金中予以规定，该条款虽然对保险人赔付范围进行了限缩，但其明确了何谓重大疾病住院前后门急诊医疗保险金，并确定了保险责任范围，并非免除保险人责任的条款。因此一审法院关于“前七日后三十日”门诊费用的条款系免除保险人责任的条款，故不发生合同效力的认定有误，二审法院依法予以纠正，刨除不属于保险保障范围的门诊费用并予以改判，符合保险法的精神，且更契合公平原则。

编写人：北京金融法院　耿瑗　刁天

48

投保人过失未履行如实告知义务对保险事故发生没有重大影响，保险人不能免除保险责任

——陆某甲诉某养老保险公司人身保险合同案

【案件基本信息】

1. 裁判书字号

广西壮族自治区贵港市中级人民法院（2023）桂 08 民终 2442 号民事判决书

2. 案由：人身保险合同纠纷

3. 当事人

原告（被上诉人）：陆某甲

被告（上诉人）：某养老保险公司

【基本案情】

2020 年 9 月，陆某甲经体检发现双侧乳腺多发囊性占位，BI-RADS2 级；2021 年 7 月经乳腺 B 超检查，结果显示：双侧乳腺腺体实质光点增强，乳导管

稍扩展，内未见明显光团及占位。

2022年2月23日，某养老保险公司的业务员在陆某甲投保前将《被保险人告知声明书》PDF版通过微信发送其预览，并告知其如实填写既往病史。2022年3月2日，陆某甲向某养老保险公司购买“某终身重大疾病保险A（2021款）”，保险金额30万元，保险期间为2022年3月2日0时至终身。陆某甲在投保时填写《被保险人告知声明书》项下“3. 被保险人是否曾/正患有下列症状、疾病：任何部位的癌症、原位癌、肉瘤、良性或恶性肿瘤、阴影、肿块、囊肿、赘生物、占位、结节？特别是甲状腺结节、乳腺结节、肺部肿块/结节或磨玻璃影、胆囊息肉”一栏时勾选了“否”。

投保后，陆某甲因病住院治疗，被诊断为：右下肺恶性肿瘤微浸润性腺癌，左上肺原位癌。陆某甲向某养老保险公司申请理赔，该公司以陆某甲投保前存在病史，而其投保时未如实履行告知义务为由，解除了与陆某甲之间的保险合同，退还了相应的保险费，并决定不承担给付保险金的责任。

【案件焦点】

1. 陆某甲是否违反如实告知义务；2. 某养老保险公司能否据此解除保险合同并免除保险责任。

【法院裁判要旨】

广西壮族自治区贵港市港北区人民法院经审理认为：某养老保险公司的业务员在陆某甲投保前通过微信将《被保险人告知声明书》PDF版本发送给其预览，并告知其如实填写既往病史。但陆某甲在投保时填写《被保险人告知声明书》“被保险人是否曾/正患有下列症状、疾病……”一栏勾选了“否”，其明知自己曾患有双侧乳腺多发囊性占位，却未将该病症如实告知某养老保险公司，已违反如实告知义务。《中华人民共和国保险法》第十六条第一款规定：“订立保险合同，保险人就保险标的或者被保险人的有关情况提出询问的，投保人应当如实告知。”第二款规定：“投保人故意或者因重大过失未履行前款规定的如实告知义务，足以影响保险人决定是否同意承保或者提高保险费率的，保险人有权解除合同。”根据诚实信用原则，保险告知义务存在的目的在于督促投保人披露与风险相关的事实，以利于保险人评估风险，进而决定承保与否。根据上述法律规定，在保险合同成立后，保险人如果要以投保人没有履行如实告知义务为由解除合同，那么必须证明投保人未告知或不实告知的事项与其评估风险存在因果关系。本案中，陆某甲于 2020 年经体检发现自己患有双侧乳腺多发囊性占位，于 2021 年经乳腺 B 超检查，结果显示内未见明显光团及占位，乳腺已不存在上述病症。虽然陆某甲违反了告知义务，但某养老保险公司未能举证证实陆某甲的上述过往病症足以影响其承保与否或保险费率的提高。陆某甲投保后经医院治疗诊断为右下肺恶性肿瘤微浸润性腺癌、左上肺原位癌，某养老保险公司亦未能举证证实陆某甲的过往病症对其所患上述疾病的发生有严重影响。故案涉保险合同解除的条件未成就，某养老保险公司应在陆某甲发生承保的保险事故时依约承担保险责任。

广西壮族自治区贵港市港北区人民法院依照《中华人民共和国民法典》第五百零九条第一款、第五百七十七条、第五百七十九条、第五百八十四条，《中华人民共和国保险法》第十条、第十六条，《中华人民共和国民事诉讼法》第六十七条，《最高人民法院关于适用〈中华人民共和国民事诉讼法〉的解释》第九十条的规定，判决如下：

某养老保险公司支付陆某甲保险金 300000 元及利息。

某养老保险公司不服一审判决，提起上诉。

广西壮族自治区贵港市中级人民法院经审理认为：因陆某甲同意扣减，故应从保险金中扣减某养老保险公司已退还的保险费。

广西壮族自治区贵港市中级人民法院依照《中华人民共和国民事诉讼法》第一百七十七条第一款第二项之规定，作出如下判决：

某养老保险公司支付陆某甲保险金 289020 元及利息。

【法官后语】

保险合同为射幸合同，本意是为了防范风险、分摊损失。但保险合同要遵循诚实信用原则，投保人应履行如实告知义务。实践中，很多投保人抱着侥幸心理，刻意隐瞒病情，带病投保，结果遭遇拒赔。投保人违反告知义务不仅成为保险公司经常使用的拒赔理由之一，也成为当前理赔难的重要原因。

本案中，陆某甲在投保人身保险时隐瞒既往病史，某养老保险公司能否以陆某甲未履行如实告知义务为由拒赔？根据《中华人民共和国保险法》第十六条第一款的规定："订立保险合同，保险人就保险标的或者被保险人的有关情况提出询问的，投保人应当如实告知。"第二款规定："投保人故意或者因重大过失未履行前款规定的如实告知义务，足以影响保险人决定是否同意承保或者提高保险费率的，保险人有权解除合同。"第四款规定："投保人故意不履行如实告知义务的，保险人对于合同解除前发生的保险事故，不承担赔偿或者给付保险金的责任，并不退还保险费。"第五款规定："投保人因重大过失未履行如实告知义务，对保险事故的发生有严重影响的，保险人对于合同解除前发生的保险事故，不承担赔偿或者给付保险金的责任，但应当退还保险费。"为解决上述问题，结合该法条，审判实践中应当注意：

一、投保人告知义务违反的构成

告知义务是指在保险合同订立时，投保人应当将与保险标的有关的重要事实向保险人如实陈述的义务。告知义务的范围应当以保险人询问的问题为限，对于保险人没有询问的事项，投保人不承担告知义务。我国采用主观主义模式，要求告知义务的违反必须同时具备主观要件和客观要件，即在判断告知义务违反的构成时不仅要考虑投保人客观上是否存在违反行为，还要考虑其主观上是否存在过错。根据上述法条的规定，投保人只有在故意或者重大过失时，才可能违反如实告知义务。此处的"故意"是指，投保人明知某项与风险评估相关的重要事项而故意不告知或者不实告知。重大过失是指，投保人本应知道某项与风险评估相关的重要事项，但因个人疏忽而未知晓，或者本应告知某项其明知的重要事项，但因其个人疏忽而没有告知。本案中，某养老保险公司通过让投保人填写《被保险人告知声明书》的方式向陆某甲询问有关既往病史，陆某甲明知自己曾于2020年患有双侧乳腺多发囊性占位，但其认为上述病症常见于女性，且该病症已于2021年消失，本应在投保人身保险时告知却未如实告知，主观上存在重大过失，构成违反如实告知义务。

二、投保人违反告知义务的法律后果

上述法条对投保人违反如实告知义务设置了两种不同的法律效果，即保险合同的解除和保险人拒绝理赔，分别说明如下：

（一）保险合同的解除

根据《中华人民共和国保险法》第十六条第二款的规定，在保险合同成立后，保险人如果要以投保人没有履行如实告知义务为由解除合同，必须证明投保人未告知或不实告知的事项与其评估风险存在因果关系，即如果其在订立合同时知道投保人未告知或不实告知的事项则不会订立该合同或者以其他条件订立该合同。也就是说，保险人解除合同，除要求投保人具备违反告知义务这一行为要件外，还需该行为与保险人评估风险存在因果关系这一结果要件。

（二）保险人拒绝理赔

保险事故发生后，保险人以投保人没有履行如实告知义务为由解除了保险合同，对于保险合同解除前发生的保险事故，保险人应否承担责任。《中华人民共和国保险法》第十六条第四款、第五款根据投保人主观过错、未告知或不实告知事项与保险事故发生之间的因果关系的不同，分别进行规定：投保人故意不履行如实告知义务的，无须未告知或不实告知事项与事故发生之间有因果关系，保险人即可不承担责任，并不退还保险费；投保人如果存在重大过失，则要求未告知或不实告知事项对保险事故发生有重大影响，保险人才可不承担责任，但需退还保险费。对第五款进行反向推导可得出：投保人因重大过失未履行如实告知义务，但对保险事故发生没有严重影响的，则保险人对于合同解除前发生的保险事故，仍然应当承担赔偿或者给付保险金的责任；根据对价平衡原则，此时保险人无须返还保险合同解除前的保险费。

具体到本案，虽陆某甲未履行如实告知义务，但其所患双侧乳腺多发囊性占位属良性病变，系女性乳腺常见病症，一般能治愈，且在陆某甲投保前该病症已消失，陆某甲的既往病史与某养老保险公司评估风险不存在因果关系，不足以影响某养老保险公司承保与否或保险费率的提高，某养老保险公司亦未能举证证明陆某甲的过往病症对其投保后所患肺癌的发生有严重影响。故案涉保险合同的法定解除条件尚未成就，某养老保险公司不能免除保险责任。

编写人：广西壮族自治区贵港市港北区人民法院　黄明丽

49

投保人投保时如实告知义务的范围及界限的认定

——白甲诉保险公司人身保险合同案

【案件基本信息】

1. 裁判书字号

云南省昆明市中级人民法院（2022）云01民终15502号民事判决书

2. 案由：人身保险合同纠纷

3. 当事人

原告（上诉人）：白甲

被告（被上诉人）：保险公司

【基本案情】

2020年5月，白甲的监护人白乙作为投保人，与保险公司签订了人身保险合同，被保险人为白甲，投保险种为“××A款两全保险”和“附加××A款重大疾病保险”，保险费分别为2577元/年、717元/年，分10年交清，保险金额为30万元，保险期间为2020年5月20日零时至2050年5月19日24时；合同还对其他具体事项进行了约定。合同签订时，保险公司询问投保人白乙：（白甲）是否有畸形、发育迟缓、惊厥、抽搐、脑瘫、先天性疾病或遗传性疾病，投保人白乙回答：否。合同签订后，投保人白乙向保险公司支付了保险费2577元、717元。2020年12月5日，白甲因“发现头颅形状异常9+月”到甲医院进行住院治疗，入院诊断为“矢状缝早闭”；于2020年12月24日出院，出院诊断为“矢状缝早闭”等。2021年2月8日，保险公司作出《保险合同解除函》并送达投保人白乙，载明解除前述人身保险合同。后，保险公司向投保人白乙退还了保险费2577元、717元。

【案件焦点】

保险公司应否承担保险赔付责任。

【法院裁判要旨】

云南省昆明市盘龙区人民法院经审理认为：《中华人民共和国保险法》第十六条规定：“订立保险合同，保险人就保险标的或者被保险人的有关情况提出询问的，投保人应当如实告知。投保人故意或者因重大过失未履行前款规定的如实告知义务，足以影响保险人决定是否同意承保或者提高保险费率的，保险人有权解除合同。前款规定的合同解除权，自保险人知道有解除事由之日起，超过三十日不行使而消灭。自合同成立之日起超过二年的，保险人不得解除合同；发生保险事故的，保险人应当承担赔偿或者给付保险金的责任。投保人故意不履行如实告知义务的，保险人对于合同解除前发生的保险事故，不承担赔偿或者给付保险金的责任，并不退还保险费。投保人因重大过失未履行如实告知义务，对保险事故的发生有严重影响的，保险人对于合同解除前发生的保险事故，不承担赔偿或者给付保险金的责任，但应当退还保险费。保险人在合同订立时已经知道投保人未如实告知的情况的，保险人不得解除合同；发生保险事故的，保险人应当承担赔偿或者给付保险金的责任。保险事故是指保险合同约定的保险责任范围内的事故。”本案中，在案证据甲医院的出院记录等医疗材料显示，原告在2020年12月5日因“发现头颅形状异常9+月”而住院治疗，于2020年12月24日出院，入院诊断、出院诊断均为“矢状缝早闭”。头颅形状异常属于身体畸形，“矢状缝早闭”属于先天性疾病。本案人身保险合同签订于2020年5月，结合甲医院的出院记录载明的“发现头颅形状异常9+月”这一时间节点推断，投保人知道被保险人头颅形状异常这一情况应在涉案合同签订之前。但是，在涉案合同签订阶段，被告询问投保人原告是否有畸形、发育迟缓、惊厥、抽搐、脑瘫、先天性疾病或遗传性疾病时，投保人作出了否定回答。由此可见，投保人未就被告对有关被保险人的情况提出的询问如实进行回答。同时，即便投保人认为其在医院确诊前并不确定原告即患有“矢状缝早闭”疾病，但是从父亲对孩子正常的、应有的关心角度出发，“发现头颅形状异常 9+月”这一情况，也应足以让作为具有完全民事行为能力的、身为人父的投保人清楚、确切地知道自己的孩子存在身体畸形，而投保人在投保时未将此如实告知保险人，亦构成重大过失。因此，根据上述法律规定，作为保险人的被告解除涉案合同并自行退还保险费，并无不当之处，符合法律规定。综上，保险公司无须对本案保险事故承担给付保险金的责任。对于白甲的诉讼请求，法院不予支持。

云南省昆明市官渡区人民法院根据《中华人民共和国保险法》第十六条，《中华人民共和国民事诉讼法》第六十七条、第一百二十一条之规定，作出如下判决：

驳回原告白甲的诉讼请求。

白甲不服一审判决，提出上诉。

云南省昆明市中级人民法院经审理认为：保险公司以投保人在投保时未如实告知被保险人患有先天性疾病、畸形为由向投保人发出解除保险合同通知，上诉人对此不认可，首先，《中华人民共和国保险法》第十六条规定：“订立保险合同，保险人就保险标的或者被保险人的有关情况提出询问的，投保人应当如实告知。投保人故意或者因重大过失未履行前款规定的如实告知义务，足以影响保险人决定是否同意承保或者提高保险费率的，保险人有权解除合同……”故投保人只有在故意或因重大过失未履行如实告知义务的情形下，保险人才有权解除合同。本案中，虽甲医院的出院记录等医疗材料显示白甲在 2020 年 12 月 5 日因“发现头颅形状异常 9+月”到该医院治疗，但“头颅形状异常”在此之前并未有相关病历资料显示其确诊为畸形，在未有专业诊断被保险人患有畸形这一疾病的情况下，作为父亲的投保人不可能认定及期望子女患有畸形，且若投保人在投保前就知晓被保险人存在畸形疾病，则作为父亲却未及时带其就诊明显与人情世故及常理不符，故仅凭甲医院的医疗材料记载上诉人“头颅形状异常9+月”不足以证实投保人存在故意或重大过失未向保险公司履行如实告知义务。其次，《最高人民法院关于适用〈中华人民共和国保险法〉若干问题的解释（二）》第六条规定：“投保人的告知义务限于保险人询问的范围和内容。当事人对询问范围及内容有争议的，保险人负举证责任。保险人以投保人违反了对投保单询问表中所列概括性条款的如实告知义务为由请求解除合同的，人民法院不予支持。但该概括性条款有具体内容的除外。”根据该条的规定，《中华人民共和国保险法》采用的是询问告知模式，即由保险人进行询问，投保人就询问的问题进行告知，投保人告知的范围仅限于保险人询问的问题且必须具体明确，从被上诉人提供的投保单内容“是否有畸形……先天性疾病”来看，保险公司投保时并未询问投保人被保险人是否患有在出生记录中载明的“矢状颅骨重叠”，即该询问内容并不明确，作为投保人亦无相应告知义务。保险公司虽称在保险条款中对先天性疾病作了释义，但该释义仅是记载需依照世界卫生组织《疾病和有关健康19问题的国际统计分类》（ICD）确定，该统计分类并未作为保险合同附件，故投保人无法知晓矢装颅骨重叠属于先天性疾病，也就不存在如实告知。综上，保险公司无权以投保人未履行如实告知义务为由解除合同。再次，保险公司主张，根据保险条款第2.4条责任免除中（8）遗传性疾病、先天性畸形、变形或染色体异常，上诉人的疾病属于先天性疾病，故保险公司亦应免除保险责任。根据《中华人民共和国保险法》第十七条规定：“订立保险合同，采用保险人提供的格式条款的，保险人向投保人提供的投保单应当附格式条款，保险人应当向投保人说明合同的内容。对保险合同中免除保险人责任的条款，保险人在订立合同时应当在投保单、保险单或者其他保险凭证上作出足以引起投保人注意的提示，并对该条款的内容以书面或者口头形式向投保人作出明确说明；未作提示或者明确说明的，该条款不产生效力。”保险条款关于先天性畸形、变形或染色体异常的释义是指被保险人出生时就具有的畸形、变形或染色体异常，其通常依照世界卫生组织《疾病和有关健康19

问题的国际统计分类》(ICD)确定。从上诉人的出生记录等资料记载来看，并未有确诊其出生时患有畸形的内容，出生记录中虽记载“矢装颅骨重叠”，但如前所述，保险公司主张根据前述统计分类该情况属于先天性疾病，但该分类并未作为合同附件内容，也无证据证实被上诉人就“矢装颅骨重叠”属于前述第2.4条责任免除中(8)的范围向投保人明确说明，故保险公司以此主张免赔，法院不予支持，进而其应按照保险合同约定履行保险赔付义务。最后，从白甲提交的病历资料等来看，白甲主张符合保险合同中重大疾病第7.1.80条开颅手术之约定，要求保险公司支付保险金30万元，具有合同依据，故法院予以支持。

云南省昆明市中级人民法院依照《最高人民法院关于适用〈中华人民共和国民法典〉时间效力的若干规定》第一条第三款，《中华人民共和国保险法》第十六条、第十七条，《最高人民法院关于适用〈中华人民共和国保险法〉若干问题的解释(二)》第六条，《中华人民共和国民事诉讼法》第一百七十七条第一款第二项之规定，判决如下：

一、撤销云南省昆明市盘龙区人民法院一审民事判决；

二、保险公司于本判决生效之日起十日内支付白甲保险金30万元。

【法官后语】

《中华人民共和国保险法》虽然确立了询问告知主义的立法模式，但未对告知义务的范围作出明确限定，从保险法的法理而言，投保人应当告知与保险人危险评估有关的情况，只有当投保人未告知的情况足以影响保险合同对价平衡基础时，才构成对告知义务的违反，主要应从以下三方面进行判断：

第一，如实告知义务的范围应当限于投保人知悉的情况。《中华人民共和国保险法》未正面规定告知义务的范围，仅是将投保人存在故意或重大过失等主观过错作为违反告知义务的构成要件，即强调了投保人告知的事项必须是其知悉的事项，否则就不存在主观上的重大过失或过错。《最高人民法院关于适用〈中华人民共和国保险法〉若干问题的解释(二)》第五条的规定将告知义务范围明确限定于投保人“明知”的事项，该规定实质上是对《中华人民共和国保险法》第十六条规定的限缩解释。“明知”是一种隐匿的心理状态，对于如何判断是否“明知”，应综合考量相关证据材料以判断投保人对相关事实、疾病是否明知。一是审查被保险人客观上是否患有相关疾病，二是审查投保人对被保险人的疾病是否主观上知晓。实践中，主要通过结合被保险人的实际病情以及投保人的投保过程等材料，再加上对投保人投保动机的审查，综合判断其是否构成明知，且投保人明知有关保险标的的重大事项而不如实告知的，并不当然构成故意，也可能属于重大过失。重大过失包括：义务人因重大过失而不知道重要事项的存在而未告知；义务人虽知道重要事项的存在但因重大过失而不知其重要性而未告知的。例如，本案中，虽甲医院的出院记录等医疗资料显示被保险人在投保前有“头颅形状异常”的情况，但未有专业诊断被保险人患有畸形，加之之后被保险人进行了数次健康检查，均未显示其患有畸形，作为父亲的投保人也不可能认定及期望子女患有畸形，且若投保人在投保前就知晓被保险人存在畸形疾病，作为父亲却未及时带其就诊明显与人情世故及常理不符，故结合被保险人的病历资料、普通人的朴素认知及人情世故，可知投保人不存在因重大过失未向保险公司履行如实告知义务。

第二，投保人如实告知的范围应当限于保险公司的询问范围，且询问内容应具体明确。之所以限于保险公司的询问范围，是因为保险公司是保险产品的开发设计者，具备专业保险知识，熟知产品涉及的逻辑、特点等，对于应该询问何种事项最清楚，且有权决定是否与投保人签订保险合同，在保险合同关系中属于强势缔约一方，而判断什么事实具有重要性是一个技术问题，亦应当由从事保险业务的保险人进行判断，因此应该由保险公司对影响合同签订的重要事项进行询问，而不是完全依赖投保人自觉告知。保险法司法解释相关规定明确了对询问范围及内容有争议的，保险人负举证责任。司法实践中，保险公司大多采用询问表等书面形式列明向投保人询问的事项，但其中部分仅为概括性及兜底性询问，所谓概括性条款是指缺乏具体内涵、外延难以界定的条款。如本案中，投保时，保险公司询问被保险人是否患有“先天性疾病”，众所周知，“先天性疾病”外延较广，涉及医学领域的专业知识，作为不具备该方面知识的普通人，即使在被保险人出生记录中载明“矢装颅骨重叠”，也无法判断属于“先天性疾病”，即该询问内容并不明确，作为投保人亦无相应告知义务。

第三，投保人如实告知的范围限于“足以影响保险人决定是否同意承保或者提高保险费率的”重要事实。至于何为“重要事实”，应理解为影响保险人订约意向的重要事实。《中华人民共和国保险法》第十六条第二款明确规定了只有在如实告知的事实足以影响保险人决定是否同意承保或者提高保险费率时，保险人才有权解除合同。法律对“重要事实”的具体内容并无明确规定，因此确定此类事实应当从具体的保险险种出发，结合未如实告知内容与保险事故之间的因果关系进行具体分析。例如，本案中，虽甲医院的出院记录等医疗资料显示被保险人在投保前有“头颅形状异常”的情况，但因新生儿颅骨较软且富有弹性，在受到外力作用时容易变形，有时可能因出生时被产道挤压头颅形状也会有变化，形状异常不能代表畸形，加之无正式的医院诊断为畸形，投保人作为非医学人士的普通民众，都会认为头颅形状可能会随着新生儿发育而变化，尚未达到足以影响保险公司决定是否同意承保或提高保险费率的程度。再如，在投保人投保时询问是否患有乳腺疾病，投保人选择“否”，之后投保人因患子宫内膜高分化腺癌主张保险公司承担保险赔付责任，此时因投保人所患疾病“子宫内膜高分化腺癌”与其未如实告知的健康情况“乳腺增生”的患病部位、患病性质、严重程度均不相同，关联性不大，故未如实告知内容与此次保险事故并无直接的因果关系，不能认定投保人未如实告知内容对所发生的保险事故有重大影响，以及足以影响保险人决定是否同意承保或者提高保险费率。

通过以上分析可知，投保人的如实告知义务除依赖于自身的诚实信用外，主要依赖于保险公司询问的内容是否具体、明确，部分保险公司认为若问题太过细致，则可能造成询问事项的烦琐，也有可能排除掉大量客户群体，减少了潜在的投保人、被保险人签约保险合同的机会，使保险人保险费收益受损，但无疑，如果将询问内容进行精细化和明细化，将会极大减少此类争议和纷争，引导保险行业健康发展，切实保障保险人、投保人及被保险人的合法权益，进而建立良好的、蓬勃发展的保险金融环境。

编写人：云南省昆明市中级人民法院　李娜

50

互联网保险中明确说明义务履行方式的司法认定

——盛某甲诉某保险公司人身保险合同案

【案件基本信息】

1. 裁判书字号

上海金融法院（2023）沪74民终2037号民事判决书

2. 案由：人身保险合同纠纷

3. 当事人

原告（被上诉人）：盛某甲

被告（上诉人）：某保险公司

【基本案情】

2020年起，盛某甲作为投保人及被保险人每年在某保险公司处投保百万医疗保险，其中，2022年投保的保单对应的保险期间为2022年5月26日0时至2023年5月25日24时。保单约定，恶性肿瘤——重度医疗费用补偿限额2000000元（给付比例100%，等待期30日）。

保险条款（2021版）第2.2.2条约定："对于以下医疗费用，保险人不承担给付保险金责任……（4）未经医生处方自行购买的药品费用；在非本保险合同约定医院或医疗机构药房购买药品发生的费用……"第9.17条约定："药品费指实际发生的合理且必要的、由医生开具的、具有国家药品监督管理部门核发的药品批准文号或者进口药品注册证书、医药产品注册证书的国产或进口药品的费用。但不包括营养补充类药品、免疫功能调节类药品、美容及减肥类药品、预防类药品，以及下列中药类药品：1. 主要起营养滋补作用的单方、复方中药或中成药品，如花旗参，冬虫草……”

盛某甲于 2020 年 8 月经医院诊断确诊为肝继发恶性肿瘤、横结肠恶性肿瘤，后进入持续性的化疗及靶向治疗中。一审法院庭审中，盛某甲、某保险公司确认因 2022 年保单条款发生变化，某保险公司不再赔付盛某甲因治疗而产生的外购药。

因治疗前述疾病，盛某甲于 2021 年 8 月 16 日至 2023 年 3 月 21 日共产生外购药费 46 笔，共计 230445. 20 元；于 2020 年 12 月 31 日至 2023 年 1 月 10 日共计产生中药费 20 笔，发票金额为 25617. 82 元，个人自负 3916. 99 元。

【案件焦点】

涉案第 2. 2. 2（4）条保险条款的效力认定。

【法院裁判要旨】

上海市黄浦区人民法院经审理认为：某保险公司未提供有效证据证明其在盛某甲投保过程中，对免责条款的内容已经以足以引起盛某甲注意的文字、字体、符号或者其他明显标志作出提示并履行相应的说明义务，故涉案第 2. 2. 2 条（4）在本案中不产生效力。此外，除盛某甲在中山医院购买的四笔中药费共计 649. 97 元外，其余中药费用的赔付请求，鉴于盛某甲系自行在药店购买，未能证明上述中药和涉案疾病治疗的关联性，故不予支持。

上海市黄浦区人民法院依照《中华人民共和国保险法》第二条、第十七条，《最高人民法院关于适用〈中华人民共和国保险法〉若干问题的解释（二）》第九条第一款、第十一条、第十三条，《中华人民共和国民事诉讼法》第六十七条第一款，《最高人民法院关于适用〈中华人民共和国民事诉讼法〉的解释》第九十条之规定，判决如下：

某保险公司支付盛某甲保险理赔款 231095. 17 元。

某保险公司不服一审判决，提出上诉。

上海金融法院经审理认为：涉案第 2. 2. 2（4）条保险条款位于责任免除部分，应认定属于免除保险人责任的条款。本案中，虽某保险公司提交了 2022 年的投保人声明（对应起保时间2022年5月26日0时至2023年5月25日24时）及相关影像录屏视频，但从该投保人声明所载明的文字表述看，某保险公司难以证明其就其中的《保险条款》《投保声明》《特别约定》《投保须知》《免责声明》等向盛某甲履行了说明义务，更难以证明已对涉案第2.2.2（4）条保险条款向盛某甲尽到了明确说明义务。

此外，盛某甲通过电子方式投保起保日期为2021年5月26日的“人人安康”百万医疗保险时，新增了涉案第2.2.2（4）条保险条款。但某保险公司所举证的2021年的投保人声明（对应起保时间2021年5月26日0时至2022年5月25日24时）及相关影像录屏视频，均无法证明某保险公司对该处新增免责条款向盛某甲进行了充分的告知及明确的说明。因此，上述条款对盛某甲不产生约束力。某保险公司应赔付盛某甲外购药费用及中药费共计231095.17元。

上海金融法院依照《中华人民共和国民事诉讼法》第一百七十七条第一款第一项之规定，作出如下判决：

驳回上诉，维持原判。

【法官后语】

互联网保险因具有缔约的便利性、高效性、跨区域性以及低成本性而广受保险人、投保人的欢迎。但其也存在不足，即与传统的柜面保险相比，保险人与投保人之间面对面的信息交流机会大幅减少，由此使保险人与投保人之间的信息不对称进一步加剧。在此情形下，作为消减信息不对称利器的制度设计即保险人的明确说明义务该如何履行，给司法裁判带来了新挑战。

一、主动还是被动

《中华人民共和国保险法》（以下简称《保险法》）第十七条第一款规定，“……保险人应当向投保人说明合同的内容”。其中，“应当”一词表达了明确说明义务的履行方式应积极、主动。《中华人民共和国民法典》（以下简称《民法典》）第四百九十六条第二款规定：“……免除或者减轻其责任等与对方有重大利害关系的条款，按照对方的要求，对该条款予以说明……”可见，从

《民法典》角度而言，对格式条款的说明义务应是被动的，即格式合同相对方不询问、格式合同提供方不说明。

实践中，对于保险责任免除条款的明确说明义务应当适用《保险法》第十七条第一款的规定进行主动说明，还是应当适用《民法典》第四百九十六条第二款规定进行被动说明，存有不同意见。笔者认为，就明确说明义务的履行而言，《民法典》规定的是被动的说明义务，《保险法》规定的是主动的明确说明义务，虽然两部法律规定均涉及说明义务，但是说明义务的范围广于明确说明义务，两者概念不完全等同，因此《民法典》并未规定明确说明义务应主动履行还是被动履行，而《保险法》明确规定明确说明义务应当主动履行，故就明确说明义务而言应当适用《保险法》的相关规定，即保险人履行明确说明义务应是积极、主动的，而非消极、被动的。

二、强制还是自选

与传统柜面保险可针对不同投保人的需求进行书面或者口头明确说明不同，互联网保险因保险人采取网页、音频、视频等书面或者口头方式，缺乏面对面的沟通与交流，故相对缺乏针对性。在此情况下，相应的网页、音频、视频等告知方式须以保险合同订立时能够强制投保人阅读或知悉为前提。这也是《保险法》第十七条第一款所规定的明确说明义务应是积极、主动的题中之义。故如果保险合同订立时，相关网页、音频、视频不能在投保人选择投保时强制弹窗或者强制播放并以此作为投保人选择投保的前置程序，而是由投保人自行选择是否阅读或者播放，则应认定保险人没有尽到明确说明义务。

三、“你告知”还是“我阅读”

保险人举证其向投保人尽到明确说明义务的电子投保单、电子保险单或者其他电子保险凭证等证据，往往记载了两大类的文字表述。一类表述为保险人已就相关责任免除条款向投保人进行了解释、说明，投保人已清楚相关责任免除条款的含义，愿意投保，即“你告知”型。另一类表述为投保人已就相关责任免除条款进行了阅读，投保人已清楚相关责任免除条款的含义，愿意投保，即“我阅读”型。

其中，“你告知”型在履行明确说明义务的主动性和程度上强于“我阅读”型。由此，能否理解“我阅读”型不符合明确说明义务的积极、主动履行方式，而认定该种履行方式属于未尽到明确说明义务。

就该问题，笔者认为，不应仅仅拘泥于文字表述，而应明确说明义务的直接目标为尽量实现投保人知悉并清楚相关责任免除条款的含义，从而保障投保人对保险产品的知情权和选择权。因此只要是保险人积极、主动履行明确说明义务的方式，均应予以鼓励和认可。因此，虽然“我阅读”型在履行义务的主动性和程度上不如“你告知”型，但其也是一种积极、主动的履行方式。故对“我阅读”型还需结合具体情况进行判断，而不能一概予以否定。

本案中，盛某甲虽阅读了投保人声明，但不能免除某保险公司向盛某甲履行明确说明义务。此外，根据在案证据，某保险公司所举之证据难以证实其向盛某甲就涉案第2.2.2（4）条保险条款尽到了主动、强制的明确说明义务，应承担举证不利的后果。

编写人：上海金融法院　余甬帆

51

罹患疾病符合保险合同赔付范围的情况下，保险公司无权以未提交组织病理学检查报告为由拒赔

——陕甲诉某保险公司人身保险合同案

【案件基本信息】

1. 裁判书字号

江苏省无锡市中级人民法院（2023）苏02民终6422号民事判决书

2. 案由：人身保险合同纠纷

3. 当事人

原告（被上诉人）：陕甲

被告（上诉人）：某保险公司

【基本案情】

2022年3月21日，陕甲向某保险公司投保了某重大疾病保险，被保险人为陕甲，基本保险金额50万元，保险期间为终身，保险费每年8000元，交费期间为30年。保险条款第2.4条约定，“被保险人于等待期后经我们认可的医院确诊初次患有本合同约定的轻症疾病，且此前未确诊患有本合同约定的重大疾病，按基本保险金额的30%给付轻症疾病保险金”。第5.3条申请轻症疾病保险金条款约定，“申请人须提供的特殊证明和资料：我们认可的医院出具的疾病诊断证明书、病历记录和确诊疾病必要的病理检验、血液检验、影像学检查及其他科学方法的检查报告”。第9.1条约定，“恶性肿瘤-轻度……病灶经组织病理学检查结果明确诊断……且特指下列六项之一：（1）TNM分期为Ⅰ期的甲状腺癌”“组织病理学检查指通过局部切除、钳取、穿刺等方法，从患者机体采取病变组织块，经过包埋、切片后，进行病理检查的方法；通过采集病变部位脱落细胞、细针吸取病变部位细胞等方法获取病变细胞，制成涂片，进行病理检查的方法，属于细胞病理学检查，不属于组织病理学检查”。保险合同另对豁免保险费进行了约定。

2022年10月3日，陕甲至江苏某医院进行检查，得知自己甲状腺及引流区淋巴结彩超提示为甲状腺左叶结节，医生建议进一步检查。10月14日，陕甲又至江苏某医院进行检查，检查部分为甲状腺穿刺，超声提示为超声引导下甲状腺左叶肿块细针穿刺。次日，江苏某医院出具细胞报告，载明陕甲临床诊断为甲状腺肿物、细胞诊断为（甲状腺左叶）乳头状癌。11月6日，陕甲至无锡某医院进行复诊，门诊诊断为甲状腺恶性肿瘤。11月14日至12月8日，陕甲至上海某医院进行治疗，二次诊断为甲状腺恶性肿瘤；11月30日，陕甲进行左叶甲状腺下极背侧乳头状癌射频消融手术。

后陕甲申请保险理赔，某保险公司于2022年12月13日作出了不予受理通知书，载明“陕甲因未提供组织病理学检查报告材料，故不予受理，特此通知”。

2023年3月22日，陕甲支付了第二期保费8000元。

【案件焦点】

陕甲未提供组织病理学检查报告材料，保险公司能否依据申请轻症疾病保险金条款不承担保险责任。

【法院裁判要旨】

江苏省无锡市梁溪区人民法院经审理认为：陕甲在保险期间经无锡某医院、上海某医院均诊断为甲状腺恶性肿瘤，上述情况符合案涉保险合同第9.1条约定的轻症疾病之恶性肿瘤–轻度范围。从陕甲入院一系列的医疗检查过程及结果看，其确诊为甲状腺恶性肿瘤的事实客观存在，且按日常逻辑患者在诊疗过程中以治病为目的，患者入院诊断、治疗完全听从于医生的建议和安排，故不能苛求陕甲必须提供组织病理确诊报告以确诊其患恶性肿瘤。陕甲要求某保险公司承担保险责任，符合双方的约定和法律规定。

江苏省无锡市梁溪区人民法院依照《中华人民共和国民法典》第五百零九条第一款、第五百七十七条，《中华人民共和国保险法》第十条、第二十三条之规定，作出如下判决：

一、某保险公司于本判决发生法律效力之日起五日内向陕甲赔付保险金15万元，并豁免其2022年11月以后剩余各期合同保险费；

二、某保险公司于本判决发生法律效力之日起五日内向陕甲返还保险费8000元。

某保险公司不服一审判决，提起上诉。

江苏省无锡市中级人民法院经审理认为：陕甲在保险期间经无锡某医院、上海某医院诊断均确诊患甲状腺恶性肿瘤，诊断医院资质符合保险合同约定，故应认为陕甲已经罹患保险合同所列明的疾病。陕甲提供的疾病诊断材料表明其经穿刺病理学检查后诊断为甲状腺恶性肿瘤，该情形与保险合同中“组织病理学检查”注释的内容并不相悖。此外，保险合同中要求被保险人提供病理学检查结果的目的是证明其已经罹患保险合同所列明的疾病，病理学检查结果只是证明被保险人罹患疾病属于保险合同规定的理赔范围，不能仅以是否提交病理学检查结果作为拒绝理赔的条件。

江苏省无锡市中级人民法院依照《中华人民共和国民事诉讼法》第一百七十七条第一款第一项的规定，作出如下判决：

驳回上诉，维持原判。

【法官后语】

本案的争议焦点在于保险合同中申请轻症疾病保险金条款约定投保人理赔时需提供组织病理学检查报告材料，保险公司能否以此免除给付保险金的责任？对此，笔者认为应从以下三方面进行分析：

1. 从举证责任的角度来看。保险案件中，保险权利人仅需就符合理赔条件进行举证。换言之，权利人的证明责任仅限于举证证明保险合同关系成立有效，且请求事项符合保险责任范围。至于是否系免除或减少保险人责任的事由，应由保险人承担举证责任。本案中，保险条款约定理赔需要提供组织病理学检查报告材料，其目的在于证明被保险人罹患疾病属于保险条款约定的“恶性肿瘤–轻度”，即判断是否属于保险责任范围，而陕甲提交的病历、检查报告、手术记录等资料完全可以证明其罹患的疾病属于甲状腺恶性肿瘤，符合保险合同中关于保险责任范围的约定。某保险公司要求陕甲提交组织病理学检查报告才能予以理赔，属于过分加重了保险权利人的证明义务，这既不符合民事诉讼法中关于举证责任的规定，也违背了公平原则及诚实信用原则的要求。

2. 从保险合同理赔申请条款的合理性来看。《中华人民共和国民法典》第四百九十七条第二项规定，提供格式条款一方不合理地免除或者减轻其责任、加重对方责任、限制对方主要权利，该格式条款无效。关于申请理赔条款是否合理，可以从是否损害权利人的合法权益、是否符合行业规范、是否有违常理等角度进行判断。本案中，陕甲一系列医疗检查结果及手术治疗过程均可确认其患有甲状腺恶性肿瘤，属于保险责任范围。《健康保险管理办法》第二十二条规定，保险公司拟定医疗保险产品条款，应当尊重被保险人接受合理医疗服务的权利，不得在条款中设置不合理的或者违背一般医学标准的要求作为给付保险金的条件。第二十三条规定，保险公司在健康保险产品条款中约定的疾病诊断标准应当符合通行的医学诊断标准，并考虑到医疗技术条件发展的趋势。健康保险合同生效后，被保险人根据通行的医学诊断标准被确诊疾病的，保险公司不得以该诊断标准与保险合同约定不符为理由拒绝给付保险金。故某保险公司要求陕甲必须提供组织病理学检查报告属于设置理赔障碍，且该行为与相关行业规范要求不符，实际上损害了陕甲获得保险金的合法权益，应属不合理条款。

3. 从日常生活实际的角度来看。医学上通常将肿瘤的诊断依据分为5级：临床诊断、专一性检查诊断、手术诊断、细胞病理学诊断、组织病理学诊断，上述诊断依据的可靠性依次递增，组织病理学为最理想的诊断依据。正因如此，人身保险条款中关于肿瘤的判断多要求组织病理学诊断结果。但是，从医学专业角度也可以看出，组织病理学检查并非唯一的检查手段，许多情况下医院也不会进行组织病理学检查，如患者身体情况不允许，或者临床表现典型并经其他几种诊断方式足以确认病情，这些情况就不适合或无必要进行组织病理学检查。本案中，陕甲经多家医院多次诊断为甲状腺恶性肿瘤，并对此进行相应的手术治疗，足以看出其所患疾病符合保险合同约定的理赔标准，不应再苛求其必须提供组织病理学检查材料。另外，患者在诊疗过程中以治病为目的，入院诊断、治疗听从于医生的建议和安排。而且医疗技术的发展日新月异，患者有权选择创伤更小、恢复更快的诊断和治疗方案。

综上，重疾险的理赔不应脱离临床医疗实际，对是否属于保险责任范围的判断应从实际情况出发，以能否准确认定被保险人罹患疾病为标准，避免过分加重被保险人的证明义务。

编写人：江苏省无锡市梁溪区人民法院　窦超

52

人身保险合同中责任范围条款与免责条款的区分

——李某诉某保险公司人身保险合同案

【案件基本信息】

1. 裁判书字号

北京市西城区人民法院（2023）京 0102 民初 7927 号民事判决书

2. 案由：人身保险合同纠纷

3. 当事人

原告：李某

被告：某保险公司

【基本案情】

李某所在的某证券公司作为投保人与某保险公司签订保险协议，被保险人包括李某，重大疾病的保额为 80 万元。保险合同附件中对疾病的具体定义为，恶性肿瘤-重度，指恶性细胞不受控制地进行性增长和扩散，浸润和破坏周围正常组织，可以经血管、淋巴管和体腔扩散转移到身体其他部位，病灶经组织病理学检查（涵盖骨髓病理学检查）结果明确诊断，临床诊断属于世界卫生组织《疾病和有关健康问题的国际统计分类》第十次修订版（ICD-10）的恶性肿瘤类别及《国际疾病分类肿瘤学专辑》第三版（ICD-O-3）的肿瘤形态学编码属于 3、6、9（恶性肿瘤）范畴的疾病。下列疾病不属于“恶性肿瘤-重度”，不在保障范围内（该内容在协议中使用加黑加粗字体显示）：1. ICD-O-3 肿瘤形态学编码属于 0（良性肿瘤）、1（动态未定性肿瘤）、2（原位癌和非侵袭性癌）范畴的疾病，如：（1）原位癌，癌前病变，非浸润性癌，非侵袭性癌，肿瘤细胞未侵犯基底层，上皮内瘤变，细胞不典型性增生等。2022 年 7 月，李某在某医院进行皮肤病损切除手术，手术削切部分异常甲母质，送病理检查，诊断结果为原位恶性黑色素瘤。后李某以患有保险条款中的“重大疾病-重度”为由向保险公司申请理赔。某保险公司出具通知书，认为李某此次出险原因为“原位恶性黑色素瘤”，属于原位癌，不在重大疾病恶性肿瘤-重度的保障范围内，不予赔付。后李某诉至法院。

【案件焦点】

1. 保险合同中关于限定疾病内容的条款是否属于免责条款；2. 李某所患疾病是否属于保险合同约定的“重大疾病-重度”。

【法院裁判要旨】

北京市西城区人民法院经审理认为：案涉保险条款附件对重大疾病中“恶性肿瘤-重度”解释为“恶性细胞不受控制地进行性增长和扩散，浸润和破坏周围正常组织，可以经血管、淋巴管和体腔扩散转移到身体其他部位”，并进一步将不符合上述条款的肿瘤形态学编码的疾病如原位癌予以排除。根据该部分约定，原位癌不属于保险合同约定的“恶性肿瘤-重度”的疾病范围，该约定并非对保险责任的特定免除，而是对保险责任范围的约定，属保险责任范围条款，而非责任免除条款。

首先从李某在医院的诊疗过程看，其在该院进行第一次诊疗时组织切除后，病理诊断为原位恶性黑色素瘤。为确认是否扩散，补充进行扩切并进行病理诊断，诊断结果为未见黑色素细胞异常增生。补切组织内未见突破基底膜的恶性黑色素瘤细胞，不属于突破基底膜的浸润性癌，肿瘤细胞尚未增长、侵袭、扩散、转移。其次，从案涉保险条款对于疾病的约定看，经法院与医院核查可知，李某所患疾病已于 2022 年 7 月 24 日被明确诊断为“原位恶性黑色素瘤”，肿瘤形态学和行为学编码可进一步明确为“M8720/2”。因此李某所患肿瘤行为学准确编码应为“/2”，而非“/3”，故李某所患疾病不在保险条款中“恶性肿瘤-重度”范围内，某保险公司无须承担保险责任。

北京市西城区人民法院依照《中华人民共和国保险法》第十条、第十三条，《中华人民共和国民事诉讼法》第四十条、第六十七条第一款之规定，判决如下：

驳回原告李某的诉讼请求。

宣判后，李某、某保险公司均未提起上诉，一审判决已生效。

【法官后语】

人身保险合同中通常通过列举方式确定承保疾病种类，并通过“释义”等方式对疾病种类进行定义和说明。该类关于疾病定义条款的性质如何，以及该类条款能够辐射的范围如何确定，其逻辑原点和基础在于厘清免责条款和保险责任范围条款的关系。

一、保险责任范围条款和免责条款的关系

保险责任范围条款是指保险事故发生时，保险人依合同应对被保险人或受益人承担赔偿或给付保险金责任的范围条款。免责条款是指保险合同中规定保险公司减轻、免除保险责任的条款，其本质是在保险责任范围内的保险事故发生之后，属于保险责任范围内的、保险公司本应当赔偿或给付的保险金，由于某些特定事由的出现，因此保险公司给付保险金的责任完全或者部分免除。保险责任范围条款和免责条款作为划定保险人责任范围的正、反两面，均是对承保风险范围的具体界定。

保险责任范围条款与免责条款的关系，传统上认为是包含关系，保险责任所指向的责任内容，涵盖责任免除所指向的责任内容，即在保险责任范围之内，保险人不承担赔偿或给付责任方为责任免除①。但是在保险实践中，保险责任范围条款

① 贾林青教授在《〈保险法〉判案新解》一书（贾林青：《〈保险法〉判案新解》，人民法院出版社 2011 年版）、潘红艳副教授在《论保险人的免责条款明确说明义务——以对保险行业的实践考察为基础》一文（潘红艳：《论保险人的免责条款明确说明义务——以对保险行业的实践考察为基础》，载《当代法学》2013 年第 2 期）、最高人民法院在《最高人民法院关于保险法司法解释（二）理解与适用》（最高人民法院民事审判第二庭编著：《最高人民法院关于保险法司法解释（二）理解与适用》，人民法院出版社 2013 年版）中均持该观点。

事实上与免责条款之间的关系不仅限于包含关系，还存在重合、并列等其他关系。①

二、免责条款的范围界定及审查路径

2009年《中华人民共和国保险法》修订后，将免责条款的范围从“保险人责任免除条款”变更为“免除保险人责任的条款”，使保险法上免责条款范围从“形式标准”跨入“实质标准”。关于如何准确界定免责条款的范围及外延，理论和司法实务中均存在不同意见，主要存在三种观点。第一种观点以实质判断为标准，即保险条款中可能限制或免除保险人给付责任的条款均为免责条款。第二种观点以形式判断为标准，免责条款仅指保险合同中单章约定的“除外责任”，其他章节条款均不是免责条款。第三种观点系折中模式，认为除“除外责任”规定外，散落于其他章节的实际免除或限制保险人责任的部分条款，亦属于免责条款。上述三种观点中，折中模式避免了两种极端化认定，但难点在于如何框定免责条款的识别边界。

事实上，保险责任范围条款与免责条款之间的关系不仅限于包含关系，被保险人或者受益人以相关免责条款不产生效力为由要求保险人给付保险金的，法院应当审查保险条款关于保险责任范围的具体规定，以确定事故是否属于保险责任范围，事故不属于保险责任范围的，无须审查事故是否属于免责范围以及相关免责条款的效力；事故属于保险责任范围的，应进一步审查事故是否属于免责条款规定的情形以及免责条款是否有效。

三、疾病释义条款归入保险责任范围条款或免责条款的考量因素

对于“疾病定义”条款是否属于免责条款，应从以下两个方面予以考察：

第一，“疾病定义”条款是否符合一般公众的通常认知和合理期待。保险合同中会对某些疾病确立一定的标准，只有达到这种标准才被认定为合同约定的重大疾病，有时一般公众理解的重大疾病与保险合同约定的重大疾病并非同

① 如本不在保险责任范围条款内的风险，保险合同亦通过免责条款将该等风险明确排除在外，常见情形如意外险中，保险人通常将保险责任范围描述为“被保险人因意外伤害事件造成的死亡伤残，保险人按照合同约定给付保险金”，在责任免除条款中同时约定“被保险人自身疾病所致的死亡和伤残，保险人不承担给付保险金的责任”。

一概念，[①] 如保险公司通过条款约定事实上限缩了保险范围、减轻免除了保险人的责任，并不符合投保人投保的真实意思和公众的合理期待，应当考虑将其认定为免责条款。本案中，原位癌不具备恶性肿瘤的典型特征，故将原位癌排除在重大疾病之外，并未超出一般公众的合理期待。

第二，“疾病定义”条款是否符合通行诊疗规范。世界卫生组织颁布了《疾病和有关健康问题的国际统计分类》，且持续进行修订，并对通行疾病进行了定义。中国保险行业和中国医师协会亦制定了部分重大疾病保险中的疾病定义。参考《健康保险管理办法》第二十三条的规定[②]，被保险人根据通行的医学诊断标准被确诊疾病的，保险公司不得以该诊断标准与保险合同约定不符为理由拒绝给付保险金。因此，如保险人在通行医学诊断标准之外，在疾病定义条款中另行设置保险范围限制条款，应当认定为属于限制对方责任的免责条款。本案中，对于原位癌不属于恶性肿瘤，无论是依据世界卫生组织《疾病和有关健康问题的国际统计分类》，还是我国保险行业协会施行的疾病种类定义，都符合通行的诊疗规范，故本案未将其认定为免责条款。

需要说明的是，从保险责任范围条款与免责条款的应然关系出发，应当谨慎、克制地对保险责任范围相关词语的释义条款进行免责条款认定，否则易导致免责条款规制的不当扩大化倾向。尤其是在释义符合通常理解的情况下，不应认为释义条款实际免除了保险人的责任。只有对于超出公众合理期待及通行诊疗规范的疾病定义，才应当被认定为免责条款，并进一步审查免责条款的效力。

编写人：北京市西城区人民法院　田静霆

---

① 如“双耳失聪”限定为“三周岁以上开始理赔”，三周岁以下的保险公司不予理赔；“心脏瓣膜手术”要求实施了“开胸”，通过“微创”进行并非重大疾病；又如“脑外科手术”为全麻下的开颅手术，不包括颅骨钻孔手术和经鼻蝶窦入颅手术，将颅骨钻孔手术排除在外。

② 该条内容为，“保险公司在健康保险产品条款中约定的疾病诊断标准应当符合通行的医学诊断标准，并考虑到医疗技术条件发展的趋势。健康保险合同生效后，被保险人根据通行的医学诊断标准被确诊疾病的，保险公司不得以该诊断标准与保险合同约定不符为理由拒绝给付保险金”。

53

运用“合理期待原则”解释格式化保险合同条款

——胡某诉某保险公司人身保险合同案

【案件基本信息】

1. 裁判书字号

上海市虹口区人民法院（2023）沪0109民初17944号民事判决书

2. 案由：人身保险合同纠纷

3. 当事人

原告：胡某

被告：某保险公司

【基本案情】

2020年12月31日，案外人甲公司向某保险公司投保团体人身保险。保险单载明保险期间为2021年1月1日0时至12月31日24时，险种包括团体意外伤害保险、团体重大疾病保险等。被保险人清单中包含胡某，所属保障计划对应的重大疾病保险金额为5万元。

重大疾病保险责任条款约定，保险期间内，被保险人因意外首次发病，或在本合同等待期后因非意外的原因首次发病，并在保险人指定或认可的医疗机构由专科医生确诊为本合同所列的一种或多种重大疾病的，保险人按保险单上载明的该被保险人的保险金额给付重大疾病保险金。附表重大疾病定义I型糖尿病：指严重的胰岛素缺乏导致的一组糖、脂肪、蛋白质代谢异常综合征，并且须依赖外源性胰岛素进行机体的葡萄糖代谢和维持生命。本病须经专科医生明确诊断，同时经血胰岛素测定、血C肽测定或尿C肽测定结果证实，并已经接受了持续的胰岛素治疗 180 日以上。

胡某于 2021 年 9 月 7 日至 A 医院入院治疗，当日确诊为 I 型糖尿病。此后，胡某持续接受胰岛素治疗半年以上。

另查明，胡某于 2020 年 7 月 15 日入职，最后工作日期为 2021 年 10 月 20 日。某保险公司批单载明胡某的减保生效日期为 2021 年 10 月 20 日。

胡某认为，I 型糖尿病属于重大疾病，确诊发生在保险期内，故某保险公司应按保单约定给付重大疾病保险金。理赔过程中，某保险公司先是以其使用胰岛素治疗不足半年为由拒赔，至其已接受持续胰岛素治疗满半年，某保险公司又以半年治疗期届满晚于减保生效日期、出险已超出保险期间为由不予赔付。胡某遂起诉请求某保险公司支付保险金 5 万元。

【案件焦点】

被保险人于保险期间内被确诊 I 型糖尿病，但接受胰岛素治疗 180 日以上符合保单重疾险定义时已超出保险期间，该情形是否成立保险责任。

【法院裁判要旨】

上海市虹口区人民法院经审理认为：保险合同关于重大疾病的界定标准及出险认定应当符合医学标准与实践，且应考虑被保险人对重疾确诊的通常理解与对重疾理赔的合理期待。即使保险人在保险合同中通过条款约定确定了承保风险范围，如果被保险人主观上并未理解相关承保范围且依其通常理解可以合理地期待某种风险仍属于保险人的承保范围，尽管这种期待与合同条款约定并不相符，仍有必要保护被保险人的合理期待。本案中，某保险公司经由综合解释保险合同得出 I 型糖尿病的承保范围和赔付条件，即须满足保险期间内持续接受胰岛素治疗 180 日以上才能认定出险。而胡某作为被保险人出于通常理解有理由期待一般情况下其如果在保险期间内首次被医院确诊罹患 I 型糖尿病将获得保险理赔。胡某于 2021 年 9 月经医院确诊为 I 型糖尿病，该确诊事实因未满足持续接受胰岛素治疗 180 日以上的要求，而不能符合保险合同项下 I 型糖尿病的出险条件。由此可见，保险合同对于 I 型糖尿病的界定较医院确诊标准更为严苛，与实践中普遍以医院出具的疾病诊断证明或确诊记录作为疾病确诊依据的通常认知不符，与一般人所理解的持续胰岛素治疗系作为确诊I型糖尿病后的必要治疗手段而非确诊条件的观念亦不相符，有违被保险人对I型糖尿病承保风险范围的合理期待。综上，基于保护被保险人的合理期待，胡某所患疾病符合I型糖尿病的医学定义，某保险公司应承担保险责任。

上海市虹口区人民法院依照《中华人民共和国民法典》第五百零九条第一款之规定，判决如下：

某保险公司于本判决生效之日起十日内支付胡某保险金5万元。

宣判后，双方均未上诉，一审判决已发生法律效力。

【法官后语】

在保险业日益发展的当下，保险合同的定型化、格式化特征更为明显。保险人基于所承保的风险种类，以大数法则精算出险概率、厘定保险责任，并设计制定出复杂冗长的保险条款作为保险合同的组成部分。格式化保险条款的广泛实践虽在一定程度上助推了交易的标准化与便捷度，但也极大地冲击了保险缔约的合意基础。保险人长期以来处于制度性优越地位，掌握着保险责任划定与条款设计的主动权。而投保人或被保险人作为外行群体却无法充分理解保险条款，而出险后却要承受相关条款的约束难以获赔。缔约地位的不对等、保险产品信息分布的差异及保险理赔的免责限定等，对投保人及被保险人而言显失公平。“合理期待原则”作为矫正保险产品信息不对称、优先保护被保险人对保险产品风险分散功能的合理化期待的一种新兴合同解释原则，逐渐进入司法视野。现行《中华人民共和国保险法》虽尚未确立该原则，但相关的保险法司法解释已有规则吸收并彰显了这一原则。本案裁判运用合理期待原则对保险责任条款及I型糖尿病定义条款进行解释，有效保障了被保险人的合法权益。

一、新兴的保险合同解释规则：合理期待原则的内涵与特点

所谓“合理期待原则”，是指当保险合同当事人就格式化条款内容的解释发生争议之时，应以投保人或被保险人对于合同缔约目的的合理期待作为出发点，对相关条款进行解释。相较于传统合同法坚持“明示合同条款须得遵循”

的理念，合理期待原则的解释立场无疑超出了对争议合同条款本身含义的解读，故应以探究投保人或被保险人的合理期待作为解释的基本依据。所谓合理期待，是指投保人或被保险人对于保险标的所遭受风险落入保险责任范围的期待及对保险责任的预见，即使保单中严格的条款术语并不支持这些期待。其一，采纳优先保护保险消费者法益的立场。合理期待原则倾斜保护的是投保人与被保险人一方，而非保险人。其二，对条款的解释适当摒弃了合意性，不再以探究合同双方的一致意思表示为要务，而是以投保人一方的意志与期待作为解释的基准。其三，从一位外行的一般理性被保险人的角度去考察其合理期待，即作为一个不具备保险专业知识与行业经验的普通人的理性预期来解释保单条文。其四，所探究的是投保人或被保险人缔约时的合理期待，而非保险合同履行中或出险后的期待，以避免道德风险。

二、作为合同解释方式的补充：合理期待原则对疑义解释规则的超越

从历史沿革来看，对保险合同条款的解释方法逐渐摒弃了主观的意思主义，客观的表示主义原则得以确立。按照解释方法论，以文字之本身含义来解释保险合同条款，即按照一般理性人认知的字面含义与意义来解释，在此过程中，文义解释处于首要适用位阶。若文字除却普通含义，还包括专业或技术含义，则须进一步考察整体语境及上下文体系是否明确指出该词语应按照特定的专业内涵去理解，或者双方缔约过程中明知或应知该词语具有与一般理解意义相区别的其他专业含义，或进行专业解释方能符合保险合同订立初衷，等等。若采取前述解释方法仍旧无法得出确切结论，即保险条款用语存在含义不明确或多种解释的情况，法院将按照不利于制定者、有利于非制定者的原则进行解释，即司法实践中普遍采用的“疑义解释规则”或“不利解释规则”。《中华人民共和国保险法》第三十条规定，采用保险人提供的格式条款订立的保险合同，保险人与投保人、被保险人或者受益人对合同条款有争议的，如有两种以上解释的，人民法院或者仲裁机构应当作出有利于被保险人和受益人的解释。上述规定表明，若条款语句不存在歧义解释，则法院不应对合同条款作出对保险人不利之解释；若是对合同条款理解发生争议，则考虑到保险合同缔约双方的地位

及信息差别，采用符合被保险人理解的外行解释来理解合同条款才能够矫正被保险人的不利地位、打破不利条款对被保险人的束缚。

合理期待原则超越了前述以文义解释为核心的一系列解释方法以及保险法层面确立的疑义解释规则。即使保险合同条款文义明确，法院仍然可以探求被保险人的合理期待而作出与条款文义不同的解释。例如，保险人以清晰的合同条款明示免责范围，未存在语意含糊或矛盾之处，如若一般投保人依其常识经验可以合理地期待某种风险仍属于承保范围，则尽管这种期待与前述条款规定不相符，仍可判决保险人承担保险责任。考虑到合理期待原则解释的鲜明政策立场，适用该解释原则之前应穷尽一般的合同解释原则，如此可尽量保全合同的本来面貌，又可在被保险人利益可能遭受严重的损害时提供必要救济。作为对传统解释方法及疑义解释规则的补充和支持，合理期待原则的解释方法兼顾处于弱势地位的被保险人群体的朴素认知与心理期待，可更有效地促成被保险人交易目的的达成。

三、合理期待原则在保险纠纷中的运用

在不断优化完善的保险格式条款文本中，保险人采取更为精密周延的体例安排与条文释义来压缩条款争议的空间，适用疑义解释规则的余地被不断缩减。在严谨周密的保险条款的框架下，投保人或者被保险人等希望有效利用保险产品所具有的风险分散功能将自身本应承受的损失或不利益转嫁于保险人承担的合理化期待时常落空。与此同时，人民法院在诉诸合同法一般解释规则时，难以兼顾广大的保险消费者权益保护的法益。合理期待原则的运用有助于打破保险人的制度性优越地位，推动保险人在制定格式化条款时充分考虑利益平衡、鼓励保险人重视信息披露与告知说明，倡导保险行业的诚信经营与公平交易。

合理期待原则作为合同解释规则的有益补充及对弱势被保险人群体的救济性解释规则，须准确界定其适用的对象、方式及位阶等。其一，针对的是处于弱势地位的投保人及被保险人群体。此类群体对格式化保险条款的认知最多限于大致的保障轮廓，并无专业能力与经验去识别冗长复杂的条款对保险责任范围造成的影响或细微差别。若是投保人或被保险人具备专业知识与经验，在保险领域具有较强的谈判磋商能力，则此时无必要再按照一个外行的、未经过专业训练的一般人的理性预期来解释条款。其二，合理预期的确定应结合合同内容、缔约情境、销售行为等综合考虑。首先，在确定被保险人的客观合理期待的内容的时候，法官不能脱离实际仅凭主观臆测，必须结合具体缔约情境与当事人的言行等，否则法官可能将依据职业惯性与个人经验所作的推测异化为被保险人的期待。其次，保险销售过程中销售人员的言语说明、保险产品推介资料上的特征性描述等宣传内容可能对投保人或者被保险人的合理预期产生影响。在保险销售人员刻意误导或者行为诱导的情况下，更可能塑造了被保险人对保险合同的合理预期，此时亦有依照被保险人的通常理解与预期去解释承保范围的空间。其三，合理期待原则作为一项事后救济机制，是针对保险条款利益失衡或保险人缔约时说明义务不足等情形下的补充救济措施。作为一种突破保险合同意思自治的解释规则，其适用位阶上具有劣后性。在穷尽其他中立性的解释原则后仍旧严重减损保险相对方权益的情况下才可适用，以避免保险人滥用专业优势而使保险消费者的权益期待落空。

具体到本案中，保险合同对于I型糖尿病的界定较医院确诊标准更为严苛，与实践中普遍以医院出具疾病诊断证明或确诊记录作为疾病确诊依据的通常认知不符，与一般人所理解的持续胰岛素治疗系作为确诊I型糖尿病后的必要治疗手段而非确诊条件的观念亦不相符，有违被保险人对I型糖尿病承保风险范围的合理期待。基于保护被保险人的合理期待，被保险人所患疾病符合I型糖尿病的医学定义，保险人应对此承担保险责任。

编写人：上海市虹口区人民法院　夏梦

三、保险人代位求偿权纠纷

54

保险人代位求偿权的认定

——某保险公司洛阳支公司诉李某某保险人代位求偿权案

【案件基本信息】

1. 裁判书字号

河南省洛阳市中级人民法院（2024）豫03民再11号民事判决书

2. 案由：保险人代位求偿权纠纷

3. 当事人

原告（被申诉人）：某保险公司洛阳支公司

被告（申诉人）：李某某

【基本案情】

2021年6月22日，高甲驾驶案外人朱甲所有的豫C××G号小客车与李某某驾驶的两轮电动车相撞，造成李某某受伤、车辆受损的交通事故。交警大队作出《道路交通事故认定书（简易程序）》，认定：高甲与李某某负同等责任。2021年7月19日，朱甲依据保险合同向承保豫C××G号车辆商业保险的某保险公司洛阳支公司申请索赔，2021年8月14日，经某保险公司洛阳支公司核算后，通过银行转账支付了维修费29243元。现某保险公司洛阳支公司向李某某追偿。

【案件焦点】

机动车与非机动车相撞后，经有关部门认定双方负同等责任，机动车商业保险公司能否向非机动车一方行使保险人代位求偿权。

【法院裁判要旨】

河南省洛阳市老城区人民法院经审理认为：交警大队作出的《道路交通事故认定书（简易程序）》，认定事实清楚，划分责任准确，法院予以确认。本案中，案外人高甲和李某某均负同等事故责任，根据《河南省道路交通安全条例》第四十二条的规定，涉案车辆的合理损失应由机动车一方自行承担 60%的责任，由被告李某某承担 40%的责任。现某保险公司洛阳支公司作为保险人依据保险合同的约定已赔付车辆维修费 29243 元，根据《中华人民共和国保险法》第六十条第一款的规定，有权向负事故同等责任方即被告李某某进行追偿，故对于某保险公司洛阳支公司要求李某某支付垫付的车辆维修费 11697. 20 元（29243 元×40%）的诉讼请求，法院依法予以支持。关于某保险公司洛阳支公司要求支付自起诉之日起，按照同期全国银行间同业拆借中心公布的贷款市场报价利率计算至实际给付之日止的利息的诉讼请求，因保险代位求偿权的本质属于债权的转移，在某保险公司洛阳支公司未向李某某主张赔偿请求权的情形下，李某某未给付赔偿金并不属于迟延给付，故某保险公司洛阳支公司主张利息的诉讼请求，依据不足，法院依法不予支持。关于李某某提出因案外人高甲放弃索赔，则案外人朱甲转让索赔权也不能成立的抗辩主张，根据《中华人民共和国民法典》第一百四十条“行为人可以明示或者默示作出意思表示。沉默只有在有法律规定、当事人约定或者符合当事人之间的交易习惯时，才可以视为意思表示”的规定，默示的意思表示只有在法律有明确规定及当事人有特别约定等情况下才能发生法律效力，除此之外，行为均应当以明示的方式作出意思表示，而被告李某某提供的执法记录视频中，并未显示案外人高甲、朱甲有明确放弃索赔权的意思表示，送达回执中载明的“我车不定损”在无明确法律规定或无特别约定的情况下亦不能被推定为案外人高甲、朱甲有明确放弃索赔权的意思表示，且经法院询问，该二人明确表示并未放弃索赔权，故被告李某某的上述抗辩主张，证据不足，亦与事实不符，依法不予采信。

河南省洛阳市老城区人民法院依照《中华人民共和国民法典》第一百四十条、第一千二百零八条，《中华人民共和国保险法》第六十条第一款和《中华人民共和国民事诉讼法》第六十七条第一款、第一百六十五条的规定，判决如下：

一、被告李某某于本判决生效之日起十日内支付原告某保险公司洛阳支公司垫付的车辆维修费 11697.20 元；

二、驳回原告某保险公司洛阳支公司的其他诉讼请求。

李某某不服，向河南省洛阳市老城区人民法院申请再审，洛阳市老城区人民法院裁定驳回李某某的再审申请。李某某不服再审审查驳回裁定，向河南省洛阳市老城区人民检察院申请监督，河南省洛阳市人民检察院向河南省洛阳市中级人民法院提请抗诉。河南省洛阳市中级人民法院裁定如下：本案由本院提审。

河南省洛阳市中级人民法院再审认为：保险代位求偿权纠纷诉讼中，机动车一方与非机动车、行人发生交通事故，保险公司按照保险合同约定在向机动车方赔付车辆损失保险金后，向有过错的非机动车、行人方代位求偿的，应贯彻道路交通安全法的价值判断。行驶过程中，机动车的危险性明显大于非机动车、行人，危险回避能力具有明显优势，理应负有更高的注意义务。对于机动车一方与行人、非机动车发生交通事故，《中华人民共和国道路交通安全法》第七十六条通过减轻机动车一方的责任实现对非机动车、行人的过错评价，但并未明确规定交通事故中非机动车、行人需向机动车一方承担损害赔偿责任。对于保险公司赔付车损后代位机动车一方向非机动车、行人请求赔偿，一般情况下不应予以支持。本案所涉道路交通事故，系案外人高甲驾驶机动车与李某某骑电动车相撞而发生，故对某保险公司洛阳支公司向李某某主张保险代位求偿权的诉讼请求不予支持。

河南省洛阳市中级人民法院依照《中华人民共和国民事诉讼法》第二百一十八条第一款、第一百七十七条第一款第二项的规定，判决如下：

一、撤销河南省洛阳市老城区人民法院一审民事判决；

二、驳回某保险公司洛阳支公司的诉讼请求。

【法官后语】

《中华人民共和国道路交通安全法》第七十六条第一款第二项规定，机动车与非机动车、行人之间发生交通事故，采用的是无过错责任原则，机动车一方负有法定赔偿义务，非机动车一方不负有法定赔偿义务。如果非机动车一方在交通事故中具有过错，那么按照过失相抵原则，可以减轻机动车一方的损害赔偿责任。法律并未明确规定非机动车一方必须根据自己的过错赔偿机动车一方的车辆损失。该条规定的立法本意在于保护弱势群体，因机动车作为高速便利交通工具，危险性远高于非机动车和行人，根据权利义务对等原则，对机动车一方控制交通事故的危险能力和避险义务要高于非机动车和行人一方，这有利于督促机动车一方更加严格遵守交通法规和谨慎驾驶，预防和减少交通事故的发生。保险公司存在的意义在于承担社会风险保障功能，而不是保障自身营利，即便保险公司依据保险合同赔偿被保险车辆损失后，在非机动车一方依法无须对机动车一方财产损失承担赔偿责任的前提下，保险公司无权主张代位求偿权。

机动车车主控制交通事故危险的能力和避险义务要高于驾驶非机动车的实际侵权人，其也不具有主张车辆损失赔偿的请求权，基于此，保险公司也不能对非机动车驾驶人行使代位求偿权。法律法规通过减轻机动车对非机动车一方的赔偿责任的方式，已经实现对机动车一方财产损失的弥补和对非机动车一方的过错评价，且通过引导机动车投保车辆损失险、第三者责任险等险种，特别是车辆损失险的方式，已经实现了机动车一方自身财产损失风险的分担和转移。如果非机动车一方对交通事故的发生存在故意或者重大过失，那么违法行为达到一定程度时亦有相关法律、法规调整，且其自身也会遭受一定的财产或人身损害，其向机动车主张赔偿时会因自身过错而被扣减相应的赔偿项目及数额，甚至机动车一方不承担赔偿责任。

《中华人民共和国道路交通安全法》第七十六条第一款第二项规定：机动

车与非机动车驾驶人、行人之间发生交通事故，非机动车驾驶人、行人没有过错的，由机动车一方承担赔偿责任；有证据证明非机动车驾驶人、行人有过错的，根据过错程度适当减轻机动车一方的赔偿责任；机动车一方没有过错的，承担不超过百分之十的赔偿责任。根据上述法律规定可知：机动车与非机动车之间发生交通事故，由机动车一方承担无过错责任，非机动车一方有过错的，只是根据其过错程度适当减轻机动车一方的赔偿责任，交通安全法并未规定非机动车驾驶人须根据自己的过错赔偿机动车一方的损失，这体现了优先保护非机动车和行人的立法目的。另，机动车作为高速运载工具，对行人、非机动车等周围环境有较高的运行风险，根据优者危险负担原则，《中华人民共和国道路交通安全法》作出了加重机动车一方责任的规定，且国家通过强制机动车投保机动车第三者责任强制保险的方式，实现了机动车一方承担风险的分担和转移。

如果非机动车一方对交通事故的发生存在故意或者重大过失，那么其违法行为后果达到一定程度时亦有相关法律、法规调整，且其自身亦会遭受一定的财产或人身损害，其向机动车主张赔偿时也会因其自身过错而被扣减相应的赔偿项目及数额，甚至机动车不应当承担赔偿责任，这亦是非机动车方的违法风险，并不存在“诱发一系列社会道德风险”的可能。故即便非机动车驾驶人在交通事故中负有责任，保险公司在赔偿了机动车一方财产损失后向非机动车代位求偿于法无据，亦不符合道路交通安全法的立法原意。

编写人：河南省洛阳市中级人民法院　沈可可　王田静

55

多重法律关系下责任主体及准据法的审查认定

——青岛某保险公司诉青岛某船公司等保险人代位求偿权案

【案件基本信息】

1. 裁判书字号

山东省高级人民法院（2023）鲁民终703号民事判决书

2. 案由：保险人代位求偿权纠纷

3. 当事人

原告（上诉人）：青岛某保险公司

被告（被上诉人）：香港某运输公司、日本某保险公司

被告：青岛某船公司

【基本案情】

2018年，某贸易公司作为承租人与作为出租人的青岛某船公司签订租船合同，自塞拉利昂至青岛运输铁矿石。某钢铁公司作为买方，与卖方某贸易公司签订铁矿石销售合同。某钢铁公司向青岛某保险公司投保货物运输保险，运输工具为“××”轮。澳大利亚某海洋公司作为“××”轮船长孙某的代理人签发了两张提单，后该轮被某国海事安全局进行凿沉处理。青岛某保险公司依保险合同约定向某钢铁公司支付145万美元赔偿款。香港某运输公司为“××”轮船东及实际控制人，日本某保险公司为“××”轮保赔保险合同下的保险人。根据日本某保险公司《入会证明》，“××”轮由该协会按照协会规则和条款承保，本保险合同应按照日本法解释并受日本法管辖。

另，2018年10月16日，法院受理孙某起诉青岛某船舶管理公司、青岛某

船公司船员劳务合同纠纷一案，该案一审与二审认定，2018年2月至5月孙某与青岛某船公司建立雇佣关系。2019年11月8日，法院受理香港某运输公司起诉青岛某船公司、某控股公司航次租船合同纠纷一案，该案一审与二审认定，香港某运输公司主张其与青岛某船公司、某控股公司之间存在航次租船合同的证据不足，香港某运输公司请求支付运费的依据不充分，驳回香港某运输公司的全部诉讼请求。2019年2月20日，法院受理香港某运输公司起诉某保险公司运营中心、第三人某保险经纪公司海上保险合同纠纷一案，该案一审与二审认定，香港某运输公司关于涉案事故原因为船舶机件或船壳的潜在缺陷以及船长、船员的疏忽行为的主张，法院不予支持，驳回香港某运输公司的全部诉讼请求。

青岛某保险公司依据提单法律关系诉请青岛某船公司、香港某运输公司、日本某保险公司共同赔偿货物损失145万美元及利息。

【案件焦点】

1. 关于多重法律关系下准据法的认定；2. 青岛某船公司在本案中的法律地位；3. 香港某运输公司在本案中的法律地位；4. 三被告是否应当承担赔偿责任。

【法院裁判要旨】

青岛海事法院经审理认为：

1. 关于多重法律关系下准据法的认定。青岛某保险公司、青岛某船公司、香港某运输公司均选择适用中国法，日本某保险公司选择本案的审理适用中国法，但主张涉及保赔保险合同的成立、解除和效力以及日本某保险公司的主体身份资格的事项适用日本法。对此，法院认为，根据《中华人民共和国海商法》第二百六十九条的规定，日本某保险公司主张按照“××”轮的《入会证明》文首约定“本保险合同应按照日本法解释并受日本法管辖”，应当证明达成合意。本案系货物运输保险人代位提单持有人提起的诉讼，不能以《入会证明》这一格式合同证明货物运输保险公司、提单持有人、船公司与保赔险保险人达成合意。因此，日本某保险公司关于其与香港某运输公司之间的保赔保险合同的成立、解除和效力适用日本法的主张，法院不予支持。货物运输保险人、提单持有人、承运人、卸货港均位于中国境内，中国系与案涉提单有最密切联系的国家，应当以中国法作为准据法。另外，根据《中华人民共和国涉外民事关系法律适用法》第十四条的规定，日本某保险公司的身份、民事权利能力和民事行为能力均应依照其注册地的法律，即日本法来确认。故本案适用的准据法，除其身份、民事权利能力和民事行为能力适用日本法外，其余事宜均适用中国法审理。

2. 青岛某船公司在本案中的法律地位。某贸易公司与青岛某船公司之间存在航次租船合同关系，《中华人民共和国海商法》将航次租船合同作为特别的海上货物运输合同予以规定，因此航次租船合同当事人的权利义务主要来源于合同的约定，在航次租船合同有明确约定的情形下，出租人应当按照其约定履行义务，并履行《中华人民共和国海商法》第四十七条、第四十九条规定的义务。在航次租船合同没有约定或者没有不同约定时，出租人和承租人之间的权利义务适用《中华人民共和国海商法》第四章的规定，但并非该章规定均适用于航次租船合同的当事人，所应适用的仅为海上货物运输合同的当事人，即承运人和托运人之间的权利义务规定。由于实际承运人并非航次租船合同法律关系的当事方，因此如果按照航次租船合同法律关系审查，则不能突破合同相对性原则。

3. 香港某运输公司在本案中的法律地位。在提单证明的海上货物运输法律关系中，法律规定承运人的责任扩大适用于非合同当事方的实际承运人，但实际承运人需是接受海上货物运输承运人委托的主体，且其法定责任限定在提单的法律关系中。本案的事实在于香港某运输公司不能被认定为接受青岛某船公司的委托而从事涉案货物运输，因此其不能被认定为《中华人民共和国海商法》规定的实际承运人。

4. 三被告是否应当承担赔偿责任。本案货损原因不构成免责事由，青岛某船公司作为承运人，应当承担赔偿责任。香港某运输公司因不能被认定为涉案货物的实际承运人，不承担连带责任。

日本某保险公司是非营利法人，不是商业保险公司，不受《中华人民共和国保险法》调整，应当适用《中华人民共和国合同法》。根据合同的相对性原则，青岛某保险公司无权直接起诉日本某保险公司。

青岛海事法院根据《中华人民共和国海商法》第四十二条、第四十六条第一款、第五十一条、第五十五条、第七十二条、第九十四条、第二百六十九条，《中华人民共和国公司法》第十四条，《中华人民共和国保险法》，《最高人民法院关于审理海上保险纠纷案件若干问题的规定》，《最高人民法院关于适用〈中华人民共和国民法典〉时间效力的若干规定》第一条第二款，《中华人民共和国涉外民事关系法律适用法》，《中华人民共和国民事诉讼法》第六十七条之规定，判决如下：

一、被告青岛某船公司应于本判决生效之日起十日内向原告青岛某保险公司赔偿货物损失人民币 7742543.48 元及利息；

二、驳回原告青岛某保险公司对被告青岛某船公司的其他诉讼请求；

三、驳回原告青岛某保险公司对被告香港某运输公司的诉讼请求；

四、驳回原告青岛某保险公司对被告日本某保险公司的诉讼请求。

青岛某保险公司不服一审判决，提起上诉。

山东省高级人民法院同意一审法院裁判意见，判决驳回上诉，维持原判。

【法官后语】

在海上货物运输过程中，会存在不同的甚至是复杂的法律关系，如海上货物运输合同关系（包括提单运输合同关系）、航次租船合同关系、定期租船合同关系、光船租赁合同关系以及各种代理合同关系，还涉及保赔保险合同等法律关系并形成关系链。多个涉外主体下，厘清不同法律关系下的责任主体与法律适用至关重要。

一、海上货物运输合同与航次租船合同混同时的判断

在海上货物运输实践中，常有作为货方的托运人与航次出租人签订了航次租船合同运输货物，货装船后船长向托运人签发已装船提单，后涉案船舶出现迟延到港、货物灭失等情况，导致托运人利益受损。当两种以上的合同关系并存时，托运人须选择其中一种法律关系进行诉讼索赔损失；两个法律关系的相

对人即航次出租人与船舶所有人不符合承担连带责任的法律条件，选择的诉因不同，可以主张的权利也不同。

航次租船合同的承租人只能选择航次租船合同的诉因进行诉讼，并且其无权主张由实际承运人承担货损赔偿。航次租船合同当事人的权利义务主要来源于合同的约定，而非法律规定。由于实际承运人并非航次租船合同法律关系的当事方，因此如果按照航次租船合同法律关系审查，则不能突破合同相对性原则。如果提单持有人并非航次租船合同承租人，则其可以依据提单所证明的海上货物运输法律关系向提单承运人和实际承运人主张权利。如果承租人未转让提单，而是自身作为提单持有人，也应允许其依据提单所证明的海上货物运输法律关系来主张权利。

本案诉因首先来源于航次租船合同，原告在庭审中明确其代位求偿权的基础法律关系为提单法律关系，而非航次租船合同关系，因此，法院依据民事诉讼不告不理的原则，结合原告的诉讼请求，对案涉提单法律关系下各方当事人的法律地位进行了分析认定。

二、多重法律关系下准据法的审查认定与外国法查明途径

对于涉外合同关系的法律适用，依照《中华人民共和国涉外民事关系法律适用法》第四十一条和《中华人民共和国海商法》第二百六十九条的规定，应当充分尊重当事人意思自治原则，结合最密切联系原则予以审查认定。

对于海上货物运输保险合同、航次租船合同及提单法律关系，按照《最高人民法院关于适用〈中华人民共和国涉外民事关系法律适用法〉若干问题的解释（一）》第六条第二款的规定，各方当事人援引相同国家的法律且未提出法律适用异议的，人民法院可以认定当事人已经就涉外民事关系适用的法律作出了选择。本案适用中国法。

对于船舶保赔保险合同，其是船东、船舶经营人、租船人等就其所有或占有、经营、租用的船舶的潜在责任风险向保赔协会投保所成立的合同。确定合同准据法，首先应当依据当事人意思自治原则。如果以格式合同形式签订合同，类似提单中的法律适用条款，则不能以此证明货物运输保险公司、提单持有人、船公司与保赔险

保险人之间达成合意。此时再依据最密切联系原则确定准据法，本案中，因中国系与案涉保险合同有最密切联系的国家，故应当以中国法为准据法。

关于外国公司民事主体认定的准据法，《中华人民共和国涉外民事关系法律适用法》第十四条第一款规定："法人及其分支机构的民事权利能力、民事行为能力、组织机构、股东权利义务等事项，适用登记地法律。"根据该规定，保赔协会的身份、民事权利能力和民事行为能力均应依照其注册地的法律来确认。对于外国法的查明，一般外国公司会提交法律意见书，该法律意见书应当经双方当事人质证无异议法院才可认定。外国公司属于非营利性的，例如本案中，日本某保险公司系旨在为其会员提供相互保险服务的互保协会，此类组织作为保赔保险承保主体时，不具有《中华人民共和国保险法》中"保险业经营者"的法律地位，保赔保险合同是否属于《中华人民共和国保险法》意义上的保险合同，以及其法律关系的调整能否直接适用《中华人民共和国保险法》和《中华人民共和国海商法》第十二章"海上保险合同"的有关规定存在争议，应根据合同内容所涉法律关系进行全面理解和准确判定。

《中华人民共和国保险法》仅调整商业保险公司的商业保险行为，即营利性保险公司的保险行为。船东互保协会与其会员之间签订的保险合同不是商业保险，不属于《中华人民共和国保险法》调整的商业保险行为，合同权利义务的认定应当适用《中华人民共和国民法典》。

本案中，首先，因中国系与涉案提单关系、租船合同关系、保险合同关系等法律关系下有最密切联系的国家，故应当以中国法为准据法。其次，根据《中华人民共和国涉外民事关系法律适用法》的规定，日本某保险公司为日本登记的非营利法人，其身份、民事权利能力和民事行为能力均应依照其注册地的法律，即日本法来确认，其余事宜均应适用中国法审理。

本案系兼具涉外、涉港因素的保险人代位求偿纠纷案，涉及多重法律关系，通过明晰诉争法律关系，准确适用中国法与日本法，平等全面地维护了中外当事人的合法权益。本案被评为2023年山东法院平等保护中外当事人合法权益典型案例。

编写人：青岛海事法院　王爱玲　杨俊

56

保险事故侵权人与受损人系同一主体，保险公司不能代位行使对“第三者”请求赔偿的权利

——甲保险公司临海市支公司诉某五金制品公司、乙保险公司台州市分公司保险人代位求偿权案

【案件基本信息】

1. 裁判书字号

浙江省台州市中级人民法院（2023）浙 10 民终 422 号民事判决书

2. 案由：保险人代位求偿权纠纷

3. 当事人

原告（上诉人）：甲保险公司临海市支公司

被告（被上诉人）：某五金制品公司、乙保险公司台州市分公司

【基本案情】

2021 年 5 月 15 日，朱甲驾驶某五金制品公司所有的浙 J××3 号小型货车与周甲驾驶的某五金制品公司所有的浙 J××9 号小汽车发生交通事故。公安局交通警察大队出具的交通事故认定书载明，“当事人朱甲驾车时有其他妨碍安全行车的行为，负事故全部责任；当事人周甲无责任”。事故发生时，浙 J××3 车辆投保于乙保险公司台州市分公司，浙 J××9 车辆投保于甲保险公司临海市支公司。本次事故造成浙 J××9 车辆损失 49600 元。2022 年 1 月 20 日，某五金制品公司起诉甲保险公司临海市支公司，要求其赔偿车损 49600 元。临海市人民法院经审理作出民事判决，判决甲保险公司临海市支公司赔偿某五金制品公司 49600 元。现甲保险公司临海市支公司已支付保险理赔款 49600 元，并根据《中

华人民共和国保险法》第六十条规定取得该部分追偿权。

【案件焦点】

保险事故侵权人与受损人系同一主体时，保险公司能否代位行使对“第三者”请求赔偿的权利。

【法院裁判要旨】

浙江省临海市人民法院经审理认为：根据《中华人民共和国保险法》第六十条第一款规定，因第三者对保险标的的损害而造成保险事故的，保险人自向被保险人赔偿保险金之日起，在赔偿金额范围内代位行使被保险人对第三者请求赔偿的权利。本案中，涉案车辆浙J××9号某品牌小汽车、浙J××3号小型货车的所有人均为某五金制品公司，发生侵权的主体与遭受侵害的主体属于同一人，故不属于保险法意义上的“第三者”。

浙江省临海市人民法院依照《中华人民共和国保险法》第六十条、《中华人民共和国民事诉讼法》第六十七条规定，判决如下：

驳回甲保险公司临海市支公司的诉讼请求。

甲保险公司临海市支公司不服一审判决，提出上诉。

浙江省台州市中级人民法院经审理认为：本案二审争议的焦点是甲保险公司临海市支公司对某五金制品公司是否享有保险人代位求偿权，乙保险公司台州市分公司是否应承担保险责任。根据《中华人民共和国保险法》第六十条第一款规定，因第三者对保险标的的损害而造成保险事故的，保险人自向被保险人赔偿保险金之日起，在赔偿金额范围内代位行使被保险人对第三者请求赔偿的权利，但《中华人民共和国保险法》第六十二条同时规定，除被保险人的家庭成员或者其组成人员故意造成本法第六十条第一款规定的保险事故外，保险人不得对被保险人的家庭成员或者其组成人员行使代位请求赔偿的权利，现根据二审查明的事实，浙J××3号小型货车的驾驶员朱甲系某五金制品公司员工，属于某五金制品公司的组成人员，而该公司又系甲保险公司临海市支公司承保车辆的被保险人，在无证据证明案涉保险事故系朱甲故意造成的情形下，即使甲保险公司临海市支公司已经履行保险金赔偿义务，也不得对朱甲行使代位请求赔偿的权利。至于乙保险公司台州市分公司，因甲保险公司临海市支公司对朱甲不享有保险人代位求偿权，故其要求乙保险公司台州市分公司承担保险责任，亦缺乏依据，不能成立。综上所述，甲保险公司临海市支公司的上诉请求不能成立，应予驳回；一审判决认定事实清楚，适用法律正确，实体处理得当，应予维持。

浙江省台州市中级人民法院依照《中华人民共和国民事诉讼法》第一百七十条第一款第一项之规定，判决如下：

驳回上诉，维持原判。

【法官后语】

随着物质生活水平的提高，同一主体名下有两辆以上车辆的情况并不少见，同一主体名下两车相撞事故发生的概率也随之上升，当无责车辆受损时，保险公司在支付理赔款后，是否可以向“肇事方”（同一车主）的保险公司追偿？

一、前置焦点

对于保险事故侵权人与受损人系同一主体的交通事故赔付问题，首先要讨论的一个争议焦点为：被保险人自身作为在被保险车辆造成的交通事故中的受损害一方，能否通过交强险或商业第三者责任险获得赔付？

笔者认为保险公司应当承担赔偿责任。

1. 基于合同相对性。我国机动车第三者责任保险合同有其特殊性，即“一车一保”，一辆机动车对应一份保险合同。同一被保险人的车辆之间发生事故，虽然被保险人属于同一人，但这一主体是以被保险人的身份签订的不同财产标的物的保险合同，此时存在两个或两个以上独立的保险合同关系，构成了相对独立的双方。本案中，某五金制品公司既是肇事车辆的被保险人，又是遭受财产损失车辆的被保险人，与造成其他第三者损失并无不同，不影响某五金制品公司向保险公司主张权利。

2. 基于第三者责任险的设立宗旨。第三者责任险的设立宗旨在于分散被保险人的风险，保障受损害第三者的损失能够得到及时救济。在保险公司未举证证明朱甲存在故意制造交通事故的情况下，如果仅因两车被保险人相同即免除保险人的保险责任，属于人为缩小了受损害第三者的范围，有悖于第三者责任险的设立宗旨，并损害了被保险人的利益。

当然，也有不同意见认为，被保险人无论有无过错，均不能作为交强险或第三者责任险的赔付对象获得赔付。理由在于：其一，从险种上看，交强险或第三者责任险均属于责任保险范畴。与其他财产保险不同，责任保险的承保标的并非被保险人的财产损失，而是被保险人对第三者所负的责任。其二，保险法的公平性并非对所有人的绝对公平，而是对某一保险险种承保范围内所有赔付对象的公平。事实上，各类保险的设置都是在综合分析特定风险的发生概率及赔付成本的基础上进行的复杂技术设计。其险种、保费标准及承保范围都存在很大差异，赔付对象也当然不同。被保险人的财产损失虽不能通过责任保险获得赔付，但可以通过其他非责任财产险获得赔付。

二、本案主要争议焦点

前案已有生效的法律判决，保险公司已经赔付款项，但其以保险人代位求偿权起诉，是否应获得支持?

笔者认为，当保险事故侵权人与受损人系同一主体时，保险公司不能代位行使对“第三者”请求赔偿的权利。理由如下：

第一，从保险宗旨来看，其目的在于被保险人在保险事故发生后可以获得相应的补偿，如果允许保险人向被保险人代位追偿，则保险人将损失又转嫁给被保险人，使被保险人已支付保费购买的保障失去意义，是对保险制度机制的重大破坏。

第二，保险人行使代位求偿请求权的基础是被保险人享有请求赔偿的权利，求偿请求权必然发生于两方以上的主体之间，被保险人对自己显然不存在请求权，事实上其也不可能向自身请求赔偿；且保险条款对保险人所代位的权利明确表述为“被保险人对第三方”的权利，“第三方”之文义显然是指被保险人之外的主体。

第三，《中华人民共和国保险法》第六十二条明确排除了非故意情形下保险人对被保险人的家庭成员或其组成人员的追偿权，其原理在于被保险人的家庭成员或其组成人员与被保险人具有共同利益，故依据“举重以明轻”原则，当然应当排除同样情形下对被保险人的追偿权。

一言以蔽之，保险人行使代位求偿请求权的基础是被保险人享有请求赔偿的权利，求偿请求权必然发生于两方以上的主体之间，被保险人对自身显然不存在求偿请求权，事实上其也不可能向自身请求赔偿；且保险条款对保险人所代位的权利明确表述为“被保险人对第三方”的权利，“第三方”之文义显然是指被保险人之外的主体。因此，保险事故侵权人与受损人系同一主体时，保险公司不能代位行使对“第三者”请求赔偿的权利。

编写人：浙江省临海市人民法院　王海一

57

首台（套）保险责任的认定及追偿权的行使

——某保险公司诉某研发中心、赵某保险人代位求偿权案

【案件基本信息】

1. 裁判书字号

北京金融法院（2024）京74民终1199号民事判决书

2. 案由：保险人代位求偿权纠纷

3. 当事人

原告（上诉人）：某保险公司

被告（被上诉人）：某研发中心、赵某（某研发中心投资人）

第三人：某无人机科技公司

【基本案情】

2022年3月26日，被保险人某无人机科技公司就8台“××固定翼无人机航空应急测绘系统”向某保险公司投保“首台（套）重大技术装备综合保险”，某保险公司出具综合保险保险单，约定：保险装备交易额178584581元，保险期内总累计赔偿额为178584581元；每次事故绝对免赔额为50000元或损失金额的10%，两者按高为准。保险责任保险期间为2022年3月28日0时到2023年3月27日24时止。事故发生后，某无人机科技公司向某保险公司出具《出险通知书》，对出险情况、主要原因及施救经过描述为：2022年9月6日，国家应急测绘保障能力建设项目××固定翼无人机测绘系统执行任务时冲出跑道，最终导致无人机全机损毁。问题发生后，公司成立事故调查小组，对该故障问题进行了机理分析，通过对电池数据进行分析，A路应急电池存在明显故障，初步完成无人机冲出跑道的原因定位为A路应急电池设备故障。某无人机科技公司同时向保险人提出索赔申请。

2023年4月3日，某无人机科技公司向某保险公司出具《赔偿协议及权益转让书》，载明同意接受已确定的损失预付赔偿金额300万元，并将上述赔偿款的追偿权全部转移给保险人。2023年4月12日，某保险公司向某无人机科技公司支付保险预付赔款300万元。

2023年8月15日，某无人机科技公司向某保险公司出具《赔偿协议及权益转让书》，载明同意接受总损失赔偿金额1054万元，同意上述赔款为案涉保单项下最终和全部赔款，并将上述赔偿款的追偿权全部转移给保险人。2023年8月31日，某保险公司向某无人机科技公司支付剩余赔款金额754万元。

现保险人认为案涉无人机出现事故的原因为电池质量问题，该电池的供应商为被告某研发中心，故提起本案代位求偿权之诉。

【案件焦点】

保险标的的损害是否系某研发中心所致。

【法院裁判要旨】

北京市丰台区人民法院经审理认为：各方当事人的争议焦点主要集中在保险标的的损害是否系某研发中心所致。具体包括：（1）案涉保险事故发生原因的认定；（2）某研发中心是否应对案涉损失承担责任。其一，法院认为，可能导致案涉保险事故发生的原因有多个方面，分别为电池累积性损伤、飞行员操控错误、应急电池未能形成双备份设计以及飞控计算机重启恢复逻辑不足等。在“多因一果”的情况下，电池故障是否是案涉飞机事故发生的主要原因要根据“近因原则”进行判断。本案涉及高新技术行业，事故成因复杂且并没有成熟的事故定损标准，原因链上的每一个原因与保险标的损失之间的因果关系、原因能否单独产生作用力、不同原因之间的先后关系和延续关系等均未有定论。现有证据来看，无法排除因电池故障以外的其他原因导致案涉保险事故的发生。其二，对于同一损害，当事人双方既存在合同关系又存在产品质量涉及的侵权等法律关系的，不能完全割裂两者的联系，既要保护一方在请求权基础上的选择权，也要保护另一方依法享有的抗辩权。从合同责任的角度来看，某研发中心生产的案涉电池组符合合同中约定的质量标准，且电池交付使用 2 年后，某无人机科技公司亦出具了《使用结论》以确认案涉电池在使用期间性能稳定、安全，未见某研发中心存在违约的情形。从侵权责任的角度来看，法院从产品性质、产品投入流通时的缺陷情况和科学技术水平综合分析，认定本案中无明确证据显示受托方某研发中心存在明显过错，某研发中心不应承担侵权责任，亦无不当。

北京市丰台区人民法院依据《中华人民共和国保险法》第六十条第一款、《中华人民共和国民事诉讼法》第六十七条之规定，判决如下：

驳回某保险公司的全部诉讼请求。

某保险公司不服一审判决，提出上诉，

北京金融法院同意一审法院裁判观点，判决驳回上诉，维持原判。

【法官后语】

1. 在首台（套）保险纠纷中，保险标的往往涉及高新技术行业，事故成因复杂且没有成熟的事故定损标准，我们应当从公平、严格的角度谨慎把握保险责任的认定及追偿权的行使条件。一方面，要考虑“近因原则”，找到造成保险事故最直接、起主导作用的法律原因；另一方面，要从合同责任和侵权责任两个维度综合考虑事故产品的约定特性、技术成熟度以及是否普遍流通、是否有明确技术标准等角度，对原因链上的每一个原因与保险标的损失之间的因果关系、原因能否单独产生作用力、不同原因之间的先后关系和延续关系等进行综合分析与判断。

2. 对于涉及新质生产力的高新技术领域保险类纠纷的处理，应立足金融审判职能，通过对高新技术产品归责原则的严格认定，加强了对科创企业和高新技术产品成果的司法保护；同时对保险行业新型保险业务提出风险启示和建议，提高保险公司自身风险研判和防范能力。通过此类案件的审理，促进保险公司完善修订保险条款、限定保险赔偿范围等方式，平衡保险权利义务；对于保险金额特别巨大、产品创新特别前沿的保险项目，通过建立强制再保险、联合承保等制度，分散保险责任，转移赔付风险，促进保险行业健康发展，发挥金融司法更好地保护金融服务实体经济和科技创新的职能作用，为构建现代化科技产业体系和健康的金融保险体系提供法治支撑。

编写人：北京市丰台区人民法院　徐冲　牛月贝

58

保险公司向机动车一方赔偿车损后无权向非机动车一方行使代位求偿权

——某保险公司滁州支公司诉胡某甲保险人代位求偿权案

【案件基本信息】

1. 裁判书字号

安徽省滁州市中级人民法院（2024）皖 11 民终 315 号民事判决书

2. 案由：保险人代位求偿权纠纷

3. 当事人

原告（上诉人）：某保险公司滁州支公司

被告（被上诉人）：胡某甲

【基本案情】

2023 年 8 月 3 日，吴某甲驾驶小型汽车沿着滁州天长市 G345 由东向西行驶，途经与长兴路交叉口，与沿长兴路由南向北直行的胡某甲驾驶的电动三轮车发生碰撞，造成两车受损、胡某甲受伤的交通事故。交通管理大队事故处理中心作出《道路交通事故认定书》，认定胡某甲负主要责任，驾驶员吴某甲负本次事故的次要责任。涉案小型汽车在某保险公司滁州支公司投保了交强险和商业险，吴某甲向某保险公司滁州支公司提出代位追偿理赔，该支公司根据实际损失对涉案小型汽车在商业险范围内进行了代位赔偿，赔偿金额合计 29771 元（42530 元×0.7）。某保险公司滁州支公司取得了代位追偿的权利，现提起诉讼。

【案件焦点】

某保险公司滁州支公司是否有权向胡某甲行使代位求偿权。

【法院裁判要旨】

安徽省天长市人民法院经审理认为：保险人代位求偿权是指保险事故发生后，保险人赔偿被保险人的损失后取得的，原由被保险人享有的，依法向负有民事赔偿责任的第三者请求赔偿的权利。本案系因交通事故引起，根据《中华人民共和国民法典》第一千二百零八条规定，机动车发生交通事故造成损害的，依照道路交通安全法律和本法的有关规定承担赔偿责任。《中华人民共和国道路交通安全法》第七十六条第一款第二项规定："机动车发生交通事故造成人身伤亡、财产损失的，由保险公司在机动车第三者责任强制保险责任限额范围内予以赔偿；不足的部分，按照下列规定承担赔偿责任……（二）机动车与非机动车驾驶人、行人之间发生交通事故，非机动车驾驶人、行人没有过错的，由机动车一方承担赔偿责任；有证据证明非机动车驾驶人、行人有过错的，根据过错程度适当减轻机动车一方的赔偿责任；机动车一方没有过错的，承担不超过百分之十的赔偿责任。"该条规定中，未规定对于机动车方的损失，非机动车方应当进行赔偿，而是以减轻机动车一方责任的方式，实现对非机动车一方的过错评价，非机动车一方并非该条规定的赔偿义务主体。另外，从"优者危险负担"原则的角度来看，机动车相对于非机动车而言，对于他人的危险性远远高于非机动车，其应承担更大的注意义务和更高的避险义务，在法律未明确规定非机动车一方对机动车的损失承担赔偿责任的前提下，不宜判决非机动车一方承担赔偿责任，相应地，保险人不能通过行使代位求偿权向非机动车一方追偿财产损失。因吴某甲对胡某甲不具有请求赔偿的权利，故某保险公司滁州支公司对吴某甲亦不具有代位求偿的权利。某保险公司滁州支公司要求胡某甲支付赔偿款 29771 元的诉讼请求，法院不予支持。

安徽省天长市人民法院依照《中华人民共和国民法典》第一千二百零八条、《中华人民共和国保险法》第六十条、《中华人民共和国道路交通安全法》第七十六条规定，判决如下：

驳回某保险公司滁州支公司的诉讼请求。

某保险公司滁州支公司不服一审判决，提出上诉。

安徽省滁州市中级人民法院经审理认为：某保险公司滁州支公司行使代位求偿权应当以相应基础法律关系中的民事赔偿责任成立为前提。根据《中华人民共和国民法典》第一千二百零八条规定，机动车发生交通事故造成损害的，依照道路交通安全法律和本法的有关规定承担赔偿责任。《中华人民共和国道路交通安全法》第七十六条第一款第二项规定了机动车与非机动车、行人之间发生交通事故的归责原则，但并未规定非机动车方、行人应就机动车方的财产损失进行赔偿。基于“优者危险负担”原则，机动车驾驶人是高速运输工具便利利益的拥有者及高速危险结果的控制者，其较非机动车、行人须有更高的安全行驶注意义务，对危险的回避能力也更强，因此机动车负有更高的避险义务。同时机动车亦不同于非机动车、行人，其本身可以通过投保的形式实现财产损失的风险分担和转移。故综合衡量各种因素，一审认定在法律未明确规定非机动车方对机动车的财产损失承担赔偿责任的前提下，不宜判决非机动车方承担赔偿责任并无不当，法院依法予以支持。

安徽省滁州市中级人民法院依照《中华人民共和国民事诉讼法》第一百七十七条第一款第一项规定，判决如下：

驳回上诉，维持原判。

【法官后语】

一、保险人向非机动车一方行使代位求偿权的司法认定

实务中，对于保险公司赔偿后，是否可以向非机动车方行使代位求偿权，存在不同意见。

一种观点认为，非机动车方应当承担赔偿责任。主要理由为：第一，《中华人民共和国道路交通安全法》第七十六条并未对非机动车一方因过错而导致机动车一方损害时应否承担侵权赔偿责任作出规定，此时应当适用《中华人民共和国民法典》侵权责任编的一般规定，即行为人因过错侵害他人民事权益，应当承担侵权责任的规定；第二，非机动车应遵守交通规则，其不仅对自身安全负有注意义务，也对道路上其他通行主体的安全、对整体道路通行的安全负

有一定的注意义务；第三，要求非机动车一方承担相应侵权责任并不违反“优者危险负担”原则，该原则并不意味着弱者免除一切赔偿责任。

另一种观点认为，非机动车方不应承担赔偿责任。理由如下：第一，机动车方对非机动车方存在赔偿请求权是保险人代位求偿权的基础；第二，根据《中华人民共和国道路交通安全法》第七十六条之规定，非机动车方对交通事故发生有过错的，仅减轻机动车一方的赔偿责任，未规定非机动车一方有过错需要赔偿机动车一方的损失；第三，根据“优者危险负担”原则，机动车的危险性远远高于非机动车，双方地位不平等，机动车一方应负更大的注意义务和更高的避险义务，在承担民事责任时，机动车一方亦应承担更重的责任；第四，出于公平正义的角度考虑，一般机动车方仅存在车损，且大部分通过保险转移风险并得到了补偿，而非机动车方则多为人身伤亡，如其还要承担机动车方的车辆损失，则不利于各方的利益平衡，有违公平正义。

笔者倾向于第二种观点，《中华人民共和国道路交通安全法》第七十六条规定了机动车与非机动车发生交通事故时，机动车一方负有法定赔偿义务，未规定非机动车一方的赔偿义务，其并非立法漏洞，而是采用无过错原则，加重机动车一方的责任。其出发点是促进机动车一方尽到高度审慎的驾驶注意义务，使机动车这种危险的高速运输工具得到有效控制，预防和减少事故发生，避免给相对弱势的非机动车一方造成严重的损害后果。加之机动车一方可通过保险使其损失得到充分赔偿，不会导致利益失衡，反而可以避免非机动车一方因轻微交通违章行为而招来大额赔偿的不公平现象。另外，所谓“优者危险负担”，是指在交通事故中，以车辆冲撞在物理上危险性的大小及危险回避能力的优劣来分配责任。充分考虑交通参与者对道路交通注意义务的轻重，按照机动车存在的危险性及危险回避能力来分配交通事故损害后果，机动车无论是在速度、硬度、重量、自身控制力等因素上，还是在对他人的危险性上，均远远高于非机动车，其控制者应负更高的避险义务，体现了行人优于车辆、人身权优于财产权的价值取向。

二、“优者危险负担”原则再思考

“优者危险负担”原则是过失相抵原则在各类交通事故中的具体运用。其基本理论是根据行为的危险性大小及危险回避能力的优劣来判定过失的轻重。

健全的成年人比老幼病残者优越，汽车比行人优越，性能好的车比性能差的车优越。优越者的行为危险性更大、危害回避能力更强，发生交通事故后，在等同的情况下，危险性大的一方应承担较大的赔偿责任。原因在于，优越者所需注意之程度较高，其过失既重，原因力亦强。

对于机动车与非机动车、行人之间发生交通事故，非机动车驾驶人、行人对机动车一方损失赔偿责任的认定，笔者认为，首先应根据事故发生的不同情形确定“优者危险负担”原则是否适用。该原则的理论前提即机动车的速度、硬度、重量及对他人的危险性远远高于非机动车和行人，且其客观上具有更强的风险应对和控制能力。因此，是否适用“优者危险负担”原则的关键在于审查交通工具危险性的大小以及危险回避能力的优劣。

如非机动车与停靠在路边的机动车发生碰撞，由于此种情况下机动车系处于静止状态，而非高速运转状态，对他人并不具有极大危险性，故“优者危险负担”原则不宜适用。

再如，摩托车与超标电动车等非机动车之间发生交通事故，因超标电动车在最高时速、空车质量、外形尺寸等方面接近或等同于轻型摩托车，故摩托车在速度、硬度、重量、对他人的危险性以及危险回避能力上并未明显优于超标电动车。超标电动车与二轮摩托车发生交通事故后，超标电动车驾驶员的人身受损程度并不一定大于二轮摩托车驾驶员，故此种情况下也不宜适用“优者危险负担”原则。

在不适用“优者危险负担”原则的情况下，事故各方根据各自过错对对方人身及财产损失承担赔偿责任无须争议。

除上述不适用“优者危险负担”原则的情形外，机动车在行驶过程中与非机动车、行人发生交通事故，其危险性明显大于非机动车、行人，危险回避能力较非机动车、行人也具有明显优势，应当适用“优者危险负担”原则。

再考虑机动车保险制度已发展得较为完善，机动车一方的车辆损失可通过保险理赔获得相应赔偿，故非机动车驾驶人、行人对机动车一方的财产损失不承担赔偿责任，对其人身损害应根据过错程度承担赔偿责任。当然，在确定各方过错时，可适用“优者危险负担”原则对机动车一方科以更高的注意义务。具体理由如下：

“优者危险负担”原则是根据车辆危险性大小与危险回避能力优劣来确定各方交通注意义务的轻重，进而认定各方过错。根据该原则并不能推导出非机动车与行人一方无须赔偿机动车方损失的结论。机动车虽存在危险性较大、危险回避能力较强等特点，但不代表在机动车与非机动车、行人发生交通事故的情况下，机动车驾驶人或乘客不会发生人身伤亡。

目前的交强险与商业第三者责任险的主要目的均是分散机动车对外的事故赔偿风险，但对机动车驾驶人及乘坐人员的保障很不充分。若仅因非机动车与行人无法通过保险方式分散对外赔偿风险，即认定其无须赔偿机动车一方的人身损害，则不利于通行各方利益的平衡。

良好的道路交通秩序需要通行各方的共同维护。在现代社会，机动车作为高速交通运输工具，在人们的日常生活中占据越来越重要的地位，为保障通行各方的安全，交通规则应运而生。非机动车与行人不遵守交通规则并非仅对其自身安全的忽视，而是会影响整个交通安全。若因非机动车或行人的交通违章行为引发险情，机动车驾驶人为避免与其相撞采取措施而导致自身受到伤害，非机动车或行人却无须赔偿，也可能会从反面引导驾驶人在以后的道路交通运行过程中不再采取避险措施，产生不良的社会导向。

机动车一方的财产损失主要为车损，在机动车与非机动车、行人发生碰撞的情况下，人的血肉之躯自无法与高速行驶的“钢铁战士”相抗衡。生命健康权优于物质财产权，应当优先给予保障。加之机动车一方可通过保险方式使其车辆损失得到充分赔偿，故非机动车与行人无须赔偿机动车一方财产损失不会导致利益失衡，反而可以避免非机动车驾驶人与行人因轻微交通违章行为即招来大额赔偿的不公平现象。

编写人：安徽省天长市人民法院　张相阳　佘文倩

59

代驾司机造成车辆损失，保险公司是否可以代位求偿

——乙保险公司云南分公司诉某汽车代驾服务公司等保险人代位求偿权案

【案件基本信息】

1. 裁判书字号

云南省昆明市中级人民法院（2023）云 01 民终 14941 号民事判决书

2. 案由：保险人代位求偿权纠纷

3. 当事人

原告（被上诉人）：乙保险公司云南分公司

被告（上诉人）：某汽车代驾服务公司、甲保险公司云南分公司

被告（被上诉人）：周甲

【基本案情】

2021 年 6 月 29 日凌晨，案外人王甲通过“××代驾”平台呼叫代驾，代驾司机周甲接单并前往代驾地点。周甲驾驶王甲的小轿车行驶至目的地附近发生泡水事故致车辆受损，王甲为此支出施救和修理费合计 143700 元。王甲的受损车辆在乙保险公司云南分公司处购买了保险金额为 443638 元的车辆损失险，事故发生在保险期间内。乙保险公司云南分公司向王甲赔偿前述车辆损失后，王甲于 2021 年 8 月 2 日签署《权益转让书》将索赔权利转让给乙保险公司云南分公司。

周甲于 2020 年 4 月 19 日与某汽车代驾服务公司签订了《代驾员合作协议》，约定某汽车代驾服务公司的客户可直接通过其研发的“××代驾”平台和周甲联系，由周甲为某汽车代驾服务公司的客户提供代驾服务。某汽车代驾服

务公司还在甲保险公司云南分公司投保代驾责任附加车辆损坏赔偿责任险，每次事故赔偿限额为10万元，事故发生在保险期间内。

【案件焦点】

1. 在代驾司机造成车辆损失的情况下，保险公司向代驾公司提出代位求偿的事实基础为何；2. 代驾司机是否属于“被保险人的组成人员”从而应被排除在保险人行使代位求偿权的范围外。

【法院裁判要旨】

云南省昆明市五华区人民法院经审理认为：周甲系依据保险标的物所有权人下单的服务内容进行驾驶，保险标的物事实上的管领力仍归属于其所有权人，并未发生转移，周甲亦不据此取得对保险标的物的占有并因此获得保险利益。同时周甲系基于有偿的商业模式而取得被保险人的许可驾驶车辆，其驾驶行为系为自身谋利的行为，而非为被保险人利益所为，不存在保险合同项下的保险利益，乙保险公司云南分公司在向被保险人理赔后依法取得代位求偿权。周甲执行职务的后果应由某汽车代驾服务公司承担，周甲不应承担责任；某汽车代驾服务公司在甲保险公司云南分公司处投保了代驾责任附加车辆损坏赔偿责任险，上述损失143700元由甲保险公司云南分公司在保险金额范围内承担100000元，剩余损失43700元由某汽车代驾服务公司承担。

云南省昆明市五华区人民法院依据《中华人民共和国保险法》第十七条、第六十条之规定，判决如下：

甲保险公司云南分公司赔偿乙保险公司云南分公司100000元，某汽车代驾服务公司向乙保险公司云南分公司赔偿损失43700元，驳回乙保险公司云南分公司的其他诉讼请求。

某汽车代驾服务公司、甲保险公司云南分公司不服一审判决，提出上诉。

云南省昆明市中级人民法院经审理认为：代驾法律关系双方构成个别的交易合同关系，双方不存在长期稳定的共同利益关系，故周甲应被认定为造成王甲车辆损害的第三者，乙保险公司云南分公司在理赔后有权就王甲的车辆损失向第三者代位行使追偿权。周甲作为专业代驾人员，理应具备专业判断能力。对于周甲受某汽车代驾服务公司代驾平台指派进行代驾过程中发生泡水事故导致的车辆损失，应由某汽车代驾服务公司承担赔偿责任。因泡水而致的车辆损失并不属于甲保险公司云南分公司承保的代驾责任保险附加车辆损坏赔偿责任保险责任范畴，故其不应承担赔偿责任，并对此予以相应改判。

云南省昆明市中级人民法院依照《中华人民共和国保险法》第六十条第一款、《中华人民共和国民事诉讼法》第一百七十七条第一款第二项之规定，判决如下：

一、撤销云南省昆明市五华区人民法院一审民事判决。

二、某汽车代驾服务公司于本判决生效之日起十五日内向乙保险公司云南分公司支付 143700 元。

三、驳回乙保险公司云南分公司的其他诉讼请求。

【法官后语】

现今社会，汽车已成为大众出行最主要的方式，选择适当的保险是至关重要的，由保险公司在发生事故时赔偿车辆损失。同时，随着人们安全意识和社会责任意识的不断提高，酒后不开车已成为社会共识。代驾作为新兴行业，满足了越来越多社交族的需求，逐渐成为人们酒后出行的重要方式，但其在方便人民群众生活出行的同时也带来了新的法律问题。在商业代驾的交易模式下，保险公司对代驾公司是否享有追偿权，涉及各方当事人的权利义务关系，具有社会现实意义。

一、保险人代位求偿权存在的法理基础

保险人代位求偿权，是指由于第三者的原因，导致保险标的物发生保险责任范围内的损失，保险人向被保险人赔付后，可以代位行使被保险人对第三者的赔偿损失请求权。保险人代位求偿权制度是世界各国保险法共同承认的债权转移制度，这一制度存在的理论基础在于：

第一，防止被保险人从保险人和第三者处重复受偿而获得不当得利。保险的主要功能在于损失填补，如果在第三者对保险标的的损害造成保险事故的情形下，被保险人既可以从保险人处获得赔偿金，又可以从第三者处获得赔偿，则会双重受偿，使其获得超过其损失的补偿，不仅违反公平原则，也易滋生道德风险。如果被保险人先从保险人处获得了补偿，那么就要将其享有的向侵权方索赔的权益转让给保险人。

第二，防止第三者逃脱本应由其承担的民事赔偿责任，避免其因保险人承担保险责任而免除民事责任。

第三，保险人通过行使代位权，可以降低保险给付的实际数额，进而降低保险费率，减轻投保人的负担。同时还有利于弥补保险人的财力，从而维护公共利益，更好地保护广大投保人的利益。

二、保险代位求偿权的构成要件及事实基础的认定

保险代位求偿权是法定权利，具有理论基础和现实需求，根据《中华人民共和国保险法》第六十条的规定，保险人代位求偿权的行使一般须具备以下条件：第一，因第三者对保险标的的损害而造成的保险事故，被保险人对第三者享有赔偿损失请求权；第二，保险人已经向被保险人支付保险赔偿金；第三，保险人代位求偿的金额以保险人对被保险人的赔付金额为限。

对于后两个条件，实践中一般并无争议。然而，关于何为“第三者对保险标的的损害”，多年来司法实践中一直存在不同意见。有观点认为，此专指第三者对保险标的以侵权方式造成的损害；另有观点认为，其既应包括侵权损害，也应包括因违反合同约定或因第三者其他不法行为而造成的损害。对此，《最高人民法院关于适用〈中华人民共和国保险法〉若干问题的解释（四）》第七条规定：“保险人依照保险法第六十条的规定，主张代位行使被保险人因第三者侵权或者违约等享有的请求赔偿的权利的，人民法院应予支持。”对该问题予以了明确，即被保险人对第三者的债权性质为何并不影响保险人代位求偿权的行使。第三者对保险标的的损害，不仅可以因侵权法律事实造成，也可以因违反合同的法律事实造成，还可以因不当管理造成；既可以基于过错行为造成，也可以基于非过错行为造成；既可以因非法行为造成，也可以因适法行为造成，并不局限于因过错侵权行为而造成的损害。如前所述，设立代位赔偿请求权制

度的法理基础之一是禁止双重受偿产生不当得利，实现保险的补偿功能，故被保险人对第三者的债权的发生原因为何，不应影响保险代位求偿权的行使。只要是该第三者的行为造成了保险标的的损害，引发保险事故，该事故造成的损害在保险人依约应承担的保险责任范围内，与保险人赔偿的保险标的相一致，保险人在承担保险责任后即依法享有代位求偿权。

具体到本案，代驾司机周甲在受某汽车代驾服务公司代驾平台指派进行代驾过程中发生车辆泡水事故致车辆受损，该损失在乙保险公司云南分公司的保险责任范围内。代驾公司抗辩认为，代驾司机系在被保险车辆上同乘的被保险人指示下行驶，导致车辆泡水事故发生，代驾司机并无过错。对此，被保险人与某汽车代驾服务公司之间形成代驾服务合同关系，在履行合同过程中某汽车代驾服务公司指派的代驾人员将车辆行驶入严重淹水路段导致车辆泡水事故发生，本案中乙保险公司云南分公司是基于某汽车代驾服务公司的违约行为而非侵权行为行使代位求偿权，代驾司机对保险事故的发生是否有过错，对案件的处理并无影响，代驾公司应当承担因违约而对被保险车辆造成损害的赔偿责任。

三、关于限制保险代位求偿权对象的认定问题

《中华人民共和国保险法》第六十二条规定："除被保险人的家庭成员或者其组成人员故意造成本法第六十条第一款规定的保险事故外，保险人不得对被保险人的家庭成员或者其组成人员行使代位请求赔偿的权利。"该条法律规定对于保险人行使代位求偿权的对象作出了一定限制，目的是保护与被保险人属于利益共同体的被保险人家庭成员或其组成人员的利益。

通常情况下，被保险人的家庭成员或者其组成人员对保险标的具有与被保险人共同的利益，因此，其造成保险事故的，被保险人不会行使损害赔偿请求权，相应地，对保险人行使代位求偿权也应有所限制。对于被保险人的"组成人员"的理解，司法实践中存在不同意见。有观点认为，"组成人员"是指法人或其他组织的被保险人的内部工作人员；也有观点认为，"组成人员"是指被保险人内部与其存在共同经济利害关系的人员，包括被保险人的雇佣人员、合伙人等。笔者认为，对保险代位求偿权对象进行限制规定的立法目的是避免

被保险人因保险人行使代位求偿权而无法实际获得损失补偿，从而导致保险损失填补功能落空。因此，从保险利益及目的解释的角度分析，被保险人与保险人代位求偿权的对象之间是否存在经济利益上的“同一性”，应当是界定“被保险人的组成人员”的基本依据。

具体到本案，代驾公司抗辩认为，代驾司机作为被保险人允许的驾驶人，从整体上而言具有“被保险人”的身份或相同地位，构成《中华人民共和国保险法》第六十二条规定的“被保险人的组成人员”，从而应被排除在保险人可以行使代位求偿权的范围之外。对此问题，核心是对代驾司机与被保险人是否存在“共同一致的经济利益”作出判断。在代驾法律关系中，代驾司机提供代驾服务，从服务接受者处获取报酬，双方之间仅构成松散的、偶然性的、个别的服务合同关系，此与自然人长期稳定的雇佣司机不同；另外，代驾司机并未取得保险利益，其服务的有偿性又打破了其与被保险人利益的一致性。故代驾司机与被保险人不具有长期稳定的共同利益关系，不属于《中华人民共和国保险法》第六十二条规定的“组成人员”的范围，应认定为造成案涉车辆损害的第三者，乙保险公司云南分公司有权就案涉车辆损失在赔偿金额范围内代位进行追偿。

保险人代位求偿制度有利于弥补保险人的财力，实现保险业的持续发展，也有利于引导各类主体依法依规行事，遏制财产侵权行为以及减少各种安全事故的发生。本案的审理，在商业代驾交易模式下，允许车辆保险人在赔偿被保险人损失后基于代驾公司违约行为而向其追偿，维护了保险人的财产利益，落实了代驾公司应承担的民事责任，对于推动代驾公司对代驾司机资质严格审查以及对代驾司机加强管理约束，促进代驾行业健康有序发展具有示范意义。

编写人：云南省昆明市中级人民法院　汪佳

60

海损事故中货主追偿救助打捞费用的责任限制

——甲保险公司诉某海运公司保险人代位求偿权、追偿权案

【案件基本信息】

1. 裁判书字号

福建省高级人民法院（2022）闽民终 1403 号民事判决书

2. 案由：保险人代位求偿权纠纷、追偿权纠纷

3. 当事人

原告（上诉人）：甲保险公司

被告（被上诉人）：某海运公司

第三人：某海洋工程公司

【基本案情】

2020 年 10 月 9 日，某海运公司所属“××”轮在福建省某港湾发生触礁搁浅事故，导致船艏破损，船载数千吨钢卷淹没于海水中。某海运公司对事故负全部责任，但不存在故意或明知可能造成损失而轻率不作为的情形。为防止燃油泄漏、人员伤亡，某海运公司于事故当日根据海事局指令向某海洋工程公司出具《授权委托书》，委托其对难船进行水下探摸封堵、货物过驳减载、难船脱险等应急抢险，因时间紧迫，各项具体费用待后确定。

10 月 9 日至 26 日，某海洋工程公司从货舱打捞出全部钢卷并驳运至码头，但因某海运公司和货方就哪一方应支付货物救助报酬发生争议，货物保险人甲保险公司为提取货物、减少损失，与某海洋工程公司直接商定救助报酬并订立了《救助担保及提货协议》。协议确认某海洋工程公司根据某海运公司委托打

捞5054吨钢卷，根据其投入计算得出救助报酬4277486元等事实，在此基础上约定：甲保险公司同意按4277486元计算货物打捞的救助报酬，并向某海洋工程公司支付4277486元作为现金担保；如30日内某海洋工程公司未收到某海运公司应付的货物救助报酬，则某海洋工程公司有权将现金担保作为救助报酬收取。

某海运公司实际未如期支付救助报酬，而是就“××”轮搁浅事故造成的全部损失向厦门海事法院申请设立数额为291665.5元特别提款权的海事赔偿责任限制基金。甲保险公司在现金担保被作为救助报酬收取后，未申请债权登记、按比例受偿，而是向厦门海事法院提起代位求偿诉讼，主张某海运公司本应向某海洋工程公司支付货物打捞的救助报酬，而货方对事故没有责任，没有支付救助报酬的义务，其向某海洋工程公司提供担保、垫付报酬后有权行使追偿权，要求某海运公司全额偿还。

【案件焦点】

某海运公司可否对甲保险公司主张的货物救助报酬追偿限制赔偿责任。

【法院裁判要旨】

厦门海事法院经审理认为：本案系保险人代位求偿权纠纷、货主基于海难救助合同承担救助报酬后的追偿权纠纷。搁浅事故是因船舶营运而发生，不论是事故发生时已经产生的货物损失，还是将要垫付的救助货物费用，都是本次事故所引起，根据《中华人民共和国海商法》第二百一十二条规定，均应在责任限制基金内受偿，而某海运公司的赔偿责任限于基金范围。甲保险公司在货物获救后向某海洋工程公司支付4277486元，属于《中华人民共和国海商法》第二百零七条第一款第四项规定的责任人以外的其他人为减少责任人可以限制赔偿责任的损失而采取的措施，仍在责任限制范围内。

《中华人民共和国海商法》第二百零八条第一项规定，对救助款项的请求不适用责任限制，所指应为被救助船东不能对救助人的救助报酬主张限制赔偿责任，其目的在于鼓励海难救助。同理，《最高人民法院关于审理海事赔偿责任限制相关纠纷案件的若干规定》（以下简称责任限制司法解释）第十七条第一款规定的因搁浅船舶的起浮提出的索赔不在责任限制范围内，同样是针对打捞人向船东方主张救助报酬的情形。本案中，向某海运公司主张救助打捞费的是货方而非救助人、打捞人，故不适用上述两条规定。

此外，甲保险公司还主张其是行使担保人的追偿权，追偿权的本质仍是救助报酬，但其担保人资格是与某海洋工程公司自行商定，未经某海运公司认可，故不能认定为担保。进言之，假使本案货方以外的第三人作为担保人代垫救助报酬后向某海运公司追偿，则其也应先行向某海运公司交付货物，才能取回代垫的救助报酬，但实际本案货物价值远超救助报酬，不存在此种可能。而某海运公司早在货物搁浅时赔偿责任已限于责任限制基金，不存在救助货物后进一步交付货物的义务，其前期对船货的应急抢险是履行行政法律义务的行为，不意味着在货物打捞上岸后仍有进一步交付甲保险公司的民事法律义务。

综上，某海运公司有权限制赔偿责任，甲保险公司未在基金分配程序中申请债权登记，依法视为放弃债权。

厦门海事法院依照《最高人民法院关于适用〈中华人民共和国民法典〉时间效力的若干规定》第一条第二款，《中华人民共和国海商法》第一百七十五条、第一百八十三条、第二百零七条第一款第四项，《中华人民共和国民事诉讼法》第六十七条第一款，《中华人民共和国海事诉讼特别程序法》第一百一十二条以及《最高人民法院关于适用〈中华人民共和国民事诉讼法〉的解释》第九十条之规定，判决如下：

驳回原告甲保险公司的诉讼请求。

甲保险公司不服一审判决，提起上诉。

福建省高级人民法院同意一审法院裁判意见，判决驳回上诉，维持原判。

【法官后语】

国际航运是国际贸易中最重要的运输方式之一。有统计显示，全球超过

80%的贸易量是通过航运完成的。①海事赔偿责任限制是在海运业高风险、低费率的背景下平衡船货双方利益的产物，长期以来发挥着保障海运业稳定和可持续发展的压舱石作用。本案围绕海事赔偿责任限制中备受争议的一个问题——为减少货物损失而支付的救助打捞费，是否属于船东方的责任限制范围进行讨论。为更好地理解本案裁判结论和实践价值，有必要在裁判说理的基础上对海事赔偿责任限制的立法目的、适用范围作进一步阐释。

一、海事赔偿责任限制的概念和立法目的

海事赔偿责任限制，在有关的国际公约中被称为海事索赔责任限制（Limitation of Liability for Maritime Claims），是指在发生重大海损事故时，作为责任人的船舶所有人、经营人和承租人等，可根据法律的规定，将自己的赔偿责任限定在一定范围的法律制度。其是《中华人民共和国海商法》特有的并区别于民法损失填补原则的特殊损害赔偿制度。②

海运面临的自然危险是陆运、空运所无法比拟的，此为众所周知的事实。通过一定程度上限制海运船东方的赔偿责任，有利于保护海运资本，鼓励海运业发展。海事赔偿责任限制制度正是在这种背景下应运而生，其在看似偏袒船东方的表象下，其实是平衡船货双方利益的实质公平考量。实践中90%的国际贸易选择海运，正是船货双方利益得到有效平衡的有力证明。

二、海事赔偿责任限制的适用范围

《中华人民共和国海商法》对海事赔偿责任限制适用范围的规定，主要体现于该法第二百零七条、第二百零八条以及责任限制司法解释第十七条。

《中华人民共和国海商法》第二百零七条第一款前三项规定的海事赔偿责任限制的适用范围为："（一）在船上发生的或者与船舶营运、救助作业直接相关的人身伤亡或者财产的灭失、损坏，包括对港口工程、港池、航道和助航设施造成的损坏，以及由此引起的相应损失的赔偿请求；（二）海上货物运输因

---

① 《全球航运业加快转型（国际视点）》，载人民日报网，http：//paper. people. com. cn/rmrbwap/html/2024-10/23/nw. D110000renmrb_ 20241023_ 1-17. htm，2025年1月2日访问。

② 司玉琢：《海商法（第四版）》，法律出版社2018年版，第327页。

迟延交付或者旅客及其行李运输因迟延到达造成损失的赔偿请求；（三）与船舶营运或者救助作业直接相关的，侵犯非合同权利的行为造成其他损失的赔偿请求。”因该规定直译自《1976 年海事索赔责任限制公约》，而该公约是英美法思维下拟定的条文，故条文内容定语较多，读来拗口。其实从海事赔偿责任限制的目的出发，可以简化理解为：因船舶营运、海难救助而造成损害的赔偿责任，不论是基于侵权还是基于合同，不论是在船上发生还是在船外发生，均可以限制赔偿责任。

在此基础上即可得知，该条文第四项规定的“责任人以外的其他人，为避免或者减少责任人依照本章规定可以限制赔偿责任的损失而采取措施的赔偿请求”，可以限制赔偿责任，实际是前三种限制赔偿责任情形的自然延伸或合理替代。责任人以外的其他人主观上通常不会为避免、减少责任人损失而采取措施，故该项规定应理解为，责任人以外的其他人减损的对象是责任人可以限制赔偿责任的损失类型时，责任人因对减损对象可以限制赔偿责任，故对替代的减损费用也理应限制赔偿责任。

本案裁判对《中华人民共和国海商法》第二百零八条以及责任限制司法解释第十七条关于救助费、打捞费请求不能限制赔偿责任的规定已经作了详尽说明，在此不再赘述。

三、本案裁判的实践价值

海难事故中对货物的救助报酬是否属于海事赔偿责任限制范围，司法实践中一直存在不同认识，航运实务中船货双方因此存在争议，但此前通常都是货方直接向救助人支付救助打捞费用后提出追偿，而本案甲保险公司采用约定提供现金“担保”，进而要求按被“担保”债务性质追偿的方式主张排除责任限制，索赔形式更具隐蔽性，审理认定难度也更大。裁判从《中华人民共和国海商法》关于海事赔偿责任限制范围的立法精神出发，追根刨底、正本清源，厘清了相关法律关系，对这一争议已久的法律问题作了透彻的释法析理：一方面有利于推动类似案件裁判尺度的统一，为船货双方行为提供明确的规范指引；另一方面对维护海事赔偿责任限制制度的稳定性，保障海上运输事业的健康稳定发展具有积极作用。具体表现为：

一是明确在海事事故发生时船东方的赔偿责任已经限于责任限制基金，不存在救助货物后进一步交付货物的义务，其前期对船货的应急抢险是履行行政法律义务的行为，不意味着在货物打捞上岸后仍有进一步交付货物的民事义务，在此背景下货方如需提取货物以减少损失，则应支付救助报酬而后在基金中受偿。

二是对《中华人民共和国海商法》第二百零八条第一款关于救助款项请求不能限制赔偿责任的规定，以及责任限制司法解释第十七条第一款关于因搁浅船舶的起浮提起的索赔不能限制赔偿责任的规定，作了契合立法目的的限缩解释，准确界定了应在责任限制基金外受偿的救助、打捞费范围。

三是明确货方未经船东方同意，基于减少自身货物损失目的而与救助人单独约定的"担保"，不具有担保性质，对在此基础上提出的追偿不能根据原债务性质确定能否限制赔偿责任，从而避开了货方通过向救助人提供"担保"变相追偿救助报酬的思维陷阱，确保船东方的海事赔偿责任限制权利得以兑现。

编写人：厦门海事法院　陈耀

61

利益衡平角度下互联网物流平台责任判定

——甲保险公司诉高某等保险人代位求偿权案

【案件基本信息】

1. 裁判书字号

上海市嘉定区人民法院（2022）沪 0114 民初 14081 号民事判决书

2. 案由：保险人代位求偿权纠纷

3. 当事人

原告：甲保险公司

被告：高某、乙保险公司、某互联网物流平台

【基本案情】

2020年4月12日下午，高某驾驶苏K车辆在被告某互联网物流平台接单结束后，至案外人李甲家附近吃饭，4月13日凌晨3时驾驶车辆回李甲家，在进入某小区后与案外人曾某的车辆发生碰撞。当晚高某未报警亦未通知车主，仅将涉案车辆停放在小区内。早上8时，曾某发现车辆被撞后报警，民警在某40号103室李甲家找到被告高某，询问事故情况后出具事故认定书，判定被告高某负全责。苏K车辆行驶证载明，车辆为小型普通客车，所有人为高甲（系高某之父），使用性质为非营运，总质量为3510kg，车辆注册日期为2019年4月8日。2019年4月11日，高甲在某互联网物流平台注册，以其名下的苏K小型客车通过该平台从事货运服务，并与平台签订《××软件信息服务协议》。2021年2月24日，高甲解除与平台的合作。2021年2月24日，被告高某在被告某互联网物流平台注册认证。苏K车辆在2020年4月共接单交易12次，2020年5月至2021年2月共接单交易200余次，2021年2月至2022年1月共接单交易150余次。高甲在乙保险公司为苏K车辆投保交强险和商业险。曾某在原告甲保险公司购买车损险。甲保险公司赔付曾某车损后依法取得代位求偿权，向高某、乙保险公司、某互联网物流平台进行追偿。

原告甲保险公司认为，高某作为侵权司机，对事故发生负全责，应承担侵权责任。被告乙保险公司作为苏K车辆的保险公司，应在保险责任范围内承担保险责任。高某和某互联网物流平台是共同承运人，为需求方提供货运服务。且某互联网物流平台未审核车辆是否为营运性质及投保营运险，亦未审核高某是否具有运输从业资格证，故应对原告损失承担连带清偿责任。故提出诉请：要求判令乙保险公司赔偿原告甲保险公司车损60900元，剩余或不在保险理赔范围内的部分由被告高某和被告某互联网物流平台承担连带赔偿责任。高某认为，其在购买苏K车辆时已经为车辆购买了交强险和商业险，保额200万元，

足以赔付本起事故的车损。

【案件焦点】

1. 原告甲保险公司和被告乙保险公司的争议焦点在于，本案事故是否具有保险免责的情形；2. 被告高某和被告某互联网物流平台是否构成共同承运人；3. 某互联网物流平台是否因未尽审核义务应对原告的损失承担连带赔偿责任。

【法院裁判要旨】

上海市嘉定区人民法院经审理认为：就第一项争议，关于事故发生后离开现场的问题，根据被告高某自述，事发当晚未及时报警，直至次日由受损车主报警后找到被告高某，显然不符合“立即报警”的规定。故此，法院认为被告高某具备报警条件而未立即报警，应认定其未依法采取措施。即便事故发生在半夜，也不构成高某离开现场的合理理由。高某离开现场的行为，违反了法律和行政法规的强制性规定，属于保险条款约定的免责情形。

关于改变车辆使用性质的问题，虽事故发生时涉案车辆不处于营运状态，但高甲自 2019 年 4 月起即在被告某互联网物流平台注册进行营运拉货，事发当天亦在从事货运服务。在此后较长时间内，被保险车辆长期、高频地在被告某互联网物流平台上接单。结合上述事实，被保险车辆的使用性质已经超出家庭自用范畴，客观上长期用于营运。被告乙保险公司有权依据《中华人民共和国保险法》第五十二条规定免赔。

就第二项争议，从《运输服务协议》和运营服务过程来看，某互联网物流平台向运输服务提供方和需求方发放信息数据，为货运信息中介服务提供方，非实际承运人或者营运资质挂靠方。《中华人民共和国电子商务法》第三十八条第二款规定，对关系消费者生命健康的商品或者服务，电子商务平台经营者对平台内经营者的资质资格未尽到审核义务，或者对消费者未尽到安全保障义务，造成消费者损害的，依法承担相应的责任。被告某互联网物流平台作为拥有海量用户的物流信息服务平台，其提供的服务关系到消费者的生命健康和安全，故某互联网物流平台对申请进入平台的司机和货运车辆性质应当依法进行必要的审查。

根据《中华人民共和国道路运输条例》相关规定，道路运输车辆运输旅客的，不得超过核定人数，不得违反规定载货。案涉车辆系小型普通客车，其未经行政许可用于货运属于违反相关禁止性规定。对违规载货情形，被告某互联网物流平台在资质审查过程中存在疏忽放任之过错。然而，本案事故发生时，车辆并非处于营运接单状态，车辆受损的事故并非高某在某互联网物流平台拉货营运所致，某互联网物流平台之过错和损害后果间不具有相当的因果关系。故此，某互联网物流平台的辩称意见，法院予以采信，其无须对原告甲保险公司的损失承担赔偿责任。

上海市嘉定区人民法院依照《最高人民法院关于适用〈中华人民共和国民法典〉时间效力的若干规定》第一条第二款，2009 年《中华人民共和国侵权责任法》第六条、第四十八条，《中华人民共和国保险法》第五十二条、第六十条第一款、第六十五条，《中华人民共和国道路交通安全法》第七十条第一款，《中华人民共和国道路运输条例》第三十四条，《最高人民法院关于适用〈中华人民共和国保险法〉若干问题的解释（二）》第十条以及《最高人民法院关于适用〈中华人民共和国保险法〉若干问题的解释（四）》第四条第一款第一项之规定，判决如下：

一、被告高某应在本判决生效之日起十日内赔偿原告甲保险公司车辆损失 60900 元；

二、驳回原告甲保险公司的其他诉讼请求。

宣判后，双方当事人均未提起上诉，一审判决已生效。

【法官后语】

本案系涉互联网物流平台纠纷的司法认定和平台治理的典型案例，主要涉及两个问题：一是对于车辆营运性质的认定；二是互联网物流平台注册车辆发生事故的，平台责任如何划定。本案判决虽未支持原告主张“某互联网物流平台承担赔偿责任”的诉讼请求，但是对于互联网物流平台与注册司机的法律关系、平台的安全保障义务、对消费者知情权的保障义务等，均进行了精细化审视，进而厘清货运车辆驾驶员、保险公司和平台经营者的权责范围与责任形态，为市场主体提供明确的行为规范指引。

一、互联网物流平台与运输服务提供方、运输服务需求方的法律关系为第三方信息中介服务关系

互联网物流平台是指依靠互联网技术、移动互联网技术和电子商务技术，为广大物流公司、货车司机、货主服务，提供货源信息查询、车辆信息查询、服务比价、在线下单、在线投保及货物在线跟踪等道路运输信息中介和交易撮合服务的物流运营电商平台。从互联网物流平台的运营过程来看，其运营模式是托运人在平台内发布货运订单信息，由平台的注册司机在平台内根据自身驾驶资质以及车辆情况自由抢单，平台仅收取信息费，为托运人与承运人之间达成货运合同提供便捷渠道，即互联网物流平台并非实际承运人或者营运资质挂靠方，不是货运合同的当事人。

此外，互联网物流平台注册时需先行点击“阅读并同意《用户协议》”，各平台的《用户协议》一般会明确互联网物流平台提供的服务，包括向参与货车提供平台用户所需货车类型和行程详情，以及向平台用户提供参与货车信息，即仅为用户和参与货车提供中立、独立、免费的第三方信息中介服务。因此，互联网物流平台与托运人以及承运人之间签订的均应当为中介合同。但是，互联网平台并非单纯的居中介绍者或者场所提供者，其对于平台的注册用户具有一定的控制力，理应承担比场所管理人更高的安全保障义务，对平台内经营者的行为负有法定的责任。

二、互联网平台承担的民事责任应与侵权行为相适应，个人利益的保护亦应兼顾他人利益和公共利益，司法裁判应寻求各方利益的平衡点，实现个人权益保护和平台经济发展相统一

互联网物流平台的安全保障义务可分为：危险防范义务、危险排查义务、危险排除或警示义务、合理协助义务。《中华人民共和国电子商务法》第三十八条第一款很清晰地规定了互联网物流平台承担连带责任的情形。在主观上，

互联网物流平台明知或者应当知道其平台内注册用户提供的货物运输服务不符合保障人身、财产安全的要求，或者有其他侵害消费者合法权益行为，互联网物流平台与平台内的用户具有共同过错；在客观上，互联网物流平台不作为，未采取必要措施，实际上给直接侵权人实施侵权行为提供了帮助，对于损害的发生与扩大起着间接作用。此时，互联网物流平台应当与直接侵权人承担连带责任。但是《中华人民共和国电子商务法》第三十八条第二款中“相应的责任”规定模糊，学界对此的理解各有不同。笔者认为，如果互联网物流平台履行了基本资质资格审核义务，则应当认为其对于直接侵权人的侵权行为不知道也不应当知道，不存在侵权行为，此时互联网物流平台无须承担侵权责任。如果互联网物流平台明知平台用户不满足货物运输资质或者有其他不符合保障人身、财产安全要求的情形，仍然放任其在平台中与其他用户达成货运合同，此时应当认为平台为直接侵权人提供帮助，根据《中华人民共和国民法典》第一千一百六十九条的规定，平台应当与直接侵权人承担连带赔偿责任。如果互联网物流平台未履行基本资质资格审核义务或者审核存在瑕疵，则应当认定平台未尽到安全保障义务，根据《中华人民共和国民法典》第一千一百九十八条规定承担相应的补充责任。

在本案中，一方面，互联网物流平台在车辆入驻时，对其用途和使用性质均未作筛查与限定，从而导致车辆存在“客车载货”的违规营运行为，平台未尽到安全保障义务。此外，对于车辆购买非营运险亦未进行披露，侵害了不特定第三方消费者的知情权。另一方面，考虑到本案事故并非在车辆营运期间发生，仅为日常生活所需驾驶，平台之过错和损害后果间不具有相当的因果关系，如果“一刀切”地对平台注册车辆发生的所有事故均科以侵权损害赔偿，易造成平台经营者过重的负担，导致整个货运物流行业乃至数字经济发展受阻。因此，在司法裁判中，考虑到民事责任的承担应与侵权行为相适应，在依法严格保护个人权益的同时，应平衡平台经营者利益和公共利益。

三、对于互联网物流平台在资质审核、信息披露等方面暴露的合规问题，上海法院数字经济司法研究及实践（嘉定）基地建立“司法建议+跟踪回访+专

家评鉴”工作机制，对于司法参与平台治理具有重要参考价值

互联网物流平台是数字经济蓬勃发展下的产物，应遵守传统的市场交易规则，在货运合同签订、司机资质审核、服务流程监管、事故跟踪理赔等环节，既要符合数字经济大背景下的创新需求，还要遵守传统市场监管要求，才能提供更高效、便捷的服务。依托上海法院数字经济司法研究及实践（嘉定）基地优势，建立“司法建议+跟踪回访+专家评鉴”三维工作机制。第一步发送司法建议，督促平台运用高科技手段，从健全资质审核、完善数据治理、落实主体责任等方面加强用户规范管理及运营安全防范。第二步跟踪回访，定期对平台的整改落实情况进行跟踪了解，因企施策，找准方向、标本兼治，为平台量身定制合规路径。第三步专家评鉴，对于平台的整改措施，邀请基地专家对其可行性提出评鉴意见。互联网物流平台合规整改落实后，实现了“制度规范+技术合规”的突破，提升了平台合规的精准性和有效性。一是运用生物识别技术跟踪车辆行驶轨迹，完善行驶过程中突发事件的应急处置措施，并建立用户反馈机制；二是推进政企合作，联合交警部门对注册司机身份进行审核，建立黑名单制度；三是运用大数据算法技术，为不同类型的车辆匹配合适的货物，减少车辆超载超重等事故风险。本案司法裁判和后续治理起到了良好的社会效果，有利于引导互联网民营企业有序合规经营，推动数字经济良性发展，打造法治化营商环境。

编写人：上海市嘉定区人民法院　吴晶　贡政

62

《蒙特利尔公约》规定的两年期间是否适用法院地法关于诉讼时效中断的规定

——甲保险公司上海分公司等诉甲公司等保险人代位求偿权案

【案件基本信息】

1. 裁判书字号

广东省深圳市中级人民法院（2021）粤 03 民终 30373 号民事判决书

2. 案由：保险人代位求偿权纠纷

3. 当事人

原告（上诉人）：甲保险公司上海分公司、乙保险公司上海分公司、丙保险公司上海分公司

被告（被上诉人）：甲公司、甲公司深圳分公司

第三人：机场货站公司、甲航空公司、乙公司

【基本案情】

甲公司深圳分公司与乙公司签订《物流服务承揽协议》，甲公司针对案涉两台机器设备的运输签发两份不可转让的空运单，承运人均为甲航空公司。案涉设备空运至深圳机场后，在机场货站存放期间遭受雨淋。2016 年 11 月 28 日，乙公司至深圳机场提货，发现设备外包装受潮破损，于次日向甲公司发送索赔通知书。甲保险公司上海分公司、乙保险公司上海分公司、丙保险公司上海分公司（以下简称三保险公司）根据其与乙公司签订的保险合同，向乙公司支付了赔偿款 117 万美元，并分别于 2018 年 7 月 24 日、2018 年 9 月 30 日、2019 年 11 月 27 日向甲公司发送索赔函，于 2020 年 5 月 28 日提起本案保险人

代位求偿权诉讼，要求甲公司深圳分公司、甲公司支付赔偿款。甲公司深圳分公司、甲公司答辩称《蒙特利尔公约》规定的两年诉讼时效为不可变期间，三保险公司在本案中的起诉已超过两年诉讼时效，应驳回其诉讼请求。

【案件焦点】

《蒙特利尔公约》第三十五条规定的两年期间是否为诉讼时效、是否适用法院地法关于诉讼时效中断的规定。

【法院裁判要旨】

深圳前海合作区人民法院经审理认为：《蒙特利尔公约》第三十五条第二款中所指“期间的计算方法”包括法院地法对期间中止计算情形的规定，但不包括法院地法关于以诉讼外的其他方式中断诉讼时效情形的规定。权利人以非诉讼的方式主张权利不能产生中断《蒙特利尔公约》第三十五条规定的诉讼时效的法律后果，三保险公司自案涉货物到达目的地点之日起两年内未提起诉讼，丧失对损害赔偿的权利。三保险公司诉请甲公司深圳分公司、甲公司向其承担赔偿责任，不予支持。

深圳前海合作区人民法院依照《中华人民共和国涉外民事关系法律适用法》第四十一条，《中华人民共和国民用航空法》第一百八十四条，《统一国际航空运输某些规则的公约》（1999 年《蒙特利尔公约》）第十八条、第三十一条、第三十五条，《维也纳条约法公约》第一条、第二条、第三十一条、第三十二条，《中华人民共和国保险法》第六十条第一款，《最高人民法院关于适用〈中华人民共和国保险法〉若干问题的解释（四）》第七条，《中华人民共和国民事诉讼法》第六十四条第一款、第一百四十二条之规定，判决如下：

驳回三保险公司的诉讼请求。

三保险公司不服一审判决，提起上诉。

广东省深圳市中级人民法院经审理认为：我国于 1997 年加入《维也纳条约法公约》，依据该公约第四条之规定，该公约对各缔约国在该公约于各该国生效后缔结之条约适用之。我国于 2005 年加入《蒙特利尔公约》，故对于《蒙特利尔公约》的解释应当遵循《维也纳条约法公约》规定的条约解释规则。《维也纳条约法公约》第三十一条第一款规定："条约应依其用语按其上下文并参照条约之目的及宗旨所具有之通常意义，善意解释之。"《蒙特利尔公约》第三十五条标题为"诉讼时效"，显然，该条是关于诉讼时效的规定。其第一款规定："自航空器到达目的地点之日、应当到达目的地点之日或者运输终止之日起两年期间内未提起诉讼的，丧失对损害赔偿的权利。"第二款规定："上述期间的计算方法，依照案件受理法院的法律确定。"从上下文来看，因第一款系关于诉讼时效的规定，第二款中"上述期间的计算方法"应指两年诉讼时效期间的计算方法。《蒙特利尔公约》旨在统一国际航空运输某些规则，并没有统一全部规则。鉴于该公约第三十五条未对诉讼时效的中止、中断作出规定，而该条第二款又指出两年诉讼时效期间的计算方法依照案件受理法院的法律确定，故，本案中该公约第三十五条规定的两年诉讼时效应适用我国法律有关诉讼时效中止、中断的规定。此外，《蒙特利尔公约》开篇即指出"认识到确保国际航空运输消费者的利益的重要性"，表明其将保护国际航空运输消费者的利益作为立约的重要目的，适用法院地法有关诉讼时效中止、中断的规则，显然更有利于此立约目的。即便从《蒙特利尔公约》制定背景考量，1999 年 5 月，航空法国际会议讨论通过《蒙特利尔公约》的会议记录载明，会议主席就第三十五条第二款的意图进行阐释时，不仅认为"如果索赔人遭遇被监禁、绑架等妨碍权利行使的类似情形，应当由法院地法对期间是否中止作出认定"，还指出"在国际私法领域，诉讼时效被划分属于程序问题，应由法院地法确定"。表明制定者将诉讼时效作为应由法院地法确定的程序问题，适用法院地法有关诉讼时效中止、中断的规定，并不违背该条款制定的意图。故，乙公司于 2016 年 11 月 29 日、2018 年 7 月 24 日向甲公司发送索赔函均构成诉讼时效中断，三保险公司于 2020 年 5 月 28 日向一审法院提起本案诉讼未超过两年诉讼时效。

广东省深圳市中级人民法院依照《中华人民共和国涉外民事关系法律适用法》第四十一条，《统一国际航空运输某些规则的公约》第十八条、第二十二条第三款、第二十二条第四款、第二十二条第六款、第二十三条第一款、第二十四条、第三十五条、第四十条，《中华人民共和国民法总则》第七十四条、第一百九十五条第一项，《中华人民共和国保险法》第六十条第一款，《中华人民共和国民用航空法》第一百八十四条第一款，《最高人民法院关于适用〈中华人民共和国民法典〉时间效力的若干规定》第一条第二款，《最高人民法院关于适用〈中华人民共和国保险法〉若干问题的解释（四）》第七条，《中华人民共和国民事诉讼法》第六十七条第一款、第一百七十七条第一款第二项、第一百八十二条之规定，判决如下：

一、撤销深圳前海合作区人民法院一审民事判决；

二、被上诉人甲公司深圳分公司应于本判决生效之日起十日内向上诉人甲保险公司上海分公司支付赔偿款人民币859995.00元及利息；

三、被上诉人甲公司深圳分公司应于本判决生效之日起十日内向上诉人乙保险公司上海分公司支付赔偿款人民币390906.82元及利息；

四、被上诉人甲公司深圳分公司应于本判决生效之日起十日内向上诉人丙保险公司上海分公司支付赔偿款人民币312725.45元及利息；

五、被上诉人甲公司应对被上诉人甲公司深圳分公司的上述债务承担补充清偿责任；

六、驳回甲保险公司上海分公司、乙保险公司上海分公司、丙保险公司上海分公司其他诉讼请求。

【法官后语】

《蒙特利尔公约》第三十五条规定的两年期间是否属于不变期间、是否适用法院地法关于诉讼时效中止、中断的规定，不仅是本案争议的焦点，也是国际司法实践中一个颇具争议的问题。一种观点认为，该条规定的两年期间是不变期间（类比除斥期间），不能被中止、中断或是任何其他形式的延长。另一种观点认为，该条规定的两年期间是诉讼时效，适用法院地法关于诉讼时效中止、中断的规定。笔者认为，按照《维也纳条约法公约》规定的公约条文解释规则，《蒙特利尔公约》第三十五条规定的两年期间是诉讼时效，适用法院地法关于诉讼时效中止、中断的规定。

一、公约条文的解释规则

我国于1997年加入《维也纳条约法公约》，该公约于同年对我国生效，根据该公约第四条之规定，该公约对各缔约国在该公约于各该国生效后缔结之条约适用之。我国于2005年加入《蒙特利尔公约》，故对于《蒙特利尔公约》的解释应当遵循《维也纳条约法公约》规定的条约解释规则。

《维也纳条约法公约》第三十一条是条约解释的一般原则，按照国际法委员会的释义，该条的精神是：约文必须被推定为各条约当事国的意思的权威性的表示，从而解释的出发点是阐明约文的意义，而不是从头调查各当事国的意思。《维也纳条约法公约》采取的是客观解释，而非主观解释。[①] 其要求解释者在争议条款或用语的词源意义范围内选择最符合条约有效性原则、上下文、条约目的和宗旨要求的意义。此亦符合法律解释方法论，即遵循文义解释、体系解释、目的解释之原则。

按照国际法委员会的见解，《维也纳条约法公约》第三十一条所列的诸因素为权威性解释因素，而第三十二条所及的条约之准备资料及缔约之情况，只能是补充的解释资料。

二、《维也纳条约法公约》规则下对《蒙特利尔公约》第三十五条的解释

（一）《蒙特利尔公约》第三十五条系关于诉讼时效的规定

1.《蒙特利尔公约》第三十五条的标题开宗明义确定该条文规定的是诉讼时效。根据《蒙特利尔公约》的规定，该公约“以中文、英文、阿拉伯文、法文、俄文和西班牙文写成，各种文本同等作准”。该公约第三十五条中文文本的标题为“诉讼时效”，并无歧义。

2.《蒙特利尔公约》第三十五条第一款内容属于诉讼时效范畴。学界通说认为，诉讼时效适用于请求权，除斥期间适用于形成权[②]，《蒙特利尔公约》第三十五条相对应的是承运人的请求权，规定的两年期间自然也应是诉讼时效，而非除斥期间。该条第一款规定“两年期间内未提起诉讼的，丧失对损害赔偿

① 李浩培：《条约法概论》，法律出版社2003年版，第352页。

② 梁慧星：《民法总论》（第四版），法律出版社2001年版，第265页。

的权利"，与我国法律条文对诉讼时效期间届满法律后果的表述确有不同，但诉讼时效期间届满产生何种法律后果，不同国家和地区存在不同的立法例，《蒙特利尔公约》第三十五条第一款对诉讼时效届满法律后果的表述，与实体权利消灭主义较为接近，仍属于诉讼时效范畴。

（二）《蒙特利尔公约》第三十五条规定的诉讼时效适用法院地法关于诉讼时效中止、中断的规定

1. 文义及体系解释。从上下文来看，《蒙特利尔公约》第三十五条第一款规定的是诉讼时效，第二款中"上述期间的计算方法"应指法律意义上两年诉讼时效期间的计算方法，而非时间概念上起止时间的计算方法。实际上，第一款对时间概念上的起止时间已规定得具体明确，并无通过法院地法进行解释的空间和必要。因此，将第二款中"上述期间的计算方法"仅解释为起止时间的计算方法，显然是不恰当的。

《蒙特利尔公约》旨在统一国际航空运输某些规则，并没有统一全部规则，在公约没有明确规定之处，适用法院地法是其中应有之义。根据原《中华人民共和国民法通则》第一百四十二条及现行《中华人民共和国民用航空法》第一百八十四条规定，中国参加的国际条约与中国法有不同规定的，国际条约优先适用；换言之，国际条约没有规定，当事人也没有特别约定的，应适用中国法。《蒙特利尔公约》第三十五条未对诉讼时效的中止、中断作出规定，而该条第二款又指出两年诉讼时效期间的计算方法依照案件受理法院的法律确定，诉讼时效的计算方法广义上包括能否中止、中断。故，该公约第三十五条规定的两年诉讼时效应适用法院地法有关诉讼时效中止、中断的规定。

2. 目的解释。通过《蒙特利尔公约》的名称、序言，按照善意解释原则，可以确定该公约的目的和宗旨为：（1）确保国际航空运输消费者的利益，提供公平赔偿；（2）确保国际航空运输运营的有序发展以及旅客、行李和货物通畅流动；（3）统一国际航空运输某些规则。该公约开篇即指出"认识到确保国际航空运输消费者的利益的重要性"，表明其将保护国际航空运输消费者的利益作为立约的重要目的，适用法院地法有关诉讼时效中止、中断的规则，显然更

有利于此立约目的，也没有违背立约的其他目的和宗旨。

根据《维也纳条约法公约》第三十二条规定，条约之准备资料及缔约之情况，只能是补充的解释资料。即便如此，从《蒙特利尔公约》制定背景来看，1999年5月航空法国际会议讨论通过《蒙特利尔公约》的会议记录载明，会议主席就第三十五条第二款的意图进行阐释时，不仅认为“如果索赔人遭遇被监禁、绑架等妨碍权利行使的类似情形，应当由法院地法对期间是否中止作出认定”，还指出“在国际私法领域，诉讼时效被划分属于程序问题，应由法院地法确定”。[①] 在会议期间，包括英国、美国、加拿大、德国、西班牙、意大利在内的与会代表从未对会议主席关于时效问题应由法院地法确定的解释提出任何异议或保留，也没有就此进一步讨论。这表明，制定者将诉讼时效作为应由法院地法确定的程序问题，适用法院地法有关诉讼时效中止、中断的规定并不违背该条款制定的意图。

既然《蒙特利尔公约》第三十五条规定的诉讼时效适用法院地法关于诉讼时效中止、中断的规定，便无理由将该条款机械地解读为“权利人以非诉讼的方式主张权利不能产生中断该条规定的诉讼时效的法律后果”，而应按照法院地法的具体规则认定哪些情形下构成诉讼时效中断。

本案中，基础法律关系为国际航空运输合同，适用《蒙特利尔公约》。因在我国法院提起诉讼，对于诉讼时效问题，适用我国法律关于诉讼时效中止、中断的规定。根据案件事实发生时施行的《中华人民共和国民法总则》第一百九十五条规定，诉讼时效中断的情形包括权利人向义务人提出履行请求，诉讼时效期间从中断时重新计算。因三保险公司已在两年诉讼时效内向甲公司深圳分公司索赔，本案诉讼时效中断。故，三保险公司向一审法院提起本案诉讼时未超过两年诉讼时效。

编写人：广东省深圳市中级人民法院　林建益

---

① ICAO, International Conference on Air Law - Vol. 1 Minutes, ICAO Doc 9775-DC/2 (1999), p. 236. [《国际民用航空组织国际航空法会议纪要》(第1卷)，载《国际民航组织(ICAO)第9775号文件》(1999年)，第236页]

四、其他

63

船舶一切险理赔范围

——某航运公司诉某保险公司海上保险合同案

【案件基本信息】

1. 裁判书字号

厦门海事法院（2022）闽72民初1220号民事判决书

2. 案由：海上保险合同纠纷

3. 当事人

原告：某航运公司

被告：某保险公司

【基本案情】

2021年3月16日，甲公司作为光租人和投保人，为某航运公司所有的船舶××轮向某保险公司投保船舶一切险，某保险公司向投保人出具了保险单，承保××轮船舶一切险，被保险人为某航运公司，保险价值和保险金额均为400万美元，保险期间为2021年3月18日至2022年3月17日。保单约定：因保单约定的原因造成的被保险人船舶全损或部分损失、碰撞责任、共同海损和救助费用、施救费用由保险人承保；其中碰撞责任和施救费用项下还约定了该项下的赔偿责任是在该保险其他条款规定的赔偿责任以外，但不得超过船舶保险金额；同时案涉保险还约定了保险责任除外条款和免责事由，如被保险人及其代表的疏忽或故意行为，或被保险人在船舶开航时知道或应当知道的不适航情形导致的损失、责任和费用，保险人不负责赔偿。当地时间2021年10月16日18时，××轮因天气恶劣在某港锚地走锚漂航，后船舶搁浅在距防波堤600米处，当时天气恶劣下雨，船头迎风并在大风吹动下缓慢转向。在船舶走锚时和搁浅后，船长吴某均向港口调度处和当地代理汇报情况并寻求帮助，但由于天气恶劣，岸上无法派出拖船救援。搁浅过程中，船舶安全管理体系指定人员林某向船长提出"试试看能不能倒车脱浅"，17日上午10时左右，船长决定开倒车尝试自行脱浅。脱浅失败后船舶二次搁浅在防波堤上，造成防波堤损坏及船舶主机和船底等设备损坏。某航运公司遂委托第三方公司对搁浅船舶实施救援。船舶被援救成功后，某航运公司将其拖回钦州船厂修理。后因某航运公司无力继续支付船舶维修款且某保险公司也不同意预付部分赔偿金，某航运公司将案涉船舶公开拍卖，两次拍卖均流拍，某航运公司遂以第二次拍卖价220万美元变卖该船。某航运公司向某保险公司提出理赔申请后，某保险公司一直以船舶不适航、船舶救援费用系救助费用非施救费用、某航运公司应按照推定全损申请委付等事由拒绝赔付。

【案件焦点】

1. 船舶救援和安全看护费用属于救助费用还是施救费用；2. 被保险人推定全损申请委付的时间。

【法院裁判要旨】

厦门海事法院经审理认为：

1. 船舶救援和安全看护费用属于救助费用。我国很多船舶保险合同中救助费用和施救费用的条款是借鉴英国海上保险条款制定的。根据英国海上保险条款的相关解释：施救费用是指被保险人及其雇员和代理人为避免与减少承保损失而采取的合理救助措施的费用，属于保险条款规定的特殊费用。按照《中华人民共和国保险法》第五十七条的规定，施救义务主体为被保险人，施救费用支出仅限于被保险人或受其指示的代理人、雇佣人等因直接救助行为所产生的费用。因此，与保险合同无关的第三方救助所产生的费用不应纳入施救费用范畴而请求保险人补偿。直观来说，施救费用属于被保险人的自救费用，救助费用是船方借助外界力量脱险的费用，即他救费用。因此，本案船舶救援和安全看护费用属于救助费用。

2. 被保险人推定全损申请委付的时间应限定在保险事故发生之初。案涉保险事故发生之初，原、被告均未估计到事故造成的实际损失将超过保险价值，构成推定全损。因此原告并未在事故发生之初按照推定全损申请委付。相反，某航运公司还为救助和修理船舶支付了大量的费用。如果某航运公司在事故发生之初，立即向某保险公司申请委付，且某保险公司接受委付，则某航运公司不仅无须支付任何救助和修理费用，其获得的保险理赔金额与救助维修船舶后获得的理赔金额相同，某航运公司所获利益也将会更多。在某航运公司支付了大量的救助和修理费用后，再要求某航运公司按照推定全损申请委付，某保险公司如接受委付并按照全损理赔后将获得船舶残值。此种处理相当于让某航运公司在支付超过船舶价值的救助和修理费用后，因为免赔额不仅其支付的费用未得到全额赔付，且损失了船舶因救助和修理而保留的残值。如此处理将导致原、被告双方利益严重失衡。因此在船舶被救助成功并进行必要维修后，保险人即使发现相关费用已超过船舶保险价值，也不能依据法律规定要求被保险人必须按推定全损向其申请委付。

厦门海事法院依照《中华人民共和国保险法》第五十七条，《中华人民共和国海商法》第二百三十七条、第二百三十八条、第二百四十条、第二百四十六条、第二百四十九条、第二百五十条，《中华人民共和国民事诉讼法》第六十七条第一款的规定，判决如下：

一、被告某保险公司应于本判决生效之日起十日内向原告某航运公司支付保险赔偿金 27991240. 2 元人民币及利息；

二、驳回原告某航运公司的其他诉讼请求。

宣判后，双方未提起上诉，判决现已生效。

【法官后语】

一、救助费用和施救费用的区分

根据船舶保险合同中保险条款的约定，船舶一切险通常的责任范围包含船舶本身的全损和部分损失（俗称船壳险）、碰撞（含触碰）责任、共同海损和救助、施救费用等方面。其中救助和施救都是指对遇险船舶进行救援，使其脱离险境或减少损失，两者在界定上容易产生混淆。施救费用通常会被约定在其他理赔责任之外，以一个单独的保险金额为限进行理赔，而对救助费用则无此约定，只能与船壳险共用一个保险限额理赔。因此，对救助费用和施救费用进行清晰界定至关重要，直接关系到船舶一切险理赔金额的上限，需重点进行评析。而且此类问题不仅在船舶保险中存在，在其他财产保险中也会出现。

根据法律规定和保险合同条款的约定，被保险人请求保险人赔付施救费用补偿的要件应包含以下四方面：一是施救对象为保险标的物。二是应在保险事故发生时。三是施救支出产生目的是防止或减少保险标的损失。与该目的无关之费用须排除在保险人施救费用补偿义务范围之外。四是施救主体必须为被保险人。施救费用支出仅限于被保险人或受其指示的代理人、雇佣人等因直接救助行为所产生的费用，而与保险合同无关的第三方救助所产生的费用不应纳入施救费用范畴而请求保险人补偿。

救助行为虽然也具有减少保险标的物损失的目的，但救助义务并非被保险人的法定义务，实施救助行为需要考虑的是经济原则，即救助行为能够避免或减少的保险标的物损失是否大于救助费用。如果救助费用小于救助行为能够减少的保险标的物损失，即救助有成效；反之，则是无效救助。法律和保险合同之所以没有约定救助费用可以在其他保险理赔之外另行计算，其中重要考虑点就是防止无效救助的发生，因为此种救助会导致保险人支付的保险理赔款超过保险金额的限制，从而损害保险人的合法权益。

救助行为与施救行为相比，重要且比较容易区分的不同点还在于实施主体的不同。救助行为是由被保险人或受其指示的代理人、雇佣人之外的，与保险合同无关的第三方实施的救援行为。

当然，还存在其他不太清晰的区分点，如从实施救援行为的紧迫性来区分。假设保险标的物是仓储物，仓库出现火情，仓库管理员急忙采取措施将火情扑灭，或者在火情蔓延之前及时将被保险的货物搬离仓库，这种施救行为时间紧迫，一般只有被保险人或其雇员实施才能取得最佳效果，如果被保险人请求第三方来实施则会错过最佳时机。此处救援行为产生的费用就是施救费用。假如船舶发生事故已经沉没或搁浅，对船舶进行打捞救援，很显然在时间上并非像前面事例那样急迫，且打捞或救援也已经超出被保险人自己实施的能力范围，有能力的第三方在被保险人请求下对船舶实施打捞或救援，此时产生的费用应该被定义为救助费用。从救援行为的实施时间点上来区分有时还是会造成一些误判。笔者认为最直接的区分方式应从实施主体上来进行，即救助行为是他救行为，施救行为是自救行为。

二、被保险人按照推定全损申请委付的时间

从推定全损的字面意思来看，推定是被保险人在保险事故发生后对造成的损失进行的一种预测，推定全损的时间应该是在保险事故发生之初，实际全损或超过保险金额的救助费、修理费和船壳损失实际发生之前。如果全损的结果已经明确发生，或者事故船舶已经获得救助、修理脱离危险或恢复价值，产生救助费用和修理费用以及船舶贬值损失之和超过保险金额的事实已经确定无疑，此时船舶全损已无须推定，再要求被保险人按照法律规定去推定全损已丧失意义。

船舶在保险事故后之所以能够保留残余价值，是因为被保险人采取了救助和修理措施，并为此支出了救助和修理费用。事故船舶保留残余价值的主要贡献来自被保险人。如果保险人在接受委付后获得了船舶的残值，等于其享受了被保险人的辛苦劳动成果。如此要求，导致的后果可能是在保险事故发生之初、救援开始之前，即使被保险人可以按推定全损申请委付，保险人也会一律不予接受委付，而是等救援或修理完成后，再要求被保险人申请委付并接收被保险人救援或修理船舶的成果，从而在保险合同双方当事人间引发严重的道德风险和信任危机。此种危机一旦产生，在船舶发生保险事故后，将无人会负责事故船舶的救助措施。因为海上救助风险大，产生的费用往往在救助前难以准确估计，是否会造成全损，不论是保险人还是被保险人可能都无法确定。

另外，根据《中华人民共和国海商法》第二百四十六条和第二百四十九条规定，推定全损并非全部损失，但法律将其视为全部损失，就是一种法律拟制，即事实上不同而法律将其等同。推定全损规定是法律赋予被保险人的重要选择权，可以最大限度保护其利益。如果在被保险人支付大量的救助和修理费用后，不仅前述费用因为免赔额约定不能得到全额补偿，反而因需向保险人申请委付而丧失保险船舶的残值，则会造成被保险人越是积极救助或修理事故船舶得到的总体赔付反而越少，推定全损和委付的规定就会成为被保险人的负担而非权利，违背立法本意。

编写人：厦门海事法院　张伟

64

从船舶全损原因的识别谈海上保险因果关系认定思路

——某保险公司诉锦州某船务公司等海上保险合同案

【案件基本信息】

1. 裁判书字号

上海市高级人民法院（2023）沪民终356号民事判决书

2. 案由：海上保险合同纠纷

3. 当事人

原告（上诉人）：某保险公司

被告（被上诉人）：锦州某船务公司、平潭某船务公司、营口某船务公司、某海运公司

【基本案情】

2019 年 10 月 22 日，某保险公司签发“×A”轮《沿海内河船东保障和赔偿责任保险保险单》，其中特别约定第六条“免除责任”条款约定在任何情况下，因船舶不适航造成的损失、费用和责任，保险人不负责赔偿。

2020 年 8 月 20 日 03：38 时许，“×A”轮与“×B”轮在长江口发生碰撞。“×A”轮 4 号货舱右侧船体破损，舱内货物泄漏并发生爆炸、燃烧，14 名船员 1 人受伤获救、13 人死亡；“×B”轮船艏和前货舱破损进水，船舶沉没，船上 3 名船员 2 人获救，构成重大等级水上交通事故。

2021 年 12 月 10 日海事局发布事故调查报告，载明：经论证，涉案货物为 2958.954 吨“含异辛烷成分的烷烃类混合物”，运输条件为Ⅱ型船舶类型，即双底双壳散装液态化学品运输船舶。但水路货物运单、船舶积载图和有关生产、仓储运输单证以及向宁波海事局申报的单证均显示承运货物为“汽油”。“×A”轮为“双底单壳”的油船，无法满足事故航次所载货物的适装要求。涉嫌瞒报的多个主体均转入刑事程序继续接受调查，没有证据证明“×A”轮明知装载货物并非“汽油”。事故直接原因是两轮违反了《1972 年国际海上避碰规则》的相关规定，间接原因是“×B”轮非法从事海上运输以及通航环境复杂造成影响。

2020 年 10 月 10 日，某保险公司与被保险人“×A”轮所有人锦州某船务公司签署《补充协议——保险理赔协议（之一）》，约定在保险责任不明确的情况下，给予每名死亡（失踪）船员 90 万元的补偿，待保险责任明确后，如保险人无须承担赔偿责任，则锦州某船务公司应当返还。同日，某海运公司、平潭某船务公司、营口某船务公司出具担保函，提供连带责任担保。某保险公司共计支付了 13 名死亡船员的赔偿款 1170 万元，另支付了受伤船员的赔偿款 96448.05 元，以及设立“×A”轮非人身损害海事赔偿责任限制基金的款项 2111980 元，共计 13908428.05 元。

某保险公司诉称因“×A”轮不适航，保险人无须承担赔偿责任，故锦州某船务公司应返还保险人垫付费用，其余三被告对此承担连带责任。

【案件焦点】

1. 涉案损失是否属于某保险公司承保的保赔险的保险责任范围；2. 船舶不适航与爆炸燃烧的损害后果之间是否具有因果关系。

【法院裁判要旨】

上海海事法院经审理认为：首先需要判断导致损失发生的最具决定性和最有效的原因，是单一近因还是多重近因；其次需要判断相关原因属于承保风险还是除外责任。根据查明的事实，涉案损失是船舶碰撞和紧接着发生的爆炸燃烧所导致的，如果没有船舶碰撞事故，则涉案损失不会发生。虽然某保险公司主张引起爆炸的近因是船舶不适航，但其在承保“×A”轮的保赔险时，明确知道或者应当知道“×A”轮为“双底单壳”的油船且用于运输汽油等油类危险品，其认为“×A”轮应当设置“双底双壳”是不合理的，附加这一条件本身很大程度上降低了承保风险发生的概率，减轻了保险人在涉案保险合同中应当承担的责任。因此某保险公司仅证明上述假设成立，尚未完成举证责任，其应当进一步证明如果涉案航次“×A”轮运输的是汽油，同样的碰撞角度和力度之下能改变爆炸燃烧的结果。相反，某保险公司提交的补充专家意见则明确了无法排除同样会爆炸燃烧的结果。因此，船舶碰撞是造成涉案损失最有效和最具决定性的原因，“爆炸燃烧”是碰撞之后随之产生的后果，碰撞作为保险事故近因的因果链条没有被打破，本案即使存在船舶不适航的情况，这一因素也无法构成涉案事故的单一近因或者多重近因。

上海海事法院依照《中华人民共和国海商法》第二百一十六条、《中华人民共和国保险法》第三十条、《中华人民共和国民事诉讼法》第六十七条第一款和《最高人民法院关于适用〈中华人民共和国民事诉讼法〉的解释》第九十条之规定，判决如下：

驳回某保险公司的诉讼请求。

某保险公司不服一审判决，提起上诉。

上海市高级人民法院同意一审法院裁判意见，判决驳回上诉，维持原判。

【法官后语】

在海上保险诉讼中，被保险人完成力所能及的初步举证责任之后，举证责任就应转移至保险人，应由保险人对保险事故是否属于保险合同约定的免责情形承担举证责任。本案保险人援引船舶不适航的免责事由，主张保险事故是由列明的除外风险造成，由于存在权威的事故调查结论，“×A”轮不适航，因此争议主要集中在因果关系的认定上。理论界关于因果关系的认定学说林林总总，实践中运用较多的是以下三种因果关系学说。

一、近因说

近因原则已经被许多国家确定为海上保险法的基本原则，我国海商法和保险法虽未正式吸收并确立该原则，但大量生效判决认为，近因是指导致损失发生的最直接、最有效、起决定作用的原因，而不是指时间上或空间上最接近的原因。司法实践中普遍根据学理上的内容来援引近因原则，进行辅助裁判。但是，从思维逻辑链条上看，近因说是在因果关系链条已经明晰之后的分析工具，本身未提供如何判断某个原因就是那个“最直接、最有效、起决定作用的原因”的方法，司法实践中需要一些更为具体的分析路径。

二、条件说

保险法中的因果关系理论参考了侵权法中的因果关系。条件说是在侵权责任法中被广泛运用的学说，也是刑法因果关系领域的基础理论，其基本公式为“如果没有A，那么B就不会发生”，A称为B的必要条件，即运用了排除法的逻辑分析方法，假设条件不存在时，结果是否仍然发生。如果答案是否定的，则认定该事实是结果的必要条件；如果答案是肯定的，则可将这个事实排除于原因之外。

三、相当因果关系说

相当因果关系说创立之初是为了限制结果加重犯的处罚范围，但其很快便成为一般性的因果关系理论。最先出现的是“概率论的相当因果关系说”，之后发展出“经验论的相当因果关系说”并成为通说见解。所谓经验上的通常性，就是指人们根据日常生活经验判断，认为行为与结果之间的因果关系是通常的、常见的，而非异常的、罕见的。相当因果关系说可以被认为是条件说的升级版本，运用该理论识别因果关系，一般分为两个步骤。首先，判断某一因素是否为损害发生的条件；在事实因果关系确定之后，进一步判断该条件是否具有“相当性”，即是否可将损害结果归责于该条件。其次，试图克服条件说下因果关系链条过于漫长的不足。

两个步骤的运用最终必然还是会落入法官自由裁量权的范畴，但有一定逻辑思维工具的指引，可以规范自由裁量权的行使路径，尽可能地达到裁判思路和结果的一致。例如，在第一个步骤采用“如果没有A，那么B就不会发生”的公式时，进一步区分条件A的样态是积极因素还是消极因素，如果是积极因素，则采用“删除法”，即将条件A在整个事件进程中删除，其他条件保持不变，如果损害结果仍然发生，且概率和程度不受影响，则事实上的因果关系就不成立。如果是消极因素（比如不作为、船舶不适航），则删除法无法适用，可适用“替代法”，即将消极因素替换为合法的、适当的因素，如果此时损害后果仍然发生，那么该消极因素与损害后果之间没有因果关系。

此外，为找准因果关系识别中的替换因素，还要准确理解和解释保险合同条款。比如本案中“船舶不适航”属于消极因素，具体类型是“船不适货”，那么可从两个角度寻找替换因素。保险人仅证明了如果船换成双底双壳的以此来适航，后续爆炸燃烧的后果很有可能不会发生，但是结合保险合同的解释规则来看，保险人承保的是“双底单壳”油船的风险，保险人的替换因素减轻了自身在保险合同项下的责任，因此这一替换因素与合同约定相悖，故而是不合理的。保险人还需进一步证明，如果涉案航次货物换成了运单上记载的汽油，则后续爆炸燃烧便不会发生。而根据在案证据，专家对此给出的意见是难以排除爆炸仍会发生的可能性。鉴于除外责任的证明责任在保险人一方，因此保险人未完成援引“船舶不适航”除外责任的举证责任。

综上，该案中难以认定船舶不适航与爆炸燃烧的损害后果之间具有因果关系，“爆炸燃烧”应当被视为碰撞之后随之产生的后果。船舶碰撞是造成涉案全部损失最有效和最具决定性的原因，其作为保险事故近因的因果链条没有被打破。

编写人：上海海事法院　杨婵

ISBN 978-7-5216-5037-2

图书在版编目（CIP）数据

中国法院2025年度案例．保险纠纷 / 国家法官学院，最高人民法院司法案例研究院编．-- 北京 ：中国法治出版社，2025．3．-- ISBN 978-7-5216-5037-2

Ⅰ．D920．5

中国国家版本馆CIP数据核字第202564CD57号

策划编辑：李小草　韩璐玮　白天园

责任编辑：白天园　　　　封面设计：李宁

中国法院2025年度案例．保险纠纷

ZHONGGUO FAYUAN 2025 NIANDU ANLI. BAOXIAN JIUFEN

编者/国家法官学院，最高人民法院司法案例研究院

经销/新华书店

印刷/三河市紫恒印装有限公司

开本/730毫米×1030毫米　16开　　　　印张/23.75　字数/288千

版次/2025年3月第1版　　　　2025年3月第1次印刷

中国法治出版社出版

书号 ISBN 978-7-5216-5037-2　　　　定价：79.00元

北京市西城区西便门西里甲16号西便门办公区

邮政编码：100053　　　　传真：010-63141600

网址：http：//www.zgfzs.com　　　　编辑部电话：010-63141784

市场营销部电话：010-63141612　　　　印务部电话：010-63141606